GLOBAL TRADE GOVERNANCE & WTO PRINCIPLES

국제통상론

WTO 규범으로 읽는 21세기 글로벌 무역

장동식

박영사

서문

preface

한국은 2021년 7월 2일부터 UN무역개발회의(UNCTAD)의 개발도상국 그룹에서 선진공업국 그룹으로 승격되었다. 이는 UNCTAD가 창설(1964년)된 이후 개발도상국에서 선진국으로 지위가 변경된 첫 번째 사례로, 당시 UNCTAD 회원국 총회에서 만장일치로 결정된 것이다. 한국은 이로서 개발도상국 지위에서 벗어나 선진국 그룹의 일원으로서 국제경제정책 및 글로벌 무역질서의 형성과 운영에 더욱 중요한 역할을 수행할 수 있게 되었다.

한국이 국제사회에서 선진국으로 인정받았던 이유로는 명목 GDP 기준으로 약 3조 달러(2023년 기준으로 세계 10위권 경제규모)가 넘었으며, 1인당 GDP 기준으로는 2017년 이후 계속 3만 달러 이상을 유지하고 있고, 반도체, 조선, 자동차, 배터리 등의 제조업 핵심 분야에서 세계적 강국이라는 점이 작용했다. 그리고 한국에 대한 선진국 인정은 높은 인적자본 수준(세계 최고 수준의 교육과 연구개발 능력)과 강한 글로벌 무역네트워크(세계 6~8위권 수출국)의 구축도 핵심요인으로 평가받고 있다.

한국의 선진국 진입의 근본 요인에 대한 평가로는 한국정부의 수출주도형 경제성장 전략과 개방형 통상국가 발전전략이 핵심적 역할을 했다는 평가가 지배적이다. 한국의 경제성장과정을 무역이 경제 전체에 차지하는 비중(무역의존도)을 중심으로 분석해보면, 한국의 1960년대~1980년대는 수출주도형 경제성장 전략을 바탕으로 산업화 추진의 시기로 무역의존도가 증가되기 시작한 시기였다. 특히 1970년대~1980년대는 중화학공업의 육성과 함께 수출이 급증하면서, 무역의존도가 지속적으로 상승하여 1980년대에는 약 50% 수준까지 도달했던 시기였다. 그리고 1990년대~2000년대는 경제의 글로벌화를 바탕으로 무역의존도가 단순한 증가에서 벗어나 다양한 분야로까지 심화·확산된 시기였다. 특히 2000년대는 IT산업의 성장과 함께 수출품목이 다양화되며, 무역의존도가 70% 이상의 수준까지 상승한 시기였다. 2010년대~2020년대 초반에는 한국의 무역의존도가 비교적 안정적 변화를 만들어 내었던 시기였다고 볼 수 있다. 비록 2010년대의 글로벌 금융위기와 2020년대 초반의 코로나 19 팬데믹 위기를 겪으면서 글로벌 공급망 재편으로 무역의존도의 변화가 급격히 발생했지만, 국내소비와 투자의 중요성이 함께 부각되면서 55~60% 수준의 무역의존도를 안정적으로 기록한 시기였다.

통상을 중심으로 비교적 안정적이며 빠른 성장을 보였던 한국경제는 이제 개도국의 입장에서가 아니라 선진국의 입장에서 국제통상을 관리해야 하는 새로운 명제가 주어졌다. 하지만 최근의 세계경제는 보호무역주의가 전 세계적으로 확산되고 있으며, 글로벌 공급망의 재편 등이 급속하게 나타나면서 새로운 글로벌 무역환경이 형성되고 있다. 따라서 이제부터는 기존의 개도국의 입장에서가 아니라 선진국의 입장에서 국제통상환경의 변화를 보고 관리해야 하는 새로운 시각과 전략이 필요하게 되었다.

구체적인 측면에서 제시해보면 그동안 행해왔던 기존의 국제통상규범들을 최적 활용하는 형태의 교육(예 : FTA 활용 교육 등)에 초점을 맞출 것이 아니라, 국제사회를 리더할 수 있는 통상리더십을 갖춘 국제통상규범의 제정과 운영을 담당할 통상규범과 정책의 전문 입안가와 운영자를 양성할 필요성이 발생한 것이다. 이러한 통상리더십의 배양은 기존에 행해져 왔던 이론과 개념 중심의 교육에서 벗어나 다양한 분야에서 나타날 수 있는 관련 실무와 케이스를 중심으로 하는 융합교육과 문제해결형 교육을 기반으로 행해져야 한다.

또한 기존의 기업 중심 무역실무교육에서 벗어나 거시경제와 글로벌 공급망의 안정화에 기여할 수 있는 실무형 인재양성교육과, 디지털무역의 확산과 기술패권시대에 대비할 수 있는 규범 및 기술 분야에서의 실무지식교육이 함께 필요해진 상황이다. 그리고 기술패권시대와 연결될 수 있는 지식재산권 분야에 대한 교육과, 서비스무역 분야에 대한 규범 및 실무교육 또한 필요한 상황이다.

본 저자는 새로운 시대와 상황으로 접어들고 있는 국제통상 분야에서 현재 나타나고 있는 다양한 변화를 반영할 새로운 전공서적으로서 『국제통상론』의 집필필요성을 강하게 느꼈다. 이에 본 저자는 이러한 내용을 반영하여 본서의 집필을 위한 방향을 다음과 같이 설정한다.

첫째, 집필 교재에는 전 세계적으로 합의된 통상규범을 중심으로 국제통상전문가의 양성에 필요한 대강의 이론적 내용을 포함한다. 본서에서는 이를 위해 국제통상과 관련된 분야를 WTO 국제규범을 중심으로 분류하고 그 내용을 정리·제시함으로써 후학들이 국제통상론 분야에서 논리구조를 형성할 수 있도록 지원한다. 그리고 분야별로 이러한 협정의 성립 배경과 공식 명칭, 제정 목적과 협정의 적용 범위, 주요 적용 원칙과 분야별 내용, 주요 예외 사항과 향후 전망(주요 쟁점) 등을 구체적으로 제시하려고 했다. 결과적으로 본 서는 이러한 분야의 전문 지식을 체계적으로 제공함으로써 국제통상 분야에서 글로벌 경제의 운영과 이와 관련된 국제규범의 제정을 담당할 수 있는 국제규범의 전문가/입안가 육성에 필요한 기틀을 제공하려고 한다.

둘째, 새롭게 집필될 서적에는 새로운 기술패권시대를 대비할 수 있는 기술 분야의 통상전문가 양성에 기여할 수 있는 실질적이고 실무적인 내용을 포함하려고 했다. 본서는 이러한 목적의 달성을 위해 농업에 관한 협정, SPS 협정과 TBT 협정, 무역지식재산권에 관한 협정 등에 대해 개념적 부분뿐만 아니라 실무적 분야에 대한 내용을 집중 보완함으로써, 현재 확산되고 있는 기술무역산과 기술패권전쟁, 그리고 관련 분쟁의 발생 등에 대해서도 충분히 대비할 수 있는 지식과 실무역량을 갖출 수 있도록 했다.

셋째, 그럼에도 불구하고 국제통상의 전 분야에서 실무적 내용을 상당 수준 포함함으로써, 본 서적을 갖고 학습하는 사람들이 국제통상의 다양한 분야에서 실무적 활용능력을 갖출 수 있도록 했다. 이를 위해 본서에서는 가능한 해당 통상 분야에 적용될 수 있는 실무적 내용을 많이 포함하려고 노력했고, 관련 내용의 핵심 적용사례를 '함께 읽어보기'와 '함께 생각해보기' 등의 형식으로 포함시켰다.

마지막으로 본서에서는 현재 확산 및 심화되고 있는 환경 분야와 지역주의 분야를 국제통상의 신이슈로 포함하여 정리하였고, 현재까지 국제적 차원에서 합의된 내용도 함께 제시하였다. 그리고 본서는 지역주의와 환경 분야에서 나타났던 실제 적용사례를 다양하게 제시함으로써 향후에 나타날 변화의 방향을 예측할 수 있도록 했다.

본서는 그동안 본 저자가 집필에 참여했던 1998년과 2003년, 2014년에 발간했던 여러 출판사의 『국제통상론』의 관련 내용을 상당 부분 포함하고 있다. 다만 기존에 집필된 내용을 어느 정도 수용하되 본 저자가 앞에서 제시하려고 했던 네 가지 집필원칙을 기준으로 세부 내용을 재집필하려고 했다. 그동안 나름 많은 시간을 들여, 고생스럽고 끈질기게 국제통상론 분야의 다양한 내용을 정리하고 집필하려고 노력했다. 하지만 아직까지도 여전히 불만스럽고 부족한 부분이 상당히 많이 눈에 띄는 것도 사실이다. 하지만 본 저자는 이러한 부분에 대한 수정과 새롭게 반영해야 할 내용의 포함 여부를 다음 개정으로 미루며 원고의 집필 작업을 마감하려고 한다. 집필 과정에서 발생한 본 서의 잘못된 내용이나 오류, 누락 등은 모두 본 저자의 책임이라고 생각한다. 그리고 이러한 부분에 대한 모든 비판은 향후 가능한 빠른 개정작업을 통해 반영할 것을 약속함으로써 책임지려고 한다.

본서의 출판은 영남대학교 무역학부의 여택동 교수님과 전정기 교수님의 학문적

지도와 관심, 연결을 배경으로 하고 있다. 그래서 은사이신 두 분 교수님께는 항상 감사한 마음뿐이다. 마지막으로 본서의 출판을 기꺼이 도와준 박영사의 관계자님들께 감사를 드리며, 출판과정에서 원고의 활자화와 교정에 직접적인 도움을 준 국립순천대학교 무역학전공의 김은영 박사께 감사의 말을 전한다.

2025년 3월
향림골 연구실에서
저자 씀

목차

contents

제1장 국제통상의 이해

제2장 WTO의 출범과 DDA

제3장 WTO의 조직과 역할

제6장 상품외거래 관련 협정

제7장 분쟁해결제도

제8장 국제통상의 기타 의제

함께 읽어보기

제1장

국제통상의 이해

사진 | Pixabay, Gerd Altmann

제1절 • 국제통상의 개념

1. 국제통상과 국제무역의 개념 논쟁

WTO의 출범 이후 세계화의 심화와 함께 국제통상이라는 용어의 사용이 이젠 생활 속에 정착된 느낌이다. 하지만 국제통상의 개념 논쟁은 진행 중이고, 그 개념에 대한 공통된 합의나 공감대가 도출되지 못한 것도 여전한 현실이다. 이러한 상황 속에서 미국 통상법에 제시되어 있는 국제통상의 정의는 중요한 의미를 가진다. 미국 통상법 제 301조에서는 국제통상을 "ⅰ) 특정 물품의 국제무역이나 ⅱ) 이와 관련된 서비스와 정보의 이전 그리고 ⅲ) 해외투자로서의 재화와 서비스무역에 관련된 것"으로서 범위설정을 하면서 정의를 대신하고 있다.

현재 국제사회에서 국제통상에 대한 국제간 기준의 수립과 무역 관련 협정의 이행 및 관리 그리고 국가 간 분쟁의 처리는 세계무역기구(WTO)에서 관리하고 있다. 그러나 WTO에서는 국제통상에 대한 명확한 정의를 제시하고 있지 않다. 이는 국제통상의 영역이 확대되어 가는 상황 속에서 미리 그 개념을 정의함으로써 향후 발생할 수 있는 다양한 오류를 겪지 않으려는 이유 때문이다. 그래서 WTO에서도 국제통상의 개념에 대한 정리보다는 국제통상의 범위를 설정하는 방식으로 개념 논쟁에 대해 접근하고 있다.

WTO에서는 현재 기존의 상품무역에 덧붙여서 서비스(금융, 보험, 건설 등)와 지식재산권 그리고 무역 관련 투자까지를 국제통상의 범위에 포함하고 있다. 그리고 도하개발아젠다(Doha Development Agenda : DDA)의 진행과정에서는 국제통상의 범위에 환경 분야와 기술, 노동 및 경제정책까지를 포함시키게 되었다.

하지만 이러한 과정에도 불구하고 지금까지 국제통상에 대한 합의된 개념이나 공감대가 도출되지 못한 것도 사실이다. 그 결과 현재까지도 국제통상과 국제무역의 개념은 혼용되고 있다. 사전적 의미로 국제무역이나 무역의 개념은 '각자의 물품 교환', '국제간 재물의 교환', '국제간 상품의 수출입거래', '국제간 상업거래' 등으로 정리된다. 반면, 국제통상이나 통상의 개념은 '다른 나라와 교통하여 서로 상업행위를 행함', '외국과의 거래', '외국과의 무역' 등으로 정리된다. 이 두 가지 내용을 정리·비교하여 보면, 국제통상과 국제무역의 개념에 대한 근본적 차이는 존재하지 않는다고 볼 수 있다.

그리고 국제통상과 국제무역에 대한 영문표기 부분에서도 명확한 구분은 존재하지 않는다. 일반적으로 '무역'은 'trade'로, '통상'은 'commerce'로 사용되고 있지만, 실제 사용에 있어서는 두 가지를 혼용하고 있다. 예를 들어, 'trade friction'은 무역마찰이나 통상마찰 등으로 해석되고, 'trade delegation'는 무역사절단 또는 통상사절단 등으로 사용되며, 'trade agreement'는 무역협정이나 통상협정으로 사용된다. 그리고 WTO(World Trade Organization)는 세계통상기구가 아닌 세계무역기구로 번역하고 있기에 '통상'과 '무역'의 영문상 표현에서는 크게 차이나 구분이 나타나지 않는다. 하지만 국제통상과 국제무역의 혼용에도 불구하고 국제통상환경의 급변과 확산되고 있는 국제통상의 신분야에 대한 이해를 위해서는, 국제통상의 개념정립이 우선적으로 필요한 상황이다.

　　국제통상과 국제무역의 개념 논쟁은 크게 세 가지로 정리할 수 있다. 첫째, 국제통상을 국제무역과 구분하여 다르게 정의하려는 주장이다. 이러한 입장에서 보면, 국제무역은 국가와 국가 간에 이루어지는 재화의 이동, 즉 유형재의 무역 또는 유형무역(visible trade)만을 지칭하는 개념이다. 그리고 국제통상은 유형무역과 더불어 서비스와 지식재산권 등 무형재의 무역 또는 무형무역(invisible trade)뿐만 아니라, 생산요소의 이동이나 국제투자까지 포함하는 광의의 개념이다. 특히 국제통상과 국제무역을 구분하는 입장에서는 국제통상과 국제무역의 근본적 차이를 거래대상보다는 운영주체 측면에 존재한다고 본다. 이와 같은 입장을 견지하는 학자들은 국제무역과 국제통상이 모두 국가 간 경제교류활동을 의미하지만, 무역의 행위주체는 개인, 기업 등의 개별 주체인 반면, 통상의 주체는 국가나 국제기구 등으로 파악하는 것이 옳다고 보는 견해가 강하다. 이는 결국 국제무역이란 개인적·사기업적 측면의 경제·경영활동과 관련되고, 국제통상이란 공적·공공이익적·국가적 측면의 경제활동과 관련되는 경향이 강하다는 주장과 연결된다.

　　둘째, 국제통상과 국제무역은 분리할 수 없다는 주장이다. 이러한 입장에서 보면 국제통상은 국제무역을 광의의 개념으로 파악한 것에 불과하므로, 국제통상과 국제무역을 구분하는 것은 무의미하다. 과거에는 상품 위주의 무역을 국제무역이라 하고, 여기에 무형의 서비스와 지식재산권, 국제투자 그리고 이에 수반되는 국제간 노동 및 자본의 이동 등을 포함한 무역을 국제통상이라 하는 견해는 존재하였다. 따라서 국제통상과 국제무역을 분리할 수 없다는 주장은 국제무역을 협의의 무역과 광의의 무역으로 구분짓는 것과 유사하다. 이는 협의의 무역인 유형재 무역(visible trade)을 국제무역이라 하고, 광의의 무역은 유형재 무역에 무형재 무역(invisible trade) 등을 포함한 것으로 보는 것으로, 이 두 가지를 모두 통칭하여 국제통상이라 명명한 것에 불과한 것이다.

　　셋째, 위와 같은 두 견해와는 달리 국제통상과 국제무역을 구분하는 것 자체가 무의미하다는 주장이 있다. 이는 무역정책과 통상정책을 분리하여 사용하는 나라는 주요 통상 대국 중 일본 외에는 없다는 현실을 반영한 것이다. 그리고 국제무역이나 국제통상의 개념이 단순히 상품무역의 자유화만을 의미하는 것이 아니기 때문에 개념의 구분 자체가 무의미하고 구분의 실익도 없다는 주장에 기반을 둔 것이다.

2. 국제통상의 개념

GATT 체제하에서는 주로 재화의 국제간 거래만을 규율하는 차원에서 그 임무를 수행했기 때문에, 기존의 무역 관련 이론이나 실무만으로도 충분히 현실세계에서 발생하는 문제를 해결할 수 있었다. 하지만 상품외무역의 비중이 폭발적으로 증가하면서 기존의 국제무역 개념만으로는 현실과 부합하지 않게 되는 문제가 발생하였다. 특히 국가 간 경제의 교류와 협력대상이 전체 국가, 지역뿐만 아니라 전체 경제 분야로 확대되면서, 기존의 국제경제·무역 관련 이론이나 실무 관련 지식들만으로는 현재의 국제통상환경에서 나타나고 있는 변화를 적절하게 반영하지 못한다는 문제가 가장 크게 작용했다.

국제통상의 개념 등장은 이와 같은 국제통상환경의 변화를 반영하고 있다. 즉, 국제통상 개념이 국제사회에서 가장 이슈화되는 단어로 등장했다는 것은 현대사회가 기존의 상품무역만으로는 설명이 불가능한 시대가 되었다는 것을 의미한다. 그리고 오늘날의 국제사회가 과거와 같이 강대국 위주로 운영되거나 일방적인 강요와 굴종만을 요구하는 시대와 체제가 아니라는 것을 보여 준다. 그러므로 국제통상의 등장 속에는 개방화, 세계화, 다자화, 양자화 등의 환경변화가 모두 포함된다고 볼 수 있는 것이다.

국제통상의 대두는 결국 시대와 상황의 변화에 따른 사회적 필요성에 의한 것이라고 볼 수 있다. 국제통상학이나 국제무역학 측면에서도 이러한 현실을 직시하고, 이러한 변화가 학문적으로 체계화된 논리 틀과 다양한 분석 등을 통해 설명될 수 있어야 한다.

국제통상에 대한 세 가지 논쟁과는 관계없이 현대사회에서 사용되는 국제통상이라는 용어는 기존의 국제무역을 뜻하는 유형재 무역에 덧붙여 무형재 무역과 국가 간의 경제교류와 협력 등 전 분야를 포함하는 개념으로 사용되고 있다. 본서에서는 이러한 현실을 반영하면서도 국제통상의 관리를 위한 종합서를 집필해야 한다는 목표를 달성하기 위해, 국제통상의 개념을 우선적으로 정립시킬 필요가 있다고 본다.

국제통상의 개념 정립을 위해서는 먼저 국제통상과 국제무역의 개념 차이가 없다는 것을 인정하여야 한다. 앞서 언급하였듯이 국제통상과 국제무역의 개념에 대한 사전적 차이는 존재하지 않는다는 것을 인정한다. 국제통상과 국제무역이라는 용어는 사전적 차이가 아닌 어감(semantic nuance)적 부분에서 조금씩 차이가 존재할 따름이다.

　　본서에서는 국제통상과 국제무역이 가지는 이러한 어감적 차이를 인정하지만, 두 용어 사이에 근본적인 사전적 차이는 존재하지 않는다는 것을 전제한다(다음 〈표〉 참고). 그리고 이러한 전제를 바탕으로 기존의 국제무역이라는 용어가 가지는 어휘적 한계를 국제통상이라는 용어로써 극복할 수 있다면, 국제통상을 국제무역의 개념보다 광의의 개념으로 파악하는 것이 바람직하다고 본다.

◀ 표 ▶ 국제통상과 국제무역 용어상의 어감적 차이

구분	국제무역	국제통상
공통영역	국가 간의 경제교류 활동	
행위주체	개별 경제주체	국가 · 다국 · 국제기구
행위목적	개별 경제주체의 이익	국가의 공공이익
주요활동	국가 간 상거래	국가 간 상거래의 제약요인 완화
주된 관련영역	개인 · 기업의 경제 · 경영활동 (Private sector)	국가적 측면의 경제활동 관련 공 부문(Public sector)

　　본서에서는 국제통상이라는 개념을 '국가와 국가 간에 이루어지는 모든 국제경제 거래', 특히 재화의 국제적 교역을 지칭하는 유형무역 외에 무형무역(서비스 및 지적소유권 등의 교역)과 국제투자까지 포함하는 개념으로 정의한다.

　　그리고 국제통상의 개념을 운영주체보다 거래대상 측면에서 국제무역보다 광의의 개념으로 정의하는 것이 바람직하다고 본다. 그 이유는 거래대상 측면에서의 개념확장 은 현실적 어휘의 사용례와 더 잘 합치될 뿐만 아니라, 국제교역의 현실적 발전내용과 방향을 더 잘 포괄하고 있기 때문이다.[1]

---

1 노택환, "무역학 · 국제통상학의 학문적 범위와 특성 및 교육체계에 대한 고찰", 2003년 춘계 학술발표 대회 발표논문집, 한국무역학회, 2003.5.30., pp.665−678.

제 2 절 • **국제통상과 세계화 · 국제화 · 지역화**

1. 세계화와 국제화

국제통상의 개념을 정치경제학적 측면에서 해석해 보면, 서로 다른 국가 간의 경제거래를 의미하는 것으로 국민경제 상호 간의 경제관계와 관련되는 모든 활동으로 정의할 수 있다. 그리고 국제통상학은 일국의 국민경제를 기본단위로 하여 세계경제와 세계시장의 구성, 국민경제의 세계화 과정에서 발생하는 문제 등을 연구하고 그 해결을 시도하는 학문으로 정의할 수 있다.

국제통상학 측면에서 보면, 국제통상 현상의 이해는 국민경제의 국제화, 세계화 등에 대한 충분한 이해가 전제되어야 한다. 이러한 전제하에서 국제통상의 개념은 국제적 상호 의존의 심화를 통해 일국의 국민경제가 세계경제로 편입하여 가는 과정에서 발생하는 모든 경제활동을 의미한다.

그러므로 국제통상에 대한 이해를 위해서는 국제화, 세계화 및 지역화 등의 개념에 대한 이해가 필수적이라는 의미로 받아들일 수 있다. 국제통상학의 영역에서 보면, 국제통상은 세계 각국 경제 간의 상호의존성이 심화되어 가는 과정에서 발생하는 현상이라고 볼 수 있다. 따라서 이러한 과정에서 발생하는 국제화와 세계화는 국제통상 현상과 유사한 현상이자 용어라고 볼 수 있는 것이다.

국제화는 영토성, 주권, 내정불간섭과 같은 기본원리에 기초한 국민국가의 존재 및 이들 사이의 관계를 기초로 하여 국가 간의 발전과 국제협력이 증진되어 가는 과정을 의미한다. 그리고 국제화는 국민국가의 약화 혹은 해체를 통해 하나의 국제적인 제도에 의해 조직 · 운영되는 세계를 설정하는 것으로 볼 수 있다.[2]

하지만 세계화는 기존의 민족국가 개념을 초월하여 전 인류 및 전 지구적 차원에서의 경쟁과 협력으로써 통합이 증대되어 가는 과정을 의미한다. 결과적으로 세계화는 "확대지향적인 시장체제의 작동으로 자원과 인력의 이동이 발생하고, 이로 인해 근대국가의 속성인 영토성과 주권이 도전받아 그 의미가 희석되는 현상"[3]으로 볼 수 있다.

하지만 이러한 국제화와 세계화는 모두 주권국가가 중요한 행위자로 존재하는 현

---

2 유석진, "세계화 · 국제화와 정치", 『국제화에 대한 사회과학적 이해』(백완기 편), 박영사, 1995, pp. 137-138.
3 운영관, "세계화 : 민족주의의 새로운 지평을 위하여", 『계간사상』, (1994, 겨울).

상이기 때문에 현실에서 그 개념의 차이를 분명히 하기는 어렵다. 즉, 현실에서 국제화와 세계화의 개념을 구분하기 쉽지 않다는 것이다.

국제화와 세계화의 개념 논쟁은 그 개념이 분석적 개념인가 아니면 정책적 개념인가에 따라서도 발생한다. 먼저 국가의 정책목표로서 제시되는 국제화와 세계화는 조금 다른 의미를 가지고 있다. 예를 들어, 국가의 정책목표 차원에서 국제화와 세계화가 사용되는 경우, 다음과 같은 차이를 지닌다. 국제화는 국제협정이나 조약, 선진국의 법·제도·의식·관행을 목표로 삼아 개별 국가의 법·제도·의식·관행을 맞추어 간다는 소극적 차원에서의 의미를 가진다. 반면, 세계화는 일국이 소극적 대응에서 벗어나 적극적으로 자국의 법·제도·의식·관행을 정비함으로써 국제사회를 선도하여 변화를 만들어 내거나, 이러한 변화에 대한 적응력을 만들어 낸다는 의미를 가진다.

그러므로 정책목표 측면에서 볼 때 세계화는 국제화보다 큰 개념으로 파악할 수 있다. 하지만 국제화와 세계화의 개념학습 시 주의할 부분은 양자가 상호 보완적인 관계에 있다는 점을 인식해야 한다는 것이다. 이러한 주장의 핵심은 세계화가 반드시 국제화를 포함하는 큰 개념으로 존재하는 것은 아니라는 점이다. 그러므로 국제화와 세계

출처 | https://pixabay.com/ko/illustrations/세계화-세계적인-글로벌-2023440/

화의 개념은 서로 공유하지 않는 부분이 남아 있을 수도 있고, 이 부분이 이 두 가지 개념을 채우는 개념으로 사용될 수도 있다는 의미이다.

2. 세계화와 지역화(지역주의)

국제통상이 심화되는 국제사회에서는 세계화(globalization)와 지역화(regionalization)라고 하는 상반되는 두 가지 경향이 동시에 나타난다. 실제로 WTO 출범 이후 지역경제 통합체나 자유무역지대와 같은 지역주의의 조짐들이 그 이전에 비해 폭발적으로 증가했음을 알 수 있다. 구체적으로 2024년까지 WTO에 통고되어 실행되고 있는 지역주의 사례 중에서 WTO 출범 후에 나타난 사례는 전체의 90% 이상(1995년 55건, 2024년 607건)이다.

WTO 출범 이후에 나타나고 있는 급속한 지역화나 지역주의 확산추세는 세계화의 확산 현상으로 볼 수 있다. 그러므로 세계화로 대표되는 국제통상이 심화되는 세계는 지역주의 현상과 불가분의 관계에 있음을 보여 준다. 개방화되고 자유화된 세계 사회에서는 세계화와 지역화의 상호작용이 국제통상의 심화를 발생시키고 있음을 보여 준다. 민족국가적 기반을 근거로 대외시장의 확대를 추구하는 자본주의 시장경제 중심의 국제경제체제는 글로벌 생산방식을 통해 세계경제체제로 심화되면서 세계화 확산추세는 더욱 주목받고 있다. 하지만 이러한 세계화 확산추세와는 반대로 세계경제에 있어서 지역주의화 현상은 더욱 심화·확산되는 경향이 나타나고 있다. WTO 체제하에서 지역화

◀ 그림 ▶ 지역주의의 추세

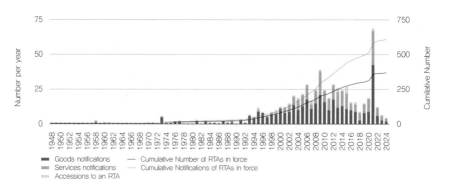

출처 | WTO(2024)

가 인정받고 확산되는 이유는 지역화의 확산이 경제의 글로벌화로 표현되는 세계화의 중간단계로 볼 수 있다고 보기 때문이다. 실제로 국제통상이 심화되는 사회에서 세계화는 세계경제 통합을 조장하는 구심력으로 작용하고, 지역화는 세계경제 통합의 확산을 조장하는 원심력으로 작용한다고 볼 수 있다.

사실 국제사회 참여국가 수의 증가, 국가 간 경제적 격차 심화, 패권국가의 국제적 위상 약화 등의 현상이 발생하면서 세계화 현상은 국제 경제문제의 복잡성과 이로 인한 갈등의 심화 등으로 인해 점차 진전의 한계에 도달하고 있다.

이러한 상황하에서 지역화 과정을 통과한 관련국 간의 문제나 일국의 국내 경제문제는 기존보다 훨씬 단순명료해진다는 특성을 가진다. 예를 들어, 지역화 과정을 거친 주요 의제들은 지역화 과정에서 만들어진 지리적·문화적 유사성 등을 바탕으로 의사표출 단위가 줄어듦으로써 세계적 차원에서 진행되는 다자간 무역협상보다 타결이 상대적으로 쉬워진다는 장점이 있다. 이러한 이유 때문에 지역 차원에서 진행되는 경제통합 추세를 미니－다자주의(mini-lateralism) 또는 미니－세계화로 부르기도 한다.

하지만 세계화의 중간단계로서 지역화가 확산되기 위해서는 역외국에 대한 악(惡) 차별이 만들어져서는 안 된다. 이 때문에 국제통상을 규율하는 WTO 규범에서는 새롭게 체결되는 지역무역협정이 역외국들과의 무역과 관련하여 기존의 체제보다 제한적이어서는 안 된다고 규정하고 있다.[4]

세계화는 자본주의의 심화현상이자 끊임없는 자본축적 과정으로, 자본주의시장경제체제의 전 세계적인 확대양상을 극적으로 설명하는 '과대포장한 말장난'이라는 비판도 존재한다.[5] 하지만 세계화의 확산을 실질적 측면에서 분석해 보면, 다국적 기업이나 관련 산업의 발전과 확산과정에서 나타났다는 사실을 부정할 수는 없다.[6]

하지만 세계화가 가지는 이러한 측면의 특성을 고려하더라도, 지역화나 지역주의 현상이 여러 가지 복잡·다양한 국제경제문제의 돌출로 인해 한계에 직면하고 있는 세계화를 확산시킬 수 있는 또 다른 동력원이 될 수 있다는 사실을 부정할 수는 없다. 이런 차원에서 보면, 국제통상이 심화되고 있는 세계에서 지역화나 지역주의 현상은 더욱

4　WTO GATT 제24조 제3항.
5　허스트(Hirst)와 톰슨(Thompson)은 이러한 세계화의 문제점을 <문제의 글로벌리제이션>으로 표현했다.
6　세계화의 발생은 경쟁기업의 수적 증가로 인해 이들 기업이 경쟁우위를 확보하는데 필요한 각종 비용은 증대하고 있지만, 그 결과로써 만들어진 상품의 판매주기는 매우 짧아짐으로써 국내시장을 통한 각종 비용의 뒷받침이 어렵기 때문에 나타났다.

심화되고 확대될 가능성이 높다고 볼 수 있을 것이다.

제 3 절 · **국제통상의 특성**

국제통상이란 결국 하나의 국민경제가 세계경제로 변해 가는 과정과 관련되는 모든 경제활동을 의미한다고 볼 수 있다. 이하에서는 국제통상의 개념 속에 어떠한 구조적 특성이나 의미가 숨어 있는지를 살펴보고자 한다.

1. 국민경제의 상호의존 심화

국제통상의 개념 속에는 국민경제의 (세계적) 상호의존 심화라는 의미가 포함되어 있다. 즉, 일국의 경제관계 범위가 점차 세계로 확산되면서 세계적 경제관계의 정도도 심화되고 있다는 의미가 포함된다. 국제통상은 국가의 영토적 경계선이 점차 무의미하게 되어 일국의 경제관계가 국제 또는 세계적 경제관계로 확산되는 세계가 된다는 것을 보여 준다. 그리고 그러한 과정에서 일국의 국민경제적 활동을 내부와 외부, 국내와 국외의 영역으로 구분하는 것 또한 점차 무의미하게 됨을 의미한다.

일반적으로 국제통상의 용어 속에는 국제거래의 네트워크가 단일공간 위에서 이루어지는 세상이 확산되고 있음을 의미한다. 다시 말해, 국제통상이라는 용어 속에는 전 세계가 상호의존의 관계로 들어서고 있으며, 세계는 이러한 상호의존적 유대관계의 강화·확산으로 인해 점차 단일경제 체제로 변화될 수 있다는 의미를 내포한다. 그리고 상호의존의 심화가 그 범위(stretching)와 심도(deeping) 면에서 모두 강화된다.

2. 시공간의 응축과 동시공존

국제통상의 개념 속에는 시간과 공간의 응축(time-space compression)과 동시공존이라는 의미가 포함되어 있다. 이는 국제통상이 심화되는 세상은 결과적으로 세계적 차원으로 시공간적 개념이 응축되는 것을 의미하고, 이러한 현상이 동 시간대에 이루어짐을 내포한다. 이러한 특성 때문에 국제통상이 고도로 발달된 사회에서는 정보화와 네트워크화가 가장 중요한 경쟁력의 원천이 되는 것이다.

정보화의 발전은 기업의 해외 영업활동이 가지는 여러 가지 제약요인을 제거 또는 해소함으로써 기업의 세계화에 대한 새로운 지평을 열어 준다. 정보화의 강화는 기업이 해외 경영활동 시 부담하여 왔던 각종 시행착오의 비용을 상당 부분 절감시킨다. 그리고 전 세계적으로 분산되어 있던 경제단위 간의 의사소통을 손쉽게 확산시켜 기업들이 보다 저렴한 비용으로 해외 영업활동에서 경쟁우위를 획득할 수 있게 한다.

이러한 이유로 국제통상이 심화되는 세계에서는 다른 주체들과의 협력 네트워크의 발달 정도가 해당 기업이나 조직, 국가의 경쟁력을 좌우하게 된다. 즉, 국제통상이 심화되는 세계에서는 개별단위들 간 협력 네트워크의 성장과 확대가 관련 주체들 간의 정보공유화를 확산시키고, 이러한 상호연계의 효율성 극대화가 곧 경쟁력의 원천이 될 것이다.

3. 다원주의

국제통상의 개념 속에는 다원주의라는 의미가 포함되어 있다. 사전적 의미로서 다원주의는 다양성과 다양한 의견의 존중과 인정을 의미한다. 하지만 국제통상학에서의 다원주의는 국제경제 사회는 여러 독립적 이익집단이나 결사체로 구성되어 있으므로, 특정 엘리트 권력집단에 의해 통합적·획일적으로 지배되기보다는 집단 내 또는 집단 간의 다양한 경쟁, 갈등, 협력 등을 통해 민주주의적으로 운영됨을 의미한다.

다원주의는 결과적으로 국제통상이나 국제무역을 통해 문화의 전 지구적 동질화나 정치 영역의 전 지구적 통합화 등을 등식화되는 것이 아니라, 국제경제관계의 확대와 심화를 통해 세계가 하나의 단일한 사회적 공간 위에서 복잡한 형태로 재구성됨을 의미한다. 다원주의의 이러한 이유 때문에 오늘날과 같이 국제통상이 심화되어 상호의존 현상이 전 세계적 차원에서 진행되는 와중에도 지정학적 인접을 근간으로 하는 가장 민족적이고 지방적인 특수성을 지니는 지역연합체가 생겨나고 있는 것이다.

결국 다원주의적 특성을 지닌 국제통상이 심화되는 사회에서는 기존의 전통적 쌍무주의 방식에서 벗어나 지역주의나 다자주의적 방식으로 문제해결을 시도하게 된다. 그리고 국제통상의 심화과정 중에 발생하는 일국의 국내 제도 및 관행의 국가 간 차이(system differences)의 조화가 주요 목표가 되는 것이다.

4. (외부효과형) 세계경쟁

국제통상의 개념 속에는 외부효과형 세계경쟁이라는 의미가 포함되어 있다. 이는 일국의 국내 지역시장이 세계시장으로 통합되면서 경쟁도 자연적으로 세계적 성격을 띠게 된다는 의미이다. 경쟁이 세계로 확대된다 함은 한 시장에서의 경쟁성과나 결과가 다른 시장에서의 경쟁성과나 결과에 영향을 미침을 의미한다. 세계경쟁적 성격 때문에 국제통상이 심화되는 세계에서는 전 세계에서 발생하는 국지적인 경쟁 하나 하나가 중요하고, 결과적으로 최종 경쟁성과나 결과로 직결된다.

외부효과형 세계경쟁이라는 용어는 경쟁의 상호연관성이 대단히 높다는 의미를 내포하고 있다. 외부효과란 어떠한 경제활동이 다른 경제주체에게 대가를 받거나 주지 않으면서도 의도하지 않은 혜택이나 손해를 가져다주는 것을 의미한다. 외부효과형 세계경쟁이란 어느 한 시장에서 열위에 빠진 기업은 그 외의 다른 시장에서는 물론 세계시장에서도 의도치 않게 위협받게 됨을 의미한다. 기업들은 이 때문에 자신의 주력시장에서 우위를 확보함으로써 다른 시장에서의 경쟁에서도 외부효과를 획득하려고 노력한다.

결과적으로 국제통상이 가지고 있는 외부효과형 세계경쟁이라는 특성 때문에 세계경쟁의 패턴도 특화경쟁에서 전면경쟁으로, 정태적 경쟁에서 동태적 경쟁으로, 고정입지경쟁에서 입지선정경쟁으로, 기업 간 경쟁에서 네트워크 간 경쟁의 형태로 확대되는 것이다.

5. 행위주체의 다양화

국제통상이라는 개념 속에는 행위주체의 다양화라는 의미가 포함되어 있다. 국제통상이 심화되는 세계에서는 국민경제 간 상호의존성을 확산·심화시키는 다양한 행위자가 등장하고, 이러한 행위자들의 개별행위가 모두 경쟁의 결과에 영향을 미치게 된다. 그 결과 국제통상이 심화되는 세계에서는 개별 경제주체 모두가 주요 행위주체가 된다.

국제통상이 심화되는 세계에서는 국제상거래 과정에서 전통적 의사결정과 행위주체였던 국가나 기업 외에도 국제기구나 민간기구, 그리고 다양한 형태의 비정부기구(Non-Government Organization : NGO)와 사회운동세력 등이 주요 행위주체로 등장하게 된다. 이는 행위주체의 다양화를 통해 국제통상이 심화되는 세계에서는 국가나 민족의 경계를 초월하여 그 활동범위를 다양하게 변화시킨다는 것을 의미한다.

국제통상이 심화되는 세계에서는 국제통상의 효율적인 운용을 위해 국민경제 간 상호작용을 규율하고 국가 간 협력을 강화하기 위한 국제경제기구의 중요성이 특히 강조된다. 국제경제기구는 국가 간 상호의존성의 강화과정에서 나타나는 복잡·다양한 문제를 해결하는 데 기여한다.

제 4 절 • 국제통상과 WTO

세계무역기구(WTO)의 존재는 국민경제의 세계경제 편입과 통합에 중요한 역할을 한다. WTO의 출범은 결과적으로 통상의 벽을 낮춤으로써 신흥국이나 개도국의 빈곤탈출을 지원하는 새로운 기회의 문으로 작용한다. 그리고 국제사회에서 협의의 개념으로 이해·사용되던 국제무역이라는 개념을 국제통상이라는 포괄적 개념으로 확대시키는 데 결정적인 역할을 했다.

WTO의 출범으로 인해 국제통상은 주로 재화의 국제거래만을 총칭하던 개념에서 서비스와 무역 관련 지식재산권(TRIPs) 및 분쟁해결절차까지 포괄하는 개념으로서 확대되었다. WTO의 출범과정에서 보여 준 세계 각국의 다자주의적 협상 노력은 국제통상의 규율방식이 쌍무주의에서 다자주의로 전환되는 데 결정적 기여를 했다. 그리고 이러한 과정에서 국제통상에 대한 학문적 연구 필요성을 더욱 불러 일으켰다.

우루과이라운드(UR)의 성공적 타결과 그 결과로서 만들어진 WTO의 출범과 운영은 국제통상의 범위를 재화와 서비스의 국제거래, 무역 관련 지식재산권 및 분쟁해결절차 분야까지 확장시키는 계기가 되었다. 이 과정에서 다양한 형태의 다자간 협상과 새로운 분야에 대한 통상규범 제정 노력도 함께 나타났다. 이러한 통상규범 제정 노력의 결과로서 만들어진 것이 WTO 협정이다. WTO 협정은 현재 국민경제의 세계화와 관련된 경제활동과정에서 발생할 수 있는 여러 가지 통상 문제들을 규율할 수 있는 국제간 기본규범으로 국제통상의 핵심요소라고도 할 수 있다.

WTO와 관련 제 협정들을 학습하고 이해하는 것은 국제통상이 심화되는 사회의 기본원칙과 운용원리를 이해하는 기본시각을 훈련하는 것이다. WTO 협정에 대한 이해는 향후 국제 경제주체들 간 경제활동과정에서 발생할 수 있는 국제통상 현안과 갈등, 분쟁 등을 논리적으로 분석하고 전망할 수 있는 능력을 배양하는 것이다.

GATT · WTO로 낮춰진 통상의 벽 … 신흥국 빈곤 탈출 이끌어

20세기 후반부터 상품, 서비스, 노동, 자본 등의 시장이 국제적으로 통합되는 이른바 '세계화'가 빠른 속도로 진전됐다. 많은 나라가 상품의 국제적 거래를 통해 자국의 부를 창출하고 증대시키는 방안을 추진하고 있다. 또 세계화는 정보통신 발달과 더불어 대다수 인류의 삶을 더욱 윤택하게 만들고 있고, 특히 세계화에 참여한 신흥국들은 급속한 경제성장과 함께 빈곤율이 크게 낮아지는 결과를 얻었다. 그럼에도 불구하고 글로벌 금융위기 및 저개발의 원인으로 세계화를 지목하는 시각도 있고, 세계화에 따른 신흥국의 부상으로 선진국에선 산업과 일자리가 없어지고 있다는 불만도 팽배하다.

시장이 국제적으로 통합되는 세계화는 사실 19세기 후반부터 제1차 세계대전 사이에 등장했다. 그러나 이때의 세계화는 유럽 국가들과 미국, 캐나다, 호주 등이 참여한 제한적인 세계화였다. 세계화의 혜택도 일부 국가들에 한정됐다. 캐나다, 호주, 아르헨티나 등이 20세기 초반 선진국 대열에 합류했듯이 세계화에 참여한 국가들은 큰 이득을 봤다. 그러나 제1차 세계대전을 겪은 후 보호무역, 이민제한 등의 조치와 함께 세계화는 급격히 후퇴했다. 이는 대공황을 더욱 심화시키는 요인으로 작용했다.

당시 대표적인 보호무역정책은 미국의 스무트-홀리 관세법으로, 1930년 제정된 이 법은 2만여 개 품목에 대해 역대 최고 수준의 관세를 부과했다. 이는 주요 국가들의 경쟁적인 관세인상과 블록화에 따른 고립주의를 불러와 국제교역은 급감했다. 1929년부터 1933년까지 미국의 수출과 수입이 50% 이상 감소했고, 국제 교역량도 30% 이상 줄어들었다. 뿐만 아니라 각국의 수출, 투자, 자본축적에 부정적인 영향을 미쳐 대공황을 더 악화시켰다.

보호무역으로 인한 파괴적 결과를 경험한 국제사회는 제2차 세계대전 종전 이후 국제교역의 활성화를 위한 새로운 무역체제 필요성에 공감했다. 1947년 '관세와 무역에 관한 일반 협정(GATT)' 체제 출범부터 1995년 세계무역기구(WTO) 설립에 이르기까지의 과정은 자유무역을 위한 국제적 제도기반을 확립해 나간 과정이었다.

그러나 그 과정은 순탄하지 않았다. 1946년부터 국제무역기구(ITO) 설립과 무역자유화를 위한 다자간 협약 체결을 위한 협상이 진행됐다. 하지만 이러한 ITO 설립은 무산되었고, 대신 GATT 체제가 출범했다. 이 같은 결과는 미국의 내부문제에서 비롯됐다. GATT의 경우 1945년 미국 행정부가 무역협정 체결에 관한 권한을 의회로부터 부여받은 상태이기 때문에 큰 문제가 없었다. 하지만 ITO 같은 국제기구의 참여는 의회 인준이 필요했다. ITO는 미 의회의 인준을 받는 데 실패했고, 그 결과 자유무역의 제도적 장치인 국제기구 설립은 거의 50년 후에나 성사됐다. GATT는 전후 선진국을 중심으로 장기간 호황을 통한 자본주의 황금기의 촉매제 역할을 했다.

1947년 체결된 GATT는 관세를 크게 낮추고 동시에 국제무역과 관련된 중요한 원칙을 확립했다는 점에서 그 중요성을 찾을 수 있다. '최혜국대우' 원칙과 '내국민대우' 원칙은 GATT에 참여한 국가들에게 교역에서 동등한 경쟁기회를 부여하는 것이다. '최혜국대우'는 자유무역을 촉진하고 거래비용을 최소화하기 위해 모든 회원국들이 교역, 특히 수출과 관련해 가장 좋은 조건을 동등하게 부여받는 것을 의미한다. '내국민대우'는 수입품에 대해서도 국내산과 동등한 대우를 해야 한다는 의미로 조세와 규제에서 수입품을 차별해서는 안 된다는 것을 천명한 것이다.

일러스트 | 조영남 기자

GATT 체제는 1960년대 케네디라운드, 1970년대 도쿄라운드, 1980년대 후반부터 1994년까지 진행됐던 우루과이라운드를 통해 회원국을 확대해 나갔다. 그리고 관세를 대폭적으로 인하했으며, 관세장벽 외에도 비관세장벽, 규범 등 무역과 관련된 각종 장벽을 낮추며 자유무역을 확산시키는 역할을 했다. GATT 출범 시 23개국에 불과했던 참여국가가 우루과이라운드 때는 116개국으로 늘어났다.

이 같은 자유무역 체제의 발전은 괄목할 만한 결과를 가져왔다. 선진국 관세장벽이 낮아지면서 수출주도형 전략을 택한 신흥국들이 부상하기 시작했다. 한국을 비롯한 대만, 홍콩 등의 국가들이 급속한 경제성장을 달성할 수 있었던 것은 자유무역 체제 발전에 따른 선진국 시장의 개방 덕택이었다. GATT 체제의 발전은 1995년 WTO 창립으로 이어졌고, 이 과정에서 관세 및 비관세장벽이 지속적으로 완화되어 국제교역의 증가, 국제적인 자본이동의 증가에도 기여했다.

자유무역 발전은 세계화의 확산으로 이어졌고, 세계화에 참여한 국가들, 그중에서도 개발도상국들에는 무역을 통해 선진국과의 격차를 축소시키는 계기가 됐다. 특히 개도국의 많은 국민들은 절대빈곤에서 벗어날 수 있게 됐다. 이는 구체적으로 중국과 인도의 예를 통해 확인된다. 친세계화 정책을 통해 1990년대 중국은 연평균 9% 이상, 인도는 6% 이상의 고도성장을 경험했다.

1990년대 이후 중국의 빈곤인구는 150만여 명 감소했으며, 같은 시기 인도의 빈곤율도 40%에서 20%로 떨어졌다. 자유무역 체제의 발전과 세계화는 개도국의 성장과 빈곤탈출에 결정적인 역할을 한 셈이다.

출처 | 송원근, "GATT · WTO로 낮춰진 통상의 벽 … 신흥국 빈곤 탈출 이끌어", 한국경제, 2013.12.6.

제2장

WTO의 출범과 DDA

제1절 • **세계무역기구(WTO)**

World Trade Organization (WTO)

['wər(-ə)ld 'trād ör-gə-nə-zā-shən]

An international institution that oversees the rules governing global trade.

출처 | Investopedia / Ryan Oakley

　　WTO는 국제통상에 관한 규범을 다루는 유일한 국제기구이다. WTO의 핵심은 국제무역에 참여하고 있는 대부분의 국가에 의해서 합의·조인된 다자간 무역협정의 형태인 WTO 협정이다. WTO 협정은 국제간 상거래를 위한 법률적 기본원칙을 제공하며, 합의된 규범에 따라 국제무역을 규율할 수 있는 국제간의 계약이다.

　　WTO 협정의 제정은 비록 회원국 정부에 의해 합의·조인되는 형태를 취하고 있지만, 실질적 목적은 WTO에 참여·가입하고 있는 회원국의 상품 및 서비스 생산기업이나 수출 및 수입업자를 지원하는 것이다.

▶ 세계무역기구(WTO) ⋯⋯⋯⋯⋯⋯⋯⋯⋯⋯⋯⋯⋯⋯⋯⋯⋯⋯⋯⋯⋯⋯⋯⋯⋯⋯⋯⋯●

　　○ 위　　치 : 스위스 제네바
　　○ 설　　립 : 1995년 1월 1일

○ 회 원 국 : 166개국(2024년 8월 기준), 옵서버 23개국★
○ 예   산 : 204백만 스위스 프랑
○ 사무총장 : Ngozi Okonjo-Iweala(나이지리아)
○ 기   능
  - WTO 무역협상의 장
  - 무역협상의 장
  - 통상분쟁 해결의 장
  - 국가별 무역정책 검토 및 감시
  - 개도국에 대한 기술적 원조 및 훈련
  - 다른 국제기구들과의 협력

★ 옵서버 국가는 옵서버로 된 후 5년 이내에 WTO 가입협상을 개시해야 함(교황청은 제외).

1. WTO의 기원 : GATT에서의 출발

WTO는 1995년 1월 1일에 출범되었지만, 그 기원은 1947년도에 출범된 GATT라고 볼 수 있다. 즉, 지금의 WTO 체제는 1947년에 제정되고 1948년에 발효된 관세 및 무역에 관한 일반협정(General Agreement of Tariffs and Trade : GATT)으로부터 기초적인 틀(framework)과 원칙, 규범 등을 제공받고 있다고 볼 수 있다.

WTO는 비공식 국제기구의 성격을 가지고 제2차 세계대전 전후에 몇 년간의 논의를 거쳐 출범된 GATT를 근거로 출발했다. 그리고 그 후 몇 차례의 다자간 통상협상을 거치면서 현재의 형태로 발전되었다.

WTO 체제는 GATT 체제 내에서 만들어진 1986년부터 1994년까지 지속되었던 우루과이라운드(Uruguay Round)라는 다자간 무역협상을 기반으로 만들어졌다. 하지만 기존의 GATT 협정은 상품에 관한 무역만을 다룬 반면, WTO 협정과 기타 부속 협정들은 GATT 협정에 포함되지 않았던 농업, 섬유 및 의류, 서비스 분야에서의 무역과 무역 관련 지식재산권 등의 분야도 포괄하고 있다는 점에서 차이가 있다.

■ 다자간 무역체제

다자간 무역체제는 WTO에 의해 운영된다. 현재 주요 무역국을 포함한 대부분의 국가가 WTO 회원국인 것은 맞지만, 세계 모든 통상국가들이 WTO 회원국인 것은 아니다. 그럼에도 불구하고 WTO에서 사용되고 있는 "다자간"이라는 용어는 "범지구적" 또는 "전 세계적"이라는 용어를 대신하여 사용되고 있다.

　　WTO의 업무에 있어서 "다자간"의 의미는 지역적이거나 소규모 국가들이 취한 행위와
는 대조적인 성격을 갖고 있다. 국제통상에서 "다자간"의 의미는 국제관계학에서 다자간
안보협정이 지역적으로 국한될 수 있는 것과는 다르다고 볼 수 있다.

◀ 그림 ▶ GATT의 탄생(1947년 11월 하바나 회의)

출처 | WTO(https://www.wto.org/english/thewto_e/history_e/history_e.htm#)

2. WTO의 주요 목표

　　WTO의 목표는 크게 3가지로 정리할 수 있다. 첫째, WTO는 보다 자유로운 무역 (freer trade)과 예측 가능한 무역을 목표로 한다. WTO의 가장 주요한 목표는 경제적 왜곡현상이 발생하지 않는 범위 내에서 회원국의 무역자유화의 정도를 최대한 증진시키는 것이다. WTO가 많은 통상문제 속에서 다양한 많은 종류의 무역장벽들을 제거하고 있다는 사실은 WTO가 보다 자유로운 무역을 목표로 하고 있다는 것을 간접적으로 보여 주는 증거이다. WTO는 자유무역 외에도 무역규범의 제정과 이에 근거한 운영을 통해 WTO 체제의 예측가능성과 투명성을 제고시켜 개인과 기업 그리고 정부에게 국제통상 규범에 대한 이해와 함께 무역정책의 급속한 변화가 없을 것이라는 신뢰를 강화함으로써 자유무역을 확산시키기 위해 노력하고 있다.

　　둘째, WTO는 국제간·국가 간에 통상협상의 장을 제공하는 역할을 수행한다. WTO 협정들은 전 세계적인 차원에서 진행된 오랜 토론과 논쟁을 거쳐 만들어진 결과물이다. WTO 체제의 의미와 영향력은 기존의 GATT 체제에 비해 훨씬 강화된 것이라고 볼 수 있다. 결국 WTO는 새로운 통상환경하에서 주요 통상현안에 대한 국제간, 다자간 또는 양자 간 통상협상의 장을 제공함으로써 보다 자유로운 무역환경을 만들고, 이와 관련된 국제통상환경을 조성하고 관리하는 기구라고 볼 수 있다.

　　셋째, WTO는 국제간에 발생하는 통상분쟁을 해결하기 위한 관련 규칙 및 절차를 분명히 함으로써 국제간 분쟁의 해결방안을 제공하려는 목적을 갖고 있다. WTO 체제의 유지는 국가 간 이익상충의 통상환경 속에서 회원국 간의 합의된 규칙과 절차를 바탕으로 통상분쟁을 해결하는 것을 근간으로 하고 있다. 통상분쟁의 과정에서 국가 간 이익 차이를 조화시키는 가장 효과적인 방법으로는 국제간에 합의된 기본원칙을 근거로 만들어진 중립적 절차와 규범을 통해 다양한 갈등과 문제를 해결하는 것이다. WTO 분쟁해결절차는 국가 간 통상분쟁을 해결하기 위해 국제간에 만들어진 가장 현실적이고 중립적인 절차라고 볼 수 있다.

제 2 절 • **WTO의 기본원칙**

WTO 협정은 다양한 분야를 포괄하는 법률적 문건으로서 그 내용이 방대하고 복잡하다는 특징을 가진다. WTO 협정은 농업, 섬유 및 의류, 무역 관련 투자조치, 통신사업, 정부조달, 기술표준, 위생 및 검역 조치, 지식재산권, 서비스 등의 분야와 함께 여러 가지 통상 분야들을 함께 다루고 있는 WTO의 핵심이다.

WTO 체제에서 만들어지고 운영되는 여러 가지 통상규범들은 다음과 같은 몇 가지 기본원칙들을 근간으로 하고 있다. 그리고 이러한 몇 가지 기본원칙들은 WTO 체제 전체에 적용되는 기본원칙이라고 볼 수 있다.

▶ WTO의 기본원칙 ───●

○ **무차별주의** : 특정 국가는 자국의 무역상대국을 차별해서는 안 된다(모두 동등하게 "최혜국대우"의 지위를 부여해야 한다). 그리고 국산과 외국산 상품·서비스 사이의 국적에 따른 차별을 부과해서는 안 된다(즉, "내국민대우"가 부여돼야 한다).
○ **자유무역** : 통상협상을 통해 무역장벽들을 제거하거나 완화함으로써 종전에 비해 더 자유로운 무역을 지향한다.
○ **투명성 및 예측가능성의 강화** : 회원국은 외국의 기업과 투자 그리고 정부에 대해 관세 및 비관세장벽, 기타 무역 관련 조치들을 임의로 강화할 수 없으며, 더 많은 품목에서 관세양허와 시장개방을 약속해야 한다(법률에 근거한 규제).
○ **공정경쟁의 증진** : 시장점유율 확보를 위해 비용 이하로 수출하거나 (수출)보조금을 주는 등의 불공정 관행을 제거한다.
○ **최빈개도국에 대한 특별대우** : 최빈개도국에 새로운 무역환경에 적응할 수 있도록 더 긴 유예기간과 융통성 및 특혜를 부여한다.

1. 무차별주의

(1) 최혜국대우

WTO 체제하에서 회원국들은 무역상대국에 따른 차별대우를 해서는 안 된다. 최혜국대우(Most-Favoured Nation Treatment : MFN)란 일국이 한 회원국의 제품에 편의(advantage), 호의(favour), 특전(privilege), 면제(immunity) 등과 같은 특별한 혜택을 부여하는 경우(예를 들어, 어느 한 회원국의 어느 한 상품에만 관세율을 인하하여 주면), 다른 모든 회원국에게도 똑같은 혜택을 부여하여야 한다는 원칙이다.

■ 최혜(most-favoured)의 의미

최혜란 용어 속에는 모순적인 부분이 존재한다. 즉, 최혜란 용어만을 보면 한 회원국에 일종의 특별대우를 제공한다는 의미를 포함하는 것처럼 보이지만, 실제로는 모든 회원국들에 최혜국대우를 받는 회원국과 동등한 대우를 보장한다는 것을 의미한다. 이는 일국이 한 회원국에 제공하는 혜택을 증가시키면, 다른 모든 회원국들에도 똑같은 혜택을 제공함으로써 회원국 모두가 "최혜"의 상태가 되어야 한다는 의미이다.

최혜국대우의 고전적 의미 속에 동등한 대우가 내포되어 있다고는 볼 수 없다. 즉, 19세기에는 일부 국가만이 이러한 최혜국대우의 특혜를 누렸기 때문에, 최혜의 의미 속에는 특정 국가로부터 최혜의 교역상대국이라는, 즉 배타적 클럽(club)에 속한다는 의미가 내포되어 있었다.

하지만 대부분의 국가가 WTO 회원국으로 되어 있는 오늘날 최혜의 의미는 더 이상 배타적 클럽을 의미하지는 않는다. WTO 체제하에서 최혜국대우는 각 회원국이 다른 모든 회원국들을 동등하게 대우하여야 한다는 것을 보장하는 원칙이다.

WTO 체제 중 가장 대표적인 GATT 협정에서의 최혜국대우는 수출입에 대해 또는 수출입과 관련하여 부과되거나 수입대금의 국제간 이체에 부과되는 ⅰ) 관세나 기타 과징금, ⅱ) 동 관세 및 과징금의 징수방법, ⅲ) 수출입과 관련되는 모든 규칙 및 절차, ⅳ) 내국세 및 기타의 국내 규칙(GATT 제3조 제2항 · 제4항에 기재된 모든 사항), ⅴ) 상품에 대해 적용된다.

최혜국대우 원칙은 GATT 제1조로서 국제무역의 이행과 관리에 가장 중요한 원칙으로 취급된다. 최혜국대우는 GATT 제1조 외에도 서비스무역에 관한 일반협정(GATS) 제2조, 무역 관련 지식재산권에 관한 협정(TRIPS) 제4조에서도 규정되고 있는 우선원칙으로, WTO의 주요 협정인 GATT, GATS, TRIPs를 모두 포괄하는 기본원칙이다.

하지만 최혜국대우에서도 예외는 인정된다. 예를 들어, WTO 협정에서는 역외지역에 대해서는 최혜국대우를 부여하지 않는 자유무역협정을 유지할 수 있도록 하고 있다. 그리고 불공정무역을 하고 있다고 간주되는 국가로부터의 수입에 대해서도 무역장벽을 강화할 수 있게 함으로써 최혜국대우의 차별적 적용이 가능하게 했다. 또한 WTO 체제에서는 경제통합 조치에 대한 예외 및 개도국에 대한 특별조치에 대한 예외도 인정하며, 서비스무역에 대해서도 제한된 환경이나 조건하에서의 차별대우를 허용한다.

그러나 최혜국대우의 예외규정들은 모두 WTO 협정하의 엄격한 조건이나 규범으로서만 적용된다. 그리고 최혜국대우(MFN)는 일국이 무역장벽을 감축하거나 철폐하는 경우, 상대국의 국민소득이나 국력 등에 상관없이 모든 회원국들에 동등한 혜택을 제공해야만 한다.

(2) 내국민대우

내국민대우(National Treatment)는 외국산 상품이 일국의 국내시장에 진출한 후에는 내국산 상품과 동등하게 대우받아야 함을 밝힌 원칙이다. 이는 이미 관세를 납부한 수입품에 대해 일국은 내국세(internal taxation)나 국내규제(internal regulation)와 관련하여 국내 제품과 비교하여 불리하지 않은 대우(동등한 대우)를 부여하여야 함을 의미한다.

내국민대우는 다른 회원국의 영역 내로 수입된 어느 한 회원국의 상품에 대해서는 동종의 내국산 상품에 대해 직·간접적으로 부과되는 내국세나 기타 모든 과징금을 초과하는 내국세 및 기타의 내국 과징금을 직·간접적으로 부과해서는 안 된다는 것을 원칙으로 한다. 여기서 내국세란 판매세나 사치세, 거래세, 이용세 등 해당 상품과 관련된 세금을 의미하며, 소득세 등의 직접세와 관련한 세금에는 적용되지 않는다.

다른 국가의 자연인이나 법인을 자국의 국민과 동등하게 대우하여야 한다는 내국민대우 원칙은 WTO 협정 내에서 그 내용과 형식이 조금씩 다르게 나타난다. 하지만 중요한 것은 모든 WTO 협정에서 찾아볼 수 있는 원칙이라는 것이다(GAAT 제3조, GATS 제17조 그리고 TRIPS 제3조). 내국민대우 원칙은 수입품에 대해 차별적인 내국세나 정부규제와 같은 국내규제가 부과되는 경우, 이는 관세에 버금가는 보호주의적 수단이 될 수 있다는 점을 고려하여 만들어진 원칙이다.

내국민대우는 일단 특정국의 국내시장에 진입한 모든 외국 상품과 서비스, 지식재산권에 적용되는 원칙이다. 결과적으로 내국민대우는 수입품에 대한 세금도 수입국 내에서 생산된 국산품과 동등하게 부과되어야 한다는 의미로 해석된다. 하지만 수입품에의 관세부과는 내국민대우 원칙에 위배되는 것은 아니라고 봄이 일반적이다.

내국민대우에 대한 명확한 해석을 위해서는 먼저 어떠한 상품이 동종상품(like product)인지, 직접 경쟁적이거나 대체 가능한 상품(competitive and substitutable products)인지를 결정해야 한다. 그 다음으로는 동종상품, 직접경쟁 또는 대체가능 상품인지를 결정하기 위한 상품비교(product comparison)를 해야 한다. 그리고 내국민대우의 명확한 적용을 위해서는 수입 상품에 대한 과세가 동종 국내 상품에 대한 과세를 초과하고 있는지, 또는 어떠한 내국세가 직접 경쟁적이거나 대체 가능한 상품의 국내생산을 보호하는지 여부 등을 결정하기 위한 재정비교(fiscal comparison)를 해야 한다.

◀ 그림 ▶ 내국민대우

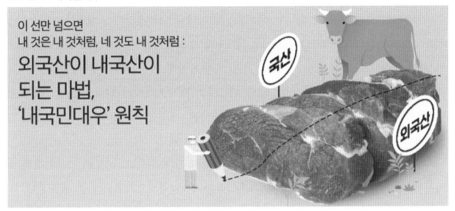

이 선만 넘으면
내 것은 내 것처럼, 네 것도 내 것처럼 :
**외국산이 내국산이
되는 마법,
'내국민대우' 원칙**

출처 | 의료기기 뉴스라인, "외국산이 내국산이 되는 마법, '내국민대우' 원칙", 2019.3.25.

2. 자유무역

WTO의 최우선 목표는 보다 자유로운 무역환경을 조성하는 것이다. 보다 자유로운 무역환경의 조성을 위해서는 무역장벽을 완화하거나 철폐하는 것이 가장 확실한 방법이다. 국제사회에서 많이 활용되는 무역장벽은 수입관세(customs duty, tariff), 수입할당(import quota), 수입금지(import ban)와 관료주의적 규제조치(red tape), 환율정책 등이다.

1948년 GATT 출범 이후 지금까지 총 9차례에 걸친 다자간 무역협상이 진행되어 왔거나 진행되고 있다. 초기의 다자간 무역협상에서는 주로 수입품에 관한 관세인하에 초점이 맞추어져 있었고, 그 결과 1980년대 중·후반에는 공산품에 대한 선진국의 관세율이 약 6.3% 수준까지 하락하기도 했다. 하지만 1980년대 이후부터의 다자간 무역협상은 관세장벽뿐만 아니라 상품에 대한 비관세장벽과 서비스·지식재산권 등과 같은 새로운 분야에 대한 자유무역의 증진으로 그 범위가 확대되었다.

자유무역의 확대와 시장개방은 대부분의 국가에 더 많은 무역이익을 가져다 주겠지만, 단기적인 측면에서 볼 때는 그렇지 않은 국가들도 존재한다. 이러한 측면을 반영하여 개발도상국(이하 개도국이라 표기)에 대한 시장개방은 개도국의 국내 경제상황과 체질을 고려하는 유예(조정)기간을 제공한다. WTO 협정에서는 회원국의 점진적 자유화를 통한 시장개방을 허용하고 있다. 구체적 방법으로 개도국에 대해서는 무역자유화에 대한 의무이행을 위해 다른 선진국보다 더 많은 유예기간을 준다.

3. 예측가능성 및 안정성 제고

WTO의 주요 목표 중 하나는 국제통상의 이행과 관리과정에서 예측가능성과 안정성을 제고하는 것이다. WTO 체제에서 국제통상의 예측가능성 제고는 무역장벽의 제거나 완화 약속으로 구체화된다. 무역장벽의 제거나 완화 약속은 관련 기업들의 미래 비즈니스 기회에 대한 예측가능성을 높여 줌으로써 WTO 체제의 안정성을 제고하게 된다. 이러한 측면에서 보면 국제통상의 예측가능성의 제고는 무역장벽의 제거나 완화 약속만큼이나 중요한 것이다.

국제통상의 예측가능성과 안정성 제고는 투자를 촉진하고, 이로써 고용확대와 소비자의 다양한 선택을 가능케 하며, 가격인하와 같은 경쟁요소의 강화를 유도한다. 사실 WTO 체제와 같은 다자간 무역체제의 구축은 기업의 경영환경을 안정시키고 예측가능성을 제고하려는 정부 간 노력의 일환이라고 볼 수 있다. WTO 체제하에서 회원국들의 상품과 서비스 시장에 대한 개방 약속은 법적 구속력을 가진다. 상품 부문에서의 구체적 약속은 최고관세율을 규정한 관세양허의 형태로 나타난다. 이러한 관세양허는 변경이 가능하지만, 이는 양허관세의 변화에 따른 무역손실 보상을 위한 관련 당사국과의 협상을 거친 후에만 가능하다. 이러한 내용을 종합해 보면 WTO 다자간 무역체제의 구축은 그 변경이 쉽지 않기 때문에, 법적 구속력 강화를 통한 예측가능성 제고의 효과를 가진다고 볼 수 있다.

UR 협상의 주요 성과 중 하나는 구체적 약속의 형태로 나타나는 관세양허 대상과 그 거래량을 증가시켰다는 것이다. 농업 부문에서도 예외 없는 관세화가 실현됨으로써 생산품 전부를 관세양허 약속에 포함시켰다는 성과도 도출하였다. 이는 모두 WTO 체제가 약속 강화를 통해 시장의 예측가능성과 안전성을 제고하는 방향으로 변화되고 있다는 것을 보여준다. 실제로 WTO는 국제통상 분야에서 예측가능성과 안정성을 제고하기 위한 방법으로 수입량 제한의 수입쿼터 조치[7]나 기타 비관세장벽의 사용을 억제하는 방식을 채택했다.

예측가능성과 안정성을 제고하기 위한 또 다른 방법으로는 각국의 무역 규범들을 가능한 투명하고(transparent) 명료하게 만드는 것이다. WTO 협정의 많은 부분에서는 회원국 정부가 자국의 정책이나 무역 관행을 스스로 공개하거나, 이에 대한 WTO 통지(notify)를 요구한다. 그리고 WTO에서 실행하고 있는 무역정책검토제도(trade policy review

---

7 수입쿼터 조치는 관료주의적 규제조치(red tape)의 남용과 함께 불공정성을 초래할 수 있는 여러 가지 문제점을 안고 있다.

mechanism)를 통한 회원국 무역정책에 대한 정기적 검토는 국내적으로나 다자적인 수준에서 체제의 투명성(transparency)을 제고시키는 중요한 수단으로 인정된다.

4. 공정경쟁의 증진

WTO는 보통 자유무역(free trade)을 대표하는 국제기구로 묘사된다. 하지만 이는 전적으로 옳은 표현이라고 할 수 없다. WTO 체제에서는 제한된 상황에서 관세뿐만 아니라 다른 형태의 보호조치 사용을 허용하고 있다. 이는 WTO 체제가 결국 개방적이고 공정하며 왜곡되지 않는 국제경쟁을 조성하는 데 목표를 둔 (법)체제일 뿐, 완전한 자유무역을 보장하는 체제는 아니라는 것을 의미한다.

사실 최혜국대우의 원칙이나 내국민대우의 원칙과 같은 무차별 원칙들은 모두 공정경쟁(fair competition)을 확보하기 위한 필수원칙이라고 볼 수 있다. 그리고 반덤핑관세와 세이프가드조치, 상계관세에 관한 규정 등도 이러한 논리체계에 그대로 적용된다고 볼 수 있다. 결과적으로 WTO 체제는 오히려 공정무역을 강화하기 위한 체제라고 보는 것이 옳을 것이다.

국제통상의 과정에서 발생하는 문제들은 매우 복잡하고 다양한 형태로 나타난다. WTO 관련 규정들은 공정무역의 증진을 위해 무엇이 공정하고, 무엇이 불공정한지를 분명히 규정하고 있다. 그리고 불공정 경쟁이나 거래 등이 발생하는 경우, 이로 인해 초래된 손실을 보상하기 위한 보복조치의 발동 등에 대해서도 규정하고 있다.

이 밖에도 WTO 협정은 농업·지식재산권·서비스무역 분야에서도 공정경쟁의 촉진을 지원하고 있다. 그리고 WTO 정부조달 협정[8]에서는 정부기관(중앙 및 지방정부기관과 기타 정부 관련 조직 포함)에 의한 공적 구매(public procurement)에 대한 공정경쟁 원칙과 이와 관련된 적용방법 등을 규정하고 있다.

5. (최빈)개도국 특별대우

WTO가 경제개발을 목표로 한다는 전제는 경제학자와 무역전문가들 사이에서 이미 폭넓게 인정받고 있다. WTO 협정의 이행과정에서 (최빈)개도국들이 어느 정도의

---

8 WTO의 일부 회원국들에 의해서만 조인되었기 때문에 "복수국가 간 협정(plurilateral agreement)"이라 부른다.

융통성과 유예기간을 가지는 것도 이러한 이유 때문이다. 개도국에 대한 특별대우와 지원, 무역양허 등을 인정하는 기존의 GATT 규정들이 WTO 체제하에서 그대로 인정되는 것도 같은 논리구조를 가진다.

WTO 회원국의 3/4 이상은 개도국 또는 시장경제 체제로 전환하고 있는 체제전환국(countries in transition)이다. 7년 반에 걸친 UR 협상기간 동안 60개가 넘는 개발도상국가들이 자율적인 무역자유화를 약속하고 실행하였다. UR 협상기간 동안 개도국과 체제전환국들은 이전의 어떤 다자간 무역협상보다도 활동적으로 행동했고, 그 과정에서 영향력도 커지게 되었다. UR 협상기간 동안 개도국의 무역자유화 노력은 다자간 무역체제가 지금까지 선진국 중심이었고 그들을 위해 존재한다는 생각을 변화시켰다. 개도국들도 과거 특정 GATT 규정의 적용과 협정의무 이행의 일방적 면제를 원했던 인식들을 스스로 변화시켰다. 실제로 UR 협상 타결 시점에 개도국들은 선진국들이 요구하는 거의 대부분의 의무를 이행할 준비가 되어 있었다.

WTO 체제에서는 (최빈)개도국들이 까다롭고 익숙하지 않은 WTO 규정에 대해 적응할 수 있도록 상당 기간의 유예기간을 부여하고 있다. UR 협상 말기 각료회의에서 채택된 결정은 WTO 협정의 이행에 대한 개도국들의 움직임에 더 많은 융통성을 부여하였다. 그리고 WTO 체제는 선진국들로 하여금 개도국의 수출상품에 대해 기존 체제보다 더 많은 시장접근 기회를 보장하도록 하고 있으며, 보다 많은 기술적 원조를 제공하도록 했다.

제 3 절 · WTO의 창설과정

1. GATT

WTO의 출범은 제2차 세계대전 이후의 국제무역사에서 나타났던 가장 큰 변혁으로 기록된다. WTO의 출범은 과거 1948년을 전후해서 실패했던 국제무역기구(International Trade Organization : ITO)의 창설과정과 이로 인해 어렵게 출범한 GATT로부터 많은 영향을 받았다.

GATT는 총 8차례의 다자간 무역협상을 통해 국제무역을 더욱 자유롭게 함으로써 다자간 무역체제를 더욱 공고히 하였다는 부분에 기여했다. 하지만 이러한 GATT 체제도 1980년대 이후 점차 그 약점을 노출함에 따라 체제 재정비의 필요성이 대두되었다. GATT 체제의 재정비 필요성이 결국 UR라고 하는 대규모의 다자간 무역협상을 출범시켰으며, 이러한 협상의 결과 중 하나가 WTO의 창설로 이어진 것이다.

　　GATT(General Agreement on Tariffs and Trade)는 WTO 출범 전까지 국제무역을 위한 통상규범으로 전후의 국제상거래를 규율하는 역할을 수행하면서, 국제기구의 역할을 함께 해 왔다. 하지만 GATT가 외형적으로는 잘 조직된 국제기구처럼 보이지만, 실제로는 잠정협정으로서, 이러한 협정의 이행과 관리를 보조하는 조직을 가졌다.

　　제2차 세계대전 직후 GATT의 시작은 국제 경제협력을 관장하는 제3의 기관을 설립하고, 이를 세계은행(World Bank)과 국제통화기금(International Monetary Fund : IMF) 등의 국제경제기구로 구성된 "브레튼우즈(Bretton Woods)체제"에 합류시키자는 구상에서 출발되었다. 제2차 세계대전 전후에 만들어진 50개국 이상의 국가에 의해 구상된 국제경제기구의 설립구상은 국제연합(United nations : UN)의 특별기구로서 국제무역기구(ITO)를 만드는 것이었다. 당시 추진되었던 ITO 설립헌장 초안의 내용을 분석해 보면, 당시뿐만 아니라 현재 기준으로도 획기적 수준의 국제무역 규범의 틀을 갖고 있는 야심찬 것이었다. 세부적으로 보면, 관세인하와 긴급수입제한조치, 고용과 상품에 관한 협정, 상거래 관행 규칙, 국제투자 및 서비스 등에 관한 규범 등을 포함하고 있어 오늘날 적용되고 있는 WTO 협정의 수준을 뛰어넘는 것이었다.

　　1946년 ITO 설립 당시 협상에 참여했던 50개 국가 중 23개국은 관세인하 및 양허에 대한 협상개시에 대해 먼저 합의했다. 이러한 합의는 세계 각국이 제2차 세계대전의 종전과 더불어 무역자유화의 조기확산, 1930년대 초반부터 세계 각국에 남아 있었던 전시보호주의적 조치와 관행의 폐지를 원했기 때문에 만들어진 것이다.

　　1947년 제네바에서 개최된 제1차 다자간 무역협상에서 참가국들은 세계무역의 약 1/5에 달하는 약 100억 달러 규모의 무역에 영향을 미치는 4만 5천여 개 품목에 대한 관세양허에 합의했다. 23개의 협상참가국은 이러한 합의를 ITO 설립을 위한 헌장초안의 일부로 받아들이는 것에 대해서도 합의했다. 협상참가국들은 당시에 합의된 관세양허의 가치를 보호하기 위해서 ITO 헌장 초안의 신속한 처리를 희망했다. 그러한 과정에서 만들어진 통상규범과 관세양허에 관한 종합적인 일괄타협안이 "관세와 무역에 관한 일반협정(GATT)"이었다. 그리고 그 후에도 ITO 설립을 위한 대표단 회의는 지속적으로 개최되었다.

GATT는 이 때문에 ITO 헌장이 교섭 중이던 1948년부터 효력을 발휘하게 되었고, 당시 협상에 참가한 23개국들은 GATT 설립회원국[공식적으로는 체약국단(contracting parties)]이 되었다.

▶ GATT의 국제기구화 과정

1947년 10월, 스위스 제네바에서는 ITO 설립을 위한 다자간 관세인하 협상안이 합의되었다. 당시의 협상국들 사이에서는 이러한 합의 결과인 GATT를 ITO의 출범 이후에 발효시키자는 의견과, 이와는 별도로 관세인하 협정을 독립적으로 우선 발효하자는 의견이 함께 나왔다. 그 후 논의과정을 거쳐 협상참가국들은 관세인하 협상의 결과로 도출된 '관세 및 무역에 관한 일반협정(GATT)'을 우선 발효시키기로 합의했다. GATT는 당시 합의된 관세양허를 보호하고, ITO 설립헌장 초안의 처리를 위해 만들어진 통상규범과 관세양허에 관한 종합적인 일괄타협안이었다.

하지만 GATT에 대한 당시 각국의 입장은 달랐다. 미국은 GATT 체결에 의회비준이 필요한 상태였는데, 당시 GATT 내에 포함된 비관세장벽 분야 관련 규정이 문제가 되었다. 당시의 미국 의회는 GATT에 대해 부정적인 시각을 갖고 있었기 때문이다. 영국과 프랑스, 독일, 캐나다, 호주 등 주요 국가들도 자국의 이해관계가 심각하게 걸려 있는 조항들이 GATT 내에 포함되었기 때문에, 당시에 합의된 GATT를 그대로 수용하기가 부담스러웠다.

하지만 미국과 주요국들은 이러한 문제를 두 가지 방법을 통해 극적으로 해결하였다. 첫째, GATT를 잠정협정안(Protocol of Provisional Application)의 형식으로 채택함으로써 GATT 수용과정에서 의회비준이 필요 없도록 만들었다. 이 때문에 GATT 회원국들은 회원국이라 불리지 않고 체약국이라 불리게 되었다.

그리고 GATT 제2부에서는 조부조항(Grandfathering Clause)을 적용시켜 기존의 무역관련 법안들을 예외로 인정함으로써 영국을 포함한 각국의 불만을 해소했다. 여기서 조부조항이란 특정한 기존의 법이나 정부조치를 협정적용으로부터 예외로 할 수 있는 조항을 의미한다. 조부조항 적용의 예로, 미국이 상계관세를 부과하는 경우 산업피해에 대한 검사를 하지 않아도 되었던 것은 동 제도가 GATT 협정 이전에 이미 존재하고 있었기 때문이다. 즉, 이러한 부분도 조부조항을 통한 예외규정을 적용받을 수 있었기 때문에 가능했던 것이다.

하지만 조부조항은 보통 기존의 법규나 제도가 새로 개정되는 경우에는 이에 대한 예외인정이 소멸되었는데, 이는 조부조항의 남용을 막기 위함이었다. 그 결과 GATT 협정의 합의 당시 조부조항을 근거로 상당수의 예외가 인정되었지만, 그 후 많은 시간이 지나면서 조부조항이 적용되었던 법규와 제도들은 줄어들 수밖에 없었다.

GATT 협정은 잠정협정안의 형태로 출범하였기 때문에 여러 국가 의회비준 압력에서 벗어날 수 있었다. 그리고 이러한 이유로 GATT를 국제기구로 간주하지 않는 경향성이 발생한 것이다. 사실 GATT는 출범 초기 정식 사무국도 없었다. 나중에 국제무역기구 설립을 위해 구성된 임시위원회가 GATT 사무국의 역할을 담당하였다.

그 후 GATT는 정식 국제기구로의 변신을 지속적으로 시도했다. 하지만 체약국 간의 합

의 실패로 인해 번번히 실패하였으나, UR의 성공적인 추진으로 인해 GATT는 1995년 세
계무역기구(WTO)라는 명칭으로 확대·개편되면서 정식 국제기구가 되었다.

　　1948년 3월, 쿠바 하바나(Havana)에서 개최된 무역 및 고용에 관한 UN 회의에서
ITO 설립을 위한 헌장이 합의되었다. 하지만 ITO 설립헌장에 대한 개별국가의 비준과정에
서 일부 국가들이 의회의 반대에 부딪히면서 하바나 헌장(Havana Charter)에 대한 의회의
비준동의를 받는 데 실패했다. 특히 ITO의 설립을 주도하던 미국 의회의 반대는 당시까지
이루어진 ITO 설립을 위한 모든 성과와 노력을 무효화시켰다. 그 후 1950년에 접어들면서
미국 정부는 더 이상 ITO 설립을 위한 하바나 헌장에 대한 의회비준을 요청하지 않을
것이라고 발표하면서 ITO 설립헌장은 국제사회에서 사라지게 되었다.
　　ITO 설립노력의 실패이유로 미국 의회는 ITO의 설립이 미국 의회의 권한을 침해
할 수 있다고 보았기 때문이다. 구체적으로 미국 의회는 ITO가 설립되면 무역 관련 법

◀ 그림 ▶ 1947년 11월의 ITO 설립을 위한 하바나 대표회의 입장모습

출처 ｜ WTO(https://www.wto.org/english/thewto_e/history_e/history_e.htm#)

안의 제정 시 미국 통상정책에 대한 의회의 권한이 제한될 수 있다고 생각했다. 그리고 ITO 협정 내에 포함된 경쟁정책과 국제투자정책, 긴급수입제한조치 등에 대한 미국산업계의 불만도 폭발한 것이 핵심적인 이유였다.

하지만 이러한 ITO 설립에 대한 불만은 미국만의 이야기는 아니었다. 영국은 영국령 국가에 대한 우대조치의 허용을 주장하였고, 그 외의 기타 유럽 국가들은 ITO 협정 내에 긴급수입제한조치의 허용과 강화를 주장함으로써 ITO 설립 합의에 대해 불만을 가지고 있었다. 또한 많은 개도국은 ITO 협정 내에 존재하는 경제개발과 관련된 조항에 개도국 예외조항의 허용을 주장하면서 불만을 제기했다. 이러한 과정에서 미국의 ITO 비준 포기선언이 이루어졌고, 그 이후 다른 많은 국가들의 불만도 함께 표출되면서 ITO 설립은 결국 실패하게 되었다.

ITO 설립을 위한 노력이 실패한 후 국제사회에서는 국제통상에 대한 최소한의 규율을 유지할 수 있도록 하는 국제기구의 필요성이 절실해졌다. 이러한 과정에서 ITO 설립 노력과정에서 국제통상을 규율하기 위한 잠정규범으로서 만들어진 GATT가 대안으로 제기되었다. 이 때문에 GATT는 잠정협정에 불과했지만, 1948년부터 WTO가 출범한 1995년까지 국제무역을 관장하는 유일한 다자간 규범으로 존재할 수 있었다.

그 후 GATT 협정은 거의 반세기 동안 유지되었다. GATT 체제에서는 회원국들의 자발적 참여를 통해 복수국가 간 협정이 추가로 만들어졌다. 그리고 관세인하를 위한 GATT의 노력으로 8차례의 다자간 무역협상도 만들어졌다. 무역자유화를 향한 가장 큰 발전은 이러한 GATT 후원으로 진행되었던 다자간 무역협상에서 만들어졌다.

GATT 체제하에서 만들어졌던 초기의 무역협상은 대부분 관세인하에 초점이 맞추어져 있었다. 이 중 가장 주목할 만한 것은 1960년대 중반에 진행된 케네디라운드(Kennedy Round : 1963-1967)이다. 케네디라운드에서는 미국, 일본 등 주요 선진국의 공산품 관세가 약 35% 정도 인하되었으며, '반덤핑 협정'이 새롭게 제정되는 성과를 도출했다. 1970년대 개최된 동경라운드에서는 비관세장벽 문제의 해결과 무역체제의 개선을 위한 노력이 시도되었다.

7년 반의 기간(1986-1994년) 동안 진행된 제8차 다자간 무역협상인 우루과이라운드(Uruguay Round : UR)에서는 기존에 진행되었던 다자간 무역협상에 비해 가장 광범위한 분야에 대한 국제통상 문제가 다루어졌다. UR 협상의 성공적 수행으로 인해 WTO가 공식적으로 출범하게 되었다.

◀ 표 ▶ GATT의 무역협상들

연도	장소/이름	관련 주제	국가 수
1947	Geneva	관세	23
1949	Annecy	관세	13
1951	Torquay	관세	38
1956	Geneva	관세	26
1960~61	Geneva (딜런라운드)	관세	26
1964~67	Geneva (케네디라운드)	관세 및 덤핑 방지	62
1973~79	Geneva (도쿄라운드)	관세 및 비관세장벽, framework 협정	102
1986~94	Geneva (우루과이라운드)	관세, 반덤핑, 통상규범, 서비스, 지식재산권, 분쟁해결, 섬유, 농업, WTO의 창설	123

2. 동경라운드

케네디라운드 이후 국제사회에서는 케네디라운드의 결과에 대한 불만이 팽배해졌다. 미국의 경우, 의회를 중심으로 농산물 보조금 감축, 비관세장벽 축소, 관세인하 등의 부분이 미흡했다고 평가했다. 그리고 반덤핑 협정과 미국의 공급자 가격(American Selling Price : ASP) 제도의 불사용을 전제로 한 미 행정부의 통상협상과 합의는 월권행위로 간주했다. 그 결과 미국 의회는 비준과정에서 만들어진 협상결과 중에서 일부 조항에 대한 무효화를 선언하게 되었다. 미국 행정부가 행한 협상결과의 일부 무효화 선언은 케네디라운드의 성과를 크게 훼손시켰다. 그리고 개도국은 케네디라운드의 협상기간 동안 소외당했다고 주장하면서 개도국 특별대우를 강하게 주장했다. 이러한 과정에서 국제규범인 GATT를 준수하지 않는 경향이 국제사회에서 나타나게 되었다.

한편 케네디라운드 이후 국제사회에서는 그동안 만들어졌던 관세인하에 대항하기 위한 비관세장벽의 발동이 빈번해지기 시작했으며, 농산물에 대한 보조금 지급도 강화되었다. 그리고 섬유와 의류 수입의 수량규제가 빈번해졌으며, 국제수지의 악화를 이유로 긴급수입제한조치의 발동이 증가하였다.

동경라운드는 이러한 상황을 개선하기 위해 만들어진 통상협상이다. 1973~1979년까지 진행된 동경라운드(Tokyo Round)에서는 102개 관련국이 협상에 참여함으로써 그동안 추진되었던 다자간 협상 중 최대 규모의 무역협상이 되었다.

동경라운드에서도 관세인하 노력은 계속되어, 세계 주요 9대 시장권에서 평균 1/3 수준의 관세인하를 합의했다. 구체적으로 공산품의 평균관세도 4.7% 수준까지 인하되었다. 동경라운드의 관세인하 방식으로 관세가 낮은 분야보다 높은 분야의 관세를 더 많이 인하하는 조화방식이 채택되었다.

관세 이외의 분야에서는 다소 복합적인 논의과정을 도출하였다. 농산물 교역에 대한 공론화에 실패하였고, 긴급수입제한조치(Safeguard)에 대한 새로운 협정의 제정도 실패했다. 동경라운드의 성과로서는 비관세장벽에 관한 규정의 제정에 성공하였고, 기존의 GATT 규범을 보다 명확히 하는 부분에서 어느 정도 성과를 이루었다. 그리고 기존의 GATT에서는 다루지 못했던 부분에 대한 새로운 의제를 다루었다는 점에서도 큰 의

◀ 그림 ▶ 동경라운드의 시작

주 The Tokyo Round(1973-1979) launched in the Japanese capital, saw GATT tackling not only tariffs but non-tariff barriers as well. Around 100 participants exchanged tariff reductions covering more than $300 billion of world trade.

출처 | WTO(https://www.wto.org/english/thewto_e/history_e/history_e.htm#)

미를 가진다.

그러나 동경라운드에서는 GATT 내에서 상대적으로 수가 적은 선진국들에 의해서만 수용된 규범들도 존재한다. GATT 회원국 전체가 아닌 일부 선진국들에 의해 받아들여진 동경라운드의 협약은 비공식적으로 '협정'이 아닌 '규약(Code)'으로 불린다. 합의된 공식적 협약이지만 협정이 아닌 코드(Code)라는 형태의 비공식적 합의로서 도출된 이유에는 미국의 역할과 입장이 작용했다.

케네디라운드 이후 미국은 수입증가에 따른 국내의 정치적 압력이 증가되는 상황이었다. 당시 미국의 수출이 외국의 불공정무역 제한조치로 인해 불이익을 받고 있다는 인식이 팽배했기 때문이다. 미국 정부는 국제사회의 책임 있는 여러 국가가 미국의 무역 및 국제수지 적자를 감소시키기 위한 책임분담을 하지 않고 있다고 판단하고 있었다. 그 결과 닉슨(Nixon) 대통령은 민간자문위원회의 성격을 가진 '무역 및 투자 정책위원회'를 구성(1970)하여 "미국의 경제와 무역에 대한 국제무역환경의 개선방안"에 대해 보고하도록 지시하였다. 무역 및 투자 정책위원회에서는 미국경제에 대한 진단을 바탕으로 미국으로의 수입증가와 미국 상품의 수출부진 원인을 다자간 무역규범의 문제로 결론을 내렸다.

미국 정부는 당시의 미국경제의 부진을 다자간 무역체제로써 해결해야 한다고 판단하였다. 그리고 대안으로서 광범위한 다자간 무역협상을 통한 해결보다는 문제가 있다고 판단되는 분야를 중심으로 관련 분야에 대한 보강이 필요하다고 보았다. 다자간 무역체제에 대한 미국의 이러한 견해는 동경라운드에서 비관세장벽(NTBs)에 관한 코드(Code) 형태로 만들어지게 되었다.

◼▶ 동경라운드 "규약(Code)" ─────────────────────●

○ 제16조 · 제23조의 해석
○ 무역에 관한 기술장벽 : 표준코드(standard code)라고도 칭함
○ 수입허가절차
○ 정부조달
○ 관세평가 : GATT 제7조의 해석
○ 반덤핑 : GATT 제6조의 해석, Kennedy Round code
○ 우육 협정
○ 국제 낙농 협정
○ 민간 항공기 협정

동경라운드에서 합의된 규약(Code)들은 비록 다자적 차원에서 합의되지는 않았지만 하나의 새로운 시작이라 할 수 있다. 동경라운드에서 논의되었던 일부 코드(code)들은 UR 과정에서 일부 수정되어 WTO의 다자간 협정으로 발전하였다.[9] 그리고 동경라운드는 비관세장벽의 완화로써 무역자유화의 확대를 위해 노력했다는 부분에서도 큰 의미를 가진다.

하지만 코드 형식의 일부 협정은 체약국 중 일부 국가만이 서명하고 준수하는 형태로 코드의 법적 지위에 관한 문제를 발생시켰고, 다자간 무역체제의 위상에 타격을 주었다. 코드 미참여 개도국들은 코드 협정 미참여로 인한 불이익을 받지 않을까 하여 불안감을 가질 수밖에 없었다. 개도국의 입장에서는 코드 협정도 GATT 체제하에서 관리되는 협정이기 때문에 보복에 대한 불안감을 가질 수밖에 없었다. 그 결과 개도국들은 코드 협정에 대한 대우를 분명히 함으로써 GATT 체제에 대한 투명성 보장과 개도국의 권리보호를 주장하게 되었다.

GATT도 개도국의 주장을 받아들여 동경라운드의 결과로서 만들어진 일부 분야에 대한 합의를 결의(Decision) 형식을 통해 코드 형태로 GATT 체제로 편입시켰다. 그리고 합의된 코드를 GATT 원칙과 규범에 맞게 형식화시켰고, 기존의 권리와 혜택이 이러한 코드로 인해 침범받지 않음을 분명히 하였다. 또한 코드에 대한 모든 미참여 국가에 대해서는 옵저버의 자격을 부여함으로써 옵저버 국가들도 코드와 관련하여 정기적인 보고를 받을 수 있도록 하였다.

동경라운드는 코드 제정을 통해 다자간 체제의 위상과 결속에 상처를 입히며 한 체제 내에서의 이중적 권리와 의무가 존재하게 되는 모순을 발생시켰다. 그럼에도 불구하고 표준과 수입허가, 관세평가에 관한 코드 등의 제정은 무역제도 개선에 커다란 공헌을 한 것도 사실이다. 정부조달 관련 코드의 최초 채택도 큰 의의를 가진다.[10]

하지만 동경라운드에서는 보조금과 상계관세, 반덤핑제도 등의 부분에서는 실질적인 내용을 담지 못했다는 비판을 받았다. 이 때문에 오히려 보호주의 수단으로 더 많이 활용되는 계기를 제공했다는 한계도 남겼다. 그리고 긴급수입제한조치나 농업 부문의 편입 문제는 여전히 미해결 과제로 남겨졌다.

---

9 하지만 정부조달, 낙농, 우육 제품, 민간 항공기 산업의 4가지 분야는 WTO 체제하에서도 여전히 "복수 국가 간(plurilateral)"의 협의사항으로 남겨졌다. 우육(쇠고기)과 낙농 제품에 대한 복수 국가 간 협정의 경우 1997년을 기점으로 종료되었다.

10 당시의 정부조달 코드에는 소수국가만이 참여하고 대상기관에 대한 명확한 기준도 없어 여러 가지 문제점이 존재하였다.

하지만 동경라운드가 남긴 가장 큰 교훈은 아무리 중요한 의제라 하더라도 회원국 모두가 참여하는 합의를 바탕으로 협정을 도출하여야 한다는 것이다. 동경라운드의 교훈은 결국 우루과이라운드 협상의 타결방식으로서 일괄타결(Package deal)방식을 도입하는 계기가 되었다.

▶ 일괄타결방식(package deal)에 의존하는 다자간 무역협상 ●

UR의 협상 타결에는 7년 반의 시간이 필요했던 것처럼 다자간 무역협상은 일반적으로 장기간의 회담기간을 필요로 한다. 그럼에도 불구하고 다자간 무역협상은 많은 장점을 가지고 있다. 다자간 무역협상은 일괄타결방식(package approach)을 통해 진행되는 것이 일반적이다.

일괄타결방식의 협상은 개별 협상참가국들에게 광범위한 분야에서 무역이익의 보장을 추구하도록 하기 때문에 더 많은 무역이익의 확보가 가능하다는 장점이 있다.

일괄타결방식의 협상에서는 특정 쟁점영역을 다른 쟁점영역들과 교환할 수 있기 때문에 협상 타결에 좀 더 쉽게 도달할 수 있다는 장점이 있다. 이는 일괄타결방식(package deal) 어딘가에는 모든 회원이 공감할 수 있는 절충점이 존재하기 때문에 가능하다. 일괄타결방식은 경제적 측면뿐만 아니라 정치적 측면에서도 의의를 가진다. 일반적으로 미국은 모든 협상 분야에 대해 정치적·경제적 이해관계를 가지고 있다. 따라서 미국의 국내 정치적 여건상 합의도출이 어려운 분야에 대한 양허는 일괄타결협상을 통해 접근하다 보면 보다 쉽게 합의에 도달할 수 있다. 이러한 이유 때문에 세계무역 체제에서 정치적으로 민감한 부분에 대한 개혁은 범세계적인 일괄협상방식을 통해 접근하면 보다 쉽게 결론에 도달할 수 있게 된다. 이러한 일괄타결방식의 장점은 UR 협상의 농업 분야에 대한 무역개혁 과정에서도 쉽게 찾아볼 수 있다.

일괄타결방식을 채택하면 개도국과 약소국 등도 다른 주요 교역 당사국과의 무역관계에서 쌍무적 관계보다 더 나은 영향력을 행사할 수 있다.

하지만 단일 분야 협상과는 달리 여러 분야에서 동시에 진행되는 일괄타결방식은 무역협상의 효율성 논쟁을 유발할 수 있다. 따라서 다자간 무역협상에서 일괄타결방식의 진행은 강점인 동시에 약점이 될 수도 있다. 이에 대한 논의는 아직까지도 확실한 결론을 얻지 못하고 있다.

UR에서는 논의대상이 너무 방대하여 회원국 전체가 모든 사항에 대한 의견일치는 불가능한 것처럼 보였다. UR가 성공적으로 종료된 후에도 2년간은 해상운송·기본통신·금융 서비스 등과 같은 단일 분야에서는 추가 협상이 진행되었다. 그리고 1997년에 이루어진 기본통신과 정보기술 분야에서의 협상 타결은 무역협상에 있어서 단일 부문을 중심으로 진행되는 무역협상과 일괄타결방식의 포괄적 무역협상 중에서 어느 것이 더 효율적인가에 대한 대답을 더 어렵게 만들었다. 이러한 상황을 고려하면 무역협상의 성공적 타결은 시기와 상황에 따라 적합한 협상형태를 어떻게 하느냐에 달린 듯하다.

3. 동경라운드 이후의 GATT

GATT는 제한적인 규율 분야를 가진 잠정협정이었다. GATT는 47년 이상의 기간 동안 비교적 성공적으로 세계무역을 규율해 왔고 자유무역의 증진에 기여해 왔다는 사실은 의심할 여지가 없다. GATT 체제하에서 진행된 다자간 무역협상을 통해 만들어 낸 관세인 하는 1950－1960년대 기간 동안 약 8% 정도의 세계무역의 연평균 성장을 지원했다.

GATT 체제는 자유무역의 확대를 지원함으로써 무역의 증가가 생산의 증가를 능가하도록 만들었다. UR 협상기간 동안 나타났던 새로운 회원국의 가입과 협정에 대한 준수 약속은 다자간 무역체제가 경제발전을 위한 장치이고, 경제 및 무역 개혁을 위한 기반임을 단적으로 보여 주는 증거이다.

동경라운드 협상에서는 많은 새로운 통상문제의 해결을 위한 시도가 만들어졌다. 하지만 동경라운드는 당시 국제경제가 갖고 있던 다양한 문제를 해결하기에는 미흡했다. 그 결과 국제 경제사회에서는 동경라운드로서는 풀기 복잡하고 어려운 다양한 문제점들이 노정되었다.

70~80년대 초, 지속적으로 나타났던 경기침체 상황과 GATT 체제하에서 진행된 다자간 무역협상들의 성공적 관세인하 노력들은 격심한 대외경쟁을 도출했다. 그 결과 여러 국가들은 자국의 산업보호를 위해 관세 이외의 또 다른 무역제한 조치를 고안하게 만들었다.

구체적으로 높은 실업률과 공장폐쇄의 지속을 경험했던 서유럽과 북미지역 국가들은 경쟁국과의 쌍무적 시장분할 협정(bilateral market-sharing arrangements)을 체결하게 되었다. 농산물 분야에서는 자국의 이익을 보호하기 위한 보조금 조치의 지급이 경쟁적으로 도입되었다. 동경라운드 이후에 나타났던 이러한 두 가지의 변화는 국제통상의 관리자로서 GATT의 능력과 역할에 대한 세계 각국의 신뢰에 상당한 수준의 타격을 입혔다.

1980년대 이후 GATT는 GATT 출범 시와는 다른 국제무역의 현실을 직면하게 되었다. 1980년대의 국제무역은 40년 전과 비교해서 훨씬 더 복잡해졌고 경제발전에 미치는 영향 또한 더욱 중대되었다. 경제의 범세계화가 확대되었고 GATT에 포함되지 않았던 서비스무역의 비중이 폭발적으로 증가했으며, 국제투자의 비중도 지속적으로 증가하였다. 이 과정에서 GATT 체제는 경제·무역 분야의 시대적 변화를 반영하는 데 많은 한계를 노출했다.

구체적으로 농산물 부문에서는 그동안 노정되어 오던 다자간 체제의 약점이 그대로 노출되면서 농산물 분야에 대한 GATT의 자유화 노력은 거의 성공을 거두지 못했다. 섬유와 의류 분야에서는 GATT 일반규범(normal disciplines)의 예외로서 다자간 섬유협정(Multi-Fibre Agreement : MFA)이 만들어졌다. 그리고 GATT의 조직구조와 분쟁해결절차 측면에서도 여러 가지 문제점들이 드러났다.

GATT 체제가 가지는 이러한 문제점들은 다자간 무역체제의 강화와 확장을 위한 새로운 노력이 필요하다는 인식을 확산시켰다. 이에 따라 GATT 회원국들은 상황개선을 위한 새로운 다자간 협상인 UR 협상을 시작하게 되었고, 그 결과 마라케시 선언(Marrakesh Declaration) 및 WTO의 창설이 이루어지게 된 것이다.

제 4 절 · UR의 타결과 WTO의 출범

1. 협상의 시작과 타결

우루과이라운드(UR) 협상은 협상 예정기간의 두 배인 7년 반 정도의 기간을 소모한 후에야 타결되었다. UR 협상의 참가국 수도 점차 증가하여 타결시점에는 125개국이 참가하였다. UR 협상은 칫솔에서 유람선에 이르기까지의 모든 제품과 금융, 전기 그리고 통신 관련 서비스 등과 같은 서비스 분야를 포괄하였다. 그리고 야생 쌀의 유전자에서부터 AIDS 치료법 등에 이르는 지식재산권도 포함함으로써 국제통상에 관련되는 거의 모든 분야를 포괄하게 되었다.

UR 협상은 그 논의범위와 참가국 수 측면에서 보면 그때까지 진행되었던 어떤 다자간 무역협상보다 규모가 큰 협상이었다. UR 협상은 농업 부문에 참여한 참여국 간의 심각한 의견 차이 때문에 협상결렬의 위기에 직면하기도 했다. 하지만 UR 협상은 이러한 문제를 극복하면서 타결되어, 제2차 세계대전 이후 국제무역 체제상 가장 큰 변화를 도출하기에 이르렀다.

■▶ UR의 주요 협상일정 ─────────────────────────────── ●

1986년 9월 푼다 델 에스테 : 우루과이라운드 다자간 무역협상 출범
1988년 12월 몬트리올   : 각료급의 중간검토
1989년 4월 제네바   : 중간검토 완료
1990년 12월 브뤼셀   : '타결을 위한' 각료회담 결렬
1991년 12월 제네바   : 최종협정문(Final Act) 초안 완성
1992년 11월 워싱턴   : 미국과 EC의 농업 부문에 관한 "블레어 하우스 협정(Blair
                           House accord)" 체결
1993년 7월 도쿄   : G7 회담에서 주요 4국(Quad : 미국, EU, 일본, 캐나다)이
                           시장접근 부분에서 돌파구를 열었음
1993년 12월 제네바   : 대부분의 협상 종결(약간의 시장접근 회담 잔류)
1994년 4월 마라케시   : 협정 조인
1995년 1월 제네바   : WOT 창설, 협정효력 발동

UR 협상에서는 일부 불안한 과정을 거쳤음에도 불구하고 협상 초기에 몇 가지 중
요한 성과를 도출했다. 첫째, 협상 시작 2년 만에 참가국들은 개도국의 주요 수출품이었
던 열대상품(tropical products)에 대한 수입관세의 일괄삭감에 합의했다. 둘째, GATT 분

◀ 그림 ▶ 우루과이라운드의 출범

출처 | 알쓸신잡/세계사100장면/우루과이라운드 협상 개시(https://jmagic.tistory.com/541)

쟁해결기구에 몇 가지 권한을 부여함으로써 분쟁해결기구의 문제해결 능력을 강화했다. 셋째, 회원국들에게 개별국가의 무역정책을 검토하는 정기보고서를 제출하게 함으로써 전 세계적 차원에서 무역제도가 더욱 투명하고 예측 가능하게 만들었다.

UR의 필요성은 1982년 11월 제네바에서 열린 GATT 각료회의에서 제기되었다. 각료회의에서는 새로운 다자간 협상의 시작을 논의했었지만 농업 문제에 대한 국가 간의 심각한 견해차로 인해 합의도출에 실패했다. 하지만 이 실패한 것처럼 보였던 제네바 각료회의가 UR 협상으로 가는 단초가 되었다. 당시 협상은 비록 중단되었지만 회담 참여국들의 각료는 기본 작업계획(Work Programme)에 대한 합의도출은 성공했다. 이렇게 합의도출된 기본작업계획이 UR 출범의 계기가 되었다. 하지만 기본작업계획의 합의에도 불구하고 새로운 무역협상의 시작을 위한 관련국 간 합의에는 총 4년 이상의 시간이 추가로 소요되었다. 최종적으로 1986년 9월 우루과이의 푼다 델 에스텔에서 GATT 회원국들은 새로운 다자간 무역협상의 출범에 합의했다.

UR 협상에서는 일반상품뿐만 아니라 서비스, 지식재산권 분야 등과 같은 새로운 국제통상 영역에 대한 논의를 시작했다. 그리고, 국제통상 분야에서 가장 민감하게 취급하던 농업과 섬유 부문에 관한 무역자유화에 대한 논의도 시작하기로 했다. 이러한 주요 의제 외에도 기존에 존재하던 거의 모든 분야의 GATT 규범들에 대한 재검토도 진행되었다.

1988년 12월 GATT 회원국 각료들은 UR의 중간평가를 위해 캐나다 몬트리올(Montreal)에서 다시 만났다. 이 회담의 목적은 남은 2년의 기간 동안 UR에서 논의되어야 하는 의제를 분명히 하려는 것이었다. 동 회담도 회원국 간의 의견 차이가 발생하면서 교착상태로 빠졌다. 하지만 이 몬트리올 각료회의는 일괄타결에 대해 도움이 되는 몇 가지 기여를 하였다. 몬트리올 각료회의의 성과로는 합리적 분쟁해결제도(dispute settlement system)에 대해 합의했고, 개도국 지원방안으로서 열대상품의 시장접근을 위한 일부 품목에 대한 관세양허에 대해 합의했으며, 회원국 무역정책과 관행의 포괄적·조직적·정기적 검토를 위한 무역정책검토제도(trade policy review mechanism)의 채택 등이 합의되었다. 1989년 4월에는 몬트리올 회담결과로 만들어진 교착상태의 해결을 위해 제네바 회담이 다시 이루어졌다. 이러한 지속적인 협상 노력은 협상에 참여한 모든 국가들이 국제무역의 자유화를 위해 끊임없이 노력하고 있다는 것을 보여 주는 증거이다.

당시 UR 협상은 1990년 12월 브뤼셀 각료회담을 통해 종료될 예정이었다. 하지만 이 브뤼셀 회담에서도 농산물 무역에 대한 합의도출에 실패함으로써 UR 협상은 다시 연장된다. 농산물 무역의 견해 차이로 인해 UR 협상은 이때부터 가장 혹독한 갈등기로 접어들게 된다.

UR 협상에 대한 비관적 전망에도 불구하고 민감 분야에 대한 여러 가지 기술적 작업과 이와 관련된 정치적 노력이 지속되면서 최종협정문 도출을 위한 초안이 만들어졌다. 최종안(Final Act)의 초안은 당시의 GATT 사무총장이었던 둔켈(Arthur Dunkel)에 의해 제안되어, 1991년 12월에는 제네바의 협상 테이블 위에 상정되었다. 이때 제시된 초안은 하나의 예외를 제외하고 푼타 델 에스테에서 요구한 모든 협상의제를 만족시켰다. 제외되었던 하나의 예외는 수입관세의 인하와 서비스 시장개방을 위한 참가국들의 양허목록을 포함하지 않는 것이었다.

그 후 2년 정도의 협상기간 동안 UR 협상은 성공과 실패의 가능성을 보여 주면서 협상 타결 시한도 여러 번 연장되었다. 서비스, 시장접근, 반덤핑 규범, 새로운 무역기구의 창설 등과 같은 분야에서 추가적인 쟁점들이 만들어지면서 기존의 주요 쟁점에 합세했다. 그 결과 UR 협상의 타결은 더욱 어렵게 되었다.

특히 일부 논의 분야에서는 미국과 유럽 연합(European Union : EU) 간의 견해 차이가 협상 타결 성공의 최대 걸림돌이 되었다. 하지만 미국과 EU는 1992년 12월 "블레어 하우스 회담(Blair house accord)"으로 알려진 비공식적 협상을 통해 농업 부문에서의 견해 차이를 대부분 해결했다. 그리고 1993년 7월 "Quad"(주요 4국 : 미국, EU, 일본, 캐나다)는 관세 및 관세문제(시장접근)에 관한 협상에서 중요한 진전을 도출했다.

1993년 12월 15일, UR 협상과정에서 논의되었던 모든 현안과 주요 문제들이 마침내 최종 타결되었다. 상품과 서비스의 시장접근에 관한 협상도 타결되었다.[11] 그리고 1994년 4월 15일, 모로코의 마라케시(Marrakesh)에서 개최된 각료회담을 통해 우루과이 라운드 협상은 125개 참가국 각료의 합의 형식으로 공식 타결되었음이 선포되었다.

UR 협상에서 나타났던 협상지연과 갈등과정도 다른 측면에서 보면 국제무역의 발전에 이바지했다고 볼 수 있다. 협상지연과 여러 가지 형태의 갈등과정을 거치면서 새로운 분야로서 서비스와 지식재산권 분야가 국제통상의 규율 분야에 포함되었고, WTO의 설립에 관한 부분 역시 UR 출범 당시에는 제기되지 않았던 성과였다.

UR 협상의 타결 이후 새로운 협상을 위한 일정표가 협정문 속에 포함되었다. 협상과정에서 뉴(New) 라운드의 개최를 요구하는 국가들이 생겨났다. 뉴 라운드에 대한 요

---

11 물론 일부 최종적인 수정은 몇 주 후에 있을 시정접근에 관한 회담에서 완료하기로 되어 있었다.

◀ 그림 ▶ UR 타결의 현장(1993.12.15. 제네바)

출처 | WTO(https://www.wto.org/english/thewto_e/history_e/history_e.htm#)

구는 복잡한 문제였지만, 마라케시 협정문에서는 이러한 요구를 받아들여 2000년대 초부터 광범위한 주제에 대한 새로운 협상을 재개하기로 합의하였다.

2. GATT와 UR 최종의정서

UR의 타결의 최종 공식문서는 "UR 다자간 무역협상 결과를 구현하는 최종의정서 (Final Act Embodying the Results of the Uruguay Round of Multilateral Trade Negotiations)"로 불린다. WTO는 이 최종의정서 제3절을 근거로 만들어지게 된 것이다. 1948년 1월 1일 발효된 GATT 의정서의 공식명칭은 "GATT 잠정 적용 의정서(Protocol of Provisional Application of the General Agreement on Tariffs and Trade)"이다. WTO와 GATT의 이러한 명칭 차이가 곧 WTO와 GATT 체제의 차이가 된다.

다자간 무역협상의 최종의정서에는 협상참가국이 협상종결을 공식적으로 확인하는 날과 장소가 반드시 명기되어야 한다. GATT는 이날을 1947년 10월 30일로 합의하였고, WTO는 1994년 4월 15일로 합의하였다. GATT의 출범은 제네바에서 합의되었고, WTO는 모로코 마라케시에서 합의되었다.

GATT의 발효일은 1948년 1월 1일로 명기되어 있는데, 이를 위해 세계 각국은 1947년 11월 15일까지 서명하였다. WTO는 1995년 1월 1일 기준으로 발효되지만 동 의정서에 대한 회원국의 서명과 수락시한을 WTO 출범 이후 2년 이내로 규정되었다.[12] 최종의정서의 수락시한을 WTO 발효일 이후로 한 이유는 UR 협상참여국들의 WTO 가입 지체가 있어도 국제통상에 대한 규율은 기존의 GATT를 통해 충분히 유지할 수 있고, 이러한 상황에서 비록 늦게라도 복잡하고 민감한 국내법에 따른 비준절차를 완료한 국가들은 WTO 회원국의 지위를 획득할 수 있기 때문이다.

GATT와 UR 최종의정서의 또 다른 차이점은, GATT는 협정 발효를 위해 1947년 11월 15일까지 미국 등 8개국 정부의 서명을 받은 국가들에 대해서 1948년 1월 1일부터 (a) GATT 제1부 및 제3부의 적용, (b) 현존 국내 법규에 저촉되지 않는 범위 내에서 GATT의 제2부의 최대한 적용"과 같은 조건의 잠정적용이 가능했다. 그러나 WTO에서는 이러한 조건을 전혀 달지 않고 부속협정 전체를 그대로 발효시켰다.

의정서 정본에 사용된 언어로 GATT는 영어와 프랑스어가 사용되었으나, WTO는 영어, 프랑스어, 스페인어를 사용함으로써 스페인어를 많이 사용하는 남미국가의 참여 확대를 반영했다. 이러한 사실은 향후 WTO 내에서 일본이나 중국 등의 국가위상이 강화되는 경우, 이들 국가의 언어도 WTO의 공식언어로 사용될 가능성이 있다는 것을 의미하는 것이다.

3. WTO의 출범

(1) WTO의 출범

UR의 타결로 인해 1995년 1월 1일부터 WTO가 출범하게 되었다. WTO를 GATT와 비교해 보면, WTO는 GATT를 포괄하고 GATT보다 광범위한 범위를 규율하는 통상협정이자 국제기구라고 볼 수 있다. 최종적으로 WTO는 상품무역뿐만 아니라 서비스무역과 지식재산권 분야, 분쟁해결절차 등을 모두 포괄하여 규율하는 국제통상기구가 된다.

기존의 GATT는 잠정적 성격을 갖고 있지만 국제무역에 관한 규칙과 합의를 문서로 기록해 놓은 국제협정의 성격을 지닌다. GATT는 이러한 협정의 이행을 지원하는 보조적

---

12 WTO 협정 제14조 제1항.

성격의 국제기구라는 특성도 함께 가지고 있었다. 사실 국제무역기구(ITO)를 창설하려는 국제사회의 노력은 실패했지만, 그 과정에서 잠정적 성격의 새로운 통상규범인 GATT가 출범되었다. GATT의 출범 이후 회원국들은 무역과 관련된 문제를 지속적으로 토론하면서 새로운 무역협상을 위한 모임을 지속해 왔다. 결과적으로 이러한 성격의 각종 회담과 다자간 무역협상을 지속적으로 개최하기 위해서는 행정적 지원이 필요했다. 이러한 행정적 지원을 위해 GATT 사무국이 필요했고, 이러한 필요성이 GATT가 거의 반세기 가까운 기간 동안 임시기구임에도 불구하고 국제사회에 존재할 수 있게 만들었다.

이제 국제기구로서 GATT는 더 이상 존재하지 않고 WTO가 대체한다. 비록 GATT 협정이 존재하지만, 이는 더 이상 국제무역을 통제하는 유일한 규범이 아니다. GATT는 국제통상의 현실세계를 반영하여 WTO 체제 내에서 상품 분야를 담당한다.

제2차 세계대전 이후 세계의 무역과 상거래는 상품무역이 지배하고 있었다. 하지만 오늘날에 와서는 상품무역뿐만 아니라 운송·여행·은행·보험·통신·컨설팅 등과 같은 서비스무역의 중요성도 점차 커지고 있다. 그리고 발명과 디자인 등과 같은 "지식재산권"이 구체화된 상품이나 서비스를 포함하는 아이디어무역도 더욱 중요해지고 있다.

WTO 협정은 기존부터 존재해 오던 관세 및 상품무역에 관한 일반협정(GATT)과 서비스무역에 관한 일반협정(General Agreement on Trade in Services : GATS) 그리고 무역 관련 지식재산권 협정(Agreement on Trade-related Aspect of Intellectual Property Rights : TRIPs) 등을 포괄한다. 결과적으로 WTO는 단순히 GATT의 연장선이 아니라 그 이상의 의의를 지니고 있다고 볼 수 있다.

(2) WTO와 GATT의 차이

WTO 출범 이후 국제기구로서 GATT는 더 이상 존재하지 않지만 GATT는 여전히 존재한다. 이전의 GATT는 1947 GATT로 불리고, 새로 개정된 GATT는 1994 GATT로 불린다. WTO는 이러한 1947 GATT를 발전적으로 수용하면서 WTO의 한 분야로 흡수하였다. 이러한 측면을 고려하면 WTO와 GATT의 성격 그리고 WTO의 특성도 어느 정도 이해할 수 있다.

WTO 내의 GATT에 적용되는 주요 원칙들은 대부분 서비스무역 협정(GATS)과 무역 관련 지식재산권(TRIPs) 협정에서도 그대로 적용된다. 구체적으로 기존의 GATT에서 적용되던 무차별 대우와 투명성, 예측가능성 등은 다른 GATS, TRIPS 등에 대해서도 상당 수준 그대로 적용된다.

GATT vs WTO

WTO와 GATT의 차이점을 비교해 보면 첫째, WTO는 1947 GATT와는 달리 입법권과 사법권, 행정권을 모두 갖춘 국제기구라고 볼 수 있다. 1947 GATT는 사법권이 없었기 때문에 협정준수에 대한 강제성이 거의 없거나 아주 약했다고 볼 수 있다. 하지만 WTO는 법인격을 갖추고 있고, 문제를 해결할 수 있는 법적 강제력, 협정의 이행을 추진할 수 있는 기구도 모두 갖춘 국제기구이다.

둘째, 1947 GATT는 국내법 우선주의를 채택하고 있지만, WTO는 국제법 우선주의를 채택하고 있다. 1947 GATT에서는 『잠정 적용 의정서』 제1절 (b)항[13]을 통해 각국으로 하여금 GATT의 중요원칙이라고 할 수 있는 제2부에서 규정된 내국민대우(제3조)나 수량제한금지 원칙(제11조) 등을 준수하지 않고서도 GATT에 합류할 수 있도록 만들었다. 이 때문에 외국 상품에 대해 차별하거나 외국 상품의 수입을 금지할 수 있는 규정을 갖고 있는 국가가 GATT 회원국인 경우, GATT 제2부의 규정보다 국내법을 더 우선적으로 적용할 수 있었다.

하지만 WTO에서는 이러한 GATT 「잠정 적용 의정서」의 적용을 인정하지 않았다. WTO 협정에서는 1947 GATT의 「잠정 적용 의정서」를 적용하는 것이 아니라 WTO 발효 전에 개정된 1994 GATT를 적용하게 되었다. 이는 WTO의 혜택을 누리려는 회원국들은 모두 자국의 국내법을 WTO 규정에 맞게 개정하거나 신설해야 한다는 것을 의

---

13 체약국은 각국의 헌법상의 절차에 따라 하바나 헌장을 수락할 때까지 동 헌장의 제1장부터 제6장까지와 제9장의 일반원칙을 행정상 권한의 최대한도까지 준수할 것을 약속한다(1947 GATT 제29조).

미한다. 이러한 차이점들이 기존의 GATT와 WTO의 가장 큰 차이라고 할 수 있다.

제 5 절 • 도하개발아젠다(DDA)

1. 배경

　도하개발아젠다(Doha Development Agende : DDA)는 2002년 초부터 시작된 WTO의
새로운 다자간 무역협상으로, 제9차 다자간 무역협상을 의미한다. WTO 회원국들은
UR 협상 타결 시 농산물과 서비스 분야의 시장개방에 대한 내용이 미흡하다고 판단하
였고, 이러한 부분에 대한 추가적인 자유화 협상의 필요성을 인식하였다. 결과적으로
DDA는 UR 협상의 결과를 이행하는 과정에서 발생하는 많은 문제점을 수정하고, 세계
화의 진전에 따른 여러 가지 무역환경의 변화를 반영하기 위해 시작된 다자간 무역협상

◀ 그림 ▶ 카타르 도하에서 개최된 4차 각료회의(2002.11.9. ~ 14.) 모습

출처 ｜ WTO(https://www.wto.org/english/thewto_e/history_e/history_e.htm#)

이라고 볼 수 있다.

WTO 출범 이후 WTO 회원국들은 1998년 5월 제네바에서 개최된 제2차 각료회의에서 폭넓은 분야에서의 무역자유화를 위한 새로운 다자간 무역협상의 준비에 합의하였다. 그 후 3년 반 동안의 논의를 거쳐 2001년 11월 카타르의 도하(DOHA)에서 개최된 WTO의 제4차 각료회의에서는, 새로운 다자간 무역협상인 DDA의 출범을 선언하는 각료선언문을 채택하는 데 성공했다.

DDA 협상에서는 UR에서 채택되었던 일괄타결방식(single undertaking : package deal)이 적용되며, 2005년 1월 1일까지 모든 협의가 완료되도록 합의하였다. 이는 DDA가 과거 7년 이상 소요되었던 UR 협상의 전철을 밟지 않고 가급적 빠른 시일 내에 협상을 종결시켜야 한다는 회원국들의 인식을 반영한 것이다. 하지만 DDA의 협상의제와 회원국 간의 이해관계를 고려할 때 3년의 협상기간은 너무 짧은 것이 아니냐는 비판적인 견해도 있었다.

2. 협상과정 : 발리 패키지 타결 이전

도하개발아젠다(DDA) 협상에 "개발"이라는 명칭을 사용한 것은 기존의 다자간 무역협상들과 달리 제9차 다자간 무역협상은 개도국의 개발에 중점을 두어야 한다는 개도국들의 입장을 반영했기 때문이다. 협상 출범 당시의 계획은 DDA 협상을 2005년까지 일괄타결방식으로 종료한다는 것이었다. 그러나 농산물에 대한 수입국과 수출국의 대립, 공산품 시장개방에 대한 선진국과 개도국의 대립 등으로 인해 협상은 아직까지도 타결되고 있지 않다.

합의된 DDA의 협상그룹은 크게 세 그룹으로 구분되는데, ⅰ) 농산물, 농산물을 제외한 나머지 상품(공산품 및 임수산물), 서비스 시장의 개방과, ⅱ) 반덤핑, 보조금, 지역협정, 분쟁해결에 대한 기존 WTO 협정의 개선, ⅲ) 관세행정의 개선 등을 추구하는 무역원활화, 환경, 개발 그리고 지식재산권 등으로 나누어졌다. 이에 따라 2002년부터 DDA에 농산물, 비농산물(NAMA ; Non-Agricultural Market Access), 서비스, 규범(반덤핑 · 보조금 · 지역협정), 환경, 지식재산권, 분쟁해결, 무역원활화, 개발 분야에 대한 세부적인 협상그룹이 설치되어 협상이 진행되었다.

농산물과 비농산물 분야는 관세와 보조금의 감축 정도와 같은 시장개방의 정도를 정하는 자유화 세부원칙(modalities)에 합의하고, 이에 따라 각국이 구체적인 품목과 보조금 프로그램별 감축 수준을 제시하는 이행계획서(C/S ; Country Schedule)를 제출하여 이에 최종적인 합의를 도출하는 방식을 기초로 협상이 진행된다.

DDA 협상과정에서 협상 세부원칙에 대한 협상이 협상의 대강을 결정하는 만큼, 이에 대한 합의도출이 계속 미루어져 협상 타결의 미래를 어둡게 했다. 그 후 2003년 칸쿤에서 개최된 제5차 WTO 각료회의가 별다른 성과 없이 끝나면서 DDA 협상은 교착상태에 빠지게 되었다.

하지만 2004년 8월, 자유화 세부원칙에 대한 기본골격 합의(Framework Agreement)가 타결되면서 DDA 협상은 본격화되기 시작했다. 당시 합의에서는 소위 "싱가폴 이슈"라고 불리던 투자, 경쟁정책, 정부조달 투명성, 무역원활화 등과 같은 4개의 이슈에 대한 개도국들의 반발을 수용하여 무역원활화를 제외한 나머지 이슈에 대해서는 논의를 중단하기로 결정했다. 그리고 무역원활화에 대한 이슈를 DDA의 정식 협상의제로 다루기로 합의하였다.

2005년 12월, 홍콩에서 제6차 WTO 각료회의가 개최되어 다시 한 번 진전을 위한 노력이 시도되었지만, 자유화 세부원칙의 타결에는 이르지 못하였다. 2007년부터 DDA 협상은 농업, NAMA 및 규범 분야의 의장들이 각각 자유화 세부원칙의 초안을 제출하고 이를 개정하면서 조금씩 진전을 이루어 나가기 시작했다. 그 후 2008년 7월에 개최된 소규모 각료회의에서는 농산물 및 NAMA 분야에서의 관세와 농업보조금 감축 수준 등을 포함한 잠정타협안에 의견이 수렴되는 듯한 모습을 보였다. 하지만 개도국의 농산물 수입 급증 시 긴급수입제한관세 부과 부분 등의 몇몇 쟁점에 대한 이견을 해소하지 못하면서 합의 도출에 실패하였다.

2009년 12월, 제네바에서 개최된 제7차 WTO 각료회의에서는 2010년 DDA 협상 타결을 목표로 1/4분기 중 DDA 협상 현황을 점검키로 합의하였다. 이에 따라 2010년 3월 개최된 협상 점검회의에서는 WTO 사무총장이 제시한 향후 협상 프로세스에 합의했지만, 그 후에도 의미 있는 합의안을 도출해 내지 못했다.

하지만 점차 세계 주요국들은 그 후부터 DDA 협상의 난항을 반영하여 WTO 중심의 DDA 협상 타결보다도 양자 간 또는 지역 간 FTA의 체결에 더 집중하기 시작했다. 그 후 미국을 중심으로 환태평양경제동반자협정(TPP)이 추진되었고, 중국은 미국 중심의 FTA에 대한 대항적 성격의 역내 포괄적 경제동반자 협정이 추진되면서 WTO 중심의 다자간 협상의 위상은 급격히 떨어지게 되었다. 이러한 이유로 국제사회에서는 'WTO가 죽었다'든지 또는 '새로운 다자기구의 탄생이 필요하다'라는 WTO와 다자간 체제에 대한 비난이 터져 나왔다.

이에 따라 DDA는 협상방식의 변경을 시작했다. DDA 협상 시작시점에서는 모든 분야에서 합의를 바탕으로 한 일괄타결(single-undertaking)방식이 협상원칙으로 채택되었다. 하지만 2011년 제8차 각료회의(제네바)부터는 합의가 가능한 분야에서 우선적으로 협상의 타결을 모색하는 방안을 적극 추진하게 되었다. 변화의 결과로써 만들어진 것이 2013년의 제9차 각료회의(발리)에서 무역원활화·농업·면화·개발/최빈개도국(LDC) 등 4개 분야에서 채택된 10개의 합의문이다.

3. 발리 패키지의 타결

2013년 12월 3일－12월 7일간 인도네시아 발리에서 개최된 「제9차 WTO 각료회의」에서는 '발리 패키지'(DDA 협상의제 중 조기수확 대상 3개 부문) 협상이 최종 타결되었다. 발리 패키지 타결의 의미는 2001년에 출범한 DDA가 출범 이후 뚜렷한 성과를 내지 못하던 상황에서 12년 만에 거둔 수확이자 1995년 WTO 출범 이후 최초로 도출된 다자간 무역협상의 타결성과라는 점에서 의미가 있다. 이 회의에는 당시 159개 WTO 회원

◀ 그림 ▶ 발리 각료회의(2013.12.3. 발리)

출처 │ WTO(https://www.wto.org/english/thewto_e/history_e/history_e.htm#)

국 대표단과 옵저버 국가, NGO 등 3,200여 명이 참석하였다.

제9차 발리 회의에서부터는 제8차 합의(DDA 협상에서는 협상 전반을 일괄타결하는 것이 쉽지 않다는 인식하에 합의가 가능한 분야에 대해 우선 협상을 진전시키자)를 바탕으로 조기수확 (early harvest) 방식이 채택되어 논의가 진행되었다. 조기수확의 대상으로 ⅰ) 무역원활화, ⅱ) 농업 일부, ⅲ) 개발/최빈개도국 이슈 등 3개 부문이 결정되었고, 관련하여 10개의 최종 합의문을 도출하였다. 제9차 각료회의에서도 농업 문제에 대한 미국과 인도 등의 주요국 간 대립으로 합의가 어려울 것이라는 관측이 있었다. 하지만 WTO의 위기를 방지해야 한다는 차원에서 회원국 간의 극적인 합의가 도출되었다.

세 개 부문에서의 합의내용을 간략하게 정리하면 다음과 같다. 첫째, 무역원활화 분야에서는 통관절차 간소화, 무역규정 공표, 세관 협력 등을 내용으로 하는 새로운 WTO 무역원활화 협정이 작성되었다. 한국은 싱글 윈도우(단일서류 접수창구), 위험관리, 평균 반출시간 측정 및 공표 등 핵심적인 무역원활화 조항을 제안하여 협정문에 반영하였다.

둘째, 농업 분야에서는 DDA 농업협상 의제 중 저율할당관세(TRQ) 관리 개선, 개도국 식량안보 목적의 공공비축 운영과 관련한 보조한도 초과 시 일시적 분쟁 자제, 수출경쟁 관련 정치적 메시지 채택, 일반서비스, 면화 등의 분야에서 합의가 이루어졌다. 하지만 관세 및 보조금 추가감축 등 핵심이슈는 조기수확 대상에서 제외되었다.[14]

구체적으로 저율할당관세(TRQ) 관리개선 의제는 2012년 9월 브라질 등 개도국이 제안한 의제이다. 브라질 등은 UR 협상이 타결될 때 저율할당관세(TRQ)의 물량만이 정해졌고, 이행은 수입국 재량에 맡겨짐에 따라 수입국별로 이행률의 차이가 크게 발생하고 있다며, 이에 대한 개선을 요구해 왔다. 이에 각료회의에서는 3년 연속 소진율이 65% 미만일 시에는 현행 TRQ 관리방식을 선착순 또는 비조건적 방식으로 변경하되, 개도국은 의무조항에서 제외하는 방식에 합의했다. 한국은 당시 합의로 인해 TRQ 정보 공표 등 투명성 제고방안에 대해 보완이 필요하지만, 대부분의 규정에 대해서는 적용에 문제가 없는 것으로 판단했다. 당시 한국은 개도국에 속해 있어 3년 연속 소진율 65% 미만이 되더라도 TRQ 관리방식에 대한 변경의무가 없기 때문에, 동 합의에 따른 영향은 제한적이라고 판단했다.

수출경쟁과 관련해서는 정치적 선언방식이 채택됐다. 이에 따라 WTO 농업협정에 의거하여 통보의무가 발생하고 있는 수출보조 외에는 사무국이 수출신용, 수출 국영무

---

14 농업 분야의 경우, TRQ 관리개선 관련하여 개도국의 입장을 반영함으로써 한국 농업에 미치는 영향을 최소화하였고, 식량안보 목적의 공공비축, 수출경쟁 등도 한국과는 큰 이해관계가 없었다.

역, 식량원조와 관련하여 회원국들에게 질문할 양식이 공동으로 마련된다. 한국은 UR 타결에 따른 수출보조 감축의무가 없고 수출신용 등도 활용치 않아 이 선언에 따른 영향은 없을 것으로 판단했다.

그리고 발리 각료회의에서는 그동안 WTO 농업협정 부속서 2(허용보조)의 일반서비스 항목에 홍수통제, 가뭄관리, 토양보존 등의 관련 항목들을 추가함으로써 그동안 예시목록에 불과했던 일반서비스 항목이 명확히 규정되었다는 부분에서도 의의가 있다.

이밖에도 아프리카 면화 생산국의 요구에 따라 면화와 관련된 각료결정이 이루어졌다. 면화 관련 각료결정의 내용으로는 ⅰ) 농업위원회에서 면화 관련 무역이슈를 연 2회 논의하기로 합의했고, ⅱ) 사무총장의 주관하에 LDC 면화 분야 강화를 위한 협의 메커니즘을 추진하기로 하였으며, ⅲ) 각료회의의 개최 시 사무총장이 면화개발 및 교역 관련 동향을 정기적으로 보고하도록 합의하였다(보고의무화).

셋째, 개발/최빈개도국 이슈로는 대(對) 개도국 우대/특혜 강화방안이 논의되었다. 논의과정을 통해 발리 각료회의에서는 개발/최빈개도국 이슈로 구체적인 권리나 의무를 부여하기보다는 개도국 지원을 위한 회원국들의 노력을 촉구하는 내용으로 합의되었다.

제9차 각료회의에서 발리 패키지가 타결됨으로써 향후 DDA 협상은 이번의 조기수확 성과를 기초로 잔여 협상의제 타결을 위한 작업계획을 준비하고, 협상을 재개할 수 있는 계기를 마련하였다. 동 협상 타결로 인해 향후 개최될 WTO 정보기술협정(ITA) 확대 협상 등 복수국가 협상의 진전에도 긍정적인 영향을 미칠 것으로 기대되었다. 발리 각료회의 이후의 작업으로는 무역협상위원회(TNC)가 잔여 DDA 이슈에 관한 작업계획을 향후 12개월 이내에 수립하도록 한 것과, 발리 패키지에 포함된 성과 중 법적 구속력이 없는 분야(수출경쟁, 개발/최빈개도국)에 대한 작업을 우선적으로 진행하도록 합의했다.

발리 패키지 타결로 인해 무역원활화 협정이 발효되면서 비관세장벽의 일종인 통관절차 개선을 통해 상품의 보다 자유로운 이동과 교역이 확대되고, 통관 관련 애로사항이 해소되어 한국 기업의 수출입 여건도 개선될 것으로 기대되었다. 무역원활화 협정문은 법적 검토를 거쳐 2015년 7월 31일까지 수락을 위해 개방되며, WTO 회원국 2/3가 수락하면 무역원활화 협정이 수락 회원국에 대해 발효된다. 그 결과 2017년 2월 22일 당시 기준으로 WTO 164개 회원국 중에서 2/3에 해당하는 112개국이 수락하면서 무역원활화 협정은 발효되었다.

4. 발리 패키지 타결 이후의 협상

한편, 2015년 케냐의 나이로비에서 개최된 제10차 각료회의에서는 농업·면화·최 빈개도국(LDC) 등 3개 분야에서 6개의 각료결정이 채택되는 성과를 거두었다. 나이로비 각료회의에서도 전체 의제에 대한 논의보다는 일부 의제에 대해서만 협의하는 소규모 패키지 형태로 논의가 진행되었다.

나이로비 회의 참가국의 주된 관심 분야는 수출보조와 수출금융, 수출 국영무역기 업, 식량원조 등과 관련된 수출경쟁 분야였다. 회의를 통하여 몇 가지 합의가 채택되었 다. 이를 정리해 보면 다음과 같다. 첫째, 수출보조 분야에서 선진국은 수출보조에 대한 즉각적인 철폐, 개도국은 2018년까지 철폐에 대해 합의했다. 이와 관련해서 농업협정 제9.4조에서 제기하는 수출물류비 관련 보조는 2023년까지 유예를 결정했고, 최빈개도 국과 식량 순수입 개도국에 대해서는 2030년까지 유예기간을 부여해 주기로 결정했다.

둘째, 수출금융에 대해서는 선진국의 최대 상환기간은 18개월로 정해서 2017년부 터 적용하기로 결정했다. 하지만 기존의 계약에 대해서는 예외를 적용하기로 했다. 개 도국의 수출금융에 대해서는 선진국과 동일한 상환기간이 적용되지만, 4년의 단계적 이 행기간을 부여했다는 것이 차이점이다.

셋째, 회원국들은 수출 국영무역기업에 대해서 나이로비 패키지의 다른 규율에 대 한 합의를 우회하는 방안으로 이용되지 말아야 한다는 부분에 합의하였다. 그리고 회원 국은 수출 국영무역기업의 독점력으로 인해 발생할 수 있는 무역왜곡 효과를 최소화해 야 하며, 다른 국가의 수출을 방해하지 말아야 한다는 부분에 대해서도 합의했다.

마지막으로 식량원조를 위한 운송과 배급 시 필요한 경우, 예외적으로 현금화하는 것을 허용했다. 그리고 합의문에는 식량원조의 수혜국 정부에서 현금화된 식량원조의 활용 여부를 결정할 수 있다는 내용이 추가되었다.

수출경쟁 분야를 포함해서 나이로비 각료회의에서는 농업, 면화, 최빈개도국(LDC) 등 3개 분야에서 6개의 각료결정이 채택되는 성과를 거두었다. 그러나 발리와 나이로비 에서의 다자간 무역협상 타결에도 불구하고, DDA 협상의 지속 여부에 대한 회원국 간 이견은 여전히 존재했다. 이러한 이유로 DDA 추진과정에서는 다자간 무역체제에서 진 행되던 포괄적인 다자간 무역협상보다는 농업, 서비스, 규범 등과 같이 회원국들의 관 심이 많은 특정 이슈를 중심으로 한 분야별 협상이 진행되었다.

2017년 아르헨티나의 부에노스아이레스에서 개최된 제11차 각료회의에서도 기존 의 DDA 협상과정에서 나타났던 수출국과 수입국 간 입장 차이와 선진국과 개도국 간의견대립은 여전히 계속되었다. 그 후 DDA 협상(제12차 각료회의)은 코로나 팬데믹 등의 이유로 개최되지 못하다가 약 5년 만인 2022년 6월 제네바에서 개최되었다. 제12차 각료회의에서는 분쟁해결 시스템 등 WTO 개혁, 다자 무역체제의 중요성, 개도국 특혜, 서비스, 여성·중소기업(MSME), 기후변화 대응 등을 확인했다. 그리고 각료선언문에는 ⅰ) 팬데믹 대응 각료선언, ⅱ) 코로나 백신 지재권 관련 각료결정, ⅲ) 식량위기 대응 각료선언, ⅳ) 유엔 세계식량계획(WFP) 제안서에 대한 각료결정, ⅴ) 수산보조금 협정, ⅵ) 전자전송물 모라토리움 연장, ⅶ) 위생검역 협정(SPS) 각료선언 채택 등의 성과를 도출했다.

2024년 2월 아랍에미리트(UAE) 아부다비에서 개최된 제13차 각료회의에서는 아부다비 각료선언이 채택되었다. 각료선언문에는 분쟁해결제도 개혁논의 가속화, 전자적 전송물 무관세 관행(모라토리움)의 연장[15] 후 종료 등에 대한 각료결정이 채택되었다. 그리고 코모로와 동티모르의 WTO 가입을 승인했다. 하지만 아부다비 회의에서도 농업협상, 수산보조금 2단계 협상에 대한 회원국 간의 이견을 좁히는 성과는 도출하지 못하였다.

5. DDA의 평가와 교훈

2001년부터 전 세계적인 무역자유화 확대를 위해 UR보다 큰 규모로 야심 차게 시작된 DDA 무역협상은 비록 일부 분야에 대한 선타결을 통해 향후 논의를 위한 최소한의 추진력은 확보한 상태이다. 하지만 현재 25년의 기간 동안 진전이 없었기 때문에 심각한 교착상태에 빠진 것으로 평가할 수 있다. 이렇게 오랜 시간이 지났음에도 이루어지지 않는 협상의 완전타결은 세계경제에 대한 다자간 무역체제의 조정자 역할을 해왔던 WTO의 위상을 심각하게 약화시키는 계기로 작용하고 있다.

DDA 무역협상의 실패는 미국과 EU를 중심으로 하는 선진국과 중국, 인도, 브라질을 중심으로 하는 개도국 간의 입장 차이가 크기 때문이라고 볼 수 있다. 선진국은 개도국들에 대해 세계경제에서 그들이 차지하는 위상과 비중에 맞는 책임과 역할을 요구하고 있다. 하지만 이에 비해 개도국들은 아직도 자국의 경쟁력이 선진국과 동등한 경쟁을 할 정도로 성장하지 못했기 때문에, 당분간은 높은 관세와 보호 수준이 필요하다는 입장을 가지고 있다.

---

15 차기 각료회의(또는 2026.3.31. 중 먼저 도래하는 날)까지 연장.

그리고 선진국과 개도국의 입장 차이가 과거 통상협상에서는 농산물이나 공산품, 또는 서비스 등 특정 분야나 세부상품을 중심으로 나타난 데 비해 DDA 협상에서는 이러한 입장 차이가 모든 분야, 모든 상품군 등에서 나타남으로써 국가 간 입장 조정이 쉽지 않다는 측면이 존재한다.

서비스 분야에서 DDA 협정의 합의에 따라 개정이 이루어지는 경우, 만약 협정을 위반하게 되면 WTO 분쟁해결절차를 통해 해당 국가의 서비스무역이나 시장개방을 강제하는 결과를 도출할 수 있다는 우려가 존재한다. 이러한 우려는 공공서비스 분야 등을 국제법으로 강제하는 문제와 이에 따른 다양한 문제의 존재 때문에 발생한다.

DDA 협상이 일괄타결방식을 포기하고 조기수확 방식을 채택할 수밖에 없었다는 것은 지금까지 국제통상을 규율하던 WTO가 이제 일부 소규모 쟁점밖에 해결하지 못할 정도로 힘을 잃었다는 것을 의미한다. 이러한 상황에서 미국과 EU는 물론 개도국을 대표하는 중국과 인도까지도 DDA에 미련을 두지 않는 분위기가 확산되고 있다. 이러한 상황의 변화는 향후 진행될 수 있는 무역자유화 강화를 위한 노력이 FTA 등과 같은 지역무역 협정을 중심으로 전개될 가능성이 높다는 것을 보여 주고 있다. 이는 반대로 WTO에게는 164개국이 넘는 회원국을 가지고 있음에도 다자간 무역협상을 통한 새로운 무역규범의 제정이 쉽지 않을 것임을 의미한다.

제3장

WTO의 조직과 역할

제1절 • **WTO의 기능과 지위**

1. WTO의 기능

　　세계무역기구로서 WTO는 WTO 협정 및 관련 다자간 무역협정[16]의 이행·관리 및 운영을 촉진하고 목적을 증진하며,[17] 복수 국가 간의 무역협정의 이행·관리 및 운영을 위한 틀을 제공하는 기능을 수행한다. WTO는 국제통상의 현안과 다자간 무역관계에 관한 회원국 간의 각종 통상협상과 관련된 논의의 장을 제공한다. 그리고 WTO의 최고 의사결정기구인 각료회의의 결정에 따른 다양한 협상과 이러한 협상에 따른 결과의 이행을 위한 틀을 제공하는 기능도 갖고 있다.

　　그 외의 주요 기능으로서 WTO는 분쟁해결 규칙 및 절차에 관한 양해(Understanding on rules and procedures governing the settlement of disputes)와 무역정책검토제도(Trade policy review mechanism)를 시행하는 기능을 갖고 있다.

　　마지막으로 WTO는 범세계적 차원에서 진행되고 있는 경제정책과 관련한 국제적 협력, 이러한 협력의 일관성을 제고하기 위한 국제통화기금(International Monetary Fund : IMF), 세계은행(World Bank) 및 UN(United Nations) 산하기구들과의 협력을 수행한다.

2. WTO의 지위

　　WTO의 회원국은 WTO가 자신의 기능을 수행하는 데 필요한 법적 능력을 부여한다. 회원국들은 WTO와 그 임직원(Officials) 및 회원국들의 대표들에게 자신의 역할 수행에 필요한 각종 특권과 면제를 제공하여야 한다. WTO의 특권과 면제는 1947년 11월 21일 국제연합 총회에서 승인된 "전문기구의 특권과 면제에 관한 협약"에 규정된 특권과 면제에 관한 규정과 유사한 수준에서 부여되어야 한다.[18]

---

16 이는 부속서 1, 2 및 3에 포함된 협정 및 관련 법적 문서를 가리키며, 모든 WTO 회원국에 대해 구속력을 갖는다.

17 이는 부속서 4에 포함된 협정 및 관련 법적 문서를 가리키며, 이를 수락한 회원국에 대해서만 이 협정의 일부를 구성하여 이를 수락한 회원국에 대해서만 구속력을 갖는다. 복수국가 간 무역협정은 이를 수락하지 아니한 회원국에게 의무를 지우거나 권리를 부여하지 아니한다.

18 WTO 설립협정 제8조 제1항 내지 제4항. 따라서 WTO는 자신이 수행하는 기능과 관련하여 국제법상 권리와 의무의 주체가 된다. 그리고 WTO는 국제연합, 즉 UN의 전문기구가 아니다. 만일 WTO가 UN의 전문기구가 되면 WTO의 예산은 UN 총회가 심의·승인하게 된다.

WTO는 1947 GATT와는 달리 법인격을 가지기 때문에 관련국 정부와 자체적인 본부협정을 체결할 수도 있다.[19] 이러한 이유로 WTO는 사무국 소재지국인 스위스와 본부협정을 체결할 수 있었다.

한편, WTO 설립협정과 다자간 무역협정의 규정이 상충할 경우, 그 상충하는 범위 내에서 WTO 설립협정의 규정이 우선한다.[20] 그리고 WTO 설립에 관해서는 그 어떠한 규정에 대해서도 시행을 유보할 수 없으며, 다자간 무역협정의 유보를 결정할 경우에도 동 협정에 명시된 범위 내에서만 할 수 있다.

제 2 절 • WTO의 조직과 의사결정방식

1. WTO의 조직

WTO는 최고 의사결정기구인 각료회의를 중심으로 크게 3단계 조직구조로 이루어진다. 구체적으로 1단계에는 최고 의사결정기구로서 각료회의가 있고, 2단계에는 조직인 일반이사회, 분쟁해결기구 및 무역정책검토기구가 있으며, 3단계에는 상품무역이사회와 서비스무역이사회 그리고 무역 관련 지식재산권이사회 등이 있다.

(1) 최고 의사결정기관 : 각료회의

WTO는 전체회원국들에 의한, 전체 회원국들을 위한, 전체 회원국들의 기구라고 할 수 있다. WTO 회원국들은 여러 가지 이사회와 각종 관련 위원회를 통하여 WTO의 주요한 의사를 결정한다. WTO의 최고 의사결정기관은 WTO 내에 존재하는 여러 가지 이사회가 아니라 2년마다 한 번씩 개최되는 각료회의(Ministerial Conference)이다.

각료회의는 비상설기구에 해당하지만 WTO 협정하의 모든 중요한 문제를 결정할 수 있는 권한을 가진다.[21] 각료회의는 WTO의 기능수행에 필요한 모든 조치를 취할 수

---

19 WTO 설립협정 제8조 제5항.
20 WTO 설립협정 제16조 제3항, 제5항. 그리고 각 회원국들은 자국의 법률, 규정 및 행정절차가 부속협정에 규정된 자국의 의무에 합치할 것을 보장하여야 한다.
21 WTO 설립협정 제4조 제1항.

◀ 그림 ▶ WTO의 조직구성

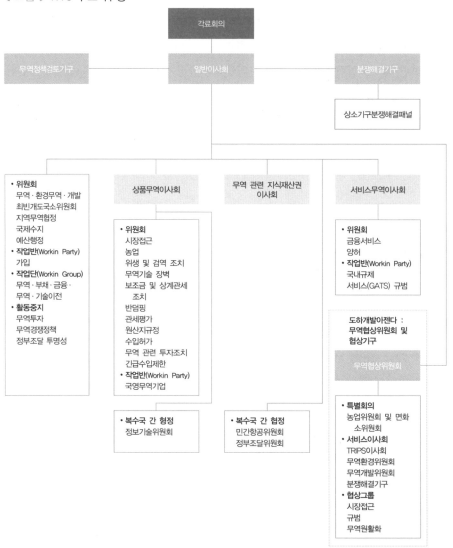

출처 ｜ 관세청(https://www.customs.go.kr/kcs/cm/cntnts/cntntsView.do?mi=10043&cntntsId=856)

있으며, 회원국이 요청하는 경우 WTO의 의사결정 요건에 따라 다자간 협정과 관련 부속협정과 연관된 모든 사항에 대한 의사결정을 내린다. 각료회의는 회원국 대표 간 협의를 통해 주요 사항을 결정하고, 회의결과를 각료선언문이라는 공식문서로 채택하며, 차기 회의장소를 결정하는 기능도 갖고 있다.

◀ 그림 ▶ WTO 출범 이후의 각료회의

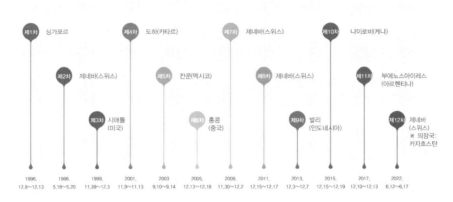

출처 | 통상뉴스, "WTO, 좀 더 알아볼까요?", https://tongsangnews.kr/webzine/1702207/sub1_4.html

◀ 그림 ▶ 제13차 각료회의 폐막 모습

출처 | 산업통상자원부, "산업부, 제13회 WTO 각료회의", 대한민국 정책브리핑, 2024.2.26.

(2) 일반이사회

　WTO의 업무 중 각료회의가 열리지 않는 기간에 발생하는 일상업무는 다음의 세 기구에 의해 처리된다.

　　○ 일반이사회(The General Council)
　　○ 분쟁해결기구(The Dispute Settlement Body)
　　○ 무역정책검토기구(The Trade Policy Review Body)

　위 세 기구는 사실상 모두 같은 기구라고 볼 수 있다. 비록 세 기구가 서로 다른 위임사항에 따른 고유업무를 가지고 있지만, WTO 설립협정에서는 이상의 세 기구를

모두 일반이사회로 명명하고 있다. 상기 세 기구는 같은 회원국들로 구성되지만 위임
사항에 따라 고유업무가 구분된다.

일반이사회는 각료회의가 개최되지 않는 비회기 중에 각료회의의 기능을 수행하는
기구로, 자체적으로 의사규칙을 제정할 수 있다.[22] 일반이사회는 분쟁해결절차 이행을
위한 분쟁해결기구(DSB)의 역할을 수행한다. 분쟁해결절차를 수행하기 위해 개최되는
DSB는 자체적인 의장을 둘 수 있고, 동 임무의 이행에 필요하다고 판단하면 의사규칙
을 제정할 수도 있다. 마지막으로 일반이사회는 무역정책검토제도에 규정된 무역정책검
토기구의 임무를 수행한다. 무역정책검토기구도 자체적인 의장을 둘 수 있고, 임무이행
에 필요하다고 판단되면 마찬가지로 의사규칙을 제정할 수도 있다.[23]

세 기구는 각자 개별 위임사항에 대한 합의 및 검토 내용을 2년마다 정기적으로
개최되는 각료회의에 보고하여야 한다. 정리하면, 일반이사회는 WTO의 모든 문제들과
관련하여 각료회의 대신 의사결정을 하고, 회원국 사이에 분쟁이 발생하면 해당 분쟁을
해결하기 위한 절차를 진행·감독하는 분쟁해결기구로서의 역할을 수행하며, 마지막으
로 일반이사회는 회원국들의 무역정책을 분석하는 무역정책검토기구로서의 역할도 수
행한다.

이 밖에도 일반이사회는 각료회의의 위임하에 WTO가 고유의 기능을 수행하는 데
필요한 무역개발위원회(Committee on Trade and Development), 국제수지제한위원회(Committee
on Balance-of-Payments Restrictions) 및 예산·재정·행정위원회(Committee on Budget, Finance
and Administration) 등과 같은 위원회를 둔다. 이러한 위원회는 위원회 고유의 기능을 수행하며
적절한 조치를 취하고, 이를 일반이사회에 보고하는 역할을 수행한다.[24]

일반이사회는 2년에 1회 이상 개최되는 비상설기관으로 운영되는 형태인 각료회
의를 대신하기 위해 만들어진 조직으로, WTO의 중심기관이라고 볼 수 있다. 일반이사
회는 연간 5~6회 정도 수시로 개최된다.

(3) 무역 분야별 이사회와 산하 위원회

일반이사회는 다음과 같은 세 가지 분야별 이사회를 둔다. 무역의 각 분야를 다루
고 있는 세 개의 이사회는 관련 내용과 사안을 일반이사회에 보고해야 한다. 이들 이사

---

22 WTO 설립협정 제4조 제3항 일반이사회의 DSB 업무권한.
23 WTO 설립협정 제4조 제3항 일반이사회의 무역정책검토기구 업무권한.
24 WTO 설립협정 제4조 제7항.

World
Trade
Organization

설립
우루과이라운드(UR) 협상
결과로 1995년 1월 1일
출범

본부
스위스 제네바

회원국
164개국(전 세계 무역의 98% 차지)

사무총장
응고지 오콘조이웰라
(Ngozi Okonjo-Iweala)
임기 2021.3.1.~2025.8.31.

회원국 분담률
WTO 예산액 × 각국 분담률
(전체 회원국 무역량 중
해당국 무역비중)으로 계산

주요기능
협상(Negotiations), WTO 협정
이행 · 모니터링(Implementation
and Monitoring), 분쟁해결
(Dispute Settlement), 개발지원
및 타 국제기구 협력 등

조직 및 역할
각료회의(최소 2년에 1회 개최)와 일반이사회(각료회의 非회기 중 수시개최)로 구성돼 있고,
협정 이행의 전반적인 감독 등 최고의사결정기구 역할을 수행하며,
일반이사회는 무역정책검토기구 및 분쟁해결기구 역할도 수행한다.

각료회의
(Ministerial Conference)

무역정책검토기구
(Trade Policy Review Body)

일반이사회
(General Council)

분쟁해결기구
(Dispute Settlement Body)

출처 | 통상뉴스, "WTO, 좀 더 알아볼까요?", https://tongsangnews.kr/webzine/1702207/sub1_4.html

회에 대한 가입은 모든 회원국에게 개방되며, 이사회는 필요할 때마다 개최된다.[25]

○ 상품무역이사회(Council for Trade in Goods)
○ 서비스무역이사회(Council for Trade in services)
○ 무역 관련 지식재산권이사회(Council for TRIPs)

분야별 이사회의 명칭이 의미하는 것처럼 위 세 가지 분야별 이사회는 상품과 서

---

25 WTO 설립협정 제4조 5항.

비스, 무역 관련 지식재산권 무역 분야와 관련된 WTO 협정의 운영을 책임진다. 세 개의 이사회는 각 이사회의 승인에 따라 독자적인 의사규칙을 제정할 수 있다.

세 개의 이사회는 모두 전체 WTO 회원국들로 구성되며, 그 산하에 필요에 따라 여러 부속기구(subsidiary bodies)를 둘 수 있다. 먼저 '상품무역이사회(Council for trade in Goods)'는 상품무역에 관한 협정의 운영을 감독한다. 상품무역이사회는 산하에 시장접근, 농업, 위생 및 검역 조치, 무역기술장벽, 보조금 및 상계관세 조치, 반덤핑, 관세평가, 원산지규정, 수입허가, 무역 관련 투자조치, 세이프가드 등 관련 11개 위원회와 국영무역기업 작업반 등을 두어 관련 활동에 대한 검토를 수행한다. 상품무역이사회는 해당 전문 분야에 정통한 1명의 의장과 10여 명의 위원으로 구성된다.

서비스무역이사회(Council for Trade in Services)는 서비스무역에 관한 일반협정의 운영을 감독한다. 서비스무역이사회의 부속기구에는 약간의 변화가 있다. 기본통신 협상(basic telecommunications negotiations)이 끝난 1997년 2월에는 서비스 협상을 위한 새로운 라운드가 시작되는 2000년 이전까지 적어도 서비스 분야에서 새로운 협상은 끝난 것처럼 보였다. 하지만 1997년 후반 금융서비스 협상그룹(financial service negotiating group)이 결성되었다. 서비스무역이사회는 이 밖에도 전문직 서비스(professional service) 및 GATS 규칙과 관련된 실무위원회와 구체적 약속(specific commitment) 위원회 등을 설치하였다.

무역 관련 지식재산권이사회(Council for TRIPS ; Trade-Related Aspects of Intellectual Property rights)는 무역 관련 지식재산권 협정의 이행과 관리에 대한 일반적인 운영을 감독한다. 이는 다른 이사회와는 달리 산하에 위원회를 두고 있지 않다.

그리고 분쟁해결기구(Dispute Settlement Body)는 2개의 부속기구를 가지고 있는데, 구체적으로 통상분쟁의 판정을 위한 전문가그룹인 분쟁해결패널(Dispute Settlement Panel)과 통상분쟁의 상소를 다루는 상소기구(Appellate Body)로 구성된다.

2. WTO의 의사결정방식

(1) 의사결정방식

WTO는 모든 회원국에 의해 중요한 의사결정이 이루어지는 구조로 되어 있다. 구체적으로 WTO는 회원국 정부에 의해 운영되며, 모든 중요결정은 2년마다 열리는 각료회의(Ministerial Conference)에서 결정된다. 각료회의가 없는 비회기 중에는 각료회의의 기능을 대신하여 제네바에서 정기적으로 개최되는 일반이사회(General Council)가 중요안건에 대한 처리를 합의에 따라 결정한다.

WTO의 의사결정은 전체 회원국의 합의제(Consensus) 방식으로 결정된다. 컨센서스(Consensus)란 합의제 방식을 의미하며, 이러한 합의가 이루어지지 않는 경우에는 표결에 의해 신속히 분쟁해결절차를 진행하거나 종결할 수도 있다. 하지만 이러한 합의제 방식의 이면에는 단순한 다수결을 의미하는 것이 아니라, 참여자 간의 충분한 논의와 조정을 통해 동의를 이끌어 내는 과정을 포함하는 개념이 내포되어 있다.

▶ 투표에 의한 의사결정(Voting)도 가능하다 ···●

> WTO는 투표에 의해서만 의사결정하는 것이 아니라 전체 회원국의 합의제(Consensus) 방식에 따라 결정할 수도 있다. 합의제는 GATT의 전통적 의사결정방식으로, 비록 전체 회원국의 이익을 위해 의사결정하더라도 개별 회원국의 이해관계도 함께 적절히 고려해야 한다는 것을 의미한다. WTO는 만약 전체 회원국의 합의가 불가능할 경우 투표에 의한 의사결정을 인정하고 있는데, 투표는 "일국일표(one country, one vote)"를 원칙으로 다수결에 따른다.
>
> WTO 협정에서는 투표에 의한 의사결정이 이루어질 수 있는 4가지 특별한 상황을 명시하고 있다.
> ○ 다자간 무역협정에 대한 해석은 WTO 회원국 3/4의 다수결에 의해 채택될 수 있다.
> ○ 각료회의는 다자간 협정을 통해 특정 국가에게 부과된 의무(심지어 3/4의 다수결에 의해 부과된 의무일지라도)를 면제해 줄 수 있다.
> ○ 다자간 무역협정의 특정 조항을 수정하기 위한 결정은 동 조항의 중요도에 따라 전체 회원국의 찬성 또는 2/3의 다수결에 의해서 채택될 수 있다. 그러나 이러한 과정을 통해 수정된 조항들은 그 조항에 대해 찬성하는 회원국에 대해서만 효력을 가진다.
> ○ 신규 회원국의 가입승인 결정은 각료회의에서나 비회기기간에는 일반이사회(General Council)에서 2/3의 다수결에 의해 결정된다.

합의제(Consensus)에 의한 WTO의 의사결정체계는 WTO가 세계은행(World Bank)이나 국제통화기금(International Monetary Fund : IMF) 등의 국제기구들과는 다른 의사결정구조를 가진다는 것을 보여 주는 좋은 예시이다. 과거의 GATT에서는 '만장일치제'와 함께 분쟁당사국 간의 원만한 협의를 통한 문제해결을 위해 '상호협력주의' 원칙이 관행적으로 존중되었다. 하지만 '상호협력주의' 원칙은 개발도상국보다는 상대적으로 무역규모가 크고 협상력이 강한 미국이나 EU 등의 선진국에게 보다 유리한 측면이 존재하는 방식이다. 하지만 WTO에서는 합의제 방식의 존중을 통해 개도국의 지위가 더욱 향상되는 측면을 가지게 되었다.

WTO에서는 모든 의사결정의 권한이 이사회(Board of Directors)에 위임되어 있지는 않다. WTO의 행정조직은 정기적으로 행해지는 무역정책검토(Trade Policy Review)에 대한 견해제시 외에 개별국 간의 무역정책에 대해서는 어떠한 영향도 미치지 못하는 경향이 있다.

WTO가 일국의 무역정책에 대해 제한을 가할 때는 WTO 협정에 의거해야 한다. WTO 체제는 다자간 합의를 근거로 WTO 협정에 대한 회원국들의 자발적 이행과 합의 준수를 통해 유지된다. 비록 WTO 협정의 집행과정에서 무역규제 조치가 부과될 수 있지만, 이는 WTO라는 국제경제기구에 의해 부과되는 것이 아니라, 모든 회원국 간의 합의와 결정에 따라 부과되는 것으로 보아야 한다. WTO의 이러한 의사결정구조는 신용대출(credit) 등을 통제함으로써 일국을 직접 제한하는 IMF와 세계은행 등과는 다른 차이점을 만들어 내는 핵심요소가 된다.

WTO의 의사결정체계는 합의제를 원칙으로 한다. 166개(2024년 8월 기준) 회원국들이 모두 동의하는 결정을 만들기란 현실적으로 어렵다. 때로는 합의도출이 불가능한 경우도 존재한다. 하지만 합의제 방식으로 채택된 결정은 모든 WTO 회원국들에게 기꺼이 받아들여지기 때문에 이는 다자간 무역체제의 장점으로 인식된다.

WTO에서는 협의과정의 어려움에도 불구하고 주목할 만한 합의들이 많이 만들어진다. WTO에서는 보다 소규모 형태로 설립될 수 있는 의사결정기구의 설립과 관련된 제안들이 주기적으로 만들어지고 있다. 하지만 중요한 것은 WTO는 전체 회원국의 합의제로 의사결정이 이루어지고 운영되는 기구라는 것이다.

(2) 대표단 활동과 의견조율

WTO 내에서 의사결정을 위한 중요한 실마리는 WTO 내의 공식기구나 회담을 통해서는 거의 풀리지 않는다. 특히 고위급회담인 일반이사회에서는 합의도출을 위한 의사결정의 돌파구가 쉽사리 열리지 않는다. 그러므로 WTO 내에서는 (심지어 외부에서도) 투표 없는 합의를 이끌어 내는 비공식적인 회담이 중요한 역할을 할 수밖에 없다.

세계무역기구(WTO) 각료회의에서 합의가 도출되기 어려운 현안을 다룰 경우, WTO 회원국들 중에서 주요국들만이 모여 비공식적 회의를 가지는데, 이를 그린룸(Green Room) 회의라고 한다. 이러한 그린룸 회의는 우루과이라운드가 진행되는 동안 40여 개국 이상의 국가들이 참여하여 특정 문제를 논의하는 과정에서 확립되었다.

'그린룸(Green Room)'이란 스위스 제네바에 있는 WTO 사무국 3층 사무총장실 바로

◀ 그림 ▶ 그린룸 회의

주 그린룸 회의의 참가국은 WTO 전체 회원국의 대표가 아닌 주요 국가로 한정되며, WTO 사무총장의 초청형식으로 이루어짐. 2003년 멕시코 칸쿤의 DDA 제5차 각료회의에서도 막판까지 미국, EU와 개도국 간의 대립이 계속되자 주요국들을 초청한 그린룸 회의가 개최됨

출처 | 의료기기 뉴스라인, "WTO 안의 또 다른 WTO : 그린룸", 2016.5.19.

옆에 있는 소회의실 카펫이 초록색이어서 붙여진 이름이다. 그린룸 회담이란 국가 간 합의가 어려운 현안을 다룰 경우, 막후 협상 시 수시로 그 방을 이용한 데서 유래됐다.

일반적으로 그린룸 회의에서는 주요국의 대표격인 협상 수석대표 등을 1명씩 불러서 정치적인 판단을 요하는 의제를 놓고 토론·결정하는 형태가 많다. 그린룸 회의에서 결정된 사안은 그 후 전체 회의를 통해 최종 결정되는 형식을 취하고, 대부분 주요국들은 그림룸에서 합의에 이른 내용에 대해서는 그 결정을 거스르기 힘든 '대세'로 인정하는 경우가 많다.

1999년 개최된 시애틀 각료회의에서도 첨예한 의견대립으로 실질적인 진전이 어려워지자 그린룸 회의를 통한 교착상태 돌파가 마지막 기대를 모았지만, 농업 수출보조금 문제 등에 걸려 성과를 내지 못한 바 있다. 하지만 그린룸 회의는 찬반 그룹별 주요 20여 개국이 참여하는 회의이기 때문에 의사결정과정에서 배제된 국가들의 불만을 사기도 한다.

일반적으로 그린룸 회의는 2∼4개의 소그룹 모임을 통해 합의도출을 시도하는 형태를 취한다. 이러한 소모임을 통한 문제해결 방식이 오히려 해당 문제의 교착상태를 심화시키는 경우도 종종 있다. 하지만 이러한 소모임 역시 해당 문제의 해결을 위한 노력과정에서 발생한 비공식적 협상장이 된다는 것도 사실이다. 시장접근에 관한 협상에서는 개별국가 간의 많은 비공식적 협상을 통해 일괄타결의 기초를 만들어 낸다. 예를 들면, 전통적인 관세 협상과 서비스 분야의 기본통신 협상, 정보기술 상품 협상 등은 모두 비공식적 협상의 지원을 통해 합의가 도출된 것들이다.

WTO에서는 WTO의 공식조직에 해당하지 않는 다양한 형태의 비공식 모임들이 특정 분야의 협상 타결에 중요한 역할을 한다. 그린룸 회담 등으로 대표되는 WTO 내에서의 비공식적 협의는 공식적인 결정을 내리는 데에도 반드시 필요한 부분이라고 볼 수 있다.

▶ **동일한 대표가 여러 회의에 매번 참석하는가?**

공식적으로 모든 이사회와 위원회는 WTO 전체 회원국들로 구성된다. 하지만 이는 동 기구들이 모두 동일하거나 그 차이가 순전히 관료주의적이라는 것을 의미하는 것은 아니다. 사실 여러 이사회와 위원회에 참석하는 사람들은 다르다. 왜냐하면 회담마다 서로 다른 급의 대표와 다른 분야의 전문가가 참석하기 때문이다.

제네바에 있는 각국 대표단의 대표들(통상 대사들)은 보통 일반이사회에서 그들 국가를 대표한다. 위원회 중 일부는 고도로 전문화되어 있기 때문에 각 회원국 정부는 이러한 회의에 전문관료들을 파견하기도 한다.

심지어 상품무역이사회, 서비스무역이사회 그리고 무역 관련 지식재산권이사회에서조차 각국 대표단들은 각기 다른 회의를 담당하기 위해 다른 관리들을 임명하고 있다.

그렇다고 공식회담이 중요하지 않은 것은 절대 아니다. 비공식 회담에서는 각국의 입장과 의견을 개진하고 교환하며 궁극적인 의사결정을 도출하기 위한 사전토론이 진행된다. 회원국 간의 전체적인 합의를 도출하는 것은 다양한 이해관계를 가진 회원국들 사이에서 적절한 균형과 조화를 찾아내는 과정이다. 그러나 이러한 조화와 균형이 단숨에 이루어지는 것은 아니다. 일부 국가 간의 의견조율이나 교착상태 해결을 위한 비공식 모임은 전체 회담의 돌파구 역할을 한다. 비공식 회담은 이러한 이유 때문에 전체 회원국들에도 받아들여지는 것이다.

제 3 절 • **회원국의 자격과 연대**

1. WTO 회원국의 자격

WTO 회원국의 자격은 권리이자 의무가 된다. 이는 WTO 회원국들은 회원국의 권리를 누리는 동시에 회원국으로서의 의무를 다하여야 한다는 의미이다. WTO 회원국은 다른 회원국이 부여하는 특혜나 호의, 편익 등과 함께 WTO 협정이 제공하는 보호 혜택을 향유할 수 있다. 하지만 WTO 회원국들은 자국이 향유하는 권리의 대가로서 시장개방과 WTO 협정 준수의무를 지게 된다.

WTO 회원국의 자격과 의무는 회원자격(또는 가입) 협상의 결과이다. WTO의 가입협상은 기존의 GATT 규정을 근거로 진행된다. WTO 체제 출범 이후 기존의 GATT 회원국들은 자동적으로 WTO의 창설회원국이 되었다. 그리고 1994년 4월 마라케시에서 UR 협정에 서명했던 국가와 1994년 4월 이후에 GATT에 가입했던 국가들도 WTO 설립 전에 가입이 완료되었다면 자동적으로 WTO의 창설회원국(Original Membership)이 되었다.

WTO의 창설회원국은 WTO 설립협정을 수락하고, 자국의 양허 및 약속표가 1994년 GATT에 부속되며, 서비스무역에 관한 일반협정(GATS)에 자국의 구체적 약속표가 부속된 국가로서 WTO 설립협정 발효일 당시 1947 GATT 체약당사국인 경우에 인정된다. 하지만 창설회원국 중에서 UN이 최빈개도국으로 인정한 국가는 자국의 개별적인 경제개발, 무역 및 금융의 발전단계나 행정·제도적 능력에 합치하는 범위 내에서 약속 및 양허의 이행이 가능하다.[26]

지금까지도 많은 새로운 국가들이 WTO 가입을 시도하고 있다. 2024년 8월까지 WTO는 총 166개 회원국이 가입되어 있으며, 가입자격을 협상하고 있고 WTO의 옵서버(observer)의 지위를 누리고 있는 가입신청국은 23개국이다. 옵서버 국가들은 옵서버가 된 후 5년 이내에 WTO 가입협상을 시작해야 하는 국가들을 의미한다.[27]

(1) WTO 가입과 탈퇴

WTO 가입은 완전한 자치권을 보유하고 독자적인 무역정책을 실행하고 있는 국가나 관세영역인 경우에 한하여 WTO와 합의한 조건에 따라 진행할 수 있다. 가입절차는

---

26 WTO 설립협정 제11조 제2항.
27 자세한 내용은 '부록 2 : WTO 회원국과 옵서버 국가'를 참조.

◀ 그림 ▶ 러시아의 WTO 가입 승인

출처 | 경남신문, "WTO, 러 회원국 가입 승인", 2011.12.17.

WTO 설립협정과 동 협정에 부속된 다자간 무역협정에 따라 진행된다.[28] WTO 가입신청은 다음과 같은 4단계를 거쳐 처리된다.

○ 1단계 : 가입신청국의 무역 및 경제정책에 관한 보고서 제출

가입신청국의 정부는 WTO 협정과 관련된 자국의 무역 및 경제정책에 대한 상세보고서를 WTO에 제출해야 한다. WTO에 제출된 보고서는 해당 국가의 신청서를 처리하는 실무작업단(working party on accession)에 의해 조사되는 각서(memorandum)의 형태로 만들어진다. 특정국의 WTO 가입을 위한 실무작업단 구성에는 모든 회원국이 참여할 수 있다.

○ 2단계 : 신청국이 제공할 양허와 약속에 관한 기존 회원국들과의 양자협상

가입신청국과 기존 회원국 간의 양자협상은 WTO 실무작업단이 가입원칙과 정책에 대한 충분한 조사를 마친 후 시작된다. 기존의 WTO 회원국들은 가입신청국과 저마

---

28 WTO 설립협정 제12조 제1항.

다 다른 경제적 이해관계를 가지고 있다. 따라서 WTO 가입협상은 가입신청국과 회원국 간의 양자협상의 형태로 진행된다. 가입을 위한 양자협상에서는 관세율과 구체적 시장접근 약속(specific market access commitment), 그리고 상품과 서비스무역 분야에서의 여러 가지 정책들이 논의된다.

　　가입협상 과정에서 합의된 가입신청국과 개별 회원국 사이의 양허 또는 각종 약속은 양자 간 합의의 형태이지만, WTO의 기본원칙인 무차별 원칙(non-discrimination rule)에 근거하여 모든 회원국에게 동등하게 적용되어야만 한다. 가입협상은 가입신청국의 경제 규모와 잠재시장 규모에 따라 매우 복잡하게 전개될 수도 있다.

　　예를 들어, 중국과 러시아 등 일부 국가의 WTO 가입협상은 거의 다자간 무역협상의 전체 라운드만큼이나 대규모로 진행되며 장기간에 걸쳐 이루어지기도 한다.[29]

　○ 3단계 : 가입조건에 관한 문서 작성

　실무작업단이 신청국의 무역제도를 심사하고 가입신청국과 회원국 양자 간의 시장접근 협상이 완료되면 가입조건(terms of accession)에 관한 문서 작성이 진행된다. 가입조건에 대한 문서 작성은 WTO 가입을 위한 실무작업단의 협상결과와 무역제도 검토를 바탕으로 진행된다. 가입의 최종 조건들은 WTO 가입보고서와 회원국 가입조약(가입의정서 'Protocol of Accession')의 초안 그리고 예비회원국의 시장개방 약속 일정표(Schedule of Commitment)에 명기된다.

　○ 4단계 : 가입 여부에 대한 결정

　WTO 가입을 위한 최종 결정은 보고서, 가입의정서 그리고 구체적 약속 일정표 등으로 구성되는 최종 타협안이 WTO의 일반이사회나 각료회의에 제출되어 통과됨으로써 결정된다. 회원국 2/3 이상의 다수가 찬성한 후 가입신청국이 가입의정서에 서명함으로써 WTO 회원국이 된다.[30] 이때 WTO 가입신청국은 WTO 가입자격 획득 전에 해당국 의회나 입법부 등의 비준을 받아야만 한다.

　WTO 회원국은 WTO 설립협정을 탈퇴함으로써 회원국으로서 부담해야 하는 의무

29　러시아는 2011.12.16. 제네바에서 개최된 제8차 각료회의를 통해 WTO의 154번째 회원국이 되면서 18
　　년에 걸친 가입절차를 완료함. 당시 러시아의 가입으로 인해 WTO는 세계 무역의 97%를 차지하게 됨.
30　WTO 설립협정 제12조 제2항. 가입은 각료회의가 결정한다. 각료회의는 WTO 회원국 3분의 2의 다수
　　결에 의하여 가입조건에 관한 합의를 승인한다.

에서 벗어날 수 있다. WTO 탈퇴는 WTO 설립협정 및 관련 다자간 무역협정의 탈퇴를
의미한다. WTO 탈퇴는 특정국에 대한 서면 탈퇴 통보서가 WTO 사무총장에게 접수된
날로부터 6개월이 경과한 날로부터 발효된다.[31]

함께 읽어보기

중국 웃고, 美·유럽은 울었다. 中 WTO 가입 20년 명암

　11일은 중국이 세계무역기구(WTO)에 가입한 지 꼭 20년 되는 날이다. 한 외신은 이 기간을
'차이나 쇼크'라고 했다. 중국의 경제 위상은 크게 올랐지만 미국 등 서방은 중국을 '글로벌 무역
텐트'에 초대한 대가를 톡톡히 치러서다. 그래서 WTO 개혁논의가 나오지만 모든 게 불확실하
다. 해법 찾기가 지지부진한 사이 중국은 WTO가 아닌 거대 다자간 자유무역협정(FTA)을 통해
또 다른 야심을 드러내고 있다. 중국의 WTO 가입 20년의 명암이다.

　10일 WTO·세계은행(WB)·외신 등에 따르면 중국은 WTO 가입 전 국내총생산(GDP) 기준
세계 6위국이었는데 가입 후 2위 경제대국으로 뛰어올랐다. GDP가 20년 만에 2배가 되면서다.

주 2001년 11월 11일, 카타르 도하에서 중국은 WTO 가입의정서를 체결[중국대표단 단장 스광성(石廣生)]하
고, 같은 해 12월 11일, 중국은 정식으로 WTO에 가입함.

출처 | 중국 신화사(XINHUA)

---

31 WTO 설립협정 제15조 제1항. 복수국가 간 무역협정으로부터의 탈퇴는 동 협정의 규정에 따른다.

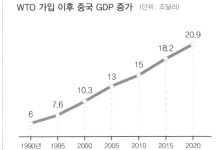

WTO 가입 이후 중국 GDP 증가 (단위: 조달러)

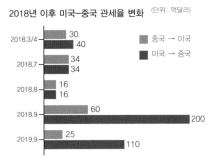

2018년 이후 미국–중국 관세율 변화 (단위: 억달러)

출처 ┃ 그래픽디자인=조경란

중국의 수출량은 WTO에 가입한 해 2,720억 6,000만 달러(약 320조 원)에서 지난해 2조 7,230억 달러(약 3,203조 원)로, 10배가량 늘었다. 외국인 직접 투자도 4배 증가했다. 규칙에 기반한 국제무역 체제에 합류한 혜택이 명확하다.

미국 등 서방의 계산서는 다르다. 중국이 WTO에 들어온 해 미국의 대중 무역적자는 830억 달러(약 97조 6,495억 원)였는데, 지난해 9월 기준 2,554억 달러(약 300조 4,781억 원)로 3배가량 불었다. 중국과 거래할수록 미국에선 일자리가 사라진다는 분석도 나왔다. 미 싱크탱크 경제정책연구소(EPI)가 2020년 1월에 발표한 자료에 따르면 2001-2018년 370만 개의 미국 일자리가 증발했다.

중국은 웃고, 서방은 울게 된 원인분석의 결과는 한곳으로 수렴된다. 중국이 WTO 규범을 제대로 지키지 않고 자국 기업에 대한 보조금 지급, 지식재산권 도용 등으로 무역질서를 어지럽힌 것이 지목됐다. 서방으로선 중국을 세계무역 시스템 안에 넣어야 권위주의 체제를 바꿀 수 있다고 판단했지만 그런 가정은 보기 좋게 빗나간 셈이다.

미국의 도널드 트럼프 전 행정부가 중국의 국영기업 보조금 지급 관행 등에 제동을 걸지 않는 WTO를 비난하고 '관세폭탄'을 무기로 삼아 미–중 무역전쟁의 방아쇠를 당겼지만 딱 떨어지는 해법도출이 여의치 않은 상황이다.

제프리 쇼트 피터슨 국제경제연구소(PIIE) 연구원은 "미국의 강압적인 대응이 중국이 자국 공기업을 지원하는 걸 막지 못했다"며 "트럼프 전 대통령과 조 바이든 대통령, 둘 다 중국의 만행을 바로잡기 위해 아무것도 하지 못했다"고 지적했다. 일각에선 바이든 대통령이 자국 경제부흥을 위한 경제어젠다에 집중하면서 WTO 개혁이 뒷전으로 밀렸다고 봤다.

바이든 대통령은 유럽 연합(EU)·일본과 함께 중국의 불공정한 무역관행에 맞선 3국 파트너십을 갱신하겠다고 최근 발표하기도 했다. 이 파트너십은 중국 국영기업의 시장 왜곡행위·지식재산권 도용 억제를 위한 새로운 규제마련에 무게를 둔 것으로 알려졌다.

블룸버그통신은 "미국이 WTO 개혁에 앞장서 새로운 무역규칙을 수립한다면 가장 큰 개혁이 될 것"이라고 내다봤다.

출처 ┃ 유혜정, "중국 웃고, 美·유럽은 울었다", 헤럴드 경제, 2021.12.10.

(2) WTO의 각국 대표부

WTO의 일반적 업무는 회원국 정부에 의해 파견된 대표들에 의해 처리된다. WTO의 기본업무는 산업, 무역과 관련된 일반적이고 일상적인 활동을 규율하는 것이다. 실제로 WTO 회원국들의 무역정책 수립과 무역협상에 대한 준비는 기업과 관련 산업단체, 농민, 소비자 그리고 여러 이해집단들의 의견을 충분히 수용함으로써 이루어진다.

회원국들은 대부분 제네바에 상주대표부를 두고 있으며, 때로는 WTO 담당 특별대사를 두기도 한다. 대표부의 실무관리들은 WTO 사무국에서 열리는 많은 이사회와 위원회, 실무작업단, 협상그룹 등의 회의에 참석한다. 일부 복잡한 문제에 대해 일부 회원국들은 해당국 정부의 입장을 전문적으로 개진하기 위해 전문가들을 직접 파견하기도 한다.

WTO의 관할범위가 점차 확대되고 복잡해짐에 따라 관련 분야나 협의내용 또한 더욱 전문화되고 있다. 최빈개발도상국의 경우, WTO 업무에 정통한 관리들을 임명하는 부분에서 많은 어려움에 직면한다. WTO는 진정한 세계무역기구로서 성공적인 역할을 수행하기 위해 최빈개도국에 대한 국제통상과 관련된 기술적 문제해결을 위한 다양한 지원을 한다.

2. 회원국들 간의 연대

WTO 내에서 회원국들은 연대그룹의 형성을 통해 자국의 협상력을 강화한다. 특정 부문에서의 무역협상의 경우, 연대그룹 내에 단일 대변인이나 협상팀을 구성하여 협상력을 강화하기도 한다. WTO 회원국 간의 연대강화는 최근 전 세계적으로 확대되고 있는 관세동맹(Customs Union)과 자유무역지대(Free Trade Area), 공동시장(Common Market) 등의 경제통합이나 지역주의 형성 강화에 따른 자연스러운 결과라고도 할 수 있다.

회원국 간의 연대강화는 강력한 무역상대국과의 협상에서 협상력이 상대적으로 약한 국가가 자국의 협상력을 증가시키기 위한 방안이라고 볼 수 있다. 그룹을 형성하여 공동의 입장을 채택하는 등 연대를 형성할 때가 그렇지 않은 때보다 합의에 더 쉽게 도달하는 경향이 있다. 그리고 어떤 연대는 해당국 간의 공동입장 고수나 강화를 위해 형성되기보다는, 협상의 교착상태를 해결하고 타협안 만들어내기 위해 형성되기도 한다. 하지만 WTO 협정 내에서 이러한 회원국 간의 연대형성에 대한 엄격하고 신속한 대응을 위해 마련된 조항은 없다.

연대란 여럿이 함께 무슨 일을 하거나 함께 책임을 진다는 의미이다. 이렇게 볼 때 WTO 회원국 간의 연대란 특정 목적을 달성하기 위해 복수의 회원국들이 함께 행동하고 함께 행동한다는 의미가 된다. WTO 내에서는 많은 국가가 복잡한 통상문제의 해결을 위해 공식·비공식적 모임과 회담을 진행한다. 이러한 과정에서 많은 국가가 자국의 이익을 달성하기 위해 공식·비공식적 연대를 행한다.

연대의 중요성은 일국이나 기업, 개인이 연대를 통해 사회나 더 큰 조직, 국가의 한 구성원으로 행동하게 됨으로써 그 존재의 의미를 확대할 수 있게 한다. WTO 내 국가 간 연대는 일국을 국제사회의 동반자로 역할 하게 함과 동시에 체제와 동맹의 강제를 통해 국제간 경쟁과정, 국제적 차원에서 일국의 이익을 방어해 내고, 국가의 삶과 능력을 제고시킨다는 부분에서 의의가 있다. 개발도상국이나 최빈개도국들은 이러한 연대과정을 통해 선진국 중심의 체제에서 일부 소수국가에 집중된 막대한 부를 재분배할 수 있게 된다.

WTO 내에서 국제적 연대가 중요해진 이유는 연대과정에서 일국이 가지는 국민·국가로서의 정책목표에 대한 입장을 중심으로 국제간 또는 전 지구적인 차별성을 강화함으로써 자국의 존재감을 강화할 수 있기 때문이다. 최빈개도국도 국제적 연대과정을 통해 국제사회의 일원으로 정착할 수 있게 된다.

WTO 내에서 가장 크고 가장 포괄적인 협상력을 가진 연대그룹은 유럽 연합(EU : European Union)과 그 27개 회원국이다(2020년 1월 영국 탈퇴). EU는 대외적으로는 공동의 무역정책과 관세를 부과하는 경제통합체이다. EU 회원국들은 브뤼셀과 제네바에서 그들

출처 │ https://eucalls.net/(2024.7.24.)

의 입장을 미리 조정한다. WTO 내의 협상이나 회담에서 EU 집행위원회(Commission)는 EU를 대표하여 모든 활동과 의사결정을 행한다. EU도 개별 회원국들과 마찬가지로 독자적 권리를 행사하는 하나의 회원국이 된다.

WTO 회원국 내 연대 경제통합체로서 EU보다 소규모인 경제통합체는 말레이시아, 싱가포르, 필리핀, 태국, 브루나이, 인도네시아를 회원국으로 하는 동남아시아 국가연합(Association of South East Nations : ASEAN)이다. 경제통합의 정도는 EU만큼 강하지 않지만, ASEAN 역시 회원국 간의 무역에 관한 공동 관심사를 논의하며, 특정 문제에 대해서는 그들의 입장을 조정하여 한 목소리를 낸다. ASEAN의 대표국은 각 회원국이 돌아가며 맡고 있으나, 특정 문제에 대해서는 대표국을 따로 지정하기도 한다.

한편 WTO 내 가장 작은 소모임 중 하나이지만 가장 영향력이 큰 연대그룹으로는 '쿼드(Quad 또는 Quadrilaterals)'라고 하는 주요 4개국이 있다. 쿼드의 참가국은 과거 미국, 캐나다, 일본 및 유럽 연합(EU)으로, 이 모임은 주로 일부 협상에서 무역 대국들의 대화 돌파구 역할을 했다.

그 밖에도 경우에 따라 특정 부분에서만 일치된 의견을 발표하는 연대그룹으로 라틴아메리카 경제시스템(Latin American Economic System : SELA), 아프리카·카리브연안·태평양그룹(African, Caribbean and Pacific group : ACP)이 있다. 이 밖에도 지역경제 통합 추진과정에서 그 구성원들이 WTO의 문제들과 관련하여 아직 동일한 입장을 유지할 정도까지는 도달하지 못했지만, 이제 막 하나의 구체적인 경제통합체의 형태로 발전하기 시작한 그룹도 있다. 이러한 그룹의 대표적 예로 북미자유무역협정(United States-Mexico-Canad Agreement : USMCA)과 남미공동시장(The Southern Common Market : MERCOSUR) 등이 있다.

WTO의 회원국 연대그룹 중 가장 이질적인 국가 간 연대그룹으로 '케언스 그룹 (Cairns Group)'을 들 수 있다. 케언스 그룹은 농업무역의 자유화를 주장하기 위해 우루과이라운드가 시작되기 전해인 1986년에 설립되었다. 동 그룹은 UR 협상을 통해 농업회담에 대한 중요한 제3세력으로 자리 잡으며 현재까지도 활동 중이다. 케언스 그룹은 농업무역의 자유화라는 공동의 목적을 가진 다양한 회원국들로 구성된다. 하지만 국내보조금 및 수출보조금 문제에 있어서 선진대국들과 경쟁하기에는 협상력과 자원이 부족하다는 공통의 특징을 가지기도 한다.

케언스 그룹에 대항하는 국가 간 연대도 존재한다. 대표적인 연대그룹으로 농업의 비교역적 관심사항(Non-Trade Concerns : NTC)을 WTO의 농업에 관한 협상에 적절히 반영해야 한다고 주장하는 국가들의 모임이다. NTC 국가군은 주로 한국, 일본, 노르웨이,

스위스, 모리셔스 등과 같은 식량 순수입국들이다.

제 4 절 • WTO의 특별정책

1. 특별정책의 개요

WTO의 핵심기능은 무역협상의 장을 제공하고 분쟁해결절차를 포함한 다자간 통상규범의 이행을 관리하는 것이다. 이러한 기능을 지원하는 WTO의 4가지 특별정책은 다음과 같다.

○ 개도국과 체제전환국에 대한 지원
○ 수출촉진을 위한 전문화된 지원
○ 범세계적 경제정책 수립을 위한 지원
○ 투명성 : 회원국이 새로운 무역조치를 도입하거나 과거의 무역조치들을 수정하는 경우, WTO에 통보(notification)하고 해당 정보를 공표함으로써 WTO의 모든 회원국이 다른 회원국의 통상정책 변화를 알 수 있도록 하는 것

(1) 개도국과 체제전환국에 대한 지원

개도국과 체제전환국은 전체 회원국의 3/4을 차지하기 때문에 의사결정 과정에서도 높은 영향력을 행사할 수 있다. 개도국과 체제전환국의 비중 증가로 인해 WTO 내에서 이들의 역할이 더욱 중요해지고 있다. 이 때문에 WTO는 개도국과 체제전환국의 문제와 그들이 관심사안에 대해 특별한 관심을 가질 수밖에 없다.

WTO 사무국은 훈련 및 기술협력원(Institute for Training Technical Cooperation)을 통해 WTO 체제의 운영방법을 설명하고, 회원국 정부의 관리와 대표들의 훈련을 지원하기 위한 많은 프로그램을 운영한다. 이러한 프로그램 중 몇 개는 제네바에서 이미 실행되고 있고, 다른 프로그램들도 다양한 국가 등에서 진행된다. WTO의 프로그램 중에서 다른 국제기구들과 함께 준비되는 것도 있는데, 보통 훈련과정의 형태로 해서 개별적 지원의 형식으로 제공된다.

◀ 그림 ▶ **개발도상국 분포지역**

선진국	■	선진국/선진경제지역(Advanced economies)
개발도상국	■	개발도상국/이머징마켓(Emerging and Developing economies)
최빈국	■	최저개발국(Least developed countries)
기타	■	IMF 통계에서 제외된 지역

출처 | 나무위키 : 개발도상국(https://namu.wiki/w/개발도상국)

개도국과 체제전환국에 대한 지원프로그램은 WTO 가입과정에서부터 다자간 무역체제와 협상에 대한 효과적 참여까지 지원하는 형태를 띤다. 그리고 WTO 협정 내에 존재하거나 다양한 형태로 존재하는 구체적 약속을 집행하는 데 필요한 지원 등도 다양하게 제공된다.

개도국과 최빈개도국들은 WTO의 이러한 지원을 통해 WTO에 효과적으로 참여하는 방법을 학습할 수 있게 된다. 그리고 수출과 연관된 무역 및 관세 관련 자료도 WTO로부터 제공받을 수 있다. WTO에서 실시하는 개도국 관리들에 대한 훈련과정은 일 년에 두 번 제네바에서 제공된다.

(2) 수출촉진을 위한 전문화된 지원 : 국제무역센터

GATT는 개도국의 수출촉진을 지원하기 위한 국제무역센터(International Trade Center)를 1964년에 설립하였다. 국제무역센터는 WTO와 국제연합(UN) 산하의 UNCTAD(The UN Conference on Trade and Development : 무역과 개발에 관한 유엔회의)가 공동으로 운영하는 국제기구로, 스위스 제네바에 있다. 국제무역센터는 무역진흥을 통한 빈곤퇴치를 목적으로 개발도상국 내 중소기업의 성공적인 수출입을 위해 무역개발 솔루션의 일환인 수입관리 및 기술(techniques), 수출촉진 프로그램의 수립과 실행 등에 대한 자문을 제공한다.

　　국제무역센터는 수출시장과 마케팅기술에 대한 정보와 자문을 제공하고, 수출촉진 및 마케팅 관련 서비스 기관을 설립하거나 이러한 서비스 기관에 필요한 인력을 훈련하는 개도국을 지원한다. 최빈개도국은 국제무역센터가 무상으로 제공하는 서비스 지원을 받을 수 있다. 국제무역센터가 지원하는 분야는 제품 및 시장 개발, 무역정보, 인적개발, 구매 및 공급관리, 무역진흥을 위한 수요조사 및 프로그램 설계 등의 6개 분야이다.

　　ITC의 수장인 집행이사(Executive Director)는 유엔 산하의 국제무역개발회의 의장과 WTO의 사무총장에게 기구의 활동내용을 정기적으로 보고한다. ITC에는 2011년 기준으로 우리나라를 포함한 155개국이 가입되어 있다.

(3) 범세계적 경제정책 수립을 위한 지원

　　WTO의 역할 중에서 가장 중요한 것 중 하나는 범세계적 차원에서 적용될 수 있는 일관된 경제정책을 수립하는 것이다. 이를 위해 WTO는 IMF(국제통화기금), 세계은행(World Bank) 및 다른 국제기구들과 적극적으로 협력한다. 이러한 역할을 강조하는 WTO의 별도 각료선언(Ministerial Declaration)이 1994년 4월 마라케시(Marrakesh) 각료회의에서 채택되었다.

　　마라케시 각료선언에서는 WTO가 범세계적이고 일관성 있는 경제정책에 관한 결정에 공헌할 것이며, 이러한 공헌은 향후 더욱 증가할 것이라고 선언하였다. 각료선언에서는 통상문제가 통화 및 금융을 포함한 다양한 경제정책들과 상호 연계되어 있다는 것을 인식하여 WTO가 통화 및 금융 문제에 대해 책임 있는 국제기구들[즉 IMF(국제통화기금)와 IBRD(세계은행) 등]과의 협력강화를 선언하였다.

　　그리고 마라케쉬 각료선언은 무역자유화가 국가경제의 발전과 성장에 기여한다고 보고 있다. 또한 체제전환기간 동안의 무역자유화가 막대한 사회적 비용을 초래할 수 있다는 위험성을 인정하고 있지만, 그럼에도 불구하고 무역자유화는 회원국들의 경제구조 개혁·조정과 관련된 계획의 성공에 매우 중요한 역할을 한다고 보았다.

(4) 투명성 강화

1) WTO 통지　　　　　회원국의 시장개방 약속이 잘 이행되고 있는지를 감시하는 가장 효과적인 방법은 회원국이 시행하는 약속과 관련된 조치들의 내용을 WTO에 즉시

통보하도록 하는 것이다. WTO 협정은 회원국 정부가 새로운 무역조치를 만들거나 수정하는 경우, 변동 또는 수정되거나 새롭게 만든 내용을 WTO 사무국에 반드시 통보하도록 규정하고 있다.

예를 들면, 회원국은 반덤핑이나 상계관세, 무역에 영향을 주는 새로운 기술표준, 서비스무역에 영향을 미치는 규정, 지식재산권 협정 등과 관련된 법·규정 등에 대한 변경이나 제정, 개정 등의 변화가 있는 경우, 이러한 변화들을 모두 WTO 관련 기구에 통보해야 한다.

새롭게 체결된 자유무역협정이나 새롭게 가입한 회원국의 무역정책 등을 검토하기 위한 특별기구도 설치된다. 무역상대국에 대해 중대한 영향을 미칠 수 있는 무역정책이나 관행의 변화가 있는 경우, 회원국은 무역정책 검토를 앞당길 수 있다. 정책통보기간에 최빈개도국에 대한 적용은 예외로 인정되어 더 많은 기간의 연장을 부여받을 수 있다.

2) 일반대중에 대한 지속적 정보제공   WTO 출범 이후 WTO 일반이사회는 WTO 활동과 관련된 많은 정보를 일반인들이 더 많이 이용할 수 있도록 하는 부분에 동의하였다. 1996년 7월 18일, 일반이사회는 WTO에 관심을 가지는 많은 비정부기관(NGOs)과 일반인들이 WTO와 관련된 더 많은 정보를 이용할 수 있도록 하기 위해 관련 문서에 대한 신속한 공개에 동의했다. 이러한 목적하에서 WTO 내에서 형성된 비제한적 문서에 포함된 대부분의 정보가 온라인을 통해 확인 가능하게 되었다.

구체적으로 무역정책 검토보고서와 분쟁해결 패널보고서 등은 제일 신속하게 공개된다. 회의 의사록 등의 문서들도 문서작성 후 약 6개월이 지나면 공개할 수 있고, 장기간 비공개 상태로 유지할 수도 있다. 그리고 더 많은 WTO 관련 문서들을 WTO의 웹사이트(www.wto.org)를 통해 이용할 수 있다.

2. 개발도상국의 의미

WTO의 회원국은 약 70%가 개발도상국(Developing Countries)으로 구성된다. 개발도상국은 세계경제상 위상과 WTO 내에서의 비중 등을 고려할 때 WTO 내에서도 중요한 역할을 할 것이라는 부분에 의심의 여지가 없다. 이는 개도국 경제의 성장은 세계화 시대에 이들의 경제성장과 발전이 선진국뿐만 아니라, 그들과 경제관계를 맺고 있는 다른 개도국의 성장과 발전을 위해서도 반드시 필요하기 때문이다.

개발도상국은 세계화 경제체제에서 개발도상국도 하나의 공급체인으로서 역할과 기능을 한다. 또한 개발도상국은 이러한 역할과 기능 외에도 시장으로서도 매우 중요하기 때문에 국제무역 체제 내에서는 매우 중요하다. 국제무역 체제는 비교우위의 원리를 바탕으로 한 특화를 통해 세계시장에서 관련 국가들이 저마다 자기의 역할을 성공적으로 담당해야 세계경제 전체가 성장할 수 있는 체제이다.

　　WTO나 기존의 GATT 체제에서 개발도상국에 대한 객관적이거나 특별한 기준은 없다. 개별 회원국이 스스로 개도국임을 선언하는 자기선언(self-declaration)을 하고 다른 회원국들이 이에 동의하면 개도국의 지위가 부여된다. 이는 WTO 체제 내에서는 선진국과 개도국에 대한 분류를 해당국 스스로가 결정하도록 하고 있다는 의미로 볼 수 있다. 이러한 이유 때문에 WTO의 출범을 만들어 낸 UR 협상 당시에도 선진국으로 분류된 국가는 미국, EU 등 15개국뿐이었다. 그러므로 UR 협상 당시를 기준으로 하면, 이들 15개 선진국을 제외한 다른 대부분의 협상 참가국들은 개도국으로 분류되었다는 의미이다.

　　한편 WTO/GATT 체제에서는 경제발전 수준이 높은 개도국에 대해서 '졸업'의 개념을 적용하여 국제수지(BOP ; Balance of Payment) 방어를 위한 수입수량 제한조치의 원용을 금지하는 규정이 존재한다. 하지만 이러한 BOP 조항의 졸업이 곧 개도국 지위의 상실을 의미하는 것은 아니다.[32]

■▶ 국제기구별 개도국의 지위 인정기준(WTO 제외) ·································· ●

　○ UN/UNCTAD/FAO
　　- 최빈개도국에 대한 기준은 구체적으로 존재하지만 개도국에 대한 분류기준은 없음
　　- 자기결정 또는 자기선언(self-declaration)에 따라 개도국 지위 부여
　　　• UN : 77그룹(2002년 기준 133국), 단 우리나라는 1996년 OECD 가입 당시 탈퇴
　　　• UNCTAD : 저소득 개도국(GDP 800불 미만), 중소득 개도국(GDP 800~4,000), 고소득 개도국(GDP 4,000 이상)으로 분류(현재, 한국은 고소득 개도국으로 분류)
　　　• UN 식량농업기구(FAO) : 개도국으로 분류
　○ OECD
　　- 1인당 GNP를 기준으로 개도국을 세 분류로 구분하여 개발원조위원회(DAC)에 명단을 포함함
　　- 우리나라는 2001년 기준으로 대만, 홍콩, 이스라엘, 싱가폴 등과 함께 선발 개도국 그룹에 포함되어 있음

---

32 브라질, 페루, 아르헨티나 역시 BOP 조항을 졸업했으나 UR 농업협상에서 개도국으로 인정받음.

- OECD 가입을 기준으로 개도국 지위를 결정하지는 않음
  - OECD 회원국인 터키, 멕시코 등도 UR 농업협상에서 개도국으로 인정받음
  - 우리나라는 OECD 개발원조위원회(DAC)에 소속되어 있지 않아 선진국으로 간주하지 않음
  - 특히, 우리나라는 OECD에 가입할 당시 농업 부문 및 환경 분야에서 개도국의 지위를 포기하지 않겠다는 의사를 분명히 밝힘
- OECD 사무국은 2002년 WTO 125개 회원국을 대상으로 DAC List와 별도로 개도국 분류작업을 비공식적으로 실시(한국은 홍콩, 싱가폴과 더불어 선진국 그룹으로 분류)
○ IMF
- GDP 규모, 실업률, 대외적 경제관계 등을 고려하여 선진국, 개도국, 시장경제 전환국으로 분류
- 한국을 경우에 따라 선진국 또는 개도국으로 분류
  - 자본이동 통계에서는 개도국으로 분류
  - 연간 간행물인 World Economic Outlook에서는 선진국으로 분류
○ IBRD
- 1인당 GNI를 근거로 하여 저소득, 중간 소득, 고소득 국가로 분류
- 한국은 고소득 국가로 분류

한국은 GATT/BOP 위원회의 권고에 따라 1990년 1월 동 조항을 졸업하고 GATT 제11조(수량제한의 일반적 철폐) 국가로 이행하였다. 하지만 한국은 WTO 출범 이후에도 농업 및 환경 분야 등에서는 계속해서 개도국의 지위를 유지하는 전략을 채택하다가 2019년이 되어서야 공식적으로 WTO 내에서 누려오던 개도국 지위에 대한 포기선언을 하였다. 한국은 이때부터 WTO 내에서 개도국 특별정책의 수혜국으로서 활동을 하는 것이 아니라, 개도국에 대한 특별한 배려를 제공해야 하는 국가로 지위가 변경된 것이다. 한국은 이때부터 WTO 내에서 선진국으로서의 지위와 입장 등은 유지해야 하고(다만, 기존에 채택된 협정에서의 지위는 그대로 유지 및 적용됨), 유엔무역개발회의에서도 개도국에서 선진국으로 지위가 변경(2021년)되었다.

함께 읽어보기

57년 만에 개도국 벗어났다는데 … 한국이 된 '선진국'이 뭔가요

대한민국이 또 세계 역사의 한 페이지를 장식했습니다. 유엔무역개발회의(UNCTAD) 설립 이래 최초로 개발도상국에서 선진국 지위를 인정받은 나라가 됐는데요. 특히 이번 결정에 참여한

◀ 그림 ▶ 유엔무역개발회의(UNCTAD) 전경

출처 : 위키피디아(https://ko.wikipedia.org/wiki/)

회원국들의 만장일치로 결정됐다고 합니다. 사실상 한국이 국제사회에서 선진국으로 통한다는 걸 세계 모든 국가가 인정했다고 볼 수 있죠. 주요 7개국(G7) 정상회의 초청국으로 높아진 존재 감을 과시한 데 이은 또 다른 쾌거입니다. UNCTAD는 개도국의 산업화와 국제무역 참여증진을 지원하기 위해 설립된 유엔 총회 산하 정부 간 기구입니다. 195개 회원국으로 구성됐죠. 한국의 선진국 지위 인정을 두고 파키스탄 주제네바 대사는 아시아·태평양 그룹을 대표해 "한국이 여 러 그룹 사이에서 조정자 역할을 해 주길 희망한다"고 했고, 유럽 연합(EU)도 "축하한다"는 메시 지를 냈는데요.

유엔 총회도 아닌 산하 기구에서 일어난 일인데, 왜 이렇게 주목을 받는 걸까요. 1964년 UNCTAD가 설립된 이래 지위가 개도국에서 선진국으로 인정받은 최초의 사례로 기록됐기 때문 입니다.

UNCTAD는 경제규모와 위치 등을 고려해 4개 그룹으로 나누는데요. 아시아·아프리카 등 주 로 개도국이 포함된 그룹 A(99개국)와 선진국 그룹 B(31개국), 중남미 국가가 포함된 그룹 C(33 개국), 러시아 및 동구권 그룹 D(25개국) 등입니다.

한국은 1964년 3월 가입한 이후 지금까지 A그룹에 속해 있었는데요. A그룹에서 B그룹으로, 즉, 개도국에서 선진국 그룹으로 지위가 변경된 건 한국이 처음입니다. 한국의 지위변경으로 B 그룹 국가는 31개에서 32개로 늘었습니다. 한국의 국내총생산(GDP) 규모는 세계 10위로, 경제 규모만 놓고 보면 사실 일찍이 선진국 반열에 올라섰죠.

◀ 그림 ▶ 68차 UNCTAD 무역개발이사회의 한국 대표부 대사

주 유엔무역개발회의(UNCTAD)가 2일(현지시간) 한국의 지위를 개발도상국 그룹에서 선진국 그룹으로 변경. UNCTAD가 1964년 설립된 이래 개도국에서 선진국 그룹으로 지위를 변경한 것은 한국이 처음.

세계은행이 2019년 7월에 발표한 전년도 한국의 GDP는 1조 6,194억 달러(약 1,895조 원)로 세계 12위였습니다. 경제협력개발기구(OECD)는 지난해 8월 한국의 세계 GDP 순위가 9위로 오를 것이라고 전망했습니다. 경제력만 놓고 보면 지위격상은 한참 늦었다고 볼 수 있습니다.

하지만 UNCTAD의 지위변경은 단순히 경제규모만 크다고 결정되는 건 아닙니다. 아시아의 부국으로 꼽히는 싱가포르는 B그룹이 아닌 A그룹에 속해 있는데요. 2019년 기준 싱가포르의 1인당 GDP는 약 6만 5,000달러로, 한국(3만 2,000달러)보다 높았습니다. 세계 모든 국가가 '이 나라는 이제 선진국이다'라고 인정해줘야만 가능합니다. 회원국 중 단 한 국가만 반대해도 지위격상은 불가능하다고 합니다. 한국이 이번 선진국 그룹에 속한 의미가 남다른 이유죠.

B그룹에 속한 일본이 한국의 그룹 이동에 찬성한 점도 눈길을 끕니다. 일본은 앞서 지난달 영국 콘월에서 열린 G7 정상회의 때 한국을 견제했었죠. 한국의 그룹 이동 전까지만 해도 B그룹에 속한 아시아 국가는 일본이 유일했는데, 이제 한국과 일본이 똑같은 그룹에 속하게 된 겁니다.

보통 특정 국가가 그룹을 옮기고 싶다는 의사표시를 하면 회원국들은 협의에 들어갑니다. UNCTAD가 2일(현지시간) 스위스 제네바 본부에서 열린 제68차 무역개발이사회 마지막 날 회의에서 한국의 그룹변경 안건을 통과시켰는데요. 당시 현장에 있었던 이태호 주 제네바 대표부 대사는 현지 분위기를 이같이 전했습니다. 이 대사는 7일 TBS 김어준의 뉴스공장에 출연해 "이런 사례가 별로 없었기 때문에 조금 조마조마했다"며 "다행히 아주 순탄하게, 신속하게 진행이 잘돼

주 1951년 9월 9일 부산의 한 면사 공장에서 소녀들이 티셔츠를 만들기 위해 목화에서 실을 뽑아내고 있는 모습.

출처 | 미국 국립문서기록관리청(NARA)

서 UNCTAD의 역사를 새로 쓰게 됐다"고 설명했습니다.

그는 그룹A와 그룹B 국가들의 반응에 대해선 "선진국으로 옮겨 가겠다는 우리 입장에 대한 선진국의 반응은 굉장히 환영하는 분위기였다"며 "떠나보내는 입장인 개도국들 반응이 중요한데, 이번 아시아·태평양 지역 조정국인 파키스탄 대사가 '환영한다'고 했다"고 전했습니다.

이 대사가 반대표가 나올까 '조마조마했다'고 한 건 과거에도 그룹 이동을 시도한 국가가 있었기 때문인데요. 이 대사는 "과거 개도국 그룹이 선진국 그룹으로 이동하려는 시도가 있긴 있었다"며 "정치적인 이유 등 여러 사유로 시도를 했지만, 성공하지 못했던 걸로 알고 있다"고 말했습니다. 다만 과거 그룹 이동을 시도한 국가명은 언급하지 않았습니다.

"개도국들, 한국의 새로운 리더십에 굉장히 기대"

한국이 원조를 받던 나라에서 원조를 하는 나라로 바뀐 전무후무한 국가라는 점에 주목해야 합니다. 개도국들이 만장일치로 한국의 지위격상을 인정한 건 이 부분이 큰 영향을 미쳤다고 하는데요. 한국이 개도국과 선진국을 모두 경험한 나라인 만큼 국제무대에서 '가교' 역할을 톡톡히 해 주길 바라는 기대감이 반영됐다는 분석입니다.

최배근 건국대 경제학과 교수는 6일 TBS 김어준의 뉴스공장에 출연해 "가장 주목해야 할 부분은 개도국들의 목소리"라며 "(개도국들은) 한국이 자신들과 선진국 사이에서 '조정자' 역할을 해 주길 바란다"고 설명했습니다. 최 교수는 "(개도국들은 한국이) A그룹에 있었으니 우리 사정을 잘 알지 않겠나, 그런 바람이 담겨 있다"며 "대한민국이 국제관계에서 보여 주는 새로운 리더십에 굉장한 기대감을 표현하고 있다"고 전했습니다.

선진국들이 대한민국을 파트너로 인정한 점도 주목해야 합니다. 최 교수는 "G7 정상회의에서 확인한 게 전통적인 선진국들이 대한민국을 필요로 한다는 것"이라며 "B그룹이 굉장히 독특한 구조인데, 대한민국을 인정했다는 건 선진국은 물론 개도국 모두 지금 한국을 필요로 한다는 뜻"이라고 해석했습니다.

(⋯ 중략 ⋯)

다만 이번 지위변경으로 한국의 활동이 달라지는 건 아니라고 합니다. 한국의 위상을 인정받은 상징적 조치이기 때문이죠. 한국은 이미 2019년 10월 세계무역기구(WTO)에서 개도국 지위를 포기하겠다고 선언했습니다.

실질협상은 비공식적으로 77개 개도국 그룹(G77)과 중국, EU와 EU를 제외한 기타 선진국 그룹(JUSSCANNZ), 유라시아경제연합(EAEU) 등을 중심으로 진행되어 왔습니다.

한국은 UNCTAD 가입 당시 G77에 속했지만, 1996년 선진국 클럽으로 불리는 OECD에 가입한 이후 G77에서 탈퇴, 현재는 미국과 일본, 스위스, 캐나다, 터키 등이 포함된 JUSSCANNZ에서 활동하고 있습니다.

출처 | 류호, "57년 만에 개도국 벗어났다는데 ⋯ 한국이 된 '선진국'이 뭔가요", 한국일보, 2021.7.10.

3. 개발도상국에 대한 특별정책

개발도상국에 대한 WTO의 특별정책은 다음과 같다.

○ WTO 협정 속에 개도국에 대한 특별규정(Special Provisions)을 포함해 둔다.
○ 무역개발위원회(Committee on Trade and Development)를 통하여 개도국 문제를 관장한다.
○ 사무국(Secretariat)에서는 개도국을 위해 기술적인 지원(주로 다양한 종류의 훈련)을 제공한다.

(1) 특별규정과 대우

WTO 내에 존재하는 개발도상국에 대한 대표적 규정으로 GATT 제18조에 따른 특별대우가 존재한다. 물론 최빈개도국도 개도국에 대한 특별대우의 혜택을 모두 향유할 수 있다. GATT 제18조에서 개발도상국에 부여한 4가지 특별대우는 다음과 같다.

○ 개도국은 유치산업의 보호를 위하여 당해 개도국 유치산업이 생산하는 물품의

관세를 인상하기 위한 관세양허의 재교섭을 관련국에 요청할 수 있다(GATT 제
18조 A절).

○ 국제수지상의 어려움에 처한 개도국에 대해 수입수량 제한조치를 이용할 수 있
다(GATT 제18조 B절).

○ 개도국은 특정 산업의 확립을 촉진하기 위하여 필요한 조치를 행사할 수 있다
(GATT 제18조 C절). 참고로, 이러한 규정은 그동안 쿠바, 아이티(Haiti), 인도 및
스리랑카에 적용된 바 있다.

○ 개도국은 특정 산업의 설립을 위하여 GATT 규칙의 적용배제 승인을 얻기 위
하여 GATT 체약국단에 신청할 수 있다.

WTO 협정에는 개도국이나 최빈개도국(least developed countries)과의 관계나 우대
등에 관련된 규정이 존재한다. GATT 제4부(무역과 개발에 대한 특별조항 : part 4)에는 선진
국과 개도국 간의 무역협상 진행 시 비 상호주의(Non-Reciprocity)의 적용을 규정하는 내용
들이 존재한다.[33] 비 상호주의는 선진국이 개도국에게 무역양허(trade concessions)를 제공
하더라도, 선진국은 이러한 무역양허에 상응하는 조치를 개도국으로부터 기대하여서는
안 됨을 의미한다. 선진국의 개도국에 대한 비 상호주의 적용은 선진국이 회원국 전체에
대해서 동일한 대우를 하지 않더라도, 개도국에 대해서는 '특별하며 차별적인 대우
(special different treatment)'를 제공하여야 함을 규정한 것이다.

상품 분야에서의 비 상호주의 적용 외에도, 서비스무역에 관한 일반협정(General
Agreement on Trade in Services : GATS) 분야에서도 "경제통합"이라는 제목의 GATS의 제
2부(part 2)에서는 개도국에 대한 특혜대우(preferential treatment)를 규정하고 있다.[34]

WTO 협정에 포함된 개도국에 대한 배려를 위해 만들어진 조치들을 살펴보면 다
음과 같은 것들이 있다.

○ WTO 협정에서는 개도국의 약속(commitments)이행 시 여타 회원국과는 다른
추가 유예기간(extra time)을 제공받을 수 있음을 규정하고 있다.

○ 서비스 분야에서는 시장접근 기회 확대와 기술적 무역장벽(technical barriers to
trade) 제거를 통해 개도국의 교역기회를 확대한다.

---

33 1994 관세 및 무역에 관한 일반협정(GATT) 제36조.
34 서비스무역에 관한 일반협정 제5조 제3항.

ㅇ WTO 회원국들이 국내 또는 국제적인 파급효과를 가진 경제조치들[35]을 채택할
　때도 동 조치의 발동이 개도국의 이익을 침해하지 않도록 하는 최소한의 보호
　규정이 존재한다.

ㅇ 개도국 지원을 위한 여러 가지 방법들이 WTO 규정 속에 포함되어 있다. 예를
　들어, 개도국이 동·식물 건강기준(animal and plant health standards)과 기술표준
　(technical standards) 등에 관한 규정 마련과, 자국 내 통신 부분의 강화도 지원할
　수 있다.

WTO의 개도국 지원은 개도국 정부 및 민간 부문에 대한 구체적이고 실용적인 기
술지원뿐만 아니라, 워크숍이나 세미나, 기타 보고회 등의 개최를 통해 개도국들이 다
자간 무역체제에 대한 인식을 개선하는 부분에도 초점이 맞추어진다. 그리고 WTO는
개도국 지원프로그램의 일환으로 개도국 정부에 컴퓨터 하드웨어 및 소프트웨어를 제
공하며, 추가적으로 그들이 인터넷을 통해 WTO의 각종 정보에 접근하고 새로운 기술
을 이용할 수 있게 하는 훈련프로그램을 지원한다.

(2) 사무국의 법률자문과 특별지원

WTO 사무국(Secretariat)은 분쟁해결절차의 진행과정에서 개도국의 법률적 자문을
지원하기 위한 특별 법률자문관을 두고 있다. 이러한 서비스는 WTO의 기술협력·훈련
국(Technical Cooperation and Training Division)에서 제공하고 있으며, 많은 개도국이 이 서
비스를 이용하고 있다.

개도국에 대한 기술협력은 WTO의 고유업무 중 하나로 다자간 무역체제에서 개도
국과 체제전환국(counties in transition)이 성공적으로 정착하여 정책을 운용할 수 있도록
지원하는 일을 의미한다. 기술협력의 목적은 개도국이 무역체제에 적용하는 데 필요한
조직의 설립과 관련 관료들을 훈련시키는 데에 있다. 기술협력의 주제는 무역정책과 효
율적 협상에 관한 내용이 된다.

WTO가 진행하는 기술협력의 내용으로 제네바에서는 무역정책에 관한 정기적인
교육훈련을 제공하고 있다. 그리고 이러한 정기 교육훈련과 함께 여러 국가에서 세미나
및 연수회 등과 같은 형태의 기술협력 활동과 프로그램도 개최한다.

---

35 반덤핑(anti-dumping), 세이프가드(sefeguard), 기술적인 무역장벽 등과 같은 조치.

　　기술협력 교육활동의 주요 대상은 체제전환국이나 아프리카 지역의 국가를 중심으로 하는 개도국들이다. 하지만 협력 세미나는 아시아, 남미, 카리브 연안국가, 중동, 태평양 국가 등의 지역에서도 개최되었다. 기술협력과 훈련 기금은 WTO의 정규예산, WTO 회원국의 자발적 기부금, 행사 주최국과 다른 국가들에 의한 비용분담 등 세 가지 형태로 조달된다.

　　개도국 관련 기술협력과 훈련 기금은 WTO 회원국들에 의해 다양한 방식으로 적립되며, 이 기금은 WTO 사무국이나 기부국가(donor country)에 의해 관리된다. 적립기금은 보통 WTO 사무국과 기금제공 국가의 합의하에 개도국의 기술협력과 훈련 등의 특별활동에 사용된다.

3.　최빈개도국에 대한 특별한 관심

(1) 최빈개도국의 의미

　　WTO나 기타 국제기구에서 개도국에 대한 명확한 기준은 존재하지 않는다. 하지만 최빈개도국(least developed countries : LDCs)에 대한 분류는 비교적 명확히 제시되고 있다. 최빈개도국은 UN 경제사회이사회(Economic and Social Council of the United Nations : ECOSOC)에서 1인당 국민총생산(gross national product : GNP), 1인당 칼로리공급률, 신생아 사망률, 초중등교육 등록률, 문맹률, 국내총생산(gross domestic product : GDP) 대비 제조업

◀ 그림 ▶ 최빈개도국 현황

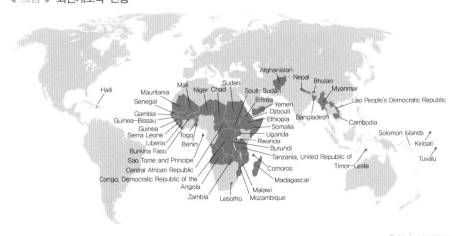

출처 | UNCTAD

 인적자산지수의 구성

비율, 산업고용 비율, 1인당 전기소비량, 수출집약도 등을 기준으로 선정한다. 1971년부터 시작된 최빈개도국에 대한 선정지표 및 최빈개도국 선정은 ECOSOC에 의해 3년마다 재검토되고 있다.

일반적으로 최빈개도국이란 1인당 GDP가 1천 달러 미만 수준의 국가로 전 세계 국가 중 UN이 지정한 48개국(이 중 WTO 회원국은 34개국) 등이 해당된다. UN의 최빈개도국 기준은 1인당 국민소득(GNI)이 1,018달러 이하, 인적자산지수(HAI) 60점 이하, 경제·환경 취약성지수(EVI) 36점 이상 등에 따라 구분한다.

◀ 그림 ▶ 경제·환경취약성지수의 구성

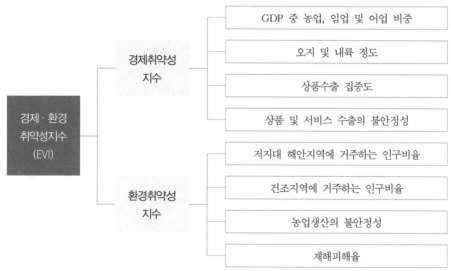

여기서 인적자산지수는 인적자본 수준의 척도를 의미하며, 지수가 낮을수록 인적 자본의 발전이 낮다는 의미이다. 인적자산지수는 건강지수와 교육지수로 구분된다. 그리고 경제 및 환경 취약성지수(EVI)는 경제 및 환경적 충격에 대한 구조적 취약성을 측정한 지수를 의미한다. 이는 결과적으로 경제 및 환경 취약성지수가 높을수록 경제적 취약성이 높을 수 있다는 것을 의미한다.

WTO는 시장경쟁과 자유교역 원칙을 기반으로 하고 있지만, 최빈개도국에 대해선 예외적으로 여러 가지 특혜조치를 허용하고 있다. 구체적으로 최빈개도국에 대해선 무관세 무쿼터(DFQF ; Duty Free Quota Free)가 적용되는 것으로, 이는 최빈개도국이 수출하는 상품에 대해선 관세부과와 수량제한을 하지 않는 것과 같은 특혜가 제공된다는 의미이다.

최빈개도국에 대한 구체적 특혜는 1994년 마라케시(Marrakesh)에서 UR 협상이 종료되었을 때 합의되었다. WTO에서는 선진국의 구체적 약속 중의 일부분에서는 일부 최빈개도국에서 부정적 효과를 미칠 수 있는 가능성이 존재함에 대해서도 인정하였다. 그리고 농산물의 수출보조금 삭감이 최빈개도국(Least Developed Countries)에는 수입식량의 가격인상을 초래할 수 있음도 인정하였다. WTO 농업위원회(Agricultural Committee)는 이러한 인식하에서 수출보조금의 삭감이 최빈개도국에 미치는 영향을 감시한다는 결정(decision)을 내렸다.[36] 물론 감시결정은 최빈개도국뿐만 아니라 식량 순수입국 개도국에 대해서도 동일하게 적용된다. WTO 농업협정에서는 이러한 상황에 처한 최빈개도국이 IMF나 World Bank 등과 같은 국제금융기구나 다른 WTO 회원국들을 통해 원조(aid)를 받을 수 있는 길을 제시했다.

최빈개도국에 대해서도 졸업의 개념이 적용된다. 구체적으로 1인당 국민소득(GNI)이 1,222달러 이상, 인적자산지수(HAI) 66점 이하, 경제·환경 취약성지수(EVI) 32점 이하 등의 세 가지 기준 중 두 가지 기준을 3년 내 검토 시 2회 연속 충족하는 경우, 최빈개도국에서 졸업할 수 있다. 1994−2020년의 기간까지 최빈개도국 지위에서 졸업한 대표적 국가는 보츠와나(1994), 카보 베르데(2007), 몰디브(2011), 사모아(2014), 적도 기니(2017), 바누아투(2020) 등 7개국이다.

한편 분쟁에 휩싸인 최빈개도국은 WTO의 사무총장(director-general) 또는 분쟁해결기구(Dispute Settlement Body : DSB)의 의장에게 조정(conciliation), 중재(mediation), 알선(providing good offices) 등의 지원을 요청할 수 있다. WTO 분쟁해결절차에서는 당사자 간의 상호 협의를 통해 분쟁해결이 가능하다. 하지만 최빈개도국은 당사자 간 협의(Consultation)가

---

36 WTO 농업에 관한 협정 제16조 제2항, 제17조.

실패로 끝난 후 WTO 사무총장이나 분쟁해결기구의 의장에게 중재 또는 조정, 알선 등의 지원을 받을 수 있다.[37]

(2) 최빈개도국을 위한 행동계획과 소위원회

최빈개도국에 대한 의미 있는 결정은 1996년 싱가포르에서 개최된 제1차 WTO 각료회담(Ministerial Conference)에서 만들어졌다. 동 회담을 통해 WTO 회원국들은 "최빈개도국을 위한 행동계획(Action Plan)"을 도출하였다. 이 행동계획(Action Plan)에는 최빈개도국이 다자간 체제에 보다 잘 적응할 수 있도록 하는 방안이 제시되었다.

이 행동계획에서는 최빈개도국 상품에 대한 선진국의 무관세화 가능성을 분석하였고, 이와 함께 최빈개도국 상품의 선진시장 접근에 대한 지원방안이나 제도개선 약속에 대해 분석하였다. 그 과정에서 WTO와 UN 무역개발회의(UNCATAD), 국제무역센터(ITC)가 공동 주최하는 최빈개도국의 고위급(senior official) 회담(1997)이 만들어졌다. 이 최빈개도국 각료 및 고위급회담을 통해 최빈개도국이 다자간 무역체제(trading system)를 더욱 효과적으로 사용할 수 있도록 6개 국제기구[38]가 통합적인 지원을 하는 계획이 만들어졌다.

1998년 5월 제네바에서 개최된 제2차 WTO 각료회의에서는 이 최빈개도국 고위급 회담의 결과물인 최빈개도국 시장접근 개선방안과 이에 대한 구체적 지원약속이 정식 보고되었다. 그리고 1998년 12월 개최된 WTO 일반이사회의 비공식 회의에서는 최빈개도국에 대한 WTO 협정 이행기간 연장문제, 기술협력 제공필요성, 그리고 최빈개도국 수출품에 대한 시장접근 개선문제 등이 집중적으로 논의되었다. 이러한 논의를 바탕으로 2000년 7월 7일에는 WTO와 5개 핵심 국제기구의 최빈개도국 지원을 위한 공동성명이 발표되었다.

한편, 2001년 2월 12일 개최된 제3차 최빈개도국 소위원회에서는 최빈개도국 기술지원(technical assistance)과 관련된 새로운 계획이 제시되었다. 동 회의에서는 「통합체제 예비검증(Integrated Framework-Pilot Scheme)에 대한 새로운 제안」이 채택됨으로써, 최빈개도국에 대한 보다 적극적이고 구체적인 지원이 합의되었다. 그리고 이는 제4차 각료회의 등을 거치며 더욱 구체화되었다.

그 후에도 최빈개도국을 포함한 개도국의 참여를 제고하기 위한 다각적인 노력이

---

37 그러나 이는 반드시 최빈개도국들의 지원요청을 전제로 한다.
38 WTO, UN 무역개발회의(UNCATAD)와 국제무역센터(ITC), 세계은행(World Bank), 국제통화기금(IMF), UN 개발프로그램(UN Development Programme : UNDP).

만들어졌다. 2000년 이후 새롭게 시작된 뉴라운드 협상의 공식명칭이 도하개발아젠다 (DDA)로 된 것에서도 이러한 움직임을 예측할 수 있다. 이는 최빈개도국을 포함한 개도 국의 개발문제는 DDA 협상의 핵심사안으로, 협상의 성공 여부를 결정짓는 핵심변수로 인정된 것으로 볼 수 있다.

2002년 12월에는 개도국이나 최빈개도국들의 효과적 협상참여를 위한 기술지원 목적으로 DDA 신탁기금(Trust Fund)의 설치가 합의되었다. WTO DDA 신탁기금은 ⅰ) 개도국 또는 최빈개도국의 공무원 연수·훈련, ⅱ) WTO 및 국제무역 문제에 대한 세미 나·심포지엄·워크숍 개최, ⅱ) 개도국의 WTO 규범 국내이행 입법지원 등과 같은 WTO 기술지원 사업의 주요 재원이 된다. WTO는 DDA 신탁기금을 바탕으로 최빈개 도국에 대한 기술지원을 독자적 또는 여타 국제기구와 협력하는 방식으로 지속적으로 추진한다.

한편 WTO 내에는 최빈개도국에 대한 고유업무를 다루는 부서로 '최빈개도국 소위원 회(Subcommittee on the Least Developed Countries)'가 있다. 이 소위원회는 최빈개도국과 관련된 업무를 찾아 이를 무역개발위원회에 보고하는 역할을 한다. 소위원회의 주된 업무 는 최빈개도국들을 다자간 무역체제로 통합시키는 방법, 기술협력(technical cooperation) 등을 관장한다. 소위원회는 WTO 협정상의 최빈개도국을 우대하는 특별규정들이 어떻게 채택되고 이행되는지를 주기적으로 조사한다.

소위원회는 WTO가 최빈개도국이 다자간 무역체제로 더 잘 통합될 수 있도록 할 수 있는 다음과 같은 두 가지 임무를 인정하고 있다.

○ WTO가 제공하는 기술협력에 대해 최빈개도국에 우선권(priority)이 있으며, 이 러한 기술협력은 최빈개도국이 필요한 기구를 설립할 수 있는 능력을 창출하도 록 도와주는 것과, 필요한 지식과 기술을 가진 사람을 훈련시키는 것이 핵심이 라는 사실을 인식 및 확신시키는 것
○ 최빈개도국을 위한 WTO의 실행계획을 준비하는 것

■▶ 최빈개도국의 WTO 대표부 운영을 위한 스위스의 특별한 기원 ─────────●

WTO에서의 공식 및 비공식 업무(official business)는 주로 제네바(Geneva)를 중심으 로 이루어진다. 그러므로 WTO 회원국이 제네바에 상주 대표부를 설치하는 것은 대단히 중요한 문제이다. 하지만 제네바에서 상주 대표부를 운영하는 데에는 많은 비용이 소요된

다. 이 때문에 WTO의 30여 개 최빈개도국 중에 오직 1/3 정도만이 제네바에 상주 대표부
를 두고 있다. 그리고 이러한 국가들의 제네바 대표부는 WTO 업무뿐만 아니라 UN 관련
업무 등도 모두 담당하게 된다.

스위스는 이러한 사실 인식을 기반으로 하여 제네바에 WTO 본부(Headquarter)를 유치
하는 대가로서 최빈개도국의 대표단을 위한 무료 사무실을 제공하고 있다. 이는 유니버셜
하우스, Maison Unversalize(Universal House)의 형태로 운영되는 것으로, 스위스가 제공
하는 최빈개도국을 위한 무료 사무실 공간이다. 스위스의 유니버셜 하우스 외에도 다수의
WTO 회원국은 최빈개도국의 각료와 수행원들이 WTO 각료회의에 참가할 수 있도록 하는
재정적 지원을 지속해 오고 있다.

(3) 최빈개도국에 대한 예외적 특혜

WTO는 최빈개도국에 대한 여러 가지 특혜조치를 예외적으로 허용하고 있다. 대
표적 특혜조치는 무관세 무쿼터(DFQF ; Duty Free Quota Free) 특혜조치가 있다. 무관세
무쿼터 특혜조치는 최빈개도국이 수출하는 상품에 대해 관세와 수량제한 조치 등을 부
과하지 않는 것을 의미한다. 현재 한국을 포함해 많은 국가[39]가 최빈개도국에 대한 무
관세 무쿼터 정책을 도입하고 있다.

최빈개도국이 무관세 무쿼터 조치를 적용받기 위해서는 최빈개도국의 수출상품에
대한 원산지를 인정받아야 한다. 하지만 농수산물 등의 특수한 경우를 제외하고는 최빈
개도국이 생산하는 수출상품은 대부분 다른 나라로부터 수입한 상품이나 재료 등을 활
용한 제품이기 때문에, 적용하는 원산지규정에 따라 이러한 제도의 혜택을 받을 수 있
거나 없는 경우가 많아진다는 문제점이 존재한다. 즉, 최빈개도국의 상품을 수입하는
국가에서 원산지규정을 엄격하게 운영(예 : 50% 이상의 부가가치를 최빈개도국에서 창출했을
경우에만 원산지 인정)한다면, 무관세 무쿼터 조치는 최빈개도국에게 도움이 되지 못하는
제도가 되는 것이다. 최빈개도국은 일반적으로 국내산업이 매우 취약하고 노동집약적이
어서 높은 부가가치 기준이 채택된 원산지규정은 대부분 적용되기 어렵다.

2015년 12월 캐냐의 나이로비에서 개최된 제10차 WTO 각료회의에서 최빈개도국
특혜 원산지규정에 대한 합의를 통해 이러한 문제점들을 해결했다. 구체적으로 최빈개
도국의 수출상품에 대한 특혜를 제공하는 원산지규정의 적용 시 해당 상품에 포함된 비
원산지의 비중 수준을 최대 75%까지 허용하는 고려(shall consider)를 하도록 합의했다.[40]

---

39 모든 선진국과 칠레, 중국, 인도, 한국, 대만, 태국, 키르기즈공화국, 타지키스탄, 터키 등 9개 개도국.
40 이는 50% 원산지규정을 사용하는 미국의 입장을 고려한 최종 합의였다.

그리고 최빈개도국의 부담을 완화하기 위해 '한 품목에 두 가지 이상의 원산지규정 적용을 가능한 한 피하고, 누적 원산지규정 적용을 확대하도록 장려'하기로 합의했다.

최빈개도국 특혜 원산지규정의 제정과 관련된 논의는 전통적 개발이슈 중의 하나로, 최빈개도국에 대해 인도적 차원에서 일방적으로 특혜를 주는 제도이다. WTO 회원국들의 입장에서 보면 이러한 합의로 인한 당장의 직접적 이득은 없다. 하지만 소득분배의 양극화와 부의 불평등이 세계 모든 국가들의 문제로 인식되고 있는 상황에서는 최빈개도국 특혜 원산지규정 제정 문제는 국제적으로도 중요하다. 따라서 당시의 합의와 이러한 부문의 개선은 최빈개도국 특혜의 문제가 세계 경제 전체의 공동 발전과도 연결된다는 논리에 동의한 것 정도로 이해할 수 있다.

한국은 현재 최빈개도국에서 출발해 선진국 지위를 획득한 유일한 국가로 인정된다. 따라서 많은 개도국과 최빈개도국들이 한국의 성공사례를 따라오고 싶어 한다. 이러한 인식을 반영하여 한국 전부도 최빈개도국 특혜 원산지규정 관련 제도의 적용수준을 국제적으로 용인되고 있는 50% 수준 이상으로 적용하고 있다. 한국은 현재 최빈개도국에 대한 무관세 무쿼터 규정 적용 시 비원산지 비중 수준을 최대 60%까지 허용하고 있다.

4. 개도국 관련 잔존 문제

UR 협상과정에서 남북문제(North-South Politics)를 바라보는 국제적인 시각에 커다란 변화가 발생했다. 일반적으로 UR 협상 이전의 남북관계와 관련하여 선진국과 개도국은 대부분의 의제에서 상반된 입장을 취해 왔다. 하지만 UR 협상과정 동안 선진국과 개도국 간의 대립적 관계는 다소 완화되기 시작했고, 궁극적으로 의제에 따라 여러 형태의 연계(alliances)가 만들어지고 있다.

예를 들면, 섬유·의류 분야와 WTO의 새로운 의제 등의 분야에서는 남북 간의 입장 차이가 여전히 존재했다. 하지만 그 밖에 다른 많은 의제에서는 개도국들이 동일한 이해관계를 나타내지 않고 다양한 입장을 표출하기 시작했다. WTO에서 개도국과 관련된 의제들의 주요 논의내용 등을 정리하면 다음과 같다.

(1) 개도국의 WTO 참여 문제

WTO 협정은 개도국이 세계무역 체제에 참여함으로써 무역이익을 얻을 수 있도록 하는 중요한 도구로 작용한다. 하지만 개도국의 WTO 참여는 이러한 기회의 제공과 함께 또 다른 문제도 만들어 냈다. 개도국이 WTO 체제에 참여함으로써 가질 수 있는 이익 중 하나는 수출기회의 확대라고 볼 수 있는데, WTO 협정에서 나타난 다음과 같은 변화들은 개도국의 수출기회를 확대하려는 노력의 결과라고 볼 수 있다.

- ○ 농산물 교역의 근본적인 개혁
- ○ 개도국의 섬유 및 의류 수출품에 대한 쿼터의 단계적 삭감 결정
- ○ 제조업 공산품에 대한 관세인하
- ○ 관세율의 인상을 어렵게 제한하는 상품범위의 확대
- ○ 수출 자율규제(VERs)나 시장질서 협정(OMAs) 등과 같은 회색지대 조치(Grey Area Measures)의 단계적 폐지

UR 협상은 세계의 GDP를 증대시키고 개도국 수출품에 대한 세계 수요를 촉진하는 데 기여했다. 기록으로 보면 UR 협상의 상품 분야 시장접근(관세인하) 분야의 합의와 시행만으로도 세계 GDP를 1,000억 달러에서 3,150억 달러(1992년 달러 가치 기준)로 증가시켰다고 평가된다. 그러나 일부 품목에서 선진국이 유지하고 있는 고관세, 즉 품목별 고관세(tariffs peaks)는 개도국 수출에 대해 장애를 발생시킬 수도 있다. 이러한 대표적 사례로는 섬유 및 의류, 수산물 등에 대한 고관세가 여기에 해당한다.

UNCTAD/WTO 보고서에 따르면, 개도국들은(특히 아시아 국가) 양허관세(tariff binding)가 적용되는 공산품의 수입을 13%에서 61%로 급격히 증가시킨 것으로 나타났다. 따라서 향후 개도국 간의 수출가능성은 훨씬 증가할 것으로 전망된다. 개도국 간 무역가능성의 증대도 개도국 간에 존재하는 최고관세율의 존재로 인해 방해받을 수 있다. 하지만 이러한 사실에도 불구하고 관세양허(binding)로 인해 증가한 무역량은 개도국의 수출에 더 많은 안정성을 제공한다는 것은 분명한 사실이다.

한편 가공도별 경사관세 구조(tariff escalation)에 대한 문제도 존재한다. 가공도별 경사관세 구조는 수입국이 원자재 수입에 대해 보다 적은 관세를 부과하고, 완제품에 대해서는 보다 높은 관세를 부과하여 자국의 제조업과 가공업을 보호하려는 과정에서 만들어진다. 관세의 가공도별 경사관세 구조는 UR 이후에도 존재했지만, 많은 선진국이 이러한 경사관세 구조에 영향을 받는 일부 제품에 대한 관세를 제거하고 있기 때문에 점차 완화되거나 제거될 가능성이 존재한다.

■ 품목별 고관세와 가공도별 경사관세 구조 ⋯⋯⋯⋯⋯⋯⋯⋯⋯⋯⋯⋯⋯⋯⋯●

○ **품목별 고관세(tariff peaks)**

GATT와 WTO 체제에서 대부분의 수입관세는 관세인하로 인해 낮은 수준이다. 선진국의 수입관세는 특히 매우 낮은 수준에 있지만, 일부 민감품목에 대해서는 자국 생산자의 보호를 위해 고관세를 유지하고 있다. 이러한 품목이 '품목별 고관세'에 해당된다. 이렇게 일부 품목에 대해 유지되는 선진국의 고관세는 결국 개도국 수출에 악영향을 미치게 된다.

○ **가공도별 경사관세 구조(tariff escalation)**

이는 일국이 자국의 가공 및 제조 산업을 보호하기 위해 원자재 수입에 대해 낮은 관세를 부과하고, 완제품의 수입에 대해서는 높은 관세를 부과하는 것을 말한다. 다른 용어로는 관세에스컬레이션 또는 관세의 생산단계별 인상이라고 한다.

가공도별 경사관세 구조는 선진국과 개도국 모두에 존재하고 있으나, 관세의 중요성이 점차 하락하고 있는 WTO 체제에서는 그 사용이 점차 줄어들고 있다. 이러한 수입국에서 적용되는 가공도별 경사관세 구조는 원자재 생산국의 입장에서 보면, 원자재를 가공하여 부가가치를 높인 완제품의 생산·수출을 더 어렵게 만들 수 있다.

(2) 기존 특혜의 감소 문제

WTO 체제에서 개도국들이 우려하는 가장 중요한 부분은 그동안 누려왔던 개도국 특혜의 감소이다. 즉, WTO의 출범으로 인해 일괄적 일반관세율(normal tariff rates) 인하가 진행된다면, 특정 개도국 상품의 수입에 대해 선진국이 부여하던 특별 양허관세(special tariff concessions)와 일반관세율의 차이는 감소할 수밖에 없다. 이렇게 된다면 WTO 출범 전에 개도국이 향유하던 개도국 특혜는 큰 의미가 없어지게 된다.

하지만 이러한 개도국 특혜가 논쟁의 대상이 되고 있다. WTO 협정상의 관세인하 약속과는 달리 선진국이 개도국에 부여했던 특정 분야에서의 특혜관세는 대개 수입국 주도로 일방적으로 주어지는 약속이었다. 사실 개도국 특혜관세는 WTO 협정에 구속되지 않는 부분으로, UR 협상의 결과와는 관계없이 수입국에 의해 쉽게 감소 및 철회될 수 있는 부분이다.

그러나 특혜관세의 범위에서 진행되던 무역은 관세상한을 제한하는 WTO의 일반관세율하에서의 무역보다 예측하기 어렵다는 특징이 있다. 따라서 관세상한이 존재하는 WTO 일반관세율 체제하에서 무역을 진행함으로써 세계무역의 예측가능성은 증대되고, 그 결과 관련국들은 더 많은 이익을 향유할 수 있다. 그러므로 WTO 체제 내에서는 그동안 개도국이 향유하던 특혜관세의 혜택이 일반관세율의 인하로 인해 불이익으로 전환될 것인가 하는 부분은 향후 지속적으로 품목별로 면밀히 살펴볼 필요성이 있다.

제 5 절 ● 무역정책검토제도

1. 도입배경과 목적

　WTO의 핵심역할 중 하나는 회원국의 무역정책에 대한 검토이다. 국제무역에 참여하는 개인이나 기업은 교역조건에 영향을 미칠 수 있는 부분에 관해 가능한 많은 것을 알고 싶어 한다. 그러므로 국제무역에 영향을 미칠 수 있는 규정과 정책, 제도의 투명성은 매우 중요한 부분이라고 볼 수 있다.

　WTO 체제 내에서 회원국의 무역정책 투명성 문제는 두 가지 방법을 통해 해결된다. 하나는 해당국 정부가 자국의 특정 조치나 정책, 법규 등을 "통지(notification)"라는 절차를 통해 WTO에 통보하도록 한 것이다. 또 다른 하나는 WTO가 이렇게 통지된 개별국가의 무역정책을 검토하도록 한 것이다. 이렇게 WTO 회원국의 무역정책 투명성 문제는 관련 법, 제도, 규정, 조치 등에 대한 회원국의 자발적 통지와 WTO의 검토절차를 통해 어느 정도 해결된다고 볼 수 있다.

　무역정책검토제도는 UR 협상의 중요 분야였지만, UR 협상 타결 전부터 수행되기 시작했다고 볼 수 있다. 이는 WTO 회원국에 대한 무역정책검토제도의 실시는 UR 협상의 첫 합의물이라는 의미이다. UR의 중간평가적 성격을 갖는 1988년 10월에 개최된 각료회의에서 협상 참가국들은 회원국에 대한 무역정책검토제도 실시에 대해 합의하였다.

　최초의 무역정책 검토는 1988년 각료회의의 다음 해인 1989년에 실시되었으나, 당시에 실시된 회원국 무역정책검토제도는 상품 분야에 초점을 둔 것이었다. 하지만 WTO가 공식 출범한 후에 상품 분야뿐만 아니라 서비스 분야와 지식재산권 분야까지도 무역정책검토제도의 통지대상이 된다.

　WTO 무역정책검토제도의 도입목적은 다음과 같다.

　　○ 각국의 법, 제도, 규정, 조치 등에 대한 감시를 통해 일국의 무역정책과 관행에 대한 이해 및 투명성 증대

○ 통상문제에 대한 공공 간 또는 정부 간 논의의 효율성 제고
○ 전 세계에서 실시되는 각종 무역제도의 효과에 대한 정기적이고 집단적인 평가

2. 주요 내용

　WTO의 무역정책검토제도는 개별 회원국의 무역정책과 관행을 중심으로 실시된다. 하지만 무역정책검토제도도 해당국의 경제적이고 개발적인 필요성과 정책목표, 해당국이 처한 외부환경 등을 충분히 고려하여 행해진다. 무역정책검토제도의 목적은 해당국 정부가 WTO 규정과 지침, 결정 등을 충실히 따르고 WTO에 대한 회원국의 약속을 스스로 이행하게 하는 데 있다.

　WTO의 무역정책검토제도는 두 가지 성과를 나타내었다. 첫 번째는 회원국들이 다른 회원국들의 무역정책과 이와 관련된 정책환경을 충분히 이해할 수 있도록 만들었다. 두 번째는 무역정책 검토 대상국의 WTO 협정이행 여부에 관한 평가를 가능하게 만들었다.

　WTO는 회원국의 무역정책 통지와 검토제도 실행을 위해 무역정책검토기구(Trade Policy Review Body : TPRB)를 설립하였다. 무역정책검토기구는 모든 회원국의 무역정책과 관행을 주기적으로 검토한다. 검토주기는 우선 다자간 무역체제의 기능에 미치는 무역비중을 고려하여 결정된다. 4대 무역국가(유럽 연합, 미국, 일본, 캐나다)는 매 2년마다 자국의 무역정책을 검토받아야 하고, 그다음 16개국은 매 4년마다 검토받아야 하고, 그 외의 회원국은 매 6년마다 검토받는다. 최빈개도국은 예외적으로 더욱 긴 기간을 검토주기로 제공받는다.[41] 무역정책검토기구는 정해진 주기에 맞추어 회원국의 무역정책에 대한 통지를 받아 이에 대한 검토절차를 시행하는 기구이다.

　무역정책의 검토에는 2개의 서류가 필요하다. 즉, 대상국 정부에 의해 작성된 정책진술서(policy statement)인 정식 보고서와 WTO 사무국에 의해 독립적으로 작성된 세부 보고서이다. 검토 대상 회원국의 보고서와 사무국의 보고서는 무역정책검토기구의 회의록과 함께 해당국의 무역정책에 대한 검토가 종결될 때 신속히 공표되어야 한다.

---

[41] WTO 협정 부속서 3 다.

함께 읽어보기

韓 통상 · 무역정책 검증 … WTO 무역정책 검토회의 개최

산업통상자원부는 2021년 10월 13~15일(현지 시각) 스위스 제네바에서 우리나라의 제8차 세계무역기구(WTO) 무역정책검토(TPR) 회의를 개최한다고 밝혔다. TPR은 WTO 회원국이 각국의 경제 · 통상 · 무역 · 투자 정책 투명성을 제고하기 위해 정기적으로 시행하는 제도다. 한국의 TPR은 2016년 이후 5년 만이다. 김정일 산업부 신통상질서전략실장이 수석대표를 맡은 정부 대표단 16명이 파견됐다.

이번 회의에서는 지난 2016년 이후 시행된 우리나라의 주요 경제, 무역 정책의 도입 배경, 주요 내용, 성과 등에 대한 논의와 회원국들의 질의가 이뤄졌다. 특히 우리나라의 농산물과 식품에 대한 위생 및 식물위생(SPS) 조치, 저작권 및 지리적표시제 등 지식재산권 정책, 관세 및 통관 제도 등에 질의가 집중됐다.

대표단은 우리나라의 세계 무역환경 조성을 위한 기여를 강조했다. 김 실장은 회의에서 "우리 정부는 불필요한 규제 완화를 통한 혁신 촉진, 경제 포용성 제고, 건전한 시장경제 기반 구축 등을 위한 정책 노력을 적극 펼치고 있다"고 말했다.

이어 "한국은 자유롭고 개방적인 글로벌 무역환경 조성에 기여하기 위해 각종 국내 정책을 국제 규범에 합치하게 시행하고, 국제사회의 대표 중견 국가로서 WTO를 중심으로 하는 다자무역체제의 건설적 발전에도 적극 기여하겠다"고 전했다. 김 실장은 이번 회의를 계기로 WTO 장-마리 포감 사무차장 등 현지 통상전문가들과 면담을 갖는다. 이를 통해 WTO 개혁을 통한 다자주의 복원 필요성, 기후변화 · 팬데믹 · 디지털화 등 새로운 통상 이슈에 대한 대응 방안을 협의할 계획이다.

출처 | 중국 신화사(XINHUA)

출처 | 고은결, "韓 통상 · 무역정책 검증 … WTO 무역정책 검토회의 개최", NEWSIS, 2021.10.13.

제 6 절 • 사무국과 예산

WTO는 2021년 2월 15일부터 임기 4년의 사무총장(Director-General)으로 응고지 오콘조-이웰라를 임명했다. WTO 사무국(Secretariat)은 사무총장을 최고책임자로 하여 제네바에 있다.

WTO 사무국은 사무총장 외에 네 명의 사무차장 그리고 약 620명의 직원이 모든 업무를 처리하고 있다. 각료회의는 사무총장을 임명하고, 사무총장은 각료회의가 채택하는 규정에 따라 사무국 직원을 임명하며 이들의 의무와 근로조건을 결정한다.[42] WTO는 회원국 정부에 의해 운영되기 때문에 사무국은 의사결정 권한이 없다.

사무국의 책임은 다음과 같다.

○ 협정의 이행과 협상을 위한 WTO 내의 기구(이사회, 위원회, 실무작업단, 협상그룹)들에 대한 행정적·기술적 지원

출처 | 박영규, "WTO 사무총장 오콘조 이웰알라 임명, 나이지리아 재무장관 지내", K.D. Times, 2021.2.15.

---

42 WTO 설립협정 제6조 제1항 내지 제3항.

○ 개도국 및 최빈개도국에 대한 기술적 지원

○ 경제학자들과 통계학자들에 의한 무역정책과 성과에 대한 분석

○ WTO 규범과 선례의 해석과 관련된 무역분쟁 해결을 위한 법률 담당 지원

○ 새로운 회원국에 대한 가입협상의 처리와 가입을 고려하고 있는 정부에 대한
조언

WTO 사무국의 일부 부서는 특별위원회를 지원하는 책임을 진다. 예를 들면, 사무국 내의 농업부서는 농업위원회와 위생 및 검역위원회를 지원한다. 그러나 사무국 내의 다른 모든 부서는 WTO 활동(예를 들면, 기술적 협조, 경제분석 그리고 정보제공)에 대한 폭넓은 지원을 한다.

WTO의 예산은 개별 회원국들의 무역이 전체 무역에서 차지하는 점유율을 기준으로 계산된 개별분담금으로 충당하며, 2024년도에는 약 2억 4백만 스위스 프랑이었다. WTO의 연간 예산은 사무총장이 예산·재정위원회에 재정보고서와 함께 제출한다. WTO의 예산·재정위원회는 사무총장이 제출한 연간 예산안 및 재정보고서를 검토하여 일반이사회에 보고한다. 연간 예산안은 일반이사회의 승인을 받아 집행한다.

◀ 표 ▶ WTO 사무총장과 차장의 구성

사무총장	Ngozi Okonja-Lweala(나이지리아)
사무차장	• Angela Ellard(미국) • Anabel González(코스타리카) • Jean-Marie Paugam(프랑스) • Xiangchen Zhang(중국)

WTO의 사무국은 한 명의 사무총장과 4명의 사무처장에 의해 운영된다. 각 부서는 네 명의 사무차장 중 한 명의 관할 아래 또는 사무총장의 직접 관할 아래 있다. 그리고 몇몇 부서는 특정 위원회를 지원한다. 사무총장 및 사무국 직원의 임무는 전적으로 국제적인 성격을 갖는다. 사무총장과 사무국의 직원은 자신의 의무를 수행하는 데 있어서 어떠한 정부나 WTO의 외부 당국에 지시를 구하거나 받아서는 안 된다. 이들은 국제관리로서 자신의 지위를 손상시킬 어떠한 행위도 삼가야 한다. WTO의 회원국은 사무총장 및 사무국 직원과 그들의 임무에 대한 국제적인 성격을 존중하며, 이들이 의무를 수행하는 데 있어서 영향력을 행사해서는 안 된다.[43] 다음 표는 사무총장과 사무차

장의 업무관장을 나타낸 것이다.

◀ 표 ▶ WTO의 인적 구성

Table 1: Allocation of posts by division, as of 31 December 2022 (number of posts)*	Grades 1-10	Senior Management and Directors	Total
Senior Management (DG, DDGs and assistants)	9.0	6.0	15.0
Accessions Division	8.0	1.0	9.0
Administration and General Services Division	67.6	1.0	68.6
Agriculture and Commodities Division	30.8	1.0	31.8
Council and TNC Division	12.0	1.0	13.0
Development Division	18.8	1.0	19.8
Economic Research and Statistics Division	35.5	0.0	35.5
Executive Secretariat for the Enhanced Integrated Framework	9.0	1.0	10.0
Human Resources Division	25.8	0.0	25.8
Information and External Relations Division	26.8	0.0	26.8
Institute for Training and Technical Cooperation	37.5	1.0	38.5
Intellectual Property, Government Procurement and Competition Division	13.5	1.0	14.5
Knowledge and Information Management, Academic Outreach and WTO Chairs Programme	15.8	1.0	16.8
Language and Documentation Services Division	90.5	1.0	91.5
Legal Affairs Division	29.0	1.0	30.0
Market Access Division	22.0	1.0	23.0
Office of Internal Oversight	3.0	0.0	3.0
Office of the Director-General	12.8	1.0	13.8
Rules Division	34.0	1.0	35.0
Trade and Environment Division	16.0	1.0	17.0
Trade in Services and Investment Division	13.4	1.0	14.4
Trade Policies Review Division	50.6	1.0	51.6
Total	614.9	24.0	638.9

출처 | WTO(https://www.wto.org/english/thewto_e/secre_e/intro_e.htm)

현재 WTO 사무국 직원은 WTO 회원국 정부에 공정한 지원을 제공하는 약 90개

---

43 WTO 설립협정 제6조 제4항.

국적을 대표하는 개인으로 구성된다. 주로 경제학자, 변호사, 국제 무역정책, 통신, 정보 기술, 금융, 인적 자원 및 언어 서비스 전문가로 구성된다. WTO의 업무언어는 영어, 프랑스어, 스페인어이다.

◀ 그림 ▶ WTO 전경

출처 | 최나리, "WTO '中', 자국 기업 보조금 등 산업정책 투명성 부족", SBS Biz, 2024.7.18.

제4장

상품거래 관련 협정

출처 | Towfique Hassan, "GATT in relation to trade and investment", The Business Post, 2022.10.7.

제1절 • **WTO 협정의 구조**

1. WTO 협정의 의미

WTO 협정은 상품 분야와 서비스 분야, 지식재산권 분야에 관한 국제간의 합의이다. WTO 협정은 자유무역의 기본원칙을 바탕으로 더욱 자유롭고 공정한 무역이 추구될 수 있는 국제통상환경을 제시한 것이다. 그리고 WTO 협정은 국제간 무역에서 허용될 수 있는 예외를 명확히 함으로써 국제간 거래의 투명성과 예측가능성을 증대시켰다는 부분에서 의미가 있다.

WTO 협정은 기존의 1947 GATT[44]와는 달리 회원국 간에 통상분쟁이 발생하였을 때 적용할 수 있는 분쟁해결절차를 포함하고 있다. 분쟁해결절차의 포함은 WTO 협정이 WTO 회원국의 권리와 의무를 규정한 것으로, 동 협정의 적용과정에서 집행과 해석의 차이에 따른 분쟁가능성은 항상 존재하기 때문이다. 구체적으로 국제통상규범의 법적 안정성(stability)과 예측가능성(predictability)을 보장되기 위해서는 국가 간 통상분쟁이 법과 제도에 따라 해결될 수 있어야 한다. WTO 협정 속에는 국가 간 통상분쟁에 대한 해결수요를 만족시켜 줄 수 있는 방안으로 분쟁해결절차가 포함된 것이다.

WTO 협정에는 개도국과 최빈개도국에 대한 "특별대우"도 규정되어 있다. 그리고 회원국들이 채택한 통상법규나 정책, 각종 조치의 WTO 통보와 이에 대한 검토를 분명히 함으로써 회원국의 무역정책 수립과 운영에 대한 투명성을 확립하고 있다.

2. WTO 협정의 구성과 적용

(1) 협정의 구성

WTO 협정은 약 60여 개의 협정과 부속서, 결정사항 및 약속 등에 관한 방대한 목록으로 구성되어 있다. WTO 협정은 WTO의 설립과 협정 전반에 대한 총괄적인 내용을 규정하고 있는 설립협정과 분야별 협정, 분야별 협정의 부속협정, 분쟁해결규칙 및 절차에 관한 양해(부속서 2), 무역정책검토제도(부속서 3), 수락국에게만 적용되는 4개

---

[44] GATT 체제 내에서는 실질적인 측면에서 '분쟁해결'(dispute settlement)이라는 용어가 존재하지 않았고, 분쟁해결에 사용될 만한 효과적인 장치도 존재하지 않았다 GATT 체제 내에서의 분쟁해결제도는 1948년 GATT 발효 이후 오늘날까지 축적된 관행에 바탕을 두어 운영되고 있다.

◀ 그림 ▶ WTO 협정의 기본구조

다자간 무역협정서			
상품	서비스	지식재산권	분야
GATT	GATS	TRIPs	기본원칙
관련 부속협정서	관련 부속협정서	–	부속협정
회원국들의 약속이행계획표	회원국들 간의 약속이행계획표	–	구체적 약속

부속서 1.

WTO
설립협정

부속서 2.	부속서 3.	부속서 4.
분쟁해결	무역정책검토	복수국 간 협정

◀ 표 ▶ GATT/GATS 협정의 부속협정

GATT 부속협정		GATS 부속협정
농업	관세평가방법	자연인의 이동
동·식물 안전 및 위생 조치(SPS)	선적전 검사	항공운송
섬유와 의류	원산지규정	금융서비스
기술적 무역장벽(TBT)	수입허가	해운
투자조치	보조금과 상계관세	기본통신
반덤핑조치	세이프가드	–

의 복수국가 간 무역협정(부속서 4)으로 구성되어 있다.

국제통상의 핵심 분야인 상품과 서비스 관련 협정에는 그 내용과 세부내용이 상당히 이질적임에도 불구하고 다음과 같은 3단계의 공통적 외형을 가지고 있다.

○ 첫 번째 단계는 상품과 서비스 분야 등 분야별로 광범위한 기본원칙을 밝힌 부분이다. ― 관세와 무역에 관한 일반협정(GATT)과 서비스무역에 관한 일반협정(GATS), 무역 관련 지식재산권 협정(TRIPs)[45]의 기본원칙을 밝히는 부분이다.

○ 두 번째 단계는 광범위한 기본원칙이 규정된 분야별 기본협정 아래 분야별 예외나 특별요구 등을 다루는 별도의 부속협정들이 해당된다. ― 하지만 TRIPs에서는 이 부분이 존재하지 않는다.

○ 세 번째 단계는 WTO의 최하부를 구성하며, 회원국의 국내시장에 대한 해외상

---

45 GATT, GATS와는 달리 TRIPs는 추가적인 세부사항과 구체적 약속을 가지지 못했다.

품의 시장개방과 서비스공급업자의 시장접근 등을 허용하기 위한 세밀하고도 방대한 범위의 약속이나 이행계획표(또는 목록)가 첨부되는 부분이다. — GATT 에서는 상품분야의 관세양허 약속과 일부 농산물에 대한 복합관세, 관세할당에 관한 계획표 등의 목록이 첨부되어 있다. GATS에서는 특정 분야의 시장에 대해 외국 서비스공급업자에 대한 접근 약속이 제시되어 있다.

과거 UR 협상은 WTO 협정의 3단계 외형 중 앞의 두 단계, 즉 분야별 기본원칙들과 이에 부속된 분야의 주요 규정에 대한 논의에 집중되었다. 시장접근 분야도 주로 공산품 분야에 대해서 논의되었다. 상품 분야의 합의 이후에 비로소 농업 및 서비스 등과 같은 민감 분야의 협상이 진행되었다.

하지만 UR 협상이 타결되고 난 이후에는 GATS하의 금융서비스, 기본통신 서비스 및 해운 서비스 등의 분야와 GATT의 정보기술(IT) 분야와 같은 부문에서 허용되는 시장접근 약속에 대한 논의에 집중된다.

WTO 협정에는 이러한 3단계 구조에 포함되지 않는 3개의 협정이 있다. 기본 구조에 포함되지 않는 3개의 협정으로는 무역정책 검토에 관한 협정과 모든 WTO 회원국에 의해 서명된 것은 아니지만 민간항공기 협정이나 정부조달 협정과 같은 "복수국가 간 협정(plurilateral agreement)", 분쟁해결 규칙 및 절차에 관한 양허 부속서 등이 있다.

(2) 협정의 적용

WTO 협정에는 협정의 우선 적용순위가 존재한다. WTO 설립협정과 1994 GATT를 포함한 다자간 무역협정의 조항이 서로 상충되는 경우, WTO 설립협정상의 조항이 우선 적용된다.[46] 그리고 1994 GATT와 부속서 1에 부속된 부속 무역협정들이 상충되는 경우에는 관련 부속협정의 조항이 우선 적용된다.[47] 예를 들어 농산물의 경우, 1994 GATT의 규정보다 농업협정의 규정과 농업위원회의 각종 결정 및 절차 등이 우선 적용된다.

WTO 설립협정과 각 부속협정의 조항, 구체적 약속 등이 서로 상충하는 경우에는 ⅰ) <WTO 설립협정>이 우선 적용되며, 그다음은 ⅱ) WTO 협정 각 부속협정의 양허표 및 양허표상의 주석 조항, ⅲ) WTO 각 부속협정의 해당 위원회의 결정 및 절차, ⅳ) WTO 협정 각 부속서 1A상의 다자간 무역협정, ⅴ) 1994 GATT의 각 해석 양해,

---

46 WTO 협정 제16조 1항 및 3항.
47 부속서 1에 대한 일반해설.

vi) 1994 GATT 제 규정의 순서로 우선 적용된다.[48]

<table>
<tr><td>**제 2 절**</td><td>**관세에 관한 협정**</td></tr>
</table>

1. 관세에 관한 협정

　　UR의 가장 큰 성과는 22,500페이지에 달하는 상품(농산물 포함)과 서비스에 관한 개별국가들의 구체적 약속 도출이다. 이는 수입상품에 관한 양허 관세율과 관세인하에 관한 구체적 약속을 의미한다. 무역협상에서나 무역장벽으로서 관세가 제일 중요한 관심대상이 되는 이유는 관세율뿐만 아니라 통관절차, 관세평가, 상품분류 등 관세행정 전반과 관련되기 때문이다.

> ▣ 관세 관련 협정의 공식명칭 ●
>
> 　　WTO 관세에 관한 협정은 UR 협상의 결과로서 회원국들이 몇 %까지 관세를 인하해야 한다는 것과 같은 법적 구속력을 가진 관세인하의 목표를 설정해 놓은 협정이 아니다. 이러한 내용은 '1994년 관세와 무역에 관한 일반협정(GATT)'에 관한 마라케시 의정서라고 하는 WTO 협정 부속서의 일종인 국가별 관세양허 계획표에 첨부되어 있다. 이것이 양허 관세율(bound tariff rate)에 대한 법적 구속력을 가지는 협정과 같은 역할을 한다.

　　GATT와 그 부속협정에 '관세에 관한 협정'은 존재하지 않는다. 즉, GATT와 그 산하 협정에 회원국들의 관세인하와 삭감, 무관세화 등의 내용을 다룬 공식 협정은 존재하지 않는다. UR에서 회원국들은 이러한 내용에 대한 합의를 GATT에 대한 마라케시 의정서(Marrakesh Protocol)에 부속된 구체적인 약속과 이행계획표상에 남겼다. 이것을 '관세에 관한 협정'이라고 한다. 정리하면 WTO의 관세에 관한 협정은 UR 협상을 통해 합의된 관세·비관세, 열대상품, 농산물 등의 분야에서 관련국들이 자발적으로 제시한 시장개방 계획서(양허 계획서라고 하기도 함)를 의미한다고 볼 수 있다.

---

48 김형재, 박종훈, GATT와 WTO 세계로의 여행, 법률출판사, 1999.11, pp.106－107.

상품에 대해 관세를 부과하는 대표적 이유로 정부의 재정수입 확보를 들 수 있다. 그리고 부수적으로 사치품이나 불요불급 상품의 수입과 소비를 억제하기 위해 고율관세를 부과하는 경우도 있다. 국제수지나 외환사정이 악화되는 경우, 국제수지의 균형과 외환시장의 안정을 위해서도 관세가 부과된다. 이 밖에도 특정 산업 진흥부서에서 관련 국내산업의 보호나 개방에 따른 국민경제 전체의 문제해결을 위해서도 관세를 부과한다.

▶▶ **보론** | 관세의 경제적 효과 ────────────────────────────●

관세가 관세부과국과 그 무역상대국에 미치는 경제적 효과는 다양하다. 본부에서 관세의 경제적 효과는 킨들버거(C. P. Kindleberger)의 부분균형분석을 중심으로 살펴보고자 한다.

◀ 그림 ▶ **관세의 경제적 효과**

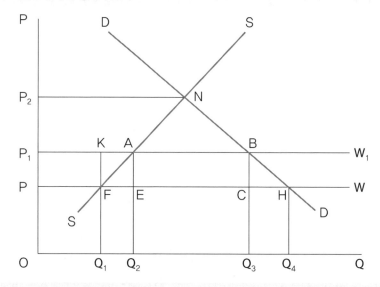

위 〈그림〉은 관세부과로 발생할 수 있는 경제적 효과를 부분균형분석 방법으로 나타낸 것이다. 교역상대국의 공급은 완전탄력적이라고 가정하며, 이로 인해 관세가 부과되면 수입품의 가격은 관세액만큼 상승한다.

SS와 DD는 일국의 국내공급곡선과 국내수요곡선을 나타내고, OP는 교역상대국의 생산업자가 국내시장에 기꺼이 공급하는 가격이다. 이때 앞에서 언급했다시피 교역상대국의 수출공급이 완전탄력적이기 때문에 외국의 공급곡선은 PW가 된다.

결국 관세가 부과되기 이전의 자유무역하의 일국의 특정 재화에 대한 가격은 OP이고,

국내수요가 OQ_4, 국내공급은 OQ_1이므로 초과수요분인 Q_1Q_4는 외국으로부터 수입한다. 이때 수입국이 국내산업 보호 등을 이유로 PP_1만큼의 관세를 부과하게 되면 다음과 같은 경제적 효과가 나타나게 된다.

○ **보호효과**(protective effect) : 관세부과로 인해 국내산업이 보호를 받게 되는 효과를 의미한다. 즉, 관세부과 후 당해 상품의 국내공급가격이 OP에서 OP_1으로 상승함으로써 국내생산업자는 생산량을 OQ_1에서 OQ_2로 늘린다. 이때 국내생산량 증가분인 Q_1Q_2가 바로 관세의 보호효과이다.

○ **소비효과**(consumption effect) : 관세가 부과됨으로써 국내상품가격이 상승하고 그 수요량이 감소함으로써 소비자가 불리한 영향을 받는 현상을 의미한다. 즉, 관세부과 후 당해 상품의 국내공급가격이 OP에서 OP_1으로 상승하면 국내소비자들은 소비를 종전의 OQ_4로부터 OQ_3로 줄인다. 이때 국내소비량 감소분인 Q_3Q_4가 관세로 인한 소비억제효과를 나타낸다. 소비효과도 보호효과와 마찬가지로 수입수요의 가격탄력성이 크고 관세율이 높을 경우에 현저히 발생한다.

○ **재정수입효과**(revenue effect) : 관세도 일종의 조세이기 때문에 정부에게는 재정수입의 주요 원천이 된다. 〈그림〉에서는 상품수입량(Q_2Q_3)에다 수입단위당 부과관세액(PP_1)을 곱한 사각형 $\Box ABCE$가 수입관세에 의한 정부의 재정수입이 된다. 재정수입을 확보하기 위해 관세를 부과할 경우에는 관세부담은 거의 대부분 소비자들에게 전가되는 것이 일반적이다. 따라서 재정수입을 목적으로 관세를 부과하는 경우에는 생필품에 대한 관세부과를 피하고 담배·향료 등 불요불급 품목과 사치성 품목에 관세를 부과하는 것이 합당하다.

○ **소득재분배효과**(income redistribution effect) : 관세부과로 인해 소비자잉여가 국내생산자와 정부 등으로 재분배된다. 〈그림〉에서 관세부과로 인한 소비자잉여의 전체 손실은 $\Box PP_1BH$인데, 이 손실 중 $\Box PP_1AF$는 생산자잉여 형태로 국내생산자에게 분배되고, $\Box ABCE$는 정부에게 재정수입으로 돌아간다. 나머지 $\triangle AFE$와 $\triangle BCH$는 관세부과 때문에 입게 되는 사회 전체의 손실로, $\triangle AFE$는 관세부과로 인해 이루어지는 자원의 비효율적인 사용에 의한 생산 측면의 손실이고, $\triangle BCH$는 소비의 감소로 인한 소비 측면의 사회적 손실이다. 따라서 관세부과로 인한 소비자잉여의 감소분은 생산자잉여와 재정수입의 증가, 사회 전체의 손실로 재분배되는 것이다.

○ **고용효과**(employment effect) : 수입품에 관세가 부과됨에 따라 국내산업의 생산활동이 활발해져 생산량이 증가됨으로써 고용이 증가하고, 소득이 향상되는 현상을 의미한다.

○ **소득효과**(income effect) : 관세부과로 인해 국내생산이 증가함으로써 고용이 확대되며, 이를 통해 국민소득이 상승하게 됨을 의미한다.

○ **국제수지효과**(balance of payments effect) : 관세부과로 인해 수입량이 감소함으로써 관세부과국의 국제수지가 개선된다. 〈그림〉에서 볼 수 있듯이 관세부과로 인해 국내생산은 증가한 반면, 소비가 감소함으로써 초과수요가 종전보다 감소한다. 따라서 수입이 관세부과 전인 Q_1Q_4보다 국내생산량 증가분(Q_1Q_2) + 국내소비량 감소분(Q_3Q_4)만큼 감소한 Q_2Q_3에서 이루어지므로 국제수지가 개선된다.

WTO 체제는 정부의 관세간섭을 최소화하는 것을 목표로 한다. 즉, 정부의 관세간섭이 최소화되거나 배제된 저율 또는 무관세를 지향한다. 정부의 관세간섭을 최대한 배제한다는 목표에 따라 다자간 무역협상이 진행되었고, 이를 통해 관세의 대폭적 인하가 이루어졌다. 그 과정에서 일부 분야에서는 무관세화 수준까지 관세가 인하되기도 했다. 무관세화의 예는 정보기술 제품에 관한 무관세율 약속(1997년)에서 찾아볼 수가 있다.

정부 관세간섭의 최대한 배제라는 WTO 체제의 관세운용 방향은 WTO 회원국들의 양허관세(bound tariffs) 적용 품목 수가 기존의 GATT 체제에서보다 현저하게 증가했다는 사실을 통해서도 알 수 있다. 그리고 WTO 체제는 회원국의 관세인하 약속 이후 일국이 임의로 재인상하기 어렵다는 특징을 가진다.

2. 관세협상의 목표와 관세부과 원칙

(1) 협상의 목표

UR 협상에서 관세율 인하협상 분야의 목표는 크게 ⅰ) 관세율 인하의 지속적 강화와 ⅱ) 관세조화 협상의 병행이었다. 관세조화 협상의 병행에 대한 부분에서는 주로 일부 공산품의 무관세화와 화학제품의 관세 하향평준화가 목표가 되었다. 이러한 대목표하에서 다시 설정된 관세협상의 세부목표는 섬유와 신발 분야 등 특정 분야에서의 고관세(high tariff or tariff peaks) 철폐가 추진되었고, 가공도별 경사관세 구조의 해소와 모든 가맹국 간의 관세양허 범위 확대 등이 추진되었다.

(2) 관세부과 원칙

WTO 체제에서는 회원국 차원에서 진행되는 개별국가의 "관세부과권"이 없다. WTO 체제에서 각국 정부가 관세부과권을 개별적으로 행사하려고 한다면 사전에 관세부과의 상한과 방법을 미리 WTO에 구체적으로 약속해야만 한다. 회원국은 이러한 구체적 약속을 근거로 개별적인 관세부과권을 행사하여야 한다. 그리고 만약 불가피한 개별관세의 부과가 진행되는 경우라도 반드시 차별 없는 적용을 관세부과의 기본원칙으로 하고 있다.

이러한 WTO 관세부과 방법은 각국 정부가 국민으로부터 위임받은 관세부과권을 WTO에 다시 위임함을 의미한다. 관세부과권 WTO 위임약속은 관세양허(Tariff Concession) 또는 양허(Concession), 비관세양허(Non-tariff Barriers Concession)의 형태로 나타난다. 여기

서 양허는 국가 간의 관세 및 무역 관련 협상이나 협정을 추진할 때 협상의 당사국이
특정 품목의 관세를 일정 수준 이상 부과하지 않겠다는 약속을 의미한다.

▶ 양허관세(Binding Tariffs)

다자간 협상 등에 첨부되는 시장접근 계획표(schedule)는 단순히 관세율만을 공포하는
것이 아니다. 시장접근 계획표는 해당국이 관세율을 계획표에 기재된 관세율 이상으로는
인상하지 않겠다는 약속을 보여 주는 것이다. 이때 일정 수준 이상 부과하지 않겠다고 약
속한 관세율을 양허관세율이라고 한다.

일반적으로 선진국의 양허관세율은 실제 부과되는 관세율과 일치하는 경향이 있다. 하
지만 개도국의 경우에는 양허관세율이 실제 부과되는 관세율보다 다소 높게 책정하는 것
이 일반적인 경향이다. 이러한 측면을 고려한다면 양허관세율은 관세율의 최고 상한을 의
미한다고도 볼 수 있다.

WTO의 회원국은 양허관세율 이상으로 관세를 인상함으로써 WTO 체제성립 시에 한
약속을 파기할 수 있지만, 이러한 관세율 분야에서의 약속파기는 쉬운 일이 아니다. 특정
국이 양허관세율을 자국의 시장접근 계획표에 제시한 이상으로 인상하기 위해서는 모든
회원국들과 양허관세 인상과 관련된 협상을 완료해야 한다.

관세율 변화를 시도하는 국가의 입장에서 보면 이러한 협상은 인상된 양허관세율에 대한
동의를 모든 회원국에게 받는 것과 같은 것이다. 양허관세율의 인상은 결과적으로 관세율
인상에 따른 관련 당사국들의 무역손실에 대한 보상과 책임에 관한 논의를 함께 발생시킨다.
그리고 협상결과에 따라 결정된 수준에서 양허관세의 인상에 대한 책임을 부담해야 한다.

관세양허는 관세를 일정 수준으로 인하하겠다는 관세인하의 약정과, 현행세율을
더 이상 인상하지 않겠다는 현행세율의 거치(binding), 세율을 인상하는 경우에 한계선을
약정하겠다는 인상한계점(ceiling)의 설정 등 세 가지 형태가 있다. 관세양허의 내용은 일
반적으로 각 회원국별로 양허표(Tariff Schedule)로 작성·제출되어 부속서에 편입되기 때
문에 GATT 협정의 일부로 인정된다.

WTO 협정에서는 일국 정부가 관세부과권을 행사하더라도 수입되는 동종상품의
국적에 따른 어떠한 차별도 가하지 말아야 한다고 규정하고 있다. 이는 WTO 회원국들
의 관세부과는 무차별 원칙에 따라 부과되어야 한다는 것을 규정한 것이다. 그리고 관
세양허에 대한 약속파기나 인상을 하는 경우, 일종의 보상협상이라고 하는 관세양허협
상이 필요하다. 관세양허의 철회 시 웨이버(Waiver, 의무면제)나 긴급수입제한조치 등의
예외는 인정된다. 그리고 양허를 철회할 경우, 그 철회로 인해 불이익을 당한 상대국에
대한 보상이 없으면 해당국에 대해 양허는 철회될 수 있다.

3. 관세협정의 주요 성과 : 협상성과

WTO 출범 후 선진국들의 관세인하는 대부분의 분야에서 5년에 걸쳐 단계적으로 진행되었다. 그 결과 선진국들의 평균관세율이 6.3%에서 3.8% 수준으로 인하되었고, 특히 공산품에 대한 관세율은 평균 40% 인하되었으며, 관세면제의 혜택을 받게 되는 수입 공산품의 가치는 20%에서 44% 수준으로 증가하게 되었다. 고관세 부과 상품의 비중도 점차 감소하여 15% 이상 관세율이 부과되던 수입품의 비중은 7%에서 5%까지 하락하였다. 특히 선진국에 의해 15% 이상 관세가 부과되던 개도국 수출품의 비율도 9%에서 5%로 감소하였다.

WTO 출범으로 인해 선진국의 양허관세율 적용 수입상품의 수는 전체 78%에서 99% 수준까지 증가되었다. 개도국도 동 비율을 21%에서 73%로 증가되었다. 체제전환 경제국의 양허관세 적용비율은 73%에서 98% 수준까지 증가하였다. WTO 출범 이후 나타난 이러한 변화는 결국 국제무역의 종사자와 투자자에 대한 시장안정성이 더욱 높아졌음을 의미하는 것이다.

WTO 회원국들은 모든 농산물에 대해 관세를 양허하고 있다. 수량할당(quota) 등과 같이 비관세장벽의 형태를 취하고 있는 수입제한 조치들은 '관세화(tariffication)'로 알려진 일련의 과정을 통해 관세로 전환되었다. 이러한 변화는 결국 농산물 시장이 상당히 예측 가능한 시장으로 변화되었음을 의미하는 것이다.

WTO 출범 이전의 농산물 시장에서는 농업생산의 30% 이상이 수량할당이나 기타 수입제한 등을 받고 있었다. 하지만 농업 분야도 WTO 농업에 관한 협정의 적용을 받게 되면서 WTO 출범 이전의 이러한 수입제한 조치와 동일한 수준의 보호효과를 갖는 수준의 관세부과로 정책수단의 적용방식이 변경되었다.

농산물 분야에서는 WTO 출범 이후 6년이 경과하면 부과관세 수준을 점차 인하시켜야 하며, 시장접근 약속을 통해 특정 농산물에 관한 수입제한 조치도 점진적으로 제거되게 되었다. 그리고 WTO 농업에 관한 협정에는 농산물의 국내지원이나 보조, 수출보조금을 줄이기 위한 회원국의 약속이 포함되어 있다.

한편 UR와 관련된 관세협상은 WTO가 출범한 이후에도 진행되었다. 1997년 3월 26일 정보기술 상품 분야에서 세계무역의 92% 이상을 거래하던 40여 국가들이 모여 2000년까지(일부 품목의 경우 2005년까지) 정보기술 상품의 수입관세와 기타 수입제한 조치 제거에 합의하였다. 동 합의를 근거로 모든 WTO 회원국(비록 양허를 하지 않은 회원국일지라도)들은 수입품에 대해 최혜국대우에 기초한 동등관세의 부과약속을 이행하고 있다.

함께 읽어보기

UR에서 관세율 인하를 위한 한국과 국제사회의 노력

1. 관세의 철폐/인하를 위한 국제사회의 노력

UR에 따른 회원국들의 관세인하안 제출과 맞물려 국제사회에서 이루어진 무관세화(즉 관세철폐)를 위한 주요 합의는 1993년 7월 동경에서 개최된 쿼드(Quad) 4자회담에서 만들어졌다. 쿼드 합의를 통해 철강, 건설장비, 의약품, 의료기기, 가구, 농업장비, 맥주, 증류주 8개 분야의 관세철폐가 합의되었으며, 이 중 75개 품목(HS 4단위 기준)의 관세폐지에 합의했다.

두 번째 주요한 합의는 1993년 11월 시애틀에서 개최된 APEC 지도자 회의에서 만들어졌다. APEC 지도자 회의에서는 전자, 비철금속, 종이 등 8개 분야의 무세화와 관세조화(관세인하)에 합의했다. 이때 합의된 관세인하 품목은 전자, 비철금속, 종이, 과학장비, 완구, 목재, 수산물, 유채류(Oilseeds)였다. 그리고 미국과 EC는 이때 만들어진 관세인하 합의 분야 중에서 최종적으로 수산물과 유채류를 제외한 6개 분야의 관세인하에 합의하였다.

> **UR 관세율 인하 관련 주요 회의**
> ○ 1988.12.(몬트리올 각료회의) : 수입액의 가중평균 관세율의 33% 이상 인하에 합의(1986년 9월 적용 실행세율 기준)
> ○ 1993.7.(동경, Quad 4자회담) : 공산품 8개 분야의 관세철폐에 대한 추가 합의
> ○ 1993.11.(시애틀, APEC 지도자회의) : 전자, 비철금속, 종이 등 8개 분야에 대한 무세화, 관세조화 또는 관세인하에 합의
> ○ 1993.12.6.(미-EC 간 추가합의) : 비철금속, 종이, 목재, 완구의 무세화 및 전자, 과학장비의 대폭적인 관세인하 합의

2. UR 협상과정에서 한국의 관세조화 노력

한국은 1993년 7월, 동경 Quad 4자회담에서 합의된 8개 분야 중에서 맥주와 증류주를 제외한 6개 분야, 67개 품목에서 무세화에 합의하였다. 그리고 화학제품 196개 품목의 관세조화 품목에서 의약품과 벤젠 등을 제외한 193개 품목의 관세조화를 약속하였다.

한국정부는 1993년 11월의 시애틀에서 개최된 APEC 합의에도 참여하였다. 그리고 그해 12월에 진행된 미국과 EC 간의 협의에서는 협의된 6개 분야 중에서 목재를 제외한 5개 분야에 대해 관세인하를 합의하였다.

하지만 한국의 관세인하 합의는 각국의 관세인하 이행계획서의 검증과정에서 약간의 변화가 발생했다. 먼저 UR 협상 중 만들어진 관세합의의 후속절차로 협상 참가국들은 1993년 12월 15일까지 협상을 종료하고, 관세인하에 관한 기본 합의사항을 각국의 이행계획서로 만들어 1994년 2월 15일까지 GATT에 제출하기로 했다.

이러한 과정에서 미국 정부의 입장변화와 내용변경이 발생했다. 미국의 이행계획서에서는 협상 참가국들의 상응한 관세인하나 주요국들의 양자 협상 타결을 조건으로 자국의 무세화 및 대

폭적인 관세인하가 제시되었다. 하지만 일본 정부가 미국 수준에 상응하는 관세인하가 어렵다는 입장을 제시했다.

미국정부는 이에 따라 당초 무세화 및 관세인하 조건에 대한 양허내용의 일부 축소를 결정하고 이를 반영한 이행계획서를 사무국에 최종 제출하게 된다. 미국의 최종 이행계획서에는 1993년 12월 15일 한미 양국 간 동시에 무세화하기로 합의한 내용 중에서 전자 6개 품목 및 비철금속 3개 품목의 무세화 철회의 내용을 담고 있었다.

출처 | MBC 뉴스, "김철수 상공부장관 인터뷰", 1993.11.20.

한국정부도 이에 따라 미국의 변화에 상응하는 품목의 무세화를 철회하는 동시에 섬유, 신발 등 213개 품목에 대한 종량세를 추가하여 최종 이행계획서를 제출했다. 한국 정부의 무세화 합의 품목 철회는 국가 간 양자 협상의 합의결과를 다자간 협상의 결과물에 반영한 것으로, 미국 측도 한국정부의 입장변화에 동의한 부분이다. 하지만 그 후 한국 정부는 최종의 213개 종량세 도입 품목 중에서 21개 품목을 제외한 나머지 품목에 대해 종량세 부과를 모두 철회하기로 GATT와 다시 합의하였다.

3. 한국의 관세인하 안(案)에 대한 평가

한국의 최종 관세양허계획서를 분석해 보면 한국이 제시한 평균 관세인하율은 54.3%로 나타났다. 구체적으로 양허의 범위는 총 9,043개 품목 중 8,142개 품목에 대하여 관세양허를 실시하는 것으로 되었다. 한국의 평균 관세인하율은 미국의 37%, EU의 33%에 비하여 높은 수준이었으나 일본의 60%에 비하면 낮은 수준으로 평가된다. 하지만 당시 제출안을 품목 수 기준으로 평가해 보면, 전체 품목 수의 90%, 수입액 기준 85% 수준에서 관세양허가 이루어진 것으로 나타났다. 이러한 한국의 양허품목의 범위는 미국의 100%, 일본의 98%, EC의 100%에 비하면 낮은 편으로 평가되었다.

주 1994.4. 모로코 마라케쉬에서 열린 GATT 각료회담에서 최종결정안에 서명하는 김철수 당시 상공부장관.

출처 | 의료기기 뉴스라인, "GATT, 20세기 자유무역의 토대를 완성하다", 2014.12.12.

함께 읽어보기

[팩트체크] 트럼프 관세부과가 미국 경제에 큰 도움된다?

도널드 트럼프 미국 대통령이 취임 후 연일 전 세계를 상대로 관세부과 정책을 발표하면서 글로벌 경제를 뒤흔들고 있다.

이는 마가(MAGA · Make America Great Again · 미국을 다시 위대하게라는 트럼프의 선거구호)를 내세운 트럼프 대통령의 '관세폭탄' 행보로 볼 수 있지만 미국에 반드시 큰 이득이 되지는 않을 것이라는 지적도 적지 않다.

트럼프 대통령의 관세부과 정책이 거의 매일 주요 매체 헤드라인을 장식하자 온라인 커뮤니티와 기사 댓글에서는 "세계 경제 1위 미국이 이럴 필요까지 있나", "관세부과는 미국과 함께 전 세계가 자폭하는 셈이다", "관세부과로 미국 경제만 잘 되지는 않을 것이다"라는 등의 반응이 나오고 있다.

일러스트 | 트럼프발 관세폭탄(PG) 윤해리

미국이 전 세계 또는 특정 국가에 관세를 부과하는 것이 미국 경제에 미치는 영향은 여러 요인에 따라 달라진다. 어떤 산업에 관세가 부과되는지와 관세율은 얼마인지, 다른 국가들의 대응은 어떤지에 따라 긍정 및 부정적인 효과의 크기가 달라질 수 있다.

다만, 현재까지 각종 매체와 기관들의 분석을 종합하면 트럼프 대통령의 관세부과 정책이 전반적으로 미국 경제에 큰 도움이 된다고 보기는 어려워 보인다.

오히려 트럼프 대통령의 관세 정책이 미국 경제에 전반적으로 부정적인 영향을 미칠 가능성이 더 큰 것으로 전망하는 매체와 기관들이 많은 편이다.

트럼프 대통령의 관세 정책은 단기적으로 미국의 특정 산업을 보호하고 세수를 증가시킬 수 있지만 장기적으로는 경제성장 둔화, 고용감소, 물가상승, 소비자부담 증가, 무역축소, 산업경쟁력 약화, 투자감소 등 다양하게 부정적 영향을 미칠 가능성이 있다. 이런 요인들은 서로 연관돼 있어 미국 경제 전반에 걸쳐 복합적인 악영향을 미칠 수도 있다.

미국 대통령 '관세부과' 가능하지만 제약 있어

관세란 한 국가가 수입 또는 수출되는 상품에 부과하는 세금으로, 주로 자국 산업의 보호나 국가재정 확보, 무역 정책을 위해 이용되는 정책수단이다.

관세는 외국에서 들어오는 상품에 부과하는 수입관세와 특정 상품의 해외유출을 제한하기 위한 수출관세로 나뉜다. 또한 상품가격에 일정 비율로 부과하는 종가세와 물량에 따라 일정액을 부과하는 종량세로 구별된다.

관세의 긍정적인 측면은 수입품에 관세를 부과하면 가격경쟁력을 높여 국내 생산을 장려하고 관련 산업을 보호할 수 있으며, 국내 생산 증가는 새로운 일자리 창출로 이어질 수 있다. 관세수입은 정부재정에도 도움이 될 수 있다.

하지만 관세는 수입품 가격상승을 초래해 소비자의 부담을 증가시킬 우려가 있다. 미국이 관세를 부과하면 다른 국가들도 보복관세를 부과해 미국의 수출에 부정적인 영향을 미칠 수 있다. 관세는 글로벌 무역을 위축시켜 전 세계 경제성장을 저해할 가능성도 있다.

출처 | 백악관의 트럼프 미국 대통령(EPA=연합뉴스)

관세의 개념은 고대 제국 시대부터 존재했다. 실크로드 시대의 기본적인 무역 부과금에서부터 현재의 복잡한 글로벌 무역 네트워크에 이르기까지 관세는 시대와 함께 진화해왔다.

20세기 들어 관세는 경제 정책의 중요한 부분이 됐다.

대공황 시기에 각국은 자국 경제를 보호하기 위해 높은 관세를 부과했지만 이는 오히려 국제 무역을 감소시키고 경제위기를 심화시켰다. 1947년 관세 무역 일반협정(GATT)의 창설을 계기로 각국이 무역장벽을 낮추고 글로벌 상거래를 촉진하는 계기가 됐다.

하지만 2017년 도널드 트럼프가 미국 대통령에 취임하면서 관세를 통한 무역전쟁이 벌어지게 됐다.

그렇다면 미국 대통령이 임의로 관세를 부과할 수 있을까. 미국 헌법은 의회에 관세설정 권한을 부여하고 있지만 1930년대부터 의회는 대통령에게 상당한 관세 권한을 위임하기 시작했다.

미국 대통령은 1977년 제정된 국제비상경제권법(IEEPA)에 따라 국가 안보, 외교 정책 또는 경제에 대한 비정상적이고 특별한 외부 위협에 대응하기 위해 국가 비상사태를 선포하고 관세를 부과할 수 있다.

1974년에 만든 무역법 101조에 따라 대통령에게 기존 관세율의 최대 60%까지 관세율을 인하할 수 있는 권한도 부여했다. 2015년에 제정된 초당적 의회 무역 우선순위 및 책임법(TPA-2015)은 대통령에게 외국과의 무역협정을 체결하고 미국의 대외무역을 과도하게 부담시키는 관세나 수입제한을 줄일 수 있는 권한을 부여했다.

하지만 미국 대통령의 관세부과 권한에는 제약이 따른다.

미국 대통령은 관세부과에 대해 의회에 보고해야 하며 의회는 이를 검토하고 필요한 경우 제한할 수 있다. 세계무역기구(WTO) 규정과 같은 국제 무역 협정은 대통령의 관세부과에 걸림돌이 될 수 있으며, 일방적인 관세부과는 다른 국가들과의 외교관계에 부정적인 영향을 미쳐 보복관세로 이어질 수 있다.

트럼프 1기, 관세부과에도 무역적자 확대

트럼프 대통령은 1기 재임 시에도 관세를 무기로 'MAGA' 재건에 나선 바 있다. 하지만 전반적인 평가는 대체로 부정적이라고 할 수 있다.

당시 트럼프 대통령의 관세 정책은 중국과의 무역적자를 일부 줄이는 데는 성공했지만, 전체적인 무역불균형 해소와 제조업 부흥이라는 목표달성에는 실패했다는 평가가 많다. 오히려 다른 국가들과의 무역적자가 증가하면서 전체 무역적자는 커졌다.

주 도널드 트럼프 미국 대통령이 30일(현지시간) 콜로라도주 방문길에 오르기 위해 백악관을 떠나기에 앞서 기자들과 만나 발언하고 있다.

출처 | 트럼프 "관세, 中에 파괴적 영향 … 中, 협상 원할 것"(워싱턴 EPA=연합뉴스) 2019.5.31.

2017년과 비교해 2024년 미국의 대중국 무역적자는 약 20% 줄어든 2천954억 달러를 기록했지만 중국을 제외한 다른 주요 교역국들과의 무역적자가 급증했다. 유럽연합(EU)과의 무역적자는 50%, 멕시코와 무역적자는 2.3배로 늘었다. 한국, 베트남, 대만과의 무역적자도 각각 3배가량 증가했다.

트럼프의 관세 부과 정책으로 관세 수입은 늘었지만 무역 불균형은 해소되지 못했다.

2024년 미국 정부의 관세 수입은 2017년 대비 2.2배 증가한 829억 달러를 기록했다. 하지만 미국의 무역 적자는 2016년 7천350억 달러에서 2020년 9천억 달러 이상으로 23% 증가했다.

중국과의 1단계 무역 협정은 양국 간 구조적 불균형을 해결하지 못했고, 미국의 중국 상품 수입을 제3국 중개자들에게 전환하는 결과를 낳았다.

물론 긍정적인 평가도 있다. 철강 및 알루미늄 제품에 대한 관세 부과는 미국 내 중요 제조업 분야의 일자리와 투자 활성화에 일부 도움이 됐다는 분석이 있다.

트럼프 2기, 관세부과에 '물가·GDP' 부정적 영향 우려

2025년 1월 취임해 2기 시대를 연 트럼프 대통령의 관세부과 정책이 미국 경제에 미치는 영향은 막대할 수밖에 없다.

우선 트럼프 대통령의 관세부과 정책은 미국의 물가상승을 초래할 것으로 예상된다.

미국 신용평가 회사 S&P 글로벌 레이팅스(Global Ratings)의 분석에 따르면 관세가 올해 유지될 경우 미국 소비자 물가가 일시적으로 50~70bp(1bp=0.01%포인트) 상승할 것으로 추정했다. 이는 올해 4분기까지 물가상승률이 3%에 근접할 수 있음을 의미한다. 아문디 리서치 센터의 시뮬레이션에서도 관세로 인해 소비자 물가가 약 0.3% 상승할 것으로 예측됐다.

관세부과는 미국의 국내총생산(GDP)에 부정적인 영향을 미칠 것으로 전망된다.

S&P 글로벌 레이팅스는 향후 12개월 동안 미국의 실질GDP가 현재 예측보다 0.6% 낮아질 것으로 추정했다. 아문디 리서치 센터의 분석에서는 관세로 인해 경제성장률이 0.2~0.3% 감소할 것으로 예상됐다. 미국의 세금정책연구기관 '세금재단'(Tax Foundation)의 추정에 따르면 20%의 보편적 관세와 60%의 중국 관세를 매긴다는 전제의 시나리오에서 장기적으로 미국의 GDP가 1.3% 감소할 것으로 예측했다.

트럼프 대통령의 관세부과 정책이 미국의 제조업과 산업에 미치는 영향은 복합적이다.

단기적으로는 보호받는 미국의 일부 제조업 분야에서 일자리가 창출될 수 있지만, 장기적으로는 다른 분야에서 일자리 손실을 초래할 수 있기 때문이다. 자동차 산업의 경우 수입 차량에 대한 100% 관세는 미국 시장에서 전기차의 가격경쟁력을 약화해 전기차 보급을 늦추고 운송 부문의 배출량 감소 노력을 저해할 수 있다.

'세금재단'의 분석에 따르면 20%의 보편적 관세와 60%의 중국 관세를 전제한 시나리오에서 미국의 전일제 고용이 110만 개 감소할 것으로 예상됐다. 이는 관세 정책이 고용에 상당한 부정적 영향을 미칠 수 있음을 시사한다.

출처 ｜ 미국 오클랜드항(AFP=연합뉴스)

영국 경제연구소인 옥스퍼드 이코노믹스(Oxford Economics)의 예측에 따르면 트럼프 대통령의 관세 정책으로 2030년까지 글로벌 무역가치가 선거 전 예측보다 7% 이상 감소할 것으로 예상됐다.

미국 피터슨 국제경제연구소(PIIE)는 트럼프 대통령의 관세부과 정책으로 미국인의 소득이 줄어들 것으로 예상했다. 중간소득 가구의 경우 연간 약 1천 700달러의 손실을 볼 수 있다고 추정했다.

피터슨 국제경제연구소의 워윅 맥키빈 선임위원은 보고서에서 멕시코ㆍ캐나다에 25% 관세부과 시 트럼프 대통령 임기 4년간 미국의 GDP가 2천억 달러 감소할 것이라고 분석했다. 또한 미국의 성장률을 2026-2029년 매년 0.2%포인트가량 낮추고, 올해 소비자 물가를 0.43%포인트 높이는 영향을 미칠 것이라고 추산했다.

한국관세무역개발원의 '관세무역연구'에 실린 '미국발 보편관세 적용의 경제적 파급영향 분석' 보고서에 따르면 시나리오별 미국 GDP에 미치는 영향은 미국이 보편관세를 부과하거나 중국, 캐나다, 멕시코를 상대로 높은 수준의 관세를 부과하는 경우 미국의 GDP가 0.123%에서 0.520%까지 감소하는 것으로 추산됐다.

대외경제정책연구원(KIEP)은 '트럼프 관세정책의 배경과 영향' 보고서에서 시나리오에 따라 미국의 무역수지는 1천 715억~3천 153억 달러 개선되고 교역조건의 향상도 기대할 수 있으나, 실질GDP는 약 0.12~0.36% 감소하고 특히 소비자물가는 약 1.9~10.4%까지 상승해 상당한 압력으로 작용할 전망이라고 분석했다.

국제통화기금(IMF)은 트럼프 대통령의 관세부과 정책이 2026년 중반까지 세계 무역의 상당 부분에 영향을 미칠 경우 세계 경제성장률이 2026년에 0.8%, 2027년에 1.3% 각각 감소할 것으로 전망했다.

트럼프 관세부과에 '고용ㆍ투자' 일부 활성화 효과도

트럼프 대통령의 관세 정책이 미국 경제에 도움이 되는 부분이 적지 않다는 분석도 있다.

미국의 철강 및 알루미늄과 같은 일부 제조업에서는 다른 나라에 대한 관세부과로 이들 산업의 일자리와 투자가 일부 활성화될 가능성이 있다. 높은 관세장벽으로 일부 글로벌 기업들이 미국으로 해외 생산기지를 이전할 수 있다. 이는 단기적으로 미국 내 생산과 고용을 증가할 수도 있다.

관세부과로 미국 정부의 세수가 늘어나는 효과도 있다.

'세금재단'의 분석에 따르면 예정대로 관세부과 시 올해부터 2034년까지 미국은 1조 1천억 달러의 세수 증가가 예상된다.

미국 경제에 전반적으로 부정적인 여파가 더 클 것으로 보임에도 트럼프 대통령이 관세부과 정책을 밀어붙이는 이유는 무엇일까.

이는 무역불균형 해소와 미국 내 산업 보호, 국가 안보 강화, 협상력 강화, 글로벌 공급망 재편이라는 트럼프 대통령의 큰 그림이 깔려 있다는 분석이 많다.

우선 미국의 최대 교역국인 중국, 캐나다, 멕시코와 무역적자를 줄이려는 목적이 있다. 관세부과를 통해 미국 내 제조업을 보호하고 일자리를 창출하며 불법이민과 펜타닐 유입 등의 문제를 무역 정책과 연계해 해결하려는 목적도 있다. 사업가 출신인 트럼프 대통령이 높은 관세를

주 미 인디애나주 포티지 소재 NLMK 철강공장에서 두 작업자가 이동하며 대화하는 모습

출처 | 미국 철강 공장(워싱턴DC AFP=연합뉴스)

무기로 다른 국가들과의 무역 협상에서 유리한 위치를 차지하려는 전략이라는 평가도 있다. 코로나19 사태 이후 드러난 미국의 공급망 취약성을 해결하고 반도체 등 주요 산업의 미국 내 생산을 장려하려는 의도도 깔려 있다는 분석도 나오고 있다.

각종 매체에 소개된 미국 전직 관료와 경제 전문가들의 발언도 참고할만하다.

로버트 라이트하이저 전 미국 무역대표부 대표는 "트럼프 대통령의 관세 정책은 미국의 국가 안보를 강화하고 전략적으로 중요한 산업을 보호하기 위한 조치로 이해해야 한다"고 주장했다.

케이트 칼루트케비치 전 백악관 국가경제위원회 부위원장은 "트럼프 대통령의 관세 부과는 중국의 불공정 무역 관행을 바로잡고 미국 기업과 노동자들을 보호하려는 강력한 메시지를 전달하기 위한 것"이라고 평가했다.

스티븐 로치 예일대 교수는 "트럼프 행정부의 관세 정책은 미국의 무역적자를 줄이고 제조업을 부흥시키려는 의도지만 이러한 보호무역 조치는 세계 경제 성장률을 저해하고 궁극적으로 미국 경제에도 부정적인 영향을 미칠 수 있다"고 경고했다.

베로니카 클라크 씨티그룹 경제학자는 "관세 부과의 주요 목적은 미국 내 산업을 보호하고 무역 불균형을 개선하려는 것이지만 단기적으로는 소비자 물가 상승과 경제 성장 둔화로 이어질 수 있다"고 말했다.

출처 | 심재훈, "[팩트체크] 트럼프 관세부과가 미국경제에 큰 도움된다", 연합뉴스, 2025.2.14.

제 3 절 · 농업에 관한 협정

1. 배경

(1) 농업의 중요성

세계경제와 국민경제에서 농업(어업) 부문이 차지하는 비중은 점차 줄어들고 있는 추세이다. 실제로 미국, EU, 일본, 캐나다 등의 선진국 경제에서 농업 부문이 생산 및 고용에 차지하는 비중은 약 3% 미만으로 나타났다. 일국의 경제에서 농업이 차지하는 비중의 하락에도 불구하고 국제통상과 다자간 무역협상에서 농업 부문이 차지하는 비중은 하락하고 있지 않다.

국제사회에서 농업이 중시되는 이유를 정리해 보면 다음과 같다. 첫째, 모든 국가가 농산물의 생산능력을 보유하고 있기 때문이다. 현재 국제사회에서 농산물 분야는 공급과잉의 문제를 가지고 있지만, 농업 분야의 국가경쟁력은 천차만별이다. 농업 분야에서 미국 등 선진국은 생명공학과 농업기술의 발전 등으로 인해 개도국과의 경쟁에서 우위를 확보하고 있다. 하지만 다른 대부분의 국가들은 농산물 분야의 낙후로 인해 여러 가지의 문제가 발생하고 있다. 실제로 국제사회에서는 농업 자체가 국민경제의 기초산업이고 핵심산업이라고 할 만큼 중요한 위치에 있는 국가들이 많다.

둘째, 농산물의 주요 수입시장이 일본, 한국, 대만 등 일부 동북아시아 지역의 국가들로 한정되는 경향이 있다. 따라서 이러한 특정 농산물 수입시장을 놓고 미국과 EU

《 그림 》 주요국 농림 · 어업 GDP 비중

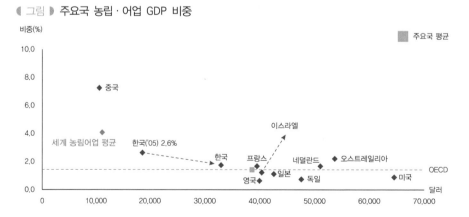

출처 | World Bank(2022.4.21. 검색 기준) / 이창수, "통계로 본 세계 속의 한국농업", 농기자재신문, 2022.7.14.

등의 선진국과 아르헨티나, 태국, 인도 등의 농산물 수출국들이 치열한 경쟁을 하고 있기 때문에 이와 관련되는 여러 가지 문제점들이 발생하고 있는 것이다.

셋째, 농업은 국민의 기초식량에 대한 안정적 공급과 국토환경의 보전, 전통문화 및 지역사회의 유지, 자연환경의 형성, 논밭의 홍수조절 기능 등과 같은 다원적 기능(multi-functionality)과 관련되어 그 중요성이 인정된다. 하지만 농업의 외부경제효과에 대한 인식 차이가 농산물의 수입국과 수출국 사이에 발생하고 있고, 이러한 인식 중에서 농업 문제는 대단히 중요하게 여겨지고 있다.

넷째, 농업은 "전후방 연관효과"가 다른 산업보다 더 광범위하다. 특히 생명공학기술의 발전은 선진국으로 하여금 농업의 중요성을 재인식하도록 했다. 농업생산과 관련된 전방산업으로는 종자, 비료, 농약, 농기계, 사료, 동물약품, 농업용수 관리, 영농시설재 산업 등의 농업투입재 관련 산업이 있고 농업경영 컨설팅, 농업금융, 연구개발, 병충해 방제, 정보처리, 수의업, 위탁영농, 농업토목 등과 같은 농업경영 지원산업 등이 있다. 농업의 후방산업으로는 농산물 가공산업인 식품산업과 도소매 및 수송, 보관 등의 유통업, 외식업, 농촌 관광업 등이 있다. 따라서 농업의 보호는 농업의 전후방 산업을 고려하여 생각할 때 하나의 산업에 대한 보호라는 의미를 넘어 대단히 중요한 의미를 가진다. 이러한 측면이 존재하기 때문에 국제사회와 국제통상이 심화되는 사회에서 농업과 농업 문제는 중요하게 취급되는 것이다.

이러한 농업의 중요성 때문에 UR 협상이나 DDA 협상과정에서도 농업 부문의 의견불일치가 협상 타결의 최대 걸림돌로 작용하였다. 이러한 사실은 농업 부문이 국제통상에서 차지하는 비중과 의미를 간접적으로 보여 주고 있는 것이다.

(2) UR 농업 협상의 의미

농산물 분야는 과거부터 GATT의 적용을 받았으나 많은 허점을 가지고 있었다. 예를 들어, 농산물 무역에서는 수량할당과 보조금 같은 비관세 조치의 사용이 허용되었다. 하지만 보조금(특히 수출보조금) 등과 같은 비관세장벽의 사용은 결국 국제간 농산물 무역의 심각한 왜곡요인으로 작용하고 있다.

▶ '왜곡'이란 무엇인가? ────────────────────────────●

농산물 무역을 논의할 때 "왜곡(distortion)"이란 용어가 많이 사용된다. 일반적으로 국제무역에서의 왜곡은 시장가격이 정상수준보다 높거나 낮을 때, 생산·매매량이 적정수준 (즉, 일반적인 경쟁에서 존재하는 수준)보다 더 많거나 적을 때 발생하게 된다.

농산물 분야에서 수입장벽의 설치는 농산물 가격의 상승을 발생시킬 수 있다. 왜곡된 농산물의 높은 가격은 과잉생산을 부추긴다. 따라서 세계 시장에서 잉여농산물을 낮은 가격으로 판매하려면 수출보조금이 지급되어야 한다. 일부 국가의 보조금 지급은 보조금을 지급하지 않는 국가보다 해당 농산물의 생산을 증대시키는 효과를 가져올 것이다.

여러 가지 종류의 보조금이 농산물 무역을 왜곡할지라도, 관련국 정부가 보조금 지급을 통해 자국의 농산물 생산업자를 지원하고 보호하는 이유에는 다음과 같은 세 가지가 있다.

○ 자국 내 수요충족을 위한 충분한 식량생산의 보호
○ 기후의 영향과 국제시세의 등락으로부터 농부들의 보호
○ 농촌사회의 보호

하지만 농업에 대한 각종 지원정책은 비경제적이며 수출보조금 전쟁을 유발하고, 농산물에 대한 공급과잉을 부추기는 효과를 발생시킨다. 그리고 이러한 지원정책은 여러 가지 이유로 관련 정책의 소홀 또는 부족한 국가에 대해서도 다양한 피해를 발생시킨다.

UR 농업협상은 심각한 왜곡상황에 직면해 있던 세계농업의 개혁방향을 수립하고, 이에 대한 대안을 마련하기 위해 시작되었다. 농업협상은 농업 부문에서 발생하는 시장 왜곡 현상의 시정과 공정경쟁, 무역질서 확립 등을 위한 노력의 일환으로 시작된 것이다. 결과적으로 UR 농업협상은 세계 각국이 가지고 있던 무역과 관련된 각종 농업 문제와 정책 등을 상당한 수준으로까지 조화되게 만들었다는 부분에서 의의를 가진다.

UR 타결 이후에 WTO 체제가 출범했음에서도 불구하고 농업협상이 계속될 수밖에 없었던 이유는 UR 농업협상이 세계농업의 새로운 개혁향방을 설정하기 때문이다. 그 결과 WTO 농업협정 협상 및 이행과 관련된 협의는 UR가 끝난 2000년 12월까지 6년간(개도국은 10년) 지속되었다. 그리고 세계농업의 개혁을 위한 후속협상도 DDA를 통해 계속 진행되었다.

WTO 농업협정은 세계 농산물 무역의 GATT 체제 복귀문제를 다룬 결과이다. WTO 농업협정의 서문에서는 첫째, 농산물시장의 완전개방과 충격완화, 둘째, 국내농업에 대한 정부지원의 제한과 허용범위, 셋째, 농산물 수출에 대한 정부지원의 제한과 허용범위, 넷째, 선진국과 개도국 간의 이익균형, 다섯째, 농산물 수입국과 수출국 간의 이익균형 문제 등이 언급되고 있다. WTO 농업협정은 결과적으로 이러한 5가지 관련 문제에 대한 해결방안을 분명히 하고 있는 것이다.

2. 주요 내용

(1) 새로운 규정과 약속

WTO 농업협정의 목적은 농산물 무역의 개혁과 세계 각국으로 하여금 보다 시장지향적인 농업정책을 수립하도록 만드는 것이다. 구체적으로 WTO 농업협정의 목적은 농산물의 수출국뿐만 아니라 수입국의 입장에서도 농산물 무역에 대한 예측가능성과 안정성을 개선시키려는 것이다.

WTO 농업협정에서 새롭게 만들어진 여러 가지 규정들과 약속들은 다음과 같은 분야에 적용된다.

○ **시장접근** : 수입농산물에 부과되는 다양한 무역규제
○ **국내보조** : 농산물 가격과 생산자 소득을 보장하거나 증가시키기 위한 여러 가지 형태의 보조금과 기타 지원수단
○ **수출보조** : 수출품의 경쟁력을 인위적으로 제고하기 위해 제공되는 수출보조금과 기타 지원수단

농산물 분야에서 기본관세의 인하수준은 1995년 1월 1일 이전에 양허된 세율을 의미한다. 그리고 농산물 분야에서 그 밖의 비양허관세율은 UR 시작 후 1986년 9월에 부과된 실질관세율에 따라 결정된다. 그리고 전 세계적으로 만연해 있던 농업 분야에서의 보조금 삭감과 각종 보호조치의 완화 및 제거는 UR의 핵심 합의사항으로 그 삭감을 수치적으로 나타내었다. 하지만 보조금 분야에서의 삭감 약속에도 불구하고 최빈개도국은 관세나 각종 보조금 등을 인하하겠다는 구체적 약속을 할 필요가 없다.

WTO 농업협정에서는 회원국 정부의 농업지원을 허용하지만, 농산물 무역의 왜곡을 적게 일으키는 정책수단을 통해 지원되어야 한다고 규정하고 있다. 농업 분야에서 각종 보호조치의 제거 및 완화, 그리고 보조금 삭감 등의 약속 이행방법에 대해서도 관련국들에게 상당한 수준의 정책적·실행상 유연성을 허용하고 있다.

구체적으로 개도국은 선진국만큼 자국의 보조금을 삭감하거나 관세를 낮추지 않아도 되고, 완전한 자국의 의무수행을 위해 시간적 여유도 가질 수 있다. 그리고 특별규정에서는 식량수입국의 이익과 최빈개도국에 관한 내용도 규정하고 있다.

◀ 표 ▶ 농업 분야에서의 보조금 삭감과 각종 보호조치의 완화 및 제거

구분	선진국(6년) 1955-2000	개도국(10년) 1955-2004
관세		
모든 농산물의 평균삭감률	−36%	−24%
각 제품당 최소삭감률	−15%	10%
국내보조(기준기간 : 1986-1988년)		
부문별 총 AMS 삭감율	−20%	−13%
수출(기준기간 : 1986-1990년)		
보조금 가치	−36%	−24%
보조된 수량	−21%	−14%

함께 읽어보기

쌀 소비 줄어도 생산은 늘어 … 보조금이 낳은 시장왜곡

출처 | 연합뉴스

쌀값이 급락하고 있다.

통계청이 집계한 22년 9월 5일 기준, 산지 쌀값(20㎏)은 4만 1,185원으로 전해의 9월 5만

4,758원보다 25% 하락했다. 22년은 벼농사가 풍년이라고 하니 쌀값은 더 떨어질 것이다. 농민들은 남는 쌀의 정부매입을 요구하고 있지만 전국 쌀 창고는 이미 가득 찼다. 가격은 하락하고 창고엔 안 팔린 쌀이 가득한데, 생산은 줄지 않는다. 전문가들은 농업 분야에 지급되는 보조금을 시장왜곡의 중요한 원인으로 지적한다.

稅 감면 · 저리 대출 등 다양한 보조금

보조금은 정부가 특정 상품의 생산과 소비를 늘리기 위해 생산자나 소비자에게 주는 금전적 혜택을 말한다. 직접적인 현금지원도 있고, 세금감면 등 간접지원 방식도 있다. 국책금융기관을 통한 저리 대출 등 정책금융도 보조금의 한 종류다. 복지혜택도 넓은 의미에서 보면 보조금이다.

보조금은 시장실패를 바로잡는 기능을 할 수 있다. 어떤 재화나 서비스의 시장균형 거래량이 사회적으로 바람직하다고 생각하는 수준보다 적을 경우, 보조금을 지급해 거래량을 늘리는 것이다. 예를 들어, 교육 서비스는 나라를 위해 꼭 필요하지만 학교 운영에 큰 비용이 들어 시장에만 맡겨 두면 충분히 공급되지 않을 수 있다. 이때 정부가 학교법인 등에 보조금을 지원하면 교육 서비스 공급을 늘리는 효과가 있다.

산업발전을 촉진하거나 초기 단계에 있는 특정 산업을 국제경쟁에서 보호하는 것도 정부가 보조금을 지급하는 이유다. 한국의 고속 경제성장도 기업에 대한 세제혜택과 금융지원이 한몫했다. 세계 각국 역시 보조금을 산업정책의 주요 수단으로 활용한다.

경제적 후생 줄이는 보조금

보조금은 경제적 후생 수준을 떨어뜨릴 위험도 있다. 보조금을 지급할 때 시장의 수요 · 공급 곡선이 어떻게 바뀌는지 살펴보자. 〈그림 1〉에서 생산자에게 보조금을 지급하면 공급곡선 S_1이 S_2로 이동한다. 공급이 늘어나면서 거래량은 Q_1에서 Q_2로 늘고, 소비자가격은 P_1에서 P_2로 낮아진다. 생산자가 받는 가격은 소비자가격에 보조금을 더한 P_3로 올라간다.

그 덕분에 소비자잉여와 생산자잉여 모두 증가한다. 〈그림 1〉의 ①번 영역이 소비자잉여 증

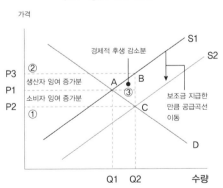

<그림 1> 생산자에게 보조금을 지급할 때 수요 · 공급곡선 변화

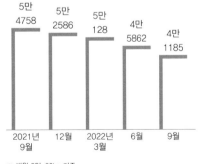

<그림 2> 하락하는 산지 쌀값
(단위 : 원)

5만
4758

5만
2586

5만
128

4만
5862

4만
1185

2021년
9월   12월   2022년
3월   6월   9월

※ 매월 5일, 20kg 기준

출처 | 통계청

가분, ②번 영역이 생산자잉여 증가분이다. 그러나 비용이 따른다. 보조금은 납세자의 세금이다. □P₂P₃BC(①+②+③)만큼이 보조금(세금) 지출액이다. 그것을 감안하면 사회 전체적인 경제적 후생은 △ABC(③번 영역)만큼 감소한다.

이런 원리를 쌀 시장에 적용해 볼 수 있다. 정부는 쌀 생산에 많은 보조금을 투입한다. 모내기 땐 종자 비용, 기르는 동안엔 비료 가격을 지원하고, 추수를 하고 나면 공공비축미를 매입한다. 경지 ha당 100만~205만 원의 공익형 직불금과 면세유 혜택도 있다.

이런 지원은 쌀 생산을 늘리는 결과를 낳는다. 세계무역기구(WTO) 협정에 따라 연간 40만t의 의무수입 물량까지 들어온다. 반면 쌀 소비는 감소세다. 지난해 국민 1인당 쌀 소비량은 56.9kg으로 하루 밥 한 공기 정도에 불과하다. 소비는 감소하고 생산은 증가하니 공급이 수요를 초과하는 상태가 만성화했다. 가격하락을 막기 위해 정부는 남아도는 쌀을 매입해 시장에서 격리한다. 쌀 생산에 세금을 지원하고, 남는 쌀을 세금으로 되사는 악순환이다. 세금투입이 늘어나는 만큼 경제적 후생은 줄어든다.

정치논리 휘둘리고 '눈먼 돈' 될 위험

보조금의 문제는 경쟁력을 잃은 사업자를 시장에 계속 남아 있게 한다는 점이다. 값싸고 질 좋은 상품을 만들지는 못하면서 보조금으로 연명하는 '좀비기업'이 생긴다. 쌀 시장의 보조금이 줄면 경쟁력이 약한 쌀 생산자는 벼농사를 그만둘 것이다. 농사를 더 잘 짓는 생산자만 남아 밥맛이 더 좋은 쌀을 생산할 수 있다. 보조금은 이런 변화를 막는다. 쌀 시장에서 아낀 세금을 다른 산업에 투입해 더 유용하게 활용할 수도 있다.

보조금은 종종 비리의 온상이 되기도 한다. 정부예산을 받아 쉽게 돈을 벌고 싶어 하는 사람들이 로비와 복마전에 뛰어든다. 시장원리보다 연출과 정치논리가 작용하기 쉽다. 최근 국무조정실의 태양광·풍력 등 신재생에너지 지원사업 표본조사에서 정부 지원금을 불법으로 운용한 사례가 2,267건이나 적발됐다. 귀중한 세금이 보조금이라는 이름을 달고 '눈먼 돈'으로 낭비된 것이다. 보조금 맛이 매우 달기 때문이다.

출처 | 유승호, "쌀 소비 줄어도 생산은 늘어 … 보조금이 낳은 시장왜곡", 한국경제, 2022.9.19.

(2) 시장접근 : 예외 없는 관세화

WTO 농업협정에서는 시장접근을 위한 새로운 규칙으로 '예외 없는 관세화(tariffs only)'가 도입되었다. 농산물 분야에서 예외 없는 관세화란 특별한 경우를 제외하고는 농업에 관한 비관세장벽이 일반관세로 전환되어야 한다는 것을 의미한다. 이는 관세 이외의 다른 어떠한 비관세 조치도 유지되어서는 안 되며, 또한 한번 실행된 관세화는 기존의 조치로 다시 복귀할 수 없다는 것을 의미한다.[49]

과거부터(UR 이전) 농산물 분야에서의 수입은 수량제한과 비관세 조치 등에 의해

---

49 WTO 농업에 관한 협정 제4조 제2항.

통제되어 왔다. 하지만 UR 타결로 인해 기존의 수량제한과 여러 가지 비관세 조치들은 동 조치가 제공해 온 보호 수준에 상응하는 보호를 제공하는 관세수단으로 대체되어야만 한다.

예를 들어, 과거 농산물의 국내가격이 국제가격보다 75% 정도 높았다면, 동 부문에 수입되는 농산물의 관세는 75% 정도 수준에서 결정될 수 있다. 이렇게 수량제한이나 기타 비관세 조치들을 관세로 전환시키는 작업을 '관세화(tariffication)'라고 한다.

WTO 농업협정은 예외 없는 관세화를 시행하기 위한 여러 가지 세부규정들을 두고 있다. 먼저 동 협정이 발효 전에 체결된 계약을 기초로 운송 중인 공급물량에 대해서는 계속적인 수입이 가능하도록 추가적인 관세부과를 면제시켰다. 또한 새롭게 수입된 물량에 대한 관세는 일반관세의 1/3을 초과하지 못하도록 규정함으로써 금지적 관세(prohibitive tariff)가 부과되지 못하도록 보장하였다.[50] 이러한 내용은 일정량까지는 낮은 관세율을 적용하고 이를 초과하는 부분에 대해서는 높은 관세율을 적용하는 '관세율 할당(tariff quota 또는 tariff-rate quota)' 방식으로 적용된다.

WTO 체제에서 적용되는 새로운 관세와 관세율 할당은 1995년부터 모든 농산물에 적용되었다. UR 협상의 결과로 선진국은 농산물에 대해 관세율(관세율 할당의 경우에 쿼터 초과분에 대한 높은 관세율)을 평균 36%를 6년의 기간 동안 단계적으로 감축하였다. 개도국은 평균 24%의 관세를 10년간 단계적으로 인하했다. 일부 개도국은 UR 이전에는 관세양허가 적용되지 않았기 때문에 최고관세율(ceiling tariff rates) 적용 옵션을 사용했다. 하지만 최빈개도국들은 특혜대우를 인정하여 관세를 인하시킬 필요가 없다.

이러한 예외 없는 관세화의 목표들은 WTO 농업협정에 표시되지 않고 WTO 출범 시 참가국들이 약속한 양허표에 기록되었다. 이는 WTO 농업협정도 양허표에 첨부된 구체적 양허약속을 통해 법적 구속력을 가지게 된다는 것을 의미한다.

예외 없는 관세화의 예외로는 식량안보 등 '비교역적 관심사항'에 따른 특별한 경우가 규정되어 있다. 하지만 관세화 예외품목으로 인정되더라도 최소 시장접근(minimum market access) 기회의 확대 원칙은 준수되어야 한다. 이를 위해 이행기간의 1차년도(1995년)에는 국내소비량의 4%에 상응하는 시장접근 기회를 보장하도록 하고 있다. 그리고 유예기간의 잔여 이행기간 동안에는 매년 0.8%씩 시장접근 물량을 증가시키도록 하였다.

50　WTO 농업에 관한 협정 제5조 제3항.

또한 특별대우 품목 중 개도국의 전통 식생활에서 가장 중요한 농산물에 대해서는 이행기간 1차년도(1995)에 국내소비량의 1%에 상응하는 시장접근 기회를 설정한다. 그리고 그 후 5차년도까지 매년 0.25%씩 시장접근 물량을 증가시키며, 6차년도부터는 매년 0.5%씩 증가시켜 10차년도에는 4%에 도달할 수 있도록 했다.

이렇듯 농산물의 예외 없는 관세화에도 특별한 경우, 예외는 인정된다. WTO 출범 당시에는 관세화 예외 품목으로 쌀과 관련하여 한국과 일본, 필리핀이 예외를 인정받았다. 그리고 양고기, 분유, 치즈와 관련하여 이스라엘이 "특별대우" 조항의 사용을 인정받았다. 그러나 이러한 특별대우의 적용에도 해외공급자의 최소 시장접근은 허용되어야 한다.

(3) 국내보조

농산물의 국내가격을 지지하거나 다른 방법으로 생산보조금을 지원하는 정책에 대한 가장 큰 불만은 이러한 보조금정책이 과잉생산을 초래한다는 것이다. 일국의 특정 품목에 대한 보조금의 지원은 경쟁적인 관계에 있는 수입품을 시장에서 축출시키거나 수출보조금과 함께 세계시장에서의 덤핑행위를 발생시킨다는 것이다.

WTO 농업협정에서는 무역왜곡효과를 발생시키거나 생산에 직접적인 영향을 끼칠 수 있는 국내보조금의 철폐를 규정하고 있다.[51] 그리고 철폐보조금 이외의 국내보조는 허용보조와 감축대상보조로 구분하고 있다. 구체적으로 WTO 농업협정에서는 국내보조금 지원정책을 직접적으로 생산을 장려하는 정책과 간접적으로 생산에 영향을 주는 정책으로 구분하고 있다. 그리고 생산 및 무역에 미치는 영향의 유무에 따라 국내보조를 허용보조와 감축대상보조로 구분하고 있으며, 허용대상기준에 충족되지 않는 모든 국내보조는 감축대상보조로 규정된다. 현재 국내보조금 체제는 UR 이후 그대로 유지되고 있으며 다음과 같다.

허용보조는 WTO 체제에서도 계속 지원이 가능하나 감축대상보조는 약속된 수준까지 매년 보조를 감축시켜야 한다. 감축대상보조금의 경우 선진국은 WTO 출범 후 6년의 기간 동안 국내보조의 20%를 감축해야 하고, 개도국은 10년의 기간 동안 13%를 감축해야 한다. 이를 감축대상보조금으로 하고 앰버박스(Amber Box)라고도 한다. 이러한 감축대상 보조금의 총액을 WTO 농업협정에서는 보조총액측정치(Total Aggregate Measurement of Support : AMS)라고 한다.[52]

---

51 WTO 농업에 관한 협정 제6조, 제7조, 부속서 2.
52 WTO 농업에 관한 협정 제6조, 제7조, 부속서 3, 4.

◀ 그림 ▶ 국내보조금 체제

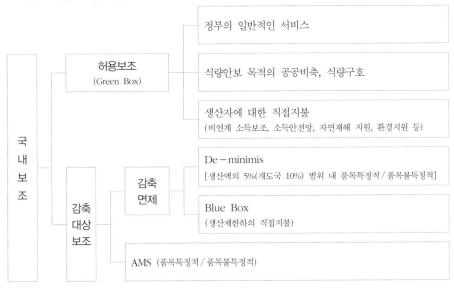

출처 | 송주호, "WTO에서의 국내보조금 운용의 시사점", KREI Repository, 2009, p.2.

　　보조총액측정치(AMS)는 WTO 농업협정상 농업보조정책 수준을 계량화하는 방법의 하나로, 기초농산물의 생산자를 위해 특정 농산물에 제공된 보조 또는 농산물 생산자 일반을 위해 제공된 품목, 불특정적인 보조로서 화폐단위로 표시된 연간보조 수준을 의미한다. 단, WTO 농업협정 부속서 2의 감축으로부터 면제되는 계획에 따라 제공되는 보조는 제외된다.

　　보조총액측정치(AMS)는 감축대상이 되는 품목별·지원정책별 보조금 계산방법과 산출된 보조금을 포괄하여 지칭하는 개념이다. 감축기준 AMS의 산출내역은 양허표의 보조자료로, 향후 이행과정 동안 매년 계산되는 AMS는 매년 WTO 농업위원회에 통보하도록 되어 있다.

■▶ 보조총액측정치 ────────────────────────────────── ●

○ 보조총액측정치(Total Aggregate Measurement of Support : AMS)는 "시장가격 지지 상당액"과 "감축대상 직접 지불액"으로 구성되고, 1986년에서 1988년 중 지급한 평균 보조총액을 기준으로 결정

○ 최소허용 보조비율(de minimis) 조항을 설정하여 해당 연도 특정 품목에 대한 지원이 해당 품목 총생산액의 5%를 초과하지 않는 품목의 특정 보조와, 농업생산액의 5%를

초과하지 않는 품목의 불특정 보조는 보조총액측정치 계산에서 제외
○ 최빈개도국들은 이러한 보조금의 지원을 감축시킬 필요가 없음

　　WTO 농업협정에서는 무역에 미미한 왜곡효과를 가지는 국내보조는 허용하고 있
다.[53] 그린박스(green box)라 하며, 주로 농산물 무역의 왜곡효과나 생산에 미치는 효과가
없거나 미미하고, 공공재정에 의한 지출로서 생산자에 대한 가격지지효과가 없는 보조금
을 의미한다. 그린박스의 대표적 조치로는 일반적인 연구, 환경 관련 연구 및 특정 품목
관련 연구와 병해충 방제, 전문가 훈련시설을 포함하는 훈련 서비스, 식품안전을 위한
검사 서비스, 전력공급망, 도로 및 운송수단, 항만시설, 용수공급시설, 댐 및 배수계획,
환경 관련 하부구조사업을 포함한 사회간접자본 등의 정부 서비스들이 포함된다.[54] 그리
고 생산을 장려하지 않는 범위 내에서 농업생산자에 대한 직접적인 소득보조, 소득보험
및 사회안전망 계획에 대한 정부의 재정적 참여를 통한 모든 농업생산자에 대한 직접적인
소득지원과, 생산자 연금계획을 통해 제공되는 구조조정 지원, 자원폐기계획을 통한 구조
조정 지원, 투자지원을 통해 제공되는 구조조정 지원 등의 영농 구조조정을 위한 지원,[55]
환경계획과 지역지원계획에 따른 직접적인 지원[56] 등이 해당된다.
　　한편, 국내보조의 또 다른 종류로 블루박스(Blue Box)가 있는데, 이는 특정 제약하
의 직접지불 보조금을 의미한다. 이는 무역 및 생산왜곡효과는 있으나 생산제한계획을
전제로 국내보조 감축 약속대상에서 면제되는 보조금을 의미한다. DDA 협상에서 제기
된 새로운 형태의 블루박스로서 기존 블루박스와는 달리 생산을 제한하지 않고도 줄 수
있는 직접지불도 논의되고 있다.[57]
　　하지만 WTO 농업협정에서도 농업과 지방개발을 지원하기 위한 개도국 정부의 지
원프로그램, 생산품 또는 지원된 생산품의 총가치와 비교하여 규모가 작은 보조(선진국
의 경우 5% 또는 그 이하, 개도국은 10% 또는 그 이하) 등은 허용되고 있다.
　　일국이 WTO 농업협정상 보조금 관련 규정과 WTO 보조금 협정에 의한 보조금

---

53 WTO 농업에 관한 협정 부속서 2.
54 WTO 농업에 관한 협정 부속서 2 제2항.
55 WTO 농업에 관한 협정 부속서 2 제9항 내지 제11항.
56 WTO 농업에 관한 협정 부속서 2 제12항, 제13항.
57 이러한 직접지불도 자유롭게 주는 것은 아니고 기준이 되는 경지면적을 고정하는 등 제약이 존재하는
　　것으로 논의되었다.

약속사항을 준수하지 않을 경우, 다른 회원국은 보조금 협정 제4조인 금지보조금 피해 구제절차에 따라 해당 피해에 상응하는 보복조치를 발동할 수 있다. 물론 관련 조치를 WTO에 제소하여 자국의 제반 권리를 구제받을 수도 있다.

(4) 수출보조금

WTO 농업협정에서는 농산물에 대한 수출보조금의 지급을 제한하고 있다. 여기서 수출보조금(export subsidy)은 직접지불, 저비용융자, 수출업자들의 세금완화, 정부금융지원과 국제광고를 통해 상품의 수출을 장려하고 국내시장의 상품판매를 단념케 만드는 정부정책 등을 의미한다.[58]

WTO 농업협정에서는 회원국 양허표에 보조금에 대한 명기가 되어 있는 경우를 제외하고는 농산물에 관한 수출보조금의 지급을 금지한다.[59] 1986－1990년까지의 평균치를 기준으로 선진국은 WTO 출범 후 6년간 재정지출의 36%의 수출보조금을 감소시켰고, 개도국은 10년간 24%를 감소시켰다. 그리고 선진국은 WTO 출범 후 6년간 수출보조금을 받는 수출품의 양을 21% 감소시켰고, 개도국은 10년간 14%를 감소시켰다. 하지만 수출보조금 분야에서도 최빈개도국에 대한 특별대우가 인정되기 때문에 이들은 수출보조금의 감축조치를 반드시 실시할 의무가 없다.

WTO 농업협정상 감축되어야 하는 수출보조금은 다음과 같다[Annex I, paragraph (a)~(k)].

- ○ 수출 시 직접 지급되는 보조금 : 수출실적과 관련하여 정부 또는 공공기관이 직접 지급하는 보조금
- ○ 수출가격과 국내가격의 차액을 보전하는 보조금 : 농산물의 수출가격과 국내가격의 차이를 보전하기 위해 지급되는 보조금
- ○ 수출을 위한 운송·마케팅 비용 지원 : 수출농산물의 운송비, 보험료, 광고 및 프로모션 비용 지원
- ○ 수출과정의 국내운송비 보조 : 예 － 수출항구까지의 내륙 운송비 일부 보조
- ○ 수출된 농산물의 저장 및 해외 운송비용 지원 : 예 － 해외창고 저장료 또는 선박운송비 지원

---

58 위키피디아 : 수출보조금.
59 WTO 농업에 관한 협정 부속서 제5항.

ㅇ 수출신용 및 금융 지원 : 수출촉진을 위한 수출신용, 대출보증, 보험제공 등 금
   융 지원
ㅇ 수출보조금에 해당하는 기타 조치 : 수출과 관련된 기타의 직·간접적 재정지
   원으로, 농산물 수출가격을 낮추는 조치

한편 WTO 농업협정에서는 수출보조 감축약속의 우회행위 제한으로서 감축대상
이 아닌 수출보조가 감축약속을 우회하는 결과를 초래하거나 그러한 우려가 있는 방법
으로 운영되어서는 안 된다고 규정하고 있다(제10조).

감축대상 수출보조로 예시되지 않는 수출신용, 수출신용보증 및 수출보험에 대해
서는 이를 규율하기 위한 국제적 규범을 도출하기 위해 노력하고, 향후 합의될 규범에
따라 제공하기로 합의하였다. 이 중 수출보조, 수출금융, 수출국영무역기업 등에 대해서
는 2015년 케냐의 나이로비 각료회의(제10차)에서 합의가 되었다. 그리고 WTO 농업협
정에서는 국제식량원조도 가급적 최대한 무상원조의 형태로 제공되어야 한다고 규정함
으로써 국제식량원조가 수출보조의 수단으로 사용되는 것도 제한하고 있다.

(5) 농산물에 대한 특별 긴급수입제한조치

WTO 농업협정은 비관세장벽의 관세전환 농산물 생산자를 가격폭락이나 농산물의
무분별한 증가로부터 보호하기 위해 "특별 긴급수입제한조치(special safeguard : SSG)"를
발동할 수 있도록 했다.[60] 이는 예외 없는 관세화에 대한 보완장치로서 비관세장벽의
철폐를 통해 일반관세로 전환한 품목에 대해 인정되는 조치이다.

농산물에 대한 특별 긴급수입제한조치(SSG)는 농산물의 수입량 급증이나 수입가격
의 대규모 하락 시 기존 관세수준의 1/3까지 추가적인 관세부과가 가능하도록 한 조치
이다. 하지만 이는 특정한 가격 및 물량 기준하에 발동이 가능한 조치로 관세화 대상품
목에 한하여 관세화의 이행기간 동안 발생한 경우에 대해 관세인상 조치만을 통한 구제
가 가능하다. WTO 농업협정에서는 이 조치가 언제, 어떻게 도입될 수 있는지에 대한
내용을 구체적으로 명시하고 있다. 농산물에 대한 특별 긴급수입제한조치는 1994
GATT에 규정되어 있는 긴급수입제한조치에 관한 협정과 크게 다르다. WTO 농업협정
제5조에 규정된 특별 긴급수입제한조치는 모든 농산물에 적용되지 않고 UR 농산물 협

---

[60] WTO 농업에 관한 협정 제5조.

상을 통해 관세화로 전환된 농산물에 한하여 적용된다.

따라서 WTO 회원국이 SSG 제도를 활용하려면 각국의 농산물 이행계획서상에 관세화 전환 농산물에 대해 특별 긴급수입제한조치를 원용하겠다는 의사표시를 명기해야만 사용할 수 있다. WTO 회원국이 이러한 표시를 자국의 농산물 이행계획서상에 명기하지 않은 경우에는 농산물에 대한 특별 긴급수입제한조치를 발동할 수 없다.

농산물에 대한 특별 긴급수입제한조치의 특징은 일정 발동요건만 갖추면 국내산업의 피해 유무를 조사하지 않고서도 관세당국은 당해 연도의 해당 품목에 대한 양허관세를 보호관세의 발동기준에 따라 일정 수준까지 자동적으로 올릴 수 있다는 것이다. 그리고 동 조치의 발동에는 수출국의 대항 또는 보복조치가 인정되지 않는다는 특징도 있다.

3.　한국의 쌀 시장개방 : 쌀 유예화 조치와 관세전환

한국은 UR 협상을 통해 개도국의 지위를 인정받음으로써 선진국보다 관세 및 보조금의 감축률을 낮추고 각종 이행기간도 길게 보장받을 수 있었다. 한국은 먼저 쌀 시장 분야에서 1차적으로 2004년까지 10년간 관세화 적용의 예외를 인정받아 최소 시장접근만을 허용할 수 있었다.

1993년 12월 9일, 당시 김영삼 대통령은 쌀 시장개방과 관련해 대국민 담화문을 발표했다. 담화문에서는 UR 협상과정에서 쌀 시장개방 선언과 동시에 이러한 쌀 시장개방을 막지 못한 점을 국민에게 사과했다. 당시 정부는 "고립을 택할 것인가, 세계로 나아갈 것인가"라는 담화문을 통해 한국 정부는 국제사회 속에서 고립되기보다는 GATT 체제 속에서 경쟁과 협력을 통해 얻게 될 국익을 선택할 수밖에 없다"고 발표하면서 쌀 시장개방을 선언했다.[61]

이렇게 시작된 한국의 쌀 시장개방은 사실 온전한 형태의 쌀 시장개방이 아니었다. 실제로는 쌀 관세화의 유예화를 선택한 것이었다.

한국 정부는 쌀 관세화 유예에 따라 최초 시장접근 물량에 따른 시장개방만 허용했다. 한국은 쌀 시장개방의 최초 연도(1995년) 수입량인 소비량의 1%에서 시작하여 최종

61　하지만 이때 담화문을 통한 대국민 사과는 당시까지 한국 정부가 UR 협상과정에서 밝혀 왔던 '쌀 개방 불가 방침은 추호도 변함없다'던 기존 입장을 뒤집은 부분에 대한 사과라고 볼 수 있다. 당시 대국민 담화문 발표 전후 한국의 600만 농민과 농협, 농민단체는 극렬히 분노한 결과라고 볼 수 있다.

◀ 그림 ▶ 쌀시장 개방의 시작

1991.10. 농협이 전국적으로 전개한 우루과이라운드(UR) 농산물 협상 반대시위(왼쪽부터), 1992.12. 프랑스 세계농민시위에 참석한 농협 조합장들의 쌀시장 개방 반대 거리행진, 1993.12. 김영삼 대통령 쌀시장 개방 특별담화.

출처 | 김해대, "우여곡절 속 쌀시장 빗장 풀려 … 매년 40만t 의무수입 여전히 부담", 농민신문, 2024.5.7.

연도(2004년)에는 4% 수준까지 확대하기로 했다. 당시 한국 정부가 유예받은 쌀의 최소
시장접근(MMA ; Minimum Market Access) 물량도 일반적인 MMA 수입량 비율(5%)보다 작
았다. 그리고 이때 MMA 산출의 기준연도도 1988−1990년으로 설정됨으로써 MMA 수
입량이 줄어드는 효과를 누릴 수 있었다.

한국 정부는 1차 쌀 시장개방 유예기간이 만료되는 2004년 초, 쌀 협상의 개시의
사를 WTO에 통보하였다. 그 후 한국 정부는 협상참여를 신청한 9개국과 50여 차례 유
예화 관련 협상을 진행하였다. 당시의 쌀 개방협상에서 한국 정부는 다시 쌀 시장개방
대신 관세화 유예 쪽으로 전략을 정했다. 이는 관세화를 선택할 경우, 향후 DDA 협상
에서 최선의 결과를 얻더라도 일정량의 수입증가가 불가피하여 DDA에 따른 쌀 산업의
불확실성이 증대된다는 판단에 따른 것이다. 1년간에 걸친 쌀 관세화 유예협상의 결과
2004년 12월 30일 한국 정부는 쌀 관세화 재유예화를 이행계획서(Country Schedule)로
작성하여 WTO 사무국에 통보했다.

쌀 개방협상의 결과 한국 정부는 쌀에 대한 10년의 유예기간을 다시 보장받았다.
저율관세 물량(TRQ)은 국영무역 방식으로 수입하여 2004년의 20만 5천 톤에서 매년 균
등 증량(매년 약 2만 톤씩 증가함)하여 2014년에는 41만 톤까지 확대하기로 했다. 수입쌀
의 시판은 2005년 수입량 중 10% 시판을 시작으로 6차년도인 2010년도에는 30%로 확
대하고, 이를 2014년까지 유지하기로 하였다. 구체적으로 MMA 물량을 매년 약 2만 톤
씩 증량하는 조건이 붙었다. 이에 따라 2005년 22만 5,575톤(1988-1990년 소비량의 4.4%,
관세 5%)이었던 MMA 물량이 2014년에는 40만 8,700톤(1988-1990년 소비량의 7.96%, 관
세 5%)까지 증가하게 되었다. 그리고 연간 MMA 물량의 최대 30%는 밥쌀용 수입·판매
가 허용되었다.

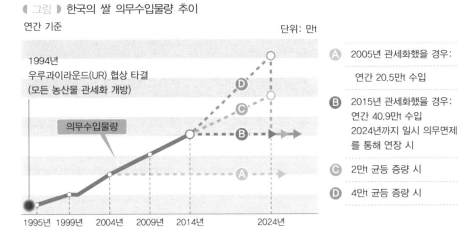

◀ 그림 ▶ 한국의 쌀 의무수입물량 추이

연간 기준　　　　　　　　　　　　　　　　　단위: 만t

1994년
우루과이라운드(UR) 협상 타결
(모든 농산물 관세화 개방)

의무수입물량

1995년　1999년　2004년　2009년　2014년　　　　2024년

Ⓐ 2005년 관세화했을 경우:
　　연간 20.5만 수입

Ⓑ 2015년 관세화했을 경우:
　　연간 40.9만 수입
　　2024년까지 일시 의무면제
　　를 통해 연장 시

Ⓒ 2만 균등 증량 시

Ⓓ 4만 균등 증량 시

출처 | 영남일보, "20년 고민 끝에 쌀 시장 개방한 이유는", 2014.7.19.

　　하지만 2014년, 다시 쌀 시장개방의 재유예 결정의 시기가 다가왔다. 한국은 쌀 시장개방 숙제를 미룬 대가로 쌀 의무수입량을 40만 8,700톤까지 증가시켜야만 했다. 이는 2014년 기준으로 한국의 국내 쌀 생산량(423만t)의 9.7%에 해당하는 양을 의무수입하게 된 것이다. 그 결과 의무수입량을 더 늘렸다가는 정부로서는 감당할 수 없는 수준이 된 것이다. 이에 따라 2014년 한국 정부는 최종적으로 쌀 관세화를 결정하게 된다.

　　결과적으로 쌀의 '관세화 유예'로 인해 시장개방의 시간은 벌었지만, 2014년이 되

◀ 그림 ▶ 한국의 쌀 시장개방 일지

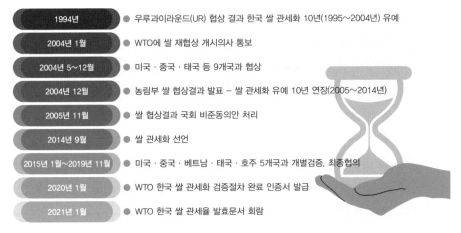

1994년	● 우루과이라운드(UR) 협상 결과 한국 쌀 관세화 10년(1995~2004년) 유예
2004년 1월	● WTO에 쌀 재협상 개시의사 통보
2004년 5~12월	● 미국 · 중국 · 태국 등 9개국과 협상
2004년 12월	● 농림부 쌀 협상결과 발표 – 쌀 관세화 유예 10년 연장(2005~2014년)
2005년 11월	● 쌀 협상결과 국회 비준동의안 처리
2014년 9월	● 쌀 관세화 선언
2015년 1월~2019년 11월	● 미국 · 중국 · 베트남 · 태국 · 호주 5개국과 개별검증, 최종협의
2020년 1월	● WTO 한국 쌀 관세화 검증절차 완료 인증서 발급
2021년 1월	● WTO 한국 쌀 관세율 발효문서 회람

출처 | 김해대, "우여곡절 속 쌀 시장 빗장 풀려 … 매년 40만t 의무수입 여전히 부담", 농민신문, 2024.5.7.

우리 농산물, 무역장벽을 넘어 세계로 뻗어 갑니다!

출처 | www.fta.go.kr/게시판/우리 농산물 무역장벽을 넘어 세계로 뻗어 갑니다!, 2016.10.3. 발행.

면서 쌀 시장은 이미 WTO 체제 내에 본격 편입된 부분이었다. 그 결과 한국은 쌀 시장을 관세화 방식을 통해 최종 개방할 수밖에 없었다. 그리고 한국의 WTO 규정에 근거한 쌀 관세화 이행을 둘러싼 여파가 2020년대까지도 지속되었다.

2014년 9월, 한국 정부는 WTO에 협상의사를 통보하고 관세율을 513%로 산정한 양허표 수정안을 WTO에 제출했다. 513% 관세율은 UR 협상 당시 설정된 기준 기간 (1986+1988년)의 국내외 쌀 가격 차이로 계산됐다. 매년 MMA 물량 40만 8,700t을 5% 관세로 수입하는 조건도 남았다. 그리고 최종적으로 WTO는 2020년 1월 한국의 쌀 관세화 검증절차가 완료된 것을 확인하는 인증서를 발급했다. 그리고 2021년 1월 WTO는 한국의 쌀 관세율 발효를 최종적으로 발표했다.

제 4 절 • 비관세장벽에 관한 협정

　　WTO 협정에서는 국가 간 무역을 방해할 수 있는 비관세장벽에 대한 여러 가지 관련 부속협정을 GATT 협정하에 두고 있다. 현재 WTO에서 규정하고 있는 비관세장벽에 관한 협정은 대부분 상품 관련 협정에 속해 있으므로, 다음과 같은 분야의 문제에 대해 규정하고 있다.

- ○ 무역 관련 기술장벽
- ○ 식품 및 검역 조치
- ○ 수입허가
- ○ 관세평가
- ○ 선적전 검사
- ○ 원산지규정
- ○ 무역 관련 투자조치

1. 무역 관련 기술장벽에 관한 협정

(1) 배경

　　표준(standard)이란 어떤 상품의 형태나 치수, 소재, 기능, 안정성 등과 같은 품질수준에 대한 기술적 명세(technical specification)[62]를 정한 것을 의미하며, 규격이라고 한다. 표준은 기술명세 가운데 품질이나 색상 등에 대한 소비자의 선호를 시장에서 반영하는 것으로, 수용 여부가 자발적이라는 특성을 가진다. 하지만 기술규정(technical regulation)은 상품의 특성 또는 관련 공정 및 생산방법(PPMs) 등에 대해 그 준수가 강제되어 있는

---

62 구체적으로 상품에 적용되는 용어나 기호, 검사방법, 표시 및 상표 부착방법 등을 포함한다.

문서를 의미한다.

기술규정과 표준은 국제무역에 있어 매우 중요한 역할을 한다. 하지만 기술규정과 표준의 기준들은 국가들마다 많은 차이가 존재하는 것이 현실이다. 그 결과 무역 관련 기술장벽의 국가 간 차이가 국제무역의 장애물로 작용하며 생산자와 수출업자, 생산국과 수입국 사이에서 많은 문제를 야기한다.

무역 관련 기술장벽들이 특정 국가에 의해 독단적으로 제정되면 이는 수입억제를 위한 무역장벽으로 충분히 작용할 수 있다. 즉, 기술규정과 표준의 국제적 또는 국가 간 상이성이 국제무역을 방해하는 무역장벽으로 충분히 자리 잡을 수도 있다는 의미이다.

함께 읽어보기

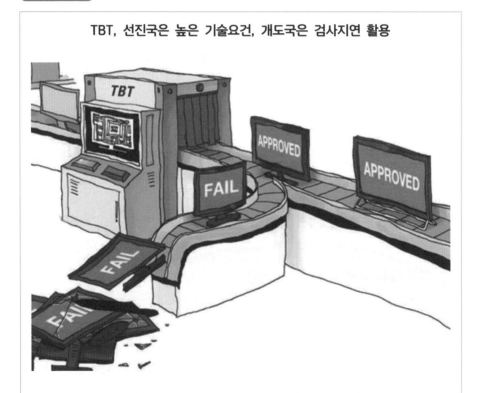

TBT, 선진국은 높은 기술요건, 개도국은 검사지연 활용

WTO/GATT 체제하에서 지속적인 무역자유화 협상을 통해 전통적 무역장벽인 관세나 수입수량 제한 등은 상당 부분 축소되어 왔다. 반면 TBT와 같이 눈에 잘 보이지 않는 비관세장벽들(NTBs: Non-Tariff Barriers)은 오히려 증가하는 추세를 보이고 있다. TBT는 경제발전 수준과 관계없이 도입되는 경향이 있는데, 최근 급속한 기술발전과 함께 이 또한 매우 역동적으로 변화하고 있다. TBT가 선진국에서는 과다한 기술요건, 상이한 기준의 적용, 상품표시 부착 등의 형태로 나타나고 있는 반면, 개도국에서는 검사지연 등으로 인한 과다한 비용과 시간의 소요, 불투명한 인증절차, 국제표준과의 불일치 등으로 나타나고 있다. …

출처 | 이경희, "관세장벽 낮아지자 기술장벽 강화 … WTO 출범 이래 4배 이상 증가", 의료기기 뉴스라인, 2014.12.24.

WTO가 출범한 1995년 이후에도 무역 관련 기술장벽들은 여전히 국가 간 무역장벽화 핵심요소로 작동하고 있는 것으로 나타났다. 1995년부터 2020년까지 약 20년간 WTO에 통보된 무역 관련 기술장벽의 건수는 매년 증가하여 2021년 말 기준으로 최대 3,966건으로 나타났다. 이는 자국의 산업보호와 핵심기술을 둘러싼 경쟁이 더욱 치열해지고 있음을 보여주며, 그 과정에서 기술장벽이 충분히 무역장벽으로 작용하고 있다는 것을 의미한다.

WTO 무역 관련 기술장벽에 관한 협정(Agreement on Technical Barriers to Trade, 이하 'TBT협정')의 목적은 이와 같은 개별국가의 기술규정과 표준검사, 증명절차가 불필요한 무역장벽으로 작용하지 못하도록 하는 데 있다.

TBT 협정의 기원은 1973−1979년 사이에 열린 동경라운드에서 합의된 규약(Code)에서 찾아볼 수 있다. 당시 체결된 TBT 협정은 ⅰ) 전체 참여국 114개 회원국 중에서

◀ 그림 ▶ 최근 WTO 통보 TBT 추이(단위 : 건)

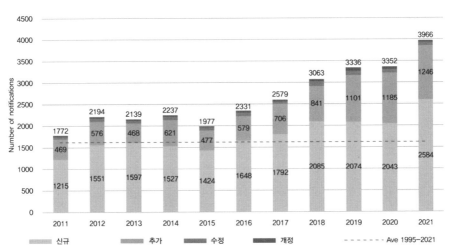

출처 | 박정훈, "글로벌 '무역장벽' 가속화, 대응 마련 '시급'", 이코노믹리뷰, 2022.4.12.

38개국만 합의함으로써 그 수가 미미하였고, ⅱ) 지방정부 및 비정부기관의 TBT 협정 이행의무가 확보되지 못하였으며, ⅲ) TBT 협정의 적용 및 관할범위가 모호하다는 문제점을 갖고 있었다.

따라서 동경라운드에서 코드의 형태로 체결된 이후에도 무역 관련 기술장벽은 여전히 무역장벽으로 남용되어 왔고, 이로 인한 국가 간 통상마찰의 사례도 증가하였다. 따라서 기술규정 등과 같은 표준화제도가 국제무역에 불필요한 장벽으로 작용하지 않도록 해야 한다는 목표 아래 WTO 무역 관련 기술장벽에 관한 협정이 체결되었다.

(2) 주요 내용

1) 목적과 적용범위   세계 모든 국가들은 자국이 적절하다고 고려하는 기준[63]을 채택할 수 있는 권리를 가지고 있다. 구체적으로 WTO TBT 협정에서는 ⅰ) 국가 간 부당한 차별의 방지, ⅱ) 국제무역에 대한 위장된 제한 등의 방지와 ⅲ) 동·식물의 생명 또는 건강이나 환경의 보호, ⅳ) 기만적 관행의 방지 등을 위해 다음의 조치에 대해 회원국이 적절하다고 판단하는 수준에서 필요한 조치를 취할 수 있음을 인정했다.

- ○ 포장·표시·상표 부착요건 등을 포함한 기술규정과 표준(technical regulations and standards, including packaging, marking and labelling requirement)
- ○ 기술규정과 표준의 적합 여부 판정절차(procedures for assessment of conformity with technical regulations and standards)

TBT 협정에서는 국제표준과 적합판정제도가 생산능률 향상과 국제무역의 수행을 원활하게 하는 부분에서 중요한 기여를 할 수 있음을 인정하고 있다. WTO TBT 협정의 서문에서는 기술규정과 표준, 적합판정절차가 국제무역에 불필요한 장애가 되지 않도록 보장하려는 것이 목적임을 분명히 하고 있다. 그리고 TBT 협정에서는 회원국들은 다른 회원국이 자국의 기술기준을 국제기준에 충족시키기 위해 취하는 조치를 방해해서는 안 됨도 분명히 하고 있다.

TBT 협정은 WTO 회원국들로 하여금 국가 간 기술장벽의 지나친 차이를 방지하기 위해 적절한 국제기준 등을 채택하거나 상호 조화를 통한 인정방식을 채택하도록 장

---

63 예를 들어, 환경보호나 다른 소비자들의 이익을 충족시키는 인간과 동·식물의 생명 또는 건강보호를 위한 기준을 의미한다.

려하고 있다. 즉, TBT 협정은 TBT에 관한 새로운 규정이나 제도 등을 새롭게 설정, 채택하는 방식으로 해당 국가의 보호수준을 변화시켜 새로운 무역장벽을 설정하려고 제정된 것은 아니다.

WTO TBT 협정은 모든 회원국들이 생산하고 거래하는 모든 상품에 적용된다. TBT 협정에서는 '공정 및 생산방법(PPMS)' 개념이 도입되어 최종 제품뿐만 아니라 생산과정도 협정의 적용대상에 포함된다. 그리고 회원국들은 '모범관행규약(Code of Good Practice)'을 제정하여 지방정부기관 및 비정부기관이 이를 통해 TBT 협정을 이행하여야 한다.

하지만 정부조달품, 즉 정부기관의 생산 또는 소비를 위해 정부기관에 의해 기술규정 또는 표준, 규격 등이 명시되는 거래에 대해서는 본 협정이 적용되지 않고 '정부조달 협정'이 적용된다. 그리고 농산물의 경우, 그 특성을 고려하여 농산물 관련 표준 및 기술에 관한 규정은 WTO SPS 협정에서 관할하도록 하였다. 이는 TBT 협정은 SPS 조치에는 적용되지 않음을 의미한다. 즉, 동·식물의 해충 또는 질병, 식품·음료·사료의 첨가제, 독소, 질병원인체 등에 대해 시행되는 SPS 조치에 대해서는 SPS 협정의 적용을 받음을 분명히 했다. 하지만 농산물 및 식품위생 분야에 해당되지만 SPS 조치에서 다루지 못하는 TBT 관련 분야에 대해서는 TBT 협정에서 관할한다.

2) 기술규정과 표준

WTO TBT 협정 제2조는 회원국으로 하여금 기술규정과 관련하여 수입상품이 자기 나라의 동종상품 및 그 외 국가의 동종상품에 비해 불리한 취급을 받지 않도록 해야 함을 분명히 하고 있다. 특히 원산지에 따른 불리한 취급을 받지 못하도록 함으로써, 기술규정의 준비와 채택 및 적용 분야에서 원산지에 따른 무차별 대우 적용을 분명히 하고 있다.

WTO TBT 협정은 기술규정의 준비와 채택, 적용과정에서 비례성 원칙의 적용이 보장되어야 한다고 규정하고 있다. 여기서 비례성 원칙이란 어떠한 '기술규정이 시행되지 않음에 따라 야기될 수 있는 위험(risk)'과 '기술규정이 과도한 형태로 시행됨에 따라 나타날 수 있는 비용(cost)' 간의 비례성을 고려하여 적절한 수준에서 기술규정이 도입되어야 한다는 것이다.

일국 정부가 채택한 기술규정이 그 목적상 더 이상 존재하지 않아도 되거나 변화된 상황, 또는 그 목적이 무역에 덜 제한적인 방법으로 처리될 수 있는 경우에는 유지되지 않아야 한다. 그리고 채택된 기술규정과 관련된 국제표준이 존재하거나 그 완성이 임박한 경우, 회원국 정부는 해당 국제표준이나 관련 부분을 자기 나라 기술규정의 기초로서 사용해야 한다. 단 해당 국제표준이나 관련 부분이 해당국 정부가 채택한 기술표준이 추구하는 정당한 목적달성에 비효과적이나 부적절한 수단일 경우, 채택하지 않아도 된다.

한편, 다른 회원국의 무역에 중대한 영향을 미칠 수 있는 기술규정을 준비, 채택 또는 적용하는 회원국 정부는 다른 회원국의 요청이 있는 경우, 자국 기술규정의 정당성을 요청국에 설명해야 한다. 그리고 특정 기술규정을 채택한 WTO 회원국은 그 밖의 회원국 기술규정이 자기 나라의 기술규정과 다를지라도 자기 나라의 기술규정이 추구하는 목적을 충분히 달성한다고 납득하는 경우, 이러한 기술규정을 자국 기술규정과 동등한 것으로 수용할 것을 적극 고려해야 한다.

일국의 기술규정과 관련된 국제표준이 존재하지 않거나 관련 기술내용과 일치하지 않을 경우도 존재한다. 이러한 차이가 다른 회원국의 무역에 중대한 영향을 미칠 수 있는 경우, 회원국은 자국의 특정 기술도입 사실을 다른 회원국의 이해당사자가 인지할 수 있는 방법으로 적절한 초기단계에 간행물로써 공표해야 한다. 기술규정의 명시는 도안이나 외형적 특성보다는 성능을 기준으로 하는 상품요건에 기초하여 진행된다.

이러한 정보공개에 대해 다른 회원국은 서면으로 의견을 제시할 수 있다. 따라서 회원국 정부는 다른 정부가 의견을 제시할 수 있는 합리적 시간을 허용해야 한다. 만약 공식적 요청이 있고 서면으로 의견이 제시된 경우, 회원국 정부는 기술규정의 채택과정에서 해당 서면의견과 논의결과를 고려하여야 한다. 그리고 채택된 모든 기술규정은 다른 회원국 이해당사자가 인지할 수 있는 방법으로 신속하게 공표되거나 입수 가능하도록 보장한다.

WTO TBT 협정에서는 회원국의 중앙정부기관, 지방정부기관 또는 비정부기관이 회원국 내에 소재한 표준기관을 대상으로 표준의 준비, 채택 및 적용에 대한 모범관행 규약(Code of Good Practice)을 수용하고 준수하도록 요구하고 있다. 그리고 표준과 관련하여 적용될 실질규정은 앞의 기술규정 내용과 거의 유사한 수준에서 적용된다.

먼저 표준과 관련된 기관은 다른 회원국 원산지 상품에 대해 국산 동종상품과 그 밖의 원산지 동종상품에 비해 불리하지 않은 대우를 제공해야 한다. 그리고 표준이 국제무역에 불필요한 장애를 초래하거나 그러한 효과를 가질 목적으로 준비, 채택 및 적용되지 않도록 보장해야 한다. 국제표준이 존재하거나 그 완성이 임박한 국제표준이 존재하는 경우, 표준기관은 해당 국제표준이나 관련 부분을 자신이 개발하려는 표준의 기초로 사용해야 한다. 일국 내의 표준기관은 특정 표준의 채택 전에 다른 회원국의 이해당사자가 표준안에 대한 의견을 제시할 수 있는 기간을 최소 60일 이상 허용해야 한다.

회원국은 표준이 채택되면 채택된 표준은 신속히 공표되어야 하고, 이해당사자의 요청이 있는 경우에는 채택된 표준에 대한 사본 등을 신속히 제공해야 한다.

　　3) 적합판정절차　　　　　　TBT 협정에서는 WTO 회원국 정부로 하여금 예외적인 경우에 회원국 나름의 적합판정절차를 운영할 수 있도록 규정하고 있다. 여기서 예외적인 경우란 국가안보나 기만적 행위의 방지, 인간의 건강 또는 안전, 동·식물의 생명 또는 건강, 환경보호 등을 의미한다. 적합판정절차는 기술규정 또는 표준과 관련한 요건이 충족되었는지 여부의 결정을 위해 직간접으로 사용되는 모든 절차'를 의미한다. 적합판정절차는 '표본추출, 시험 및 검사, 평가, 검증 및 적합보증, 등록, 인증과 승인 그리고 이들의 결합을 포함'한다.

　　먼저, 적합판정절차는 국제무역에 불필요한 장애를 초래하거나 그러한 효과를 갖도록 준비, 채택 및 적용되지 않아야 한다. 회원국은 적합판정절차의 채택, 준비 및 적용 시 부적합 위험을 고려하는 과정에서 적합판정절차가 적용 가능한 기술규정이나 표준과 일치한다는 확신을 주는 데 필요 이상으로 엄격하게 적용하지 않아야 한다.

　　기술규정 또는 표준에 대한 적합판정절차는 가능한 신속히 진행되어야 하고, 다른 회원국의 영토를 원산지로 하는 상품에 대해서는 국내산 동종상품보다 불리하지 않은 절차로 실시·완료되어야 한다. 특히, 적합판정절차를 운용함에 있어 원산지에 따른 차별대우를 해서는 안 된다. 적합판정절차를 진행할 때에는 개도국 수출에 대한 장애를 초래하지 않음도 보장해야 한다. 이는 적합판정절차의 진행 시에는 개도국의 특별한 개발, 재정 그리고 무역상의 필요성 등을 고려해야 함을 의미한다.

　　적합판정절차의 표준 처리기간은 공표 또는 요청 시 통보하며, 적합판정절차와 관련된 정보의 비밀은 존중되어야 한다. 적합판정절차의 운용에 이의가 있는 경우 신청자는 주무기관에 이의를 신청하고, 회원국은 필요한 경우 이에 대한 적절한 조치를 취할 수 있는 절차를 마련해야 한다.

　　WTO TBT 협정에서는 회원국 간의 상이한 적합판정절차에 대한 상호 인정을 권장하고 있다. 즉, 다른 회원국의 적합판정절차가 자국의 절차와 다르다고 하더라도, 이러한 절차가 자국의 절차와 동등하다고 납득이 되는 경우, 다른 회원국의 적합판정절차 결과를 수용할 것을 보장해야 한다. 그리고 다른 회원국 적합판정절차의 보장을 위해 수출국 적합판정절차 수행기관의 절차가 신뢰할 수 있는 객관적 평가능력을 갖추었는지에 대한 양국의 사전협의가 필요하다. 그리고 지방정부기관 및 비정부기관도 중앙정부기관에 상응하는 수준에서 적합판정절차 및 타 회원국 판정의 인정과 관련된 규정을 준수하도록 보장해야 한다.

4) **특별 및 차등대우**   WTO TBT 협정 제12조에서는 회원국으로 하여금 기술규정, 표준, 검사 및 인증제도를 적용하는 데 있어 개발도상회원국에 대해 차등적이고 보다 유리한 대우를 제공해야 함을 분명히 하고 있다. 회원국은 개도국의 개발과 재정, 무역상의 필요성을 고려하여 개도국의 수출에 불필요한 장애를 초래하지 않도록 노력해야 한다.

TBT 협정에서는 국제표준이 있다고 하더라도 개도국의 특수한 기술적·사회적 조건과 경제개발을 위한 토착기술 및 생산방법을 유지할 필요성이 있음을 고려하여, 개도국의 사정에 적합한 특정 기술규정, 표준 또는 적합판정절차의 채택을 인정하고 있다. 그리고 이러한 과정에서 개도국이 자기 나라의 사정에 적합하지 않은 국제표준을 사용할 것을 기대해서는 안 됨을 분명히 하고 있다. WTO 회원국들은 기술규정, 표준, 검사 및 인증제도가 개도국의 수출증대와 시장다변화에 장애가 되지 않도록 기술지원을 하여야 한다.

또한 TBT 협정은 개도국의 기술규정, 표준 및 적합판정절차의 준비 및 적용 분야에 있어서 제도적·하부구조적 문제를 포함하여 특별한 문제에 직면할 수 있음도 인정하고 있다. 그리고 개도국의 기술발전 단계와 이들의 특별한 개발과 재정, 무역상의 필요성이 TBT 협정이 요구하는 회원국의 의무이행 능력을 저해할 수 있음도 인정하고 있다. 그래서 개도국의 요청이 있는 경우, TBT 협정에 따른 의무 전체 또는 부분에서 명시적이고 한시적인 예외를 부여하도록 하고 있다.

5) **정보의 접근과 협정의 운용**   제조업자나 수출업자는 수출시장에서 적용되고 있는 최신 규정이 무엇인지를 알 필요가 있다. WTO TBT 협정에서는 WTO 회원국들이 관련 정보의 이용편리성을 보장하기 위해 다른 회원국과 이해당사자로부터의 모든 합리적 문의에 응답할 수 있고, 관련 문서를 제공할 수 있는 하나 이상의 문의처(Enquiry Point)를 설립하도록 규정하고 있다.[64]

그리고 동 협정의 운영을 위해 무역 관련 기술장벽위원회(Committee on Technical Barriers to Trade)가 설치된다. 무역 관련 기술장벽위원회는 각 회원국으로부터 TBT 협정과 관련된 각국의 조치를 통보받으며, 협정의 이행과 운영 검토를 위한 제반 협의를 적어도 1년에 한 번씩 진행한다. 동 협정의 이행과 관련된 분쟁은 분쟁해결기구의 주관

---

64 WTO 기술적 무역장벽에 관한 협정 제10조.

하에 진행하되, TBT 협정이 난해한 기술규정이라는 점을 고려하여 패널조사과정에서 기술전문가의 의견을 얻을 수 있다.

함께 읽어보기

환경 TBT(무역기술장벽) 통보건수 24배 증가

우리나라가 제품을 수출할 때 TBT(무역기술장벽, Technical Barriers to Trade)가 기술수준에 대한 규제가 아닌 수입국 산업보호를 위한 규제로 작동할 수 있기 때문에 국제기구가 마련한 TBT 위원회 등에 적극적으로 참여하는 등 정부 차원의 대응책이 필요해 보인다.

산업연구원이 최근 발표한 '환경 TBT가 국내 제조업 수출에 미치는 영향 분석' 보고서에 따르면, 최근 TBT 등 새로운 무역장벽이 도입되며 보호무역주의가 강화되는 추세이고, 이런 흐름 속에서 환경 관련 TBT 통보건수가 증가하고 있다.

전 세계 TBT 통보건수는 2020년까지 누적 4만 30건이며, 이 중 환경보호 목적의 관련 누적건수는 4,004건을 기록하고 있다. 수출기업 입장에서는 TBT 통보국의 요구조건에 부합하기 위해 새로운 기술의 개발과 생산설비 설치비용이 증가하고, 국가 간 서로 다른 기술규정, 표준, 적합성 등에 맞추기 위해 고정비용이 증가할 수밖에 없다. 또한 어떤 국가에 새로 진입할 경우 진입장벽으로 작용하기도 한다.

◇ 환경 TBT 증가 = 환경 TBT 통보건수는 2008년 27건에서 2020년 655건으로 24배 이상 증가했다. 전체 TBT 통보문 대비 환경 TBT 비중도 2008년 1.64%에서 2020년 19.54%로 높아졌다. 국가별 전체 TBT 대비 환경 TBT의 비중을 살펴보면, 미국의 경우 50%를 넘어서고 있으며 EU 역시 50%에 가까운 비율을 나타내고 있다.

산업연구원이 환경 TBT 통보가 무역에 미치는 영향을 분석한 결과, HS 4단위에서 TBT가 통보된 비중이 1%가 증가할수록 수출이 0.01% 증가하는 것으로 나타났다. 전기·전자산업에서 환경 TBT는 부정적인 영향을 미쳤으며, 특히 휴대폰·통신기기, 저장장치 등이 가장 크게 부정적인 영향을 받았고, 그 뒤를 반도체와 기타 전기·전자가 잇고 있다.

보고서는 우리나라 제조업 기술수준을 환경 분야 TBT 대응이 가능한 역량을 보유한 수준으로 평가했다. 그러나 모든 산업에서 대응역량이 고르게 나타나지 않기 때문에 산업별로 차별화된 전략을 마련할 필요가 있다고 했다. 차별화 전략은 선진국과 개도국, 산업별 수준 및 시장특징, 품목별 등으로 마련돼야 하며, 이를 통해 TBT가 우리나라의 수출기회로 작용할 수 있도록 해야 한다는 것이다.

◇ 국제 TBT 위원회 = 우리 정부의 외교·통상적 노력도 필요하다. 보고서는 현재 운영 중인 국가기술표준원을 중심으로 한 TBT 대응조직의 역량을 강화하고, 대내외적으로 다른 국가의 TBT에도 적극적으로 의견을 개진할 전문가를 영입할 것을 제안했다. 또, 국제기구들이 마련하는 TBT 위원회나 국제규제 협력활동에 적극적으로 참여하기 위한 국제화 노력도 요구된다고 했다.

FTA 내 TBT 조항을 활용하는 구체적인 방안을 마련하는 것도 제안했다. 현재 한·미 FTA에는 자동차 분야의 동등선 인정상한 확대(안전기준), 차기 연비·온실가스 기준설정 시 미국 등

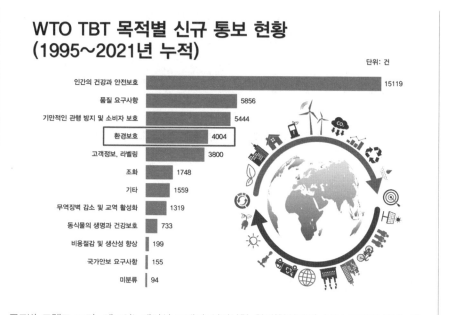

출처 | 채민선, "환경 TBT(무역기술장벽) 통보건수 24배 증가", 중기이코노미, 2022.3.18.

2. 식품위생 및 동·식물 검역조치에 관한 협정

(1) 배경

세계 각국은 위생 및 검역 대한 과학적인 근거를 가지고 자국만의 고유기준을 설정할 수 있다. 그리고 이러한 고유기준의 설정은 오직 인간과 동물 또는 식물의 생명과 건강, 안전보호에 필요한 정도로만 적용되어야 한다. 하지만 세계 각국이 자국의 SPS 조치를 자의적으로 운영하면서 동 조치가 하나의 수입규제수단으로 활용되기 시작했다. 그 결과 국제사회에서는 국가 간 분쟁 및 마찰이 빈번하게 발생하였다. 이러한 상황은 WTO가 본격적으로 기능하고 있는 최근에도 여전히 나타나, 2022년 기준으로 WTO 위생 및 식물위생 조치위원회(The SPS Committee, 이하 SPS 위원회)에 제기된 특정 무역현안은 2013−2022년 기간 내 최대 건수를 기록했다.

세계 각국의 SPS 조치에 대한 자의적 남발은 해당 조치가 국제교역을 왜곡시키는 무역장벽으로 확산됨을 의미한다. 만약 이러한 SPS 조치를 선진국의 입장과 주장을 중

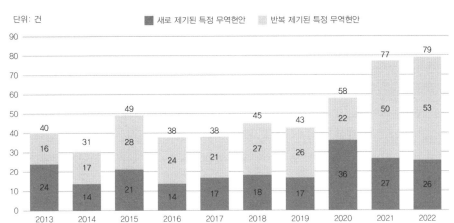

◀ 그림 ▶ 세계의 SPS 특정 무역현안 제기건수 추이

출처 | 곽혜선, "최근 WTO SPS 분쟁사례 및 시사점", e-세계농업, 2023, p.1.

심으로 설정하여 운영하는 경우, 농산물 및 식품에 대한 세계무역은 침체될 가능성도 존재한다. 선진국 중심의 위생 및 검역에 관한 조치의 시행은 비록 농산물과 식품에 대한 관세를 낮추며 수입자유화를 보다 촉진시킬 수는 있다. 하지만 선진국 중심의 SPS 조치 설정은 결국 상대적으로 열악한 환경에 있는 개도국의 수출을 더 많이 억제하는 결과를 도출할 가능성이 존재한다. 그 결과 선진국과 개도국의 갈등은 확산되고, 세계무역에 대한 보호주의와 갈등이 초래되어 무역자유화를 후퇴시킬 가능성도 존재한다. 그러므로 중간자적 입장에서 SPS 조치와 관련된 여러 가지 문제를 적절히 조정할 필요성이 있다.

　　이렇게 해서 만들어진 것이 WTO 위생 및 식품위생 조치의 적용에 관한 협정(위생·검역 협정, 이하 "SPS 협정")이다. WTO 식품위생 및 동·식물위생 조치의 적용에 관한 협정은 식품안전과 동·식물의 보건기준(health standard)에 관해 규정함으로써 국제무역에 직·간접적으로 영향을 미칠 수 있는 모든 위생 및 검역 조치(Sanitary and Phy to Sanitary measures)에 관한 기본내용을 규정하고 있다. 여기서 위생검역, 위생 및 식물위생 조치는 동·식물의 해충 또는 질병, 식품·음료·사료의 첨가제, 독소, 질병원인체 등에 대해 시행되는 조치를 의미한다. 그러므로 WTO SPS 협정은 세계 각국이 유지하고 있는 식품 안전성 검사와 동·식물 검역 및 이와 관련된 규정 등이 식품 및 동·식물의 국제교역상 비관세장벽으로 사용되지 못하도록 하기 위해 제정되었다고 볼 수 있다.

(2) 주요 내용 : 적용원칙과 특별대우

1) 기본 권리와 의무, 적용   WTO SPS 협정 제2조에서는 모든 회원국으로 하여금 자국 내의 인간과 동식물 등을 보호하기 위해서 필요한 위생 및 검역 조치를 시행할 권리를 가지고 있음을 분명히 하고 있다.[65] 이는 위생 및 검역조치에 대한 검역주권을 회원국에게 부여하고 있는 내용이다.

WTO SPS 협정은 이러한 조치들이 위생 및 검역에 관해 동일하거나 비슷한 규정을 갖는 국가들에 대해 임의적이거나 비합리적인 차별을 가해서는 아니 됨도 함께 규정하고 있다. 이는 자기 나라의 SPS 조치와 동일하거나 유사한 조건하에 있는 회원국들에 대해 자의적이고 부당하게 차별하지 않아야 한다는 의미이다. 그리고 이러한 SPS 조치는 국제무역에 대한 위장된 제한을 구성하는 방법으로 적용되지 않아야 한다.[66] 결국 이러한 규정은 일국의 검역주권을 인정하고 있지만, 검역주권 원칙도 무차별주의에 입각해서 사용해야 한다는 것을 규정한 것이다.

SPS 협정에서는 수입상품이 방제(control)와 검사(inspection), 승인절차(approval procedures) 부문에서 부당한 지연 없이 동종의 국내상품과 같은 정도로 적용되어야 함을 규정하고 있다.[67] 회원국의 정부는 새롭거나 개정된 위생 및 검역 조치에 관한 규정들을 반드시 사전에 통보해야 한다. 그리고 관련 정보의 제공을 담당할 국립 문의처(National Enquiry Point)도 설치되어야 한다.

한편, WTO SPS 협정은 농업에 관한 협정과 무역 관련 기술장벽(Technical Barriers to Trade : TBT)에 관한 협정을 보완하는 협정이다. WTO 농업협정 제14조에서는 위생 및 검역규제에 대해서는 별도의 협정으로 정한다고 규정하고 있는데, 이에 따라 위생 및 검역 조치와 관련된 별도의 협정이 필요하게 되었던 것이다.

WTO SPS 협정 제1조의4는 이 협정의 대상이 아닌 조치와 관련하여 무역 관련 기술장벽에 관한 협정에 따른 회원국의 권리에 아무런 영향을 미치지 않는다고 밝히고 있다. 이는 WTO TBT 협정 중 SPS 조치와 관련된 부분은 SPS 협정을 근거로 판단되고, 그렇지 않은 부분은 TBT 협정을 근거로 다루어질 수 있음을 밝히고 있다.

2) 조화와 동등성   WTO SPS 협정에서는 위생 및 검역에 관한 국제기준이나 지침, 권고가 있는 경우, SPS 조치의 광범위한 조화를 위해 이에 기초하도록 하고

---

65 WTO 식품위생 및 동·식물 검역조치에 관한 협정 제2조.
66 WTO 식품위생 및 동·식물 검역조치에 관한 협정 제2조의3.
67 WTO 식품위생 및 동·식물 검역조치에 관한 협정 제8조, 부속서 3.

주 우리나라의 식물, 농축산물 검역 공고

있다.[68] 그리고 회원국들은 이러한 기준의 사용을 다른 회원국들에게 장려해야 한다. 실제로 관련 국제표준이나 지침, 또는 권고에 합치하는 SPS 조치는 인간, 동물 또는 식물의 생명 또는 건강을 보호하는 데 필요한 조치로 간주된다. 그리고 이러한 조치는 1994 GATT의 관련 규정에 합치하는 것으로 추정한다.

　　그러나 국제기준보다 더욱 과학적 타당성이 있다는 근거가 존재한다면 회원국들은 이러한 국제기준을 사용하지 않고 새로운 기준을 사용할 수 있다. 회원국은 접근방법이 독단적이지 않고 일관성이 있는 경우, 적절한 위험성평가에 기초하여 위생·검역에 관한 보다 높은 기준을 설정할 수도 있다.

　　수입국이 규정하는 보호수준은 현재 수입국이 시행하고 있는 SPS 조치와는 다른 조치에 의해서도 달성될 수 있다. WTO SPS 협정은 회원국으로 하여금 수출국의 상품 검사와는 다른 기준과 방법의 사용을 허용하고 있다. 이는 수출국이 자기 나라의 SPS 조치가 수입국의 SPS 조치의 보호수준을 달성하는 것이 가능하다는 것을 객관적으로 증명하는 경우, 해당 조치가 수입국의 조치와 상이하더라도 이를 동등한 것으로 인정해

───────────

68 WTO 식품위생 및 동·식물 검역조치에 관한 협정 제3조.

주어야 한다는 것이다.[69] 이는 해당 SPS 조치의 동등성(equivalency) 원칙의 개념을 근거로 한 인정이다.

▶ 동등성 원칙 ───●

    수출국은 자국 상품에 적용하고 있는 기준과 관행들이 수입국에서도 용인될 수 있는지를 어떻게 확신할 수 있을까? WTO SPS 협정 제4조에서는 수출국이 수출품에 적용한 조치들이 수입국의 보건기준과 동일한 수준의 기준에 따라 적용된 것이라는 사실을 증명한다면, 수입국은 수출국이 사용한 방법과 기준을 받아들여야만 한다고 규정하고 있다.

SPS 협정에서 동등성 원칙은 타국의 유사한 SPS 조치의 인정을 통해 국제통상의 안정성과 검역에 대한 무차별주의를 제고하는 중요한 방안이다. 하지만 동등성 원칙은 힘없는 수입국의 입장에서 보면 자칫 검역주권의 포기문제로 연결될 수 있기 때문에 신중한 접근이 필요하다.

WTO SPS 협정에서는 이러한 약소국의 검역주권 포기라는 비판을 해소하기 위한 방안으로 당사자 간의 협의 원칙을 사용하고 있다. 구체적으로 WTO 회원국들은 다른 회원국의 요청이 있는 경우, 특정 SPS 조치의 동등성 인정에 관한 양자 및 다자간 협정을 체결하기 위한 협의(consultations)를 개시해야만 한다고 규정하고 있다.

    3) 개도국 특별대우   SPS 조치의 준비 및 적용에 대해 WTO 회원국은 개발도상국, 특히 최빈개도국의 특별한 필요에 대해 고려해야 한다. 구체적으로 위생 및 식물위생 보호를 위한 SPS 조치의 단계적 도입이 허용되는 경우, 회원국은 개도국으로 하여금 자기 나라의 수출관심품목에 대한 수출기회를 유지할 수 있도록 보다 장기간의 준수기간을 부여받을 수 있도록 해야 한다.

구체적으로 개도국은 자국의 수출관심품목에 대한 수출기회 유지를 위해 동 품목에 대해 보다 장기간의 준수기간을 부여받고, 협정에 따른 의무의 전체 또는 부분에 대해 구체적이고 한시적인 예외를 부여받는다. 그리고 개도국은 기술지식, 하부구조, 자원이 부족한 경우, 협정내용의 적용을 WTO 발효일로부터 2년간 연기받을 수 있고, 최빈개도국은 5년간 연기받을 수 있다.

─────────────

69 WTO 식품위생 및 동·식물 검역조치에 관한 협정 제4조.

(3) SPS 조치의 국내적용 근거

1) 과학적 증거　　　　　SPS 조치의 국내적용 근거로 '과학적 증거'에 대한 검토와 분석이 필요하다. SPS 협정 제2조의2에서는 "회원국의 위생 및 식물위생 조치가 과학적 원리에 근거해야 하며, 또한 충분한 과학적 증거 없이 유지되지 않도록 보장한다"고 규정함으로써 SPS 조치의 국내적용 근거로서 과학적 증거요인을 분명히 하고 있다.

　　WTO는 SPS 조치와 관련된 통상분쟁에서 "이용 가능한 과학적 증거", "관련된 과학적 증거", "충분한 과학적 증거"와 "과학적 정당성"에 의존하고 "과학적 원칙"을 근거로 판결하도록 요구하고 있다.[70] SPS 관련 분쟁패널도 충분한 과학적 증거의 존재나 결여를 중심으로 이를 증명하는 방법을 사용하여 분쟁에 대한 판결을 하고 있다. 실제로 WTO 분쟁해결패널은 SPS 조치의 적용 관련 조사에서 과학적 방법을 통해 증거를 수집하되, 불충분하거나 구체화되지 않은 정보, 입증되지 않은 가설은 모두 배제하고 있다.

　　SPS 협정에서 나오는 '과학' 또는 '과학적'이란 개념은 과학적 방법론을 의미한다.[71] SPS 협정에서는 '과학적'이라는 부분에 대한 상이한 견해들 때문에 이에 대한 구체적인 규정을 하고는 있지 않다.[72] 만약 일국이 과학적 증거에 관한 규정과 그 의미를 고려하지 않고, SPS 분야에 관한 자국의 빈약한 연구결과를 바탕으로 SPS 조치 적용에 대한 과학적 증거로 제출하면 분쟁이 발생되게 된다.[73]

　　그러나 다수의 상이한 과학적 견해들로 인해 과학적 확실성에 대한 선택·결정이 불가피한 경우, 어떠한 증거가 과학적인지에 대한 판단책임은 회원국에 있다. 식품위생

---

[70] M. D. Carter, "Selling Science Under the SPS Agreement : Accommodating Consumer," *Minnesota Journal of Global Trade*, 1997, p.645.

[71] 최승환, "국제통상규범의 발전에 있어 과학의 역할과 한계", 「국제법학회논총」, 통권 제98호, 2004.6, pp.17-18.

[72] SPS 협정에서는 과학적이라는 용어에 대한 정의를 별도로 제시하지 않고 있다. 법적 목적으로 과학이 무엇을 의미하는가에 대한 질문은 법과 과학(law and science) 학자들 간에 오랫동안 논의의 쟁점이 되어오고 있다. 실질적인 과학의 특성에 바탕을 두고 과학적 방법에 근거하지 않거나 엄격한 동료검토를 받지 않은 "쓰레기 과학"(junk science)을 법률과정에서 배제할 수 있도록 재판관이 감독권을 행사할 필요가 있다는 주장과 과학적 과정은 점진적인 지식의 축적을 통한 것만큼이나 연구적 패러다임의 주요한 혁명의 결과를 통해서도 일어난다는 또 다른 주장이 서로 상충하고 있다(자세한 내용은 K. R. Foster, D. E. Bernstein and P. W. Huber(eds), *Phantom Risk : Scientific Inference and the Law*, The MIT Press, 1999.1, pp.433-437. Daubert v Merrell Dow Pharmaceuticals, Inc., "Brief Amici Curiae of Physicians, Scientist, and Historians of Science in Support of Petitioners," 1992 WL 12006437, 1992. 12, p.2. 참조).

[73] S. Charnovitz, "The Supervision of Health and Biosafety Regulation by World Trade Rules," *Tulane Environmental Law Journal,* Vol.13, No.2, 2000, pp.278-279.

및 동·식물 검역조치와 관련된 분쟁의 발생 시 SPS 조치와 이를 뒷받침하는 과학적 증거 간의 관련성을 증명하는 데 대부분의 논의가 집중된다.[74]

SPS 조치에 대한 '과학적 증거주의'는 식품안전과 동·식물 검역 및 환경을 보호하기 위해 제정된 국내규제 조치를 위해성 평가, 과학적 원리 및 증거에 입각하도록 하는 것을 의미한다. 결과적으로 SPS 조치 적용을 위한 과학적 증거주의는 정당한 목적달성을 위해 국내규제 조치의 남용을 차단하고 자유무역질서를 확립하며 SPS 조치의 투명성을 확보하는 수단으로 작용된다.

과학적 증거주의는 위장된 통상제한을 판정하는 기준 및 국내산업 보호를 금지하는 역할을 수행한다. 과학적 증거 없이 수입제품에 대해 취해지는 차별적 규제조치는 식품안전 및 환경보호를 표면적 이유로 내세운다 할지라도, 실질적인 측면에서 보면 위장된 통상제한 조치라고 볼 수 있다. 즉, 형식적으로는 비차별적으로 보일지라도 실질적 또는 결과적으로 국내산업을 보호하는 결과를 발생시키는 SPS 조치는 위장된 통상제한 조치에 속한다는 의미이다.

2) **위험평가**   SPS 협정의 국내적용과 관련된 또 다른 근거로는 위험평가의 고려를 들 수 있다. SPS 협정에서는 회원국의 SPS 조치 적용은 관련 국제기구에 의해 개발된 위험평가기술을 고려하고 인간, 동물 또는 식물의 생명 또는 건강에 대한 위험성 평가에 기초하도록 규정하고 있다.[75] 여기서 위험평가란 "식품, 음료 및 사료 내의 첨가제, 오염물질, 독소 또는 질병원인체의 존재로 인한 인간 및 동·식물 건강에 미치는 악영향에 대한 잠재적 가능성 평가"를 의미한다.[76]

회원국은 위험평가에 기초한 과학적 정당성이 확보되는 경우, 국제규정이나 지침보다 엄격한 동·식물 검역조치를 도입·유지할 수 있다. 구체적으로 국제기준과 다른 동·식물 검역조치를 취할 경우, 과학적이고 일관성 있는 위험평가 자료를 제시해야 한다.[77] 위험평가는 과학에 기초한 평가로, 단순한 연구나 과학논문의 차원을 넘어서 과학적 평가결과와 정책에 관한 의사결정자 사이를 연계시켜 위험관리에 필요한 기초자료

---

74 이태호, "SPS 조치에 관한 WTO사건 분석", 「통상법률」, 통권 제43호, 2002.2, p.139.
75 WTO 식품위생 및 동·식물 검역조치에 관한 협정 제5조의1.
76 WTO 식품위생 및 동·식물 검역조치에 관한 협정 부속서 A 제4조.
77 동식물검역 관련 기술수준이 낮아 위험평가를 통해서 과학적 정당성을 입증하기 어려운 국가들은 자국의 국민이나 동식물의 생명과 건강에 위험을 주는 질병과 병해충이 유입되어 확산되는데도 이를 규제할 수 없는 어려운 입장에 놓일 수 있다는 문제점도 발생하게 된다(최세균·이광, "동식물검역 효율화 방안 및 WTO/SPS 협상전략 수립에 관한 연구", 농림부, 2003, p.122.).

를 근거로 하는 위험평가를 의미한다.

　위험평가 시에는 ⅰ) 이용 가능한 과학적 증거, ⅱ) 가공 및 생산방법, ⅲ) 검사 및 표준추출 그리고 시험방법, ⅳ) 특정 병해충의 발생률, ⅴ) 병해충 안전지역의 존재, ⅵ) 관련 생태학적 및 환경 조건 등을 고려해야 한다.

　위험평가에서는 동·식물이나 식품의 수입 여부를 결정하는 데 사용되는 중요한 방법론으로 경제적 결과도 고려한다. SPS 협정에서는 식품 및 동·식물의 생명에 대한 위험평가나 적정보호수준의 조치를 결정함에 있어서 접근방법의 상대적 비용−효율성(cost-effectiveness) 등과 관련된 경제적 요소를 고려하도록 규정하고 있다.[78] 그리고 접근방법의 상대적 비용−효율성과 관련된 경제적 요소의 고려는 병해충의 유입 또는 정착, 전파가 생산 또는 판매에 미치는 손실을 기준으로 잠재적 피해, 수입국 내에서의 방제 및 박멸비용, 위험을 제한하기 위한 대안이다.

　위험평가의 방법에는 정성적 평가와 정량적 평가가 있다. 정성적 평가와 정량적 평가는 모두 ⅰ) 검역 병해충 또는 질병의 확인, ⅱ) 검역 병해충 또는 질병 유입결과의 평가, ⅲ) 검역 병해충 또는 질병 유입가능성의 평가가 사용된다. 위험평가에서는 과거 정성적 평가를 기반으로 진행되었으나, 이러한 정성적 평가는 과학적 정당성을 인정받기 어렵기 때문에 최근에는 정량적 평가의 활용이 권장되고 있다.[79]

　SPS 조치에 대한 정량적 위험평가의 가장 큰 기대효과는 위험관리, 즉 검역 관련 의사결정에 도움이 되는 과학적 정보를 제공하고 축적할 수 있다는 점이다. 정확한 정량적 위험평가를 위해서는 상품 관련 정보는 물론 원산지와 목적지 등 검역에 관련된 정보를 항상 보유하고 있어야 한다. 정량적 위험평가는 상품별로 또는 주어진 기간 동안 유해성이 발생할 확률과 같은 투입자료와 결과의 숫자를 분석하는 것이다.

　위험평가는 충분히 특정적이어야 하며, 개별요인에 대한 개별 위험평가가 수행되어야 한다. 위험요인 전체에 대한 일반적 위험평가를 바탕으로 한 SPS 조치 적용은 그 정당성을 확보하기 어렵다. SPS 조치의 적용 시 회원국은 관련 분야나 상품에 대해 요구되는 위험평가를 자체적으로 수행할 필요는 없고, 타 회원국 또는 국제기구에 의해 수행된 평가를 원용할 수 있다.

78　WTO 식품위생 및 동·식물 검역조치에 관한 협정 제5조의3.
79　여기서 정량적 위험평가는 독성물질이나 병원성 미생물에 오염된 식품을 1회 섭취하였거나, 반복적으로 섭취하였을 때 섭취한 개인의 건강이 피해를 받거나, 감염이 일어날 확률을 과학적으로 평가하는 것을 의미한다.

SPS 조치의 국내적용을 위한 위험평가는 다음의 4단계로 이루어진다.

○ **위험확인과정**(Hazard Identification) : 동·식물 또는 식품에 내재된 인자가 건강에 악영향을 미치는가를 확인하는 단계

○ **용량-반응평가**(Dose-Response Assessment) : 건강이나 생태계에 미치는 악영향의 정도를 평가하여 유해성을 결정하는 단계

○ **노출평가**(Exposure Assessment) : 동·식물 또는 식품에 유해성 인자가 나타날 빈도[80]와 소비량을 나타내는 단계[81]

○ **위험결정**(Risk Characterization) : 특정 동·식물 또는 식품으로부터 위험에 의한 결과로 질병 등 부정적 영향이 발생할 확률과 심각성을 평가하는 단계[82]

동·식물 검역과정에서의 위험평가는 유해물질이 건강에 미치는 영향을 규명하는 건강위험평가(Human Health Risk Assessment)와 유해물질이 생태계에 미치는 영향을 규명하는 생태위험평가(Ecological Risk Assessment)가 동시에 수행된다.

3) **적정보호수준**   WTO SPS 협정에서는 위생 또는 식물위생 보호의 적정수준을 달성하기 위한 SPS 조치의 수립 또는 유지는 기술적 또는 경제적 타당성을 고려하되, 적정보호수준 이상의 조치가 되지 않아야 한다고 규정하고 있다. 이는 SPS 조치의 국내적용을 위한 근거로서 적정보호수준이 필요함을 분명히 한 부분이다.

적정보호수준이란 자기 나라 영토 내의 인간, 동물 또는 식물의 생명 또는 건강을 보호하기 위해 위생 또는 식물위생 조치를 수립하는 회원국에 의해 적절하다고 판단되는 보호수준을 의미한다(WTO SPS 협정 부속서 1. 제5조). 이 적정보호수준의 개념은 "수용가능한 위험수준(acceptable level of risk)"이라는 용어로 사용되기도 한다.

SPS 협정에서는 적정보호수준의 결정과정이 SPS 조치의 수립·유지를 위해 선행적으로 이루어지는 의사결정과정의 한 요소임을 분명히 하고 있다. 이는 적정보호수준

---

80 유해성 인자가 나타날 빈도는 상품, 원산지, 목적지의 특성에 따라 달라진다.
81 노출평가에서는 중요한 자료나 지식 등 정보가 구비되지 못해서 발생하는 불확실성과 유해성 인자가 발생하는 빈도, 소비량에 있어서 평균 이외에 분산도 함께 고려하는 변동성이 포함되어야 한다.
82 이러한 위험평가 4단계는 지속적으로 검토되어 왔으며, 위험평가 개념을 국제적으로 통일하고자 하는 노력도 지속적으로 이루어져 왔다. Codex에서는 1995년 병원성 미생물 등 식품의 규격·기준 설정에 대한 위험분석의 도입을 권고하였고, 1998년 정량적 위험평가의 원칙과 지침을 발표한 후 2000년 Codex 총회에서 최종 승인되었다.

의 도입·유지가 SPS 조치의 수립·유지를 결정하는 요소이지, SPS 조치가 적정보호수준을 결정하는 것이 아니라는 의미이다. 그리고 적정보호수준의 결정 시에는 무역에 미치는 부정적 영향을 최소화하는 목표를 고려하여 설정해야 한다.

　　적정보호수준의 결정은 과학적 증거에 입각하여 결정하되, 구체적인 적정보호수준은 위해성의 크기와 발생가능성에 비례해서 결정한다. 이는 위해성에 대한 과학적 증거가 충분할수록 위해성의 크기와 발생가능성에 대한 규제수준을 높이는 것이 정당화된다는 의미이다. 그리고 이러한 적정보호수준의 결정은 회원국에 의해 이루어지나 자의적이고 부당한 통상제한이 되지 않도록 해야 하며, 필요성 요건 등에 부합되게 결정되어야 한다.

(4) 병해충 발생지역의 구분

　　SPS 협정 제6조에서는, 수입국의 SPS 조치는 수출국의 지역별 특성을 고려하여 취해지도록 요구하고 있다. 병해충의 발생을 기준으로 병해충 발생지역과 병해충 미발생지역으로 구분할 수 있다. SPS 협정에서는 회원국 내에서 병해충 안전지역과 병해충 발생이 적은 지역의 개념을 인정하고 있다.[83] 병해충 안전지역은 국가 전체 또는 일부, 수개 국가의 전체 또는 일부 여부와 관계없이, 특정 병해충이 발생하지 않는 것으로 주무당국에 의해 확인된 지역을 의미한다. 그리고 병해충 발생이 적은 지역은 국가의 전체 또는 일부, 수개 국가의 전체 또는 일부 여부와 관계없이 특정 병해충이 적은 수준으로 발생하며 효과적인 감시, 방제·박멸 조치의 대상지역으로 주무당국에 의해 확인된 지역을 의미한다.

　　병해충 발생지역의 구분은 SPS 조치의 시행 시 수출국의 지역별 특성을 고려하라는 의미이다. 이는 특정 수출국 내에서 병해충이 발생했더라도, 해당 수출국 내의 병해충이 발생하지 않은 지역에서 생산된 제품에 대해서는 수입을 금지할 수 없다는 의미이기도 하다. 하지만 수출국은 이를 위해서 병해충 안전지역 또는 병해충 발생이 적은 지역이라는 사실을 수입국에게 객관적으로 증명해야 한다. 그리고 이러한 증명에 대한 심사, 검사 및 다른 관련 절차를 수입국이 요청하는 경우, 수출국은 이와 관련된 절차를 제공해야 한다(WTO SPS 제6조의3).

---

[83] WTO 식품위생 및 동·식물 검역조치에 관한 협정 제5조의2.

구제역 청정국 회복 '코앞'이었는데 … 한우 수출 어쩌나

충북 청주에서 소 구제역이 발생했습니다. 소 사육농가 3곳에서 의심신고가 들어왔고, 모두 '양성'으로 판명됐습니다. 정부는 긴급행동지침(SOP)에 따른 조치를 즉각 가동했습니다. 전국의 모든 우제류(소, 돼지, 양 등 발굽이 둘로 갈라진 동물)의 이동을 중지했습니다. 중지명령은 일단 13일 0시까지입니다.

■ 구제역 청정국 회복, 10년 가깝게 기다렸는데 …

국내에서 구제역이 확인된 것은 2019년 1월 이후 4년 4개월 만인데, 발생시기가 매우 공교롭습니다. '왜 하필 지금 …'이라는 생각을 지울 수가 없습니다.

구제역 청정국은 둘로 나뉩니다. 백신 미접종 청정국과 백신 접종 청정국이 있습니다. 이 중 백신 미접종 청정국이 더 '깨끗한' 청정국을 의미하며, 구제역이 전혀 발생한 적이 없는 나라란 뜻입니다. 2010년 이전만 해도 우리나라는 구제역 백신 미접종 청정국이었습니다.

최악의 구제역 사태로 기록된 2010년~2011년 구제역 이후 그 지위는 잃었습니다. 이후 전국의 소와 돼지에 구제역 백신 접종이 시작됐고, 2014년 5월 구제역 백신 접종 청정국으로 지정됩니다. 그나마 구제역 청정국 지위를 회복했던 겁니다. 그러나 두 달 만에 청정국 지위를 상실합니다. 2014년 7월 구제역이 또 발생했기 때문입니다. 이후 산발적인 발병이 계속 이어졌습니다.

그런데 2019년 1월 이후, 백신 확대정책과 사육농가의 방역수칙 준수가 효과를 발휘하면서 구제역 발병이 뚝 끊겼습니다. 정부는 22년 9월 세계동물보건기구(OIE)에 구제역 청정국 지위 회복신청서를 제출했습니다. 그 결과가 프랑스 파리에서 열리는 제90회 총회에서 나올 예정이었습니다 '2년간 구제역이 발생하지 않고, 1년 동안 구제역 바이러스가 전파된 증거가 없는 요건을 충족'했기에 청정국 지위를 회복할 것으로 예상됐습니다.

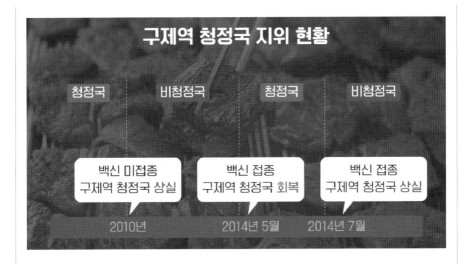

■ '1호 계약' 코앞, 한우 수출 악재 어쩌나

구제역 청정국 지위 회복은 수출 때문에 중요합니다. 비청정국은 해당국 검역통과가 불가능하기 때문에 청정국으로 소나 돼지고기 수출이 거의 불가능합니다 실제로 한우 수출은 거의 실종된 상태입니다. 22년 기준 쇠고기 수출량은 44톤에 그쳤습니다. 이는 수입량의 0.01% 수준이었습니다.

돼지고기도 비슷합니다. 무역 불균형이 비교가 안 됐습니다. 이런 상황에서 숨통을 터 줄 만한 뉴스가 최근 나왔습니다. 한우를 말레이시아에 수출하기로 했다는 소식입니다. 말레이시아 정부와 기나긴 협상 끝에 2020년 2월 수입위생조건에 합의했습니다. 까다롭기로 유명한 할랄 인증(이슬람 율법을 준수한 식품이라는 판정)을 받은 도축장도 1곳 나왔습니다.

최근 한우를 실은 컨테이너가 말레이시아에 도착했고, 검역을 기다리고 있습니다. 이번 주중에 '1호 한우 수출계약'을 체결하고 다음 달 공식수출을 시작할 예정이었습니다. 정부도 한우 수출에 역량을 집중했습니다. 공급과잉 탓에 계속 하락 중인 한우값을 끌어올릴 대안으로 봤습니다. 정황근 농림축산식품부 장관이 오늘(11일) 말레이시아로 출국해 직접 한우 바이어를 상대로 홍보도 하며 힘을 실어 줄 방침이었습니다.

그러나 구제역이 다시 발생하면서 말레이시아 수출전망은 극히 불투명해졌습니다. 한국과 말레이시아 정부가 체결한 수입위생조건은 '권역' 단위로 구제역 청정 여부를 따지고 있습니다. 할랄 인증을 받은 도축장은 강원도 홍천에 있습니다. 구제역 발생지역은 충북 청주입니다.

말레이시아 정부가 두 곳을 동일 권역으로 볼 것인지 아닌지에 따라 한우 수출 성적표는 크게 달라질 것으로 보입니다.

출처 | 김준범, "구제역 청정국 회복 '코앞'이었는데 … 한우 수출 어쩌나", kbs, 2023.5.11.

국내 사과 가격 급등에 따른 수입 가능성 : 뉴질랜드

정부가 폭등하는 국산 사과 물가를 잡기 위해 뉴질랜드 등 외국산 사과 수입을 검토 중이다. 뉴질랜드 사과는 이미 전 세계에서 입지가 탄탄하다. 뉴질랜드에서 재배되는 품종 중 로얄갈라(Royal Gala)가 가장 많이 수출되고 그 뒤로 엔비(Envy), 재즈(Jazz) 순이다. 국내 충남 지역에서 생산되는 엔비(Envy)사과도 뉴질랜드 품종의 나무를 국내로 들여온 것으로, 뉴질랜드가 지식재산권을 가지며 한정된 수량만 생산하고 있다.

뉴질랜드 사과는 호크스베이(Hawke's Bay) 지역과 넬슨(Nelson) 지역에서 주로 재배되며, 수출향인 로얄갈라, 엔비, 재즈 등은 호크스베이, 넬슨, 오타고(Otago) 지역에서 주로 수확된다. 사과의 수확시기는 일반적으로 1월부터 6월까지이며 3월부터 5월 사이에 가장 많이 수확된다.

뉴질랜드는 전 세계에서 면적당 사과 생산성이 가장 높을 만큼 재배에 적합한 기후환경을 가지고 있다. 계절에 따라 가뭄과 태풍 등의 계절적 영향을 많이 받으며, 사과나무가 개화하는 9월에서 10월 사이에 장기간 호우는 수확량 감소에 영향을 줄 수 있다. 사과 수확시기인 1월에서 6월 사이에 내리는 강수는 사과에 흠집을 내어 품질 저하를 야기할 수 있다. 또한 2020년에는 주요 사과 재배지인 호크스베이 지역에 극심한 가뭄이 발생해 수확량이 감소된 사례가 있다.

2023년 전 세계 사과 생산량은 8,300만 톤을 기록하였으며 그중 절반 정도가 중국에서 재배되고 있다. 뉴질랜드의 사과 재배 생산량은 전체의 0.6%로 굉장히 미비한 수준이지만 낮은 생산량에 비해 수출량은 높은 수준이다. 2022년 기준 전 세계 사과 수출 65억 달러 중 뉴질랜드에서 수출된 사과가 8.6%로(5.6억 달러) 생산량 대비 수출량이 타 국가들보다 월등히 높은 편이다.

국내에서 병해충 등의 예방을 이유로 까다로운 수입위험분석절차(IRA)를 진행해야 하기 때문에 현재 사과 수입은 실질적으로 제한되어 있다. 농림축산식품부에 따르면, 현재 미국, 뉴질랜

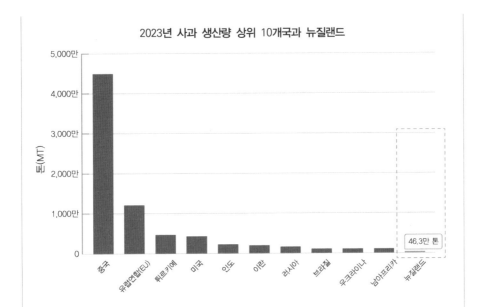

드, 일본, 호주 등 11개국이 국내 시장진출을 위해 IRA를 신청하였다. IRA는 총 8단계로 그중 일본이 유일하게 5단계 협상을 진행 중이며 미국과 뉴질랜드는 3단계 협상을 진행 중이다.

협상단계가 빠르게 진전이 돼도 IRA의 우선순위 설정에 따라 수입허가절차의 속도가 달라질 수 있다. 뉴질랜드는 일본보다 협상단계는 느리지만 IRA의 1순위를 사과로 설정하여 현재 협상 단계가 가장 많이 진행되고 있는 나라 중 가장 먼저 검역통과할 수 있을 것으로 예상된다.

감, 포도 등 기타 과일은 지역적으로 수입을 허용하는 등 외국산의 수입절차가 비교적 수월한 반면 뉴질랜드의 사과는 과수화상병 등 해충전파가 상대적으로 용이하다는 단점 때문에 IRA 절 차 통과가 까다로운 편이다. 과거 뉴질랜드 사과 수출로 영국에 과수화상병이 전파된 실제 사례

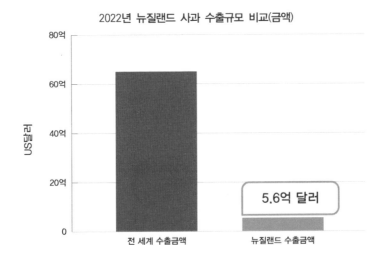

뉴질랜드 사과 품종별 주요 재배지역

▼ 뉴질랜드 사과 수출량 상위 8개 품종

이름	수확시기	전체 수출 대비 비중	주요 생산지
로얄갈라	2－3월	30.8%	호크스베이, 넬슨, 오타고
엔비	4－5월	10.0%	호크스베이, 넬슨, 오타고
재즈	4－7월	8.0%	호크스베이, 넬슨, 오타고
브래번	3－5월	8.0%	호크스베이, 넬슨, 오타고
푸지	3－5월	8.0%	넬슨
크립스핑크	4월	8.0%	넬슨
퍼시픽퀸	3－4월	6.0%	호크스베이
그래니 스미스	4－5월	2.0%	호크스베이, 넬슨
기타 품종	1－6월	19.4%	호크스베이, 넬슨, 오타고, 기스본 등

가 있고, 호주는 이를 근거로 90년간 뉴질랜드 사과 IRA 협상절차를 16단계로 나눠 총 3차례 거절하다 2011년 세계무역기구(WTO)의 중재로 수입을 허용한 바 있다.

한국의 최근 사과 수입 이슈는 과거 호주의 경우와 닮은 점이 있다. 과거 호주의 뉴질랜드 사과 수입 허용시기와 생산량 및 시장가치 데이터를 보면, 2011년 호주가 뉴질랜드의 사과 수입을 허용한 이후 3년간 하락하였다가 다시 이전 수준으로 회복한 것을 확인할 수 있다. 한국도 마찬가지로 뉴질랜드 사과 수입시장 허용이 국내 시장에 단기적으로는 사과 가격 하락 및 이에 따른 생산량 감소를 야기하더라도 장기적으로는 이를 회복할 수 있고, 오히려 국내 사과 경쟁력 강화를 위한 촉진제 역할을 할 수 있다는 가능성을 내포하고 있다. 다만, 호주 사례가 국내와 유사한 점이 있는 것은 사실이나 후속 영향까지 똑같다고 섣불리 판단하기 어렵다. 더욱 명확한 판단을 위해 국내 및 해외 시장을 주의 깊게 관찰해야 할 것이다.

수입위험분석절차(IRA)

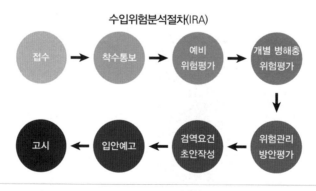

출처 | 이현우, "국내 사과 가격 급등에 따른 수입 가능성 : 뉴질랜드", TRIDGE, 2024.3.15.

제 5 절 • 수입허가절차에 관한 협정

1. 배경

세계 각국은 자국의 생산업자의 보호나 국제수지의 균형을 위해 상품 수입과정에서 관련 자료의 제출을 요구하고, 이를 관계당국이 허가하는 수입허가제도를 운영하고 있다. 수입허가제도는 일반적으로 무역계약 체결 후 수출업자가 무역계약서에 따라 물건을 생산하여 수입업자가 요청하는 선박 등 운송을 시작한 후 보통 수입업자에 의해 진행되는 수입허가절차(Import Licensing Procedures)를 의미한다.

세계 각국이 운영하는 수입허가제도는 일정한 수입허가절차를 바탕으로 운영된다. 수입허가절차는 수입국이 자국의 관세영역으로 상품을 수입하기 위한 선행조건으로서 (관세 혹은 통관 목적으로 요구되는 문서가 아닌) 신청서나 그 밖의 문서를 자국의 관련 행정기관에 제출할 것을 요구하는 행정절차를 의미한다.

현재 세계 각국이 운영하는 수입허가절차는 보통 자동수입허가절차와 비자동수입허가절차로 구분된다. 이중 국가 간 무역에서 가장 많은 문제를 발생시키고 있는 것이 비자동수입허가절차이다. 비자동수입허가절차를 포함한 수입허가제도는 국제무역상 중요성이 인정되고 있다.

◀ 그림 ▶ 수입통관 흐름도

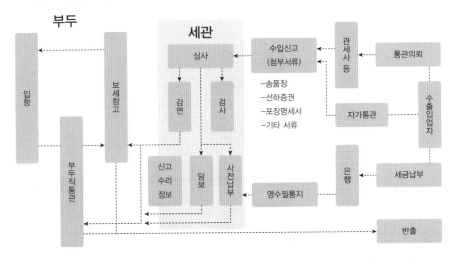

출처 | http://www.tysolution.co.kr/business/customs

수입허가제도는 그 목적에 따라 다양하게 적용될 수 있다. 따라서 WTO에서는 이 제도가 무역을 제한하는 용도로 사용되지 않도록 하기 위해 이에 관한 규정을 두고 있다. WTO 수입허가절차에 관한 협정은 국제무역에서 사용되는 행정절차와 관행을 최소화하고 그 투명성을 보장하며, 공정하고 공평한 적용과 운용을 위해 1979년 동경라운드에서 처음으로 채택되었다.

동경라운드 당시에 만들어졌던 수입허가절차에 관한 협정은 코드(Code) 형식에 불과

◀ 그림 ▶ 우리나라 수입통관 업무 흐름도

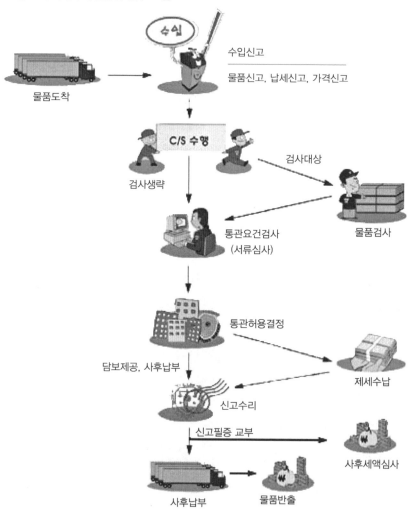

출처 | http://www.tysolution.co.kr/business/customs

했다. 그래서 그 내용상으로도 불명확한 점이 많아 각국의 수입허가절차의 자발적 운용과 남용을 효과적으로 제어할 수 없었다. 이러한 이유 때문에 전체 회원국이 사용하는 협정의 제정을 위해 WTO 수입허가절차에 관한 협정이 만들어지게 된 것이다.

WTO 수입허가절차에 관한 협정은 자동수입허가제도와 비자동수입허가제도의 무역제한적 활용을 방지하며, 수입허가와 관련된 행정절차·관행의 간소화와 투명성 제고 그리고 공정 및 공평한 적용과 시행을 위해 제정되었다고 볼 수 있다.

2. 주요 내용

(1) 목적

WTO 수입허가절차에 관한 협정(Agreement on Import Licensing Procedures)은 수입허가제도와 절차의 운영과 관련 내용을 규정하고 있는 협정이다. 서문에서는 본 협정의 기본정신으로 국제무역상 사용되는 행정절차·관행의 간소화와 투명성 부여, 그리고 이러한 절차와 관행의 공정하고 공평한 적용과 시행의 보장이라고 밝히고 있다.

동 협정 제1조 제1항에서는 수입허가란 수입 회원국의 관세영역으로 수입을 진행하기 위한 선행조건으로, 관련 행정기관에게 신청서나 그 밖의 문서(통관 목적으로 요구되는 문서가 아닌)의 제출을 요구하는 수입허가제도의 운영에 사용되는 행정절차로 정의하고 있다.

WTO 수입허가절차에 관한 협정은 회원국의 수입허가절차가 부적절한 운영을 통해 무역왜곡을 발생시키지 않아야 하고, 개발도상국의 경제개발 목적과 재정 그리고 무역상의 필요를 고려하면서 GATT 관련 규정에 일치하도록 운영되어야 한다고 규정하고 있다. 그리고 회원국의 수입허가절차에 관한 규칙은 중립적이고 공정하며 공평한 방법으로 시행되어야 한다고 밝히고 있다.

(2) 일반규정

수입허가절차에 관한 규칙과 모든 정보는 정부와 무역업자가 이를 인지할 수 있도록 하는 방법으로 공표되어야 한다. 공표는 가능한 언제나 요건 발표일 21일 이전에 이루어져야 한다. 그리고 규칙에 대한 모든 예외, 일탈 또는 변경 등도 같은 방법으로 공표되어야 한다.

공표된 내용에 대해서는 서면의견 제출이 보장되어야 하고, 회원국의 요청이 있는 경우 토의기회가 제공되어야 한다. 그리고 이러한 과정에서 제출된 의견과 토의결과는 적절히 고려되어야 한다.

수입허가의 신청절차와 갱신절차는 가능한 간단해야 한다. 이를 위해 신청인에게 허가신청서 제출을 위한 합리적 기간이 허용되어야 하고, 마감일이 있는 경우 그 기간은 적어도 21일 이상이어야 한다. 이 기간 내에 미비된 신청서가 접수된 경우, 기간연장에 대한 내용도 규정되어야 한다.

수입허가의 신청자는 신청과 관련하여 오직 하나의 행정기관과 접촉하는 것이 원칙이다. 하지만 부득이한 경우에도 신청자가 3개보다 많은 행정기관과 접촉할 필요가 있어서는 안 된다.

수입허가신청서는 사소한 서류상의 오류를 이유로 거부되어서는 안 된다. 여기서 사소한 서류상의 오류란 신청서에 포함된 기본적 자료를 변경시키지 아니하는 것을 의미한다. 그리고 의도적이거나 중대한 부주의가 아닌 문서 또는 절차상의 누락이나 오류는 단순한 경고 정도로 그치고, 이에 대해 필요 이상의 벌칙이 부과하여서는 안 된다.

허가된 수입품은 다음과 같은 이유에 의해 허가에 명시된 금액, 물량 또는 중량과 사소한 차이가 나는 것을 이유로 거부되지 아니한다.

- ○ 운송 중에 발생하는 차이
- ○ 대량 적하에 수반되는 차이
- ○ 정상적인 상관행과 일치하는 그 밖의 사소한 차이

회원국이 새로운 수입허가절차를 도입하거나 변경하려고 할 때에는 반드시 WTO에 통보해야 한다.

(3) 자동수입허가

WTO 수입허가절차에 관한 협정은 자동수입허가제도의 유용성을 확대하며, 이러한 제도가 무역제한적으로 사용되지 않도록 하기 위해 제정되었다. 동 협정에서는 먼저 앞에서 제시한 일반규정 내용의 적용과 보장을 받는 자동수입허가(Automatic Import Licensing)에 대한 내용이 규정되어 있다. 자동수입허가제도는 수입허가에 관한 모든 신청에 대해 일정 요건을 충족하는 경우, 수입허가를 자동취득한 것으로 인정하는 제도이다. 이는 수입허가 취득에 대한 수입업자의 부담을 최소화시켜 행정적인 허가절차가 수

입을 왜곡시키거나 규제하지 않도록 하는 데 그 목적이 있다.

수입허가절차에 관한 협정에서 규정하고 있는 자동수입허가의 기준은 다음과 같은 경우이다.[84]

○ 수입활동에 종사하며 수입국의 법적 요건을 충족하는 모든 개인, 회사 또는 기관이 자동수입허가 대상품목의 수입허가를 신청하는 경우
○ 허가신청서가 상품의 통관 이전에 제출될 수 있는 경우
○ 허가신청서가 적절하고 완전한 형태로 제출된 경우

회원국이 다른 적절한 절차를 구비하지 않은 이상 자동수입허가절차는 언제나 필요한 것으로 인정된다. 자동수입허가는 다음의 상황이 유지되는 한 그대로 유지된다.

○ 그 도입원인이 되었던 여건이 지속되는 경우
○ 자동수입허가의 근본적인 행정상의 목적이 이보다 더 적절한 방법으로 성취될 수 없는 경우

(4) 비자동수입허가

비자동수입허가는 자동수입허가에 포함되지 않는 수입허가절차를 의미한다.[85] 비자동수입허가는 제한의 부과로 야기되는 효과에 추가로 발생할 수 있는 수입에 따른 무역제한이나 왜곡효과를 갖지 않아야 한다. 비자동수입허가절차는 동 조치를 시행하는 데 절대적으로 필요한 이상으로 행정적 부담이 되지 않아야 한다. 그러므로 만약 비자동수입허가절차 중에 수량제한의 이행 이외의 목적을 위한 허가요건이 존재·배분되는 경우, 회원국은 이에 대한 근거·정보를 다른 회원국과 무역업자가 인지할 수 있도록 충분히 공표해야 한다.

회원국은 이해관계가 있는 회원국의 요청 시 ⅰ) 제한의 시행, ⅱ) 최근 기간 동안 부여된 수입허가, ⅲ) 그러한 허가의 공급국 간 배분, ⅳ) 실행 가능한 경우, 수입허가 대상품목에 관한 수입통계 등에 관한 모든 정보를 제공해야 한다.

쿼터를 관리하는 회원국은 물량과 금액기준으로 적용되는 쿼터의 총량과 개시일,

마감일 그리고 이에 대한 모든 변경을 공표 21일 이내에 관련자가 이를 인지할 수 있는 방법으로 공표해야 한다. 만약 공급국 간에 배분되는 쿼터 방식으로 제한을 적용하는 회원국은, 그 내용을 관련 품목의 공급에 이해관계를 갖는 모든 회원국에게 신속히 통보 및 공표해야 한다. 그리고 쿼터의 조기개시도 같은 방법으로 처리된다.

한편 비자동수입허가에 대해서 수입국의 법적·행정적 요건을 충족하는 모든 개인이나 기업 또는 기관은 허가(신청) 고려에 대한 동등한 자격을 가진다. 이때 비승인 시 신청자는 그 사유를 요청하여 제시받을 수 있다. 비허가된 신청자도 국내법이나 각종 절차에 따라 이의제기나 재허가를 받을 권한이 주어진다.

비자동수입허가의 신청서는 신청서가 접수되는 대로, 즉시 선착순으로 처리된다. 해당 신청서의 고려 시는 30일, 만약 모든 신청서가 동시에 고려되는 경우에는 60일을 초과해서는 아니 된다. 모든 신청서의 고려 시 신청의 처리기간은 공표된 신청기간 마감일의 다음 날에 개시된다. 허가의 유효기간은 합리적 기간이 주어지며, 수입을 배제할 정도로 짧아서는 안 된다. 그리고 이러한 허가의 유효기간이 원거리 공급원으로부터의 수입을 배제하여서도 안 된다. 허가를 배분할 때는 신청자의 수입실적을 고려한다.

(5) 수입허가위원회

협정의 운영을 위해 WTO는 각 회원국의 대표로 구성되는 "수입허가위원회(Committee on Import Licensing)"가 설치된다. 수입허가위원회는 수입허가절차에 관한 협정의 이행과 운영을 검토한다. 수입허가절차를 제도화하거나 변경하려는 회원국들은 이러한 내용을 수입허가위원회에 통보하여야 한다. 동 위원회에서는 신청서가 접수되는 대로, 즉 선착순인 경우 30일 이내, 모든 신청서가 동시에 고려되는 경우에는 60일 이내에 처리한다.[86] 그리고 WTO 분쟁해결기구는 수입허가절차에 관한 협정과 관련된 협의나 분쟁의 해결도 담당한다.

---

86 WTO 수입허가절차에 관한 협정 제3조 제5항 바.

제 6 절 ● 관세평가에 관한 협정

1. 배경

일반적으로 무역거래에 있어서 가격은 구매자의 최저가격 개념과 판매자의 최고가격 개념이 균형을 이루는 일종의 합의가격을 사용한다. 그러나 무역상의 합의를 근거로 한 거래가격은 거래 자체에 수반되는 관계 이외에도 구매자와 판매자 간의 (특수)관계에 의해서도 영향을 받을 수 있다.

하지만 무역거래 시 근거가 되는 가격은 이러한 특수관계에 의해 영향을 받은 가격이 아닌 본래의 가격을 기준으로 과세되어야 한다. 그러므로 과세권자는 종가세 부과에 있어서 수입업자 간의 차별을 피하기 위해 매매당사자 간의 특수관계에 따른 영향을 가격기준에서 공제해야 한다.

일반적으로 관세가격의 제1차적 근거는 거래가격(transaction value)이다. 거래가격은 보통 수입국에 수출·판매되는 상품에 대해 실제로 지불했거나 지불할 가격을 의미한다. 즉, 수입국에 수출·판매되는 상품에 대해 실제로 지불했거나 지불할 가격은 수입상품의 판매가격을 의미한다. 하지만 수입상품의 가격에는 다양한 포함요소(예를 들어, 각종 수수료나 중개료, 컨테이너 비용, 포장비 등)가 존재하기 때문에 이러한 부분에 대한 조정이 필요하다.

관세부과를 목적으로 사용되는 상품가격의 구성에는 여러 가지 요소들이 존재할 수 있다. 관세는 이러한 요소들을 어떻게 평가하느냐에 따라 고평가될 수도 있고, 저평가 될 수도 있다. 그리고 관세평가 요소나 정보의 입수가능성 여부에 따라서도 상품가격이 달라질 수 있다.

관세는 관세징수를 통해 국가의 재정수입 확보와 함께 국내산업의 보호라는 산업정책적 측면의 기능을 가지고 있다. 하지만 해외 수출업자의 입장에서 보면 관세는 무역장벽으로서 기능할 수 있기 때문에 가급적 낮게 책정되기를 원한다. 그리고 일부 개발도상국에서는 관세수입이 국가재정 수입원으로서도 중요한 기능을 한다. 이러한 측면을 고려한다면 관세평가제도는 매우 중요한 제도라고 볼 수 있다.

수입상품의 과세가격이 저평가될 경우, 국가의 관세수입은 현저하게 감소되고, 관세부담의 감소로 수입상품의 경쟁력이 제고됨으로써 국내산업에 악영향을 미칠 수 있다. 반대로 과세가격의 고평가는 수입업자의 부담을 가중시켜 수입저지 효과를 발생시키고, 관세수입 증가도 만들어 낸다.

이러한 관세의 고평가든 저평가든 어느 경우든지 시장왜곡과 불공정 무역을 발생시킬 위험이 존재한다. 그리고 수입업자 입장에서 보면, 수입자에 의한 국제이전가격 조작을 통한 조세회피의 가능성도 존재한다.

WTO 관세평가 협정은 수입허가제도에 관한 협정처럼 동경라운드의 결과로 체결된 코드 중에 하나였다. 하지만 당시의 협정은 일부 국가만 가입된 복수국가 간 협정이라는 한계점을 지니고 있었기 때문에 UR 협상을 통해 이를 확대한 것이 WTO 관세평가 협정이다.

2. 주요 내용

(1) 목적

WTO 관세평가 협정은 GATT 제7조 관세평가 조항의 이행과 관련된 내용을 세부적으로 작성한 협정이다. 그래서 이를 GATT 제7조 이행과 관련된 협정이라고도 한다. 관세평가(Customs Valuation)는 수많은 가격[87]이 수입국의 법률(관세법)에서 정하는 과세가격의 요건을 갖추었는지 여부를 검토하고, 그 거래의 내용을 법률요건에 맞춰 해석함으로써 과세가격을 산출·결정하는 것을 의미한다. 관세평가의 목적은 수입물품의 저가신고를 방지하여 관세수입을 확보하고, 덤핑수입을 방지하여 국내산업을 보호하며, 아울러 고가신고로 인한 부당한 외화유출을 방지함으로써 적정과세 확보를 도모하는 데 있다.

■ 관세평가 협정의 공식적인 명칭 ⸻⸻⸻⸻⸻⸻⸻●

1994년 관세 및 무역에 관한 일반협정 제7조의 이행에 관한 협정(Agreement on Implementation of Article Ⅶ of General Agreement on Tariffs and Trade 1994)과 1994년 관세 및 무역에 관한 일반협정 제7조의 이행에 관한 협정과 관련된 각료결정([Ministerial] Decision Relating to Agreement on Implementation of Article Ⅶ of General Agreement on Tariffs and Trade 1994)

WTO 관세평가에 관한 협정은 각국에 의한 관세평가방법의 독자성을 존중하면서 관세평가가 관세양허의 효과를 저해하지 않고, 무역장벽으로 작용하지 않도록 하기 위

---

87 즉 선불가격, 현금가격, 후불가격, 할인가격, 할증가격, 수출가격, 수입가격, 국내시장가격, 도매가격, 소매가격, 임대가격, 판매가격, 월부가격, 생산원가 등을 의미.

해 제정되었다고 볼 수 있다.

━━▶ GATT 제7조 관세평가 규정 요약 ━━━━━━━━━━━━━━━━━━━━━━━●

1. 수출입에 대한 관세, 기타의 과징금 또는 제한을 과함에 있어 모든 상품에 대해 다음의
   원칙에 의해 실시할 것을 약속한다. 체약국은 다른 체약국의 요청이 있는 경우 관세상
   가액에 관한 법률과 규칙의 운영을 검토한다.
2. ─
   (1) 수입상품의 관세상 평가는 관세가 부과되는 당해 수입품 또는 동종물품의 실질가격
       에 기초해야 한다. 이러한 관세상 평가가 국내산 동종상품의 가격, 임의가격 또는
       가공가격에 기초하여 행사되어서는 안 된다.
   (2) 실질가격은 수입국 법령에서 정한 시간과 장소에서 당해 상품 또는 동종상품의 정
       상적 무역경로를 통하여 완전경쟁적 조건하에서 판매되거나 판매를 위하여 제의될
       때의 가격을 의미한다. 만약 당해 상품 또는 동종상품의 가격이 특정한 거래에서
       수량에 의하여 규제되고 있을 경우, 실질가격은 ⅰ) 비교 가능한 수량 또는 ⅱ) 수
       출국과 수입국 간의 무역에 있어서 보다 다량의 상품이 거래되는 경우의 수량보다
       수입업자에게 불리하지 않은 수량 등을 일관성 있게 고려하여 결정된다.
   (3) 실질가격에 대해 이러한 내용에 따라 확정할 수 없을 경우, 관세평가는 확인 가능
       한 실질가격에 가장 가까운 상당가격에 근거하여 결정한다.
3. 당해 수입상품이 원산국 또는 수출국에서 적용되는 내국세로부터 면제되었거나 환급방
   식에 의하여 환급 또는 환급될 예정에 있을 경우, 관세평가에 이러한 내국세 금액을 포
   함하여서는 안 된다.
4. ─
   (1) 별도로 규정하는 경우를 제외하고는 관세평가의 실질가격 규정의 적용상 회원국이
       타국통화로 환산된 가격을 자국통화로 환산할 필요가 있을 경우, 각 관계통화에 대
       하여 ⅰ) IMF 협정에 따라 설정된 환평가치, ⅱ) IMF에서 인정한 환율 또는 ⅲ)
       GATT 협정 제15조 외화협정 규정에 의하여 체결된 특별외환 협약에 따라 인정된
       평가를 환산율로 사용한다.
   (2) 이러한 환평가치나 환산율이 존재하지 않을 경우 ⅳ) 상거래에서 해당국 통화의 시
       세를 실질적으로 반영하는 환산율을 사용한다.

(2) 관세평가의 기본원칙

관세는 과세표준을 기준으로 하여 종가세, 종량세, 선택세 및 복합세로 구분하고
있다. 이 중 종량세는 물품의 수량 및 중량, 용적과 같은 것을 과세표준으로 사용하는
것이므로 관세평가의 대상이 될 수 없다. 따라서 관세평가의 주된 대상은 종가세와 선
택세, 복합세의 대상물품 가운데 종가세 부분만이 해당된다. 오늘날 국가들은 대부분

종가세를 중심으로 관세를 부과하고 있기 때문에 관세평가의 주요 대상은 결국 대부분의 국가라고 볼 수 있다.

우리나라도 관세법 제9조에서는 관세의 과세표준을 수입물품의 가격 또는 수량으로 규정하고 있지만, 별도 관세율표상에서는 대부분의 물품이 종가세로 표시되어 있다. 이는 종가세의 근간이 되는 수입물품의 과세가격이 거래가격으로 인정된다는 것을 의미한다. WTO 관세평가 협정의 전문에서도 수입품의 과세가격의 제1차적 기준을 "거래가격(transaction Value)"이라고 밝히고 있다.

관세평가 협정에서는 관세평가의 기준으로 수출업자와 수입업자 간의 거래가격을 사용한다. 그러나 수입물품의 거래가격을 동 물품의 과세가격으로 결정할 수 없는 경우에 대비하여 다음과 같은 4가지 선택적 방법을 도입하고 있다. 그리고 이 4가지 방법은 순차적으로 적용된다.

- ○ **동종물품의 거래가격** : 동종물품이 동일 수입국 내에 동시에 수입되고 있을 때 그 물품의 거래가격
- ○ **유사물품의 거래가격** : 유사물품이 동일 수입국 내에 동시에 수입되고 있을 때 그 물품의 거래가격
- ○ **공제가격** : 동종 및 유사의 수입물품이 수입국 내에서 판매되는 경우, 그 단위가격에서 통상 지불하는 수수료 및 통상 발생되는 이윤이나 일반경비로서 부가되는 금액, 수입국 내에서 발생되는 운임 및 보험료 등과 그 물품의 수입 또는 판매로 인해 수입국 내에서 지불하는 관세 및 기타 내국세 등을 공제한 가격
- ○ **산정가격** : 수입물품의 생산에 있어서 노동 및 자재의 실질비용, 통상적인 일반경비 및 동일한 부류에 속하는 제품의 판매 시 통상 반영되는 이윤 등을 합산한 가격

한편, WTO 관세평가 협정에서는 수입물품의 가격이 상식적 기초 위에서 평가되어야 한다고 규정하고 있다. 그래서 수입업자와 수출업자가 관련이 없는 당사자(unrelated parties)라는 전제하에 수입물품에 대한 과세가격은 판매가격을 근거로 결정된다. 그리고 이러한 판매가격에는 당해 거래의 실제 사정을 고려하는 수입대리인에게 지불하는 중개료나 물품의 라이선스료 등도 포함된다.

그러나 다국적기업이 증가하면서 수입업자와 수출업자가 "관련이 있는 당사자"가

되는 경우도 빈번하게 발생하고 있다. 관세평가 협정에서는 관련이 있는 당사자 간의 거래인 경우에도 실제로 특수관계가 거래가격에 영향을 미치지 않은 때에 한하여 당해 물품의 거래가격을 과세가격으로 채택하고 있다.

한편, 관세평가 시 다음의 가격을 기초로 관세가격을 결정할 수 없다.

○ 수입국에서 생산된 상품이 수입국 내에서 판매되는 가격
○ 두 개의 선택 가능한 가격 중 높은 가격을 관세목적상 채택하도록 규정하는 제도 하에서 채택된 가격
○ 수출국 국내시장에서의 상품가격
○ 동종·동질 또는 유사상품에 대해 결정된 산정가격이 아닌 생산비용
○ 수입국 이외의 국가에 대한 상품의 수출가격
○ 최저 관세가격
○ 자의적 또는 가공적 가격

(3) 세부내용 설명

1) 관세가격 조정원칙   상품의 관세가격은 거래가격을 의미하고, 이는 수입국에 수출·판매되는 상품에 대해 실제로 지불했거나 지불할 가격을 다음의 원칙에 따라 조정한 가격을 의미한다.

▶ 관세가격의 조정원칙 ●

1. 관세가격의 결정에는 수입상품에 실제 지불했거나 지불할 가격에 다음의 금액이 부가됨[거래가격의 가산요소(Additions to the Price)]

○ 구매자가 부담하거나 상품에 대해 실제 지불했거나 지불할 가격에 포함되지 아니한 다음의 금액
  - 구매수수료를 제외한 수수료 및 중개료
  - 관세 목적상 당해 상품과 일체로 취급되는 컨테이너 비용
  - 인건비 또는 자재비 여부와 관계없이 포장에 소요되는 비용
○ 수입품의 생산 및 수출판매와 관련한 사용을 위해 구매자가 무료로 또는 인하된 가격으로 직·간접적으로 공급하는 다음의 상품 및 서비스의 가격 중 실제 지불했거나 지불할 가격에 포함되지 않는 부분으로서 적절히 배분하여 산출한 가격
  - 수입품에 포함되는 재료, 구성요소, 부품 및 이와 유사한 상품

- 수입품의 생산에 사용되는 공구, 형판, 주형 및 이와 유사한 상품
- 수입품의 생산에 소요되는 재료
- 수입국 이외의 장소에서 행해지며 수입품의 생산에 필요한 공학, 개발, 공예, 도안, 도면 및 소묘
○ 구매자가 평가대상 상품의 판매조건의 하나로 직접 또는 간접적으로 지불하여야 하나 실제 지불했거나 지불할 가격에는 포함되어 있지 아니한 경우, 평가대상 상품에 관련된 사용료 및 인가비용
  - 수입상품을 사용하거나 재판매하기 위해 지급되는 로얄티 또는 라이선스료(수입상품과 직접 관련되며, 구매자가 직접 지불하는 경우)은 과세가격에 포함됨
    예 : 브랜드 사용료, 기술 라이선스료, 특허/상표권 사용료 등
○ 수입품의 추후 재판매, 처분 또는 사용에 따르는 수익금액 중 판매자에게 직접 또는 간접적으로 귀속되는 부분의 가치
  예 : 소프트웨어 및 콘텐츠 라이선스 수입 시 일정 매출을 원 개발자(판매자)에게 반환하는 계약체결

2. 각 회원국은 다음 해당 금액에 대해 이들의 일부 또는 전부를 관세가격에 포함 또는 제외할지 여부를 자기 나라 법에 규정해야 함

  ○ 수입항 또는 수입지점까지의 수입품 운송비용
    대부분의 나라에서는 FOB 가격이 아니라 CIF 가격을 기준으로 관세를 부과함
  ○ 수입항 또는 수입지점까지의 수입품 운송과 관련되는 적하비, 양하비, 및 하역비
  ○ 보험료

3. 실제 지불했거나 지불할 가격에 포함되는 가산요소(additions)는 객관적이고 계량화할 수 있는 자료만을 기초로 하여 설정해야 함

4. 관세가격의 결정에 있어서 앞에서 규정된 세 가지 경우를 제외하고는 실제 지불했거나 지불할 가격에 부가금이 설정되지 않음

2) 거래가격의 조건   관세평가에서 실질가격으로 사용되는 당해 물품의 거래가격은 다음 조건을 충족해야 한다. 이는 과세가격을 결정하는 제1 평가방법으로 인정되고 있다.

▶ 거래가격의 조건 ···•

  ○ 구매자가 상품을 처분 또는 사용함에 있어서 다음 제한 이외의 제한은 없어야 함
    - 수입국 내의 법률 또는 행정당국에 의해 부과되거나 요구되는 제한
    - 상품이 재판매될 수 있는 지리적 지역을 한정하는 제한
    - 상품가격에 실질적으로 영향을 미치지 아니하는 제한

○ 판매 또는 가격이 평가대상 상품에 대해 가격을 결정할 수 없게 하는 어떠한 조건 또는 고려사항에 의해 좌우되어서는 안 됨

○ 관세가격의 조정원칙(본 협정 제8조) 규정에 따라 적절한 조정이 이루어질 수 없는 한, 구매자에 의한 상품의 추후 재판매, 처분 또는 사용에 따른 수익금의 일부가 직접 또는 간접적으로 판매자에게 귀속되어서는 안 됨

○ 구매자와 판매자 간에 관련이 없어야 함
　양자가 관련이 있을 경우, 거래가격이 다음 규정(동 협정 제2조)에 따른 관세의 목적상 수락될 수 있어야 함

관세평가 협정 제2조

1. ─
　가. 수입품의 관세가격이 결정될 수 없는 경우, 관세가격은 동일한 수입국에 수출을 위해 판매되며 평가대상 상품과 동시 또는 거의 동시에 수출되는 동종·동질상품의 거래가격임
　나. 이 조의 적용에 있어 평가대상 상품과 동일한 상업적 단계에서 실질적으로 동일한 수량으로 판매되는 동종·동질상품의 거래가격이 관세가격을 결정하는 데 사용됨. 이러한 판매가 존재하지 않는 경우, 상이한 상업적 단계에서 상이한 수량으로 판매되는 동종·동질상품의 거래가격에서 이러한 차이를 감안, 조정하여 사용함(단, 이 경우의 조정은 조정으로 인해 가격이 증가되거나 감소되는지 여부와 관계없이 조정의 합리성과 정확성을 명백히 확립하는 입증된 증거를 기초로 함)

2. 제8조 제2항의 비용 및 부과금★이 거래가격에 포함된 경우, 운송거리 및 운송형태 차이로 인한 수입품과 당해 동종·동질상품 간의 비용 및 부과금상의 상당한 차이를 고려한 조정이 이루어져야 함

3. 이 조 적용 시 동종·동질상품의 거래가격이 둘 이상 있을 경우, 그중 가장 낮은 가격이 동 수입품의 관세가격을 결정하는 데 사용됨

★ 이는 ⅰ) 수입항 또는 수입지점까지의 수입품 운송비용, ⅱ) 수입항 또는 수입지점까지의 수입품 운송과 관련되는 적하비, 양하비 및 하역비 그리고 ⅲ) 보험료를 의미

3) 구매자와 판매자 간의 특수관계에서 거래가격

거래가격을 결정함에 있어서 구매자와 판매자가 상호 관련되어 있다는 사실 그 자체만으로는 그 거래가격을 WTO 관세평가 협정의 목적상 수락할 수 없는 것으로 간주하는 근거가 되지는 못한다. 이러한 경우, 판매를 둘러싼 상황이 검토되어야 하며, 그 관계가 가격에 영향을 미치지 않는다는 조건하에 거래가격이 수락될 수 있다.

만약 판매자와 구매자 간의 관계가 거래가격에 영향을 미쳤다고 인정할 수 있는 경우, 관세당국은 반드시 그러한 근거를 수입업자에게 통보해야 한다. 그리고 수입업자가 이에 대해 서면으로 답변할 수 있는 합리적인 기회를 제공하여야 한다.

관련이 있는 자 간의 판매에 있어서 거래가격이 동시 또는 거의 동시에 형성되는 다음 가격 중 어느 하나와 매우 근접하다는 것을 수입업자가 입증하는 경우, 이러한 거래가격은 언제나 수락되고 이에 따라 상품의 관세평가가 진행된다.

○ 동종·동질 또는 유사상품을 동일한 수입국으로 수출하기 위해 관련이 없는 구매자에게 판매하는 때의 거래가격
○ 제5조(공제가격의 결정)의 규정에 따라 결정되는 동종·동질 또는 유상상품의 관세가격
○ 제6조(산정가격의 결정)의 규정에 따라 결정되는 동종·동질 또는 유사상품의 관세가격

이러한 기준을 적용함에 있어서 상업적 단계와 수량수준, 그리고 관세가격의 조정원칙(제8조)에 열거된 요소가 고려되어야 한다. 그리고 판매자와 구매자가 상호 관련되지 아니한 경우의 판매 시 판매자가 부담하지만, 양자가 관련된 경우의 판매 시 판매자가 부담하지 아니하는 비용에 있어서 입증된 차이가 적절히 고려되어야 한다. 그리고 앞에서 제시된 관련 있는 자 간의 판매에 대한 거래에서 사용되는 거래가격의 기준은 수입자의 주도로, 무엇보다 비교의 목적으로만 사용되어야 하고, 대체가격을 이러한 규정에 따라 결정할 수는 없다.

4) 동종·동질물품의 거래가격   관세평가를 위한 과세가격을 결정하는 방법에서 당해 물품의 거래가격(trandsction value)으로 결정하지 못하는 경우, 다음과 같은 방법으로 순차적으로 적용한다.

◀ 표 ▶ 관세평가의 과세가격 결정방법

과세가격 결정순위	과세가격 결정기준
제1 평가방법	당해 물품의 거래가격(transaction value)
제2 평가방법	동종물품의 거래가격(transaction value of identical goods)
제3 평가방법	유사물품의 거래가격(transaction value of similar goods)
제4 평가방법	당해 물품의 공제가격(deductive value)
제5 평가방법	당해 물품의 산정가격(computed value)
제6 평가방법	기타의 합리적 기준에 의한 과세가격

　　먼저 수입물품의 과세가격이 제1 평가방법이라고 하는 수입물품의 거래가격을 기초로 할 수 없는 경우(즉, 수입물품의 거래가격이 존재하지 않는 경우)도 존재한다. 이렇게 수입물품의 거래가격이 없는 경우, WTO 관세평가 협정에서는 다음과 같은 대체적 평가방법을 순차적으로 적용하도록 하고 있다.

　　수입물품의 과세가격의 제2 평가방법은 동종·동질물품의 거래가격을 통한 과세이다. 여기서 동종·동질물품이란 당해 수입물품의 생산국에서 생산된 것으로서 물리적 특성, 품질 및 소비자 등의 평판을 포함한 모든 면에서 동일한 상품으로, 단지 외양에 경미한 차이가 있을 뿐 그 밖의 모든 면에서 동일한 물품을 의미한다.

　　동종·동질물품의 가격 비교시점은 평가상품과 거의 같은 시기에 수입국으로 선적된 것이어야 한다. 동종·동질물품의 거래가격에 의한 과세는 동일 수입국으로 수출·판매되어야 하고, 이와 동시에 (또는 거의 동시에) 수출된 동종·동질물품에 적용된 이전의 거래가격(세관에 의해 수용된)을 기초로 한다.

　　동종·동질물품의 거래가격을 과세기준으로 선택하기 위해서는 동종·동질물품의 선적시기가 수입품과 유사해야 하고, 동종·동질물품의 거래단계가 수입품과 동일해야 한다는 전제가 존재한다. 하지만 이러한 차이를 조정할 수 있는 경우에는 가격 차이를 조정한 가격을 사용할 수 있다.

　　한편, 동종·동질물품의 거래가격을 선택하려는데, 여러 요건들이 혼재되어 있는 경우도 존재한다. 이러한 경우, 다음과 같은 순서로 거래내용에 따른 조정을 진행한다.

　　○ 같은 생산자의 동종·동질물품의 거래가격으로서 조정하지 않은 것
　　○ 다른 생산자의 동종·동질물품의 거래가격으로서 조정하지 않은 것
　　○ 같은 생산자의 동종·동질물품의 거래가격으로서 조정한 것
　　○ 다른 생산자의 동종·동질물품의 거래가격으로서 조정한 것

　　동종·동질물품의 거래가격 결정 시 거래내용이 같은 물품의 가격이 2개 이상인 경우, 가장 낮은 가격을 기초로 과세가격을 정한다. 하지만 이러한 동종물품을 찾을 수 없는 경우, 다음 유사물품의 거래가격을 적용하게 된다.

　　그러나 동종물품의 거래가격이나 다음의 유사물품의 거래가격을 관세기준으로 사용하는 사례는 특정 사례 외에는 많지 않아서 공제가격 등을 사용하는 제4 평가방법이 많이 적용된다.

5) 유사물품의 거래가격   수입품의 관세가격이 거래가격이나 동종·동질 물품의 가격에 따라 결정될 수 없는 경우도 존재한다. 이러한 경우, 해당 상품과 동일한 제품으로서 수출용으로 판매되는 평가대상 상품과 동시 또는 거의 동시에 수출되는 유사상품(similar goods)의 거래가격을 과세가격으로 사용한다. 여기서 유사상품은 상이한 기업 간에 판매되는 상품이나 용역 간에 완전한 대체성이 있고 구매자가 실질적인 차이를 느끼지 않는 제품을 의미한다.

이는 평가대상 상품과 동일한 상업적 단계에서 실질적으로 동일한 수량으로 판매되는 유사상품의 거래가격을 관세가격으로 사용해야 한다는 의미이다. 하지만 이러한 경우가 없는 경우에는 상이한 상업적 단계 또는 상이한 수량으로 판매되는 유사상품의 거래가격을 이러한 차이를 고려하여 조정한 후 사용한다. 그리고 이러한 조정은 조정으로 인해 가격이 증가되거나 감소되는지 여부와 관계없이 동 조정의 합리성과 정확성을 명백히 확립할 수 있는 입증된 증거를 기초로 사용해야 한다.

그리고 ⅰ) 수입항 또는 수입지점까지의 수입품 운송비용, ⅱ) 수입항 또는 수입지점까지의 수입품 운송과 관련되는 적하비, 양하비 및 하역비 그리고 ⅲ) 보험료 등의 비용 및 부과금이 거래가격에 포함된 경우, 수입품과 당해 유사상품 간의 비용 및 부과금상의 상당한 차이를 고려한 조정이 이루어져야 한다. 마지막으로 유사상품의 거래가격을 사용할 시에도 거래가격이 둘 이상 있는 경우, 그중 가장 낮은 가격이 수입품의 관세가격을 결정하는 데 사용된다.

6) 공제가격   만약 수입품의 관세가격이 수입 시와 동일한 상태로 당해 수입품, 동종·동질 또는 유사수입품의 수입국 내 판매가격을 관세가격으로 결정할 수 없는 경우도 존재한다.

이러한 경우, 수입품의 관세가격은 당해 수입품, 동종·동질 또는 유사수입품이 수입과 동시 또는 거의 동시에 상품판매자와 관련이 없는 구매자에게 최대의 총량으로 판매되는 단위가격에서 그 아래를 공제한 가격(deductive value)을 기초로 산정한다.

○ 통상적으로 지불했거나 지불할 것으로 합의한 수수료, 동종 또는 동류의 수입품이 수입국 내에서 판매될 때 통상적으로 추가되는 이윤 및 일반경비로서 추가되는 금액
○ 수입국 내에서 발생하는 통상적인 운임, 보험료 및 관련 비용
○ 적절한 경우, 제8조 제2항(아래 항목)에 언급된 비용 및 부과금

　　　　－ 수입항 또는 수입지점까지의 수입품 운송비용

　　　　－ 수입항 또는 수입지점까지의 수입품 운송과 관련되는 적하비, 양하비 및
　　　　　하역비

　　　　－ 보험료 등

　　○ 상품의 수입 또는 판매로 인해 수입국 내에서 지불할 관세 및 다른 내국세

　　수입품, 동종·동질 또는 유사수입품의 어느 것도 평가대상 상품의 수입과 동시 또는 거의 동시에 판매되지 아니하는 경우도 존재한다. 이러한 경우, 관세가격은 당해 상품의 수입 후 가장 빠른 날에, 그러나 수입 후 90일 이내에 수입될 때와 동일한 상태로 수입국 내에서 판매되는 수입품, 동종·동질 또는 유사수입품 등의 단위가격을 기초로 결정한다.

　　하지만 수입품, 동종·동질 또는 유사수입품이 수입될 때와 동일한 상태로 판매되지 않는 경우도 존재한다. 이러한 경우, 관세가격(수입자의 요청이 있는 때)은 수입품이 추가 가공된 후에 상품판매자와 관련이 없는 구매자에게 최대 총량으로 판매되는 단위가격을 기초로, 가공에 따라 부가된 가치 및 공제액을 적절히 감안하여 산정한다.

　　7) 산정가격　　　　　만약 앞의 모든 경우의 가격으로도 관세가격의 산정이 불가능할 경우도 존재한다. 이러한 경우, 수입품의 관세가격은 다음과 같은 금액의 합으로 구성되는 산정가격(computed value)을 기초로 한다.

　　○ 수입품의 생산에 사용된 자재 및 생산 또는 다른 가공에 소요되는 비용 또는
　　　가격

　　○ 수입국에 수출하기 위해 수출국 내 생산자가 제조한 평가대상 상품과 동종 또
　　　는 동류의 상품판매 시에 통상적으로 반영되는 것과 동등한 이윤과 일반경비의
　　　금액

　　○ 제8조 제2항(아래 항목)에 언급된 비용 및 부과금 항목에 따라 회원국이 선택한
　　　평가방법을 반영하기 위해 필요한 제반 경비의 비용·가격

　　　　－ 수입항 또는 수입지점까지의 수입품 운송비용

　　　　－ 수입항 또는 수입지점까지의 수입품 운송과 관련되는 적하비, 양하비 및
　　　　　하역비

　　　　－ 보험료 등

　　회원국은 자기 나라 영토 내에서 거주하지 아니하는 자에게 산정가격 결정을 목적으로 회계장부 또는 다른 기록을 검사를 위해 제출하게 하거나, 이에 대한 접근을 허용하도록 요구 또는 강제할 수 없다.

　　그러나 관세가격을 결정할 목적으로 생산자가 제공한 정보는 수입국 당국이 관련국 정부에 충분히 사전 통보해야 한다. 그리고 수입국 당국은 생산자의 동의를 받아 이를 당해 국내에서 검증할 수 있다(단, 해당 국가 정부가 관련 조사에 반대하지 않는 경우를 제외한다).

　　8) 기타 합리적 기준에 의한 과세가격　　　　　관세평가를 위한 과세가격을 앞에서 언급한 기존의 5가지 대체방법으로 결정하지 못하는 경우도 존재한다. 이러한 경우, 합리적 방법으로 과세가격을 결정할 수 있다. 여기서 합리적 기준이란 이전에 결정된 과세가격을 최대한 활용하고 제1 방법부터 제5 방법에서 요구하는 엄격한 기준을 완화하여 신축성 있게 운영하는 것을 의미한다.

　　보통 이러할 경우 적용하는 원칙은 다음과 같다.[88]

　　첫째, 평가대상 상품과 생산국이 다른 동종물품, 유사물품의 거래가격을 근거로 할 수 있고, 동시 또는 거의 동시에 선적되어야 한다는 요건을 선적일 전후 90일로 확대 적용할 수 있다.

　　둘째, 과거 공제가격과 산정가격의 산정방법에 의해 관세가격으로 결정된 사실이 있는 동종물품, 유사물품의 역산가격 또는 산정가격을 기초로 할 수 있다.

　　셋째, 공제가격의 역산가격에서 수입된 것과 동일한 상태로 판매되어야 한다는 요건을 신축적으로 적용할 수 있다.

　　넷째, 공제가격의 역산가격에서 수입된 후 90일 이내에 판매되어야 한다는 요건을 신축적으로 적용하여 수입일로부터 180일까지 연장할 수 있다.

함께 읽어보기

관세청 적발 주요 관세탈루 사례

◆ **다국적기업의 특수관계를 악용하여 수입가격을 낮게 설정**
　　수입자는 상호 특수관계에 있는 관계사로부터 스포츠 의류를 수입하여 판매하는 회사로, 다

---

88 이신규, 국제통상론, 두남출판사, 2018, pp.134-135.

국적기업의 본·지사, 협력사 간 복잡한 거래를 악용하여 용역계약 등을 통해 실제 판매자에게
용역비 등을 송금하는 방법으로 1천 100억 원을 신고 누락하여 관세 등을 탈루
→ 특수관계가 거래가격에 영향을 미친 경우로, 수입물품의 거래가격에 대한 관세평가를 통해
  약 360억 원의 누락세액 추징(13.2월)

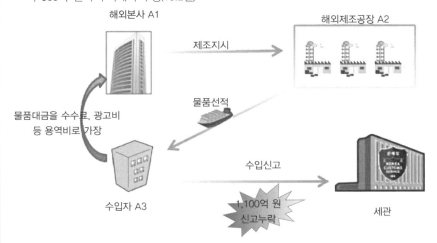

▲ A1(본사), A2(공장), A3(수입자)는 다국적기업 계열사 관계

◆ 수입대금의 일부로 지급하는 로열티의 신고를 누락

수입자는 해외 본사로부터 영상기기용 유리기판 제조설비를 수입하여 TV용 유리기판을 제조
·판매하는 회사로, 다국적기업 본·지사 간 내부거래를 이용하여 유리기판 제조기술에 대한
Licence 계약을 체결하고, 과세가격에 가산하여야 할 로열티 1조 178억 원을 신고 누락하여 관
세 등을 탈루
→ 물품을 수입하기 위해 지불한 로열티는 수입대금의 일부로서 동 금액에 해당하는 관세를 신
  고 납부하여야 함에도 동 비용을 신고 누락한 관세 등 670억 원 누락 추징(13.2월)

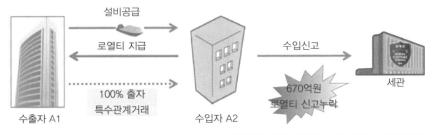

▲ A1(본사), A2(국내법인)는 다국적기업 계열사 관계

◆ 고세율 농산물 저가신고

수입자는 외국산 농산물을 수입하여 국내 도매판매하는 업체로, 수입자가 직접 수입 또는 제

3자에게 수입대행을 의뢰하고, 수입신고금액은 수입대행업자에 지급하도록 하였으며, 저가차액은 현금 및 환치기 등으로 수출자에게 직접 지급
→ 저가 수입신고 금액에 대한 관세 등 약 1억 5천만 원 누락 추징(13.5월)

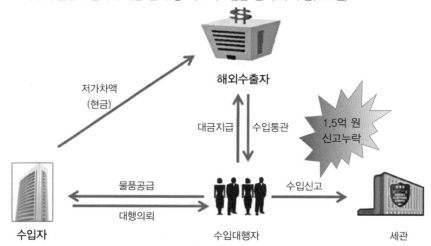

◆ **환급불가 원재료의 부당 환급신청**

환급신청자는 완제품을 국내로 수입하여 원상태 그대로 국내의 수출업체에 공급하는 회사로, 수출용 원재료를 공급하면서 수입한 완제품이 아닌 다른 원재료를 환급대상 원재료로 환급신청
→ 환급대상이 아닌 원재료로 과다환급받은 금액 약 22억 원 추징(13.1월)

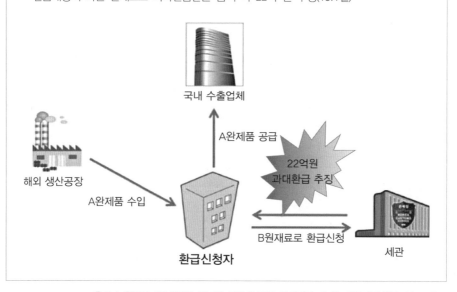

출처 | 운형하, "관세청이 작년에 적발한 주요 관세탈루 사례", 한국세정신문, 2014.10.9.

(4) 기존 관세평가 협정과의 차이

WTO 관세평가 협정은 동경라운드에서 채택되었던 관세평가 협정과 동일한 협정이라고 볼 수 있다. 그러나 WTO 관세평가 협정은 기존의 관세평가코드보다 개발도상국의 주장을 더욱 많이 반영함으로써 보다 발전되고 명확한 규칙을 제공하고 있다.

UR 협상과정에서 인도, 브라질, 케냐 등 개발도상국들은 관세평가 협정에 의한 관세당국의 권한행사에 어려움을 호소하였다. 관세당국은 신고된 가격의 진실성이나 정확성 등에 대해 확인할 권리를 가지고 있으나, 개발도상국은 한정된 인력이나 기술부족으로 이를 정확하게 확인하기 어려웠다. 이러한 이유 때문에 개발도상국들은 관세당국이 신고된 가격의 진실성에 대해 의심할 만한 이유가 있다고 판단되는 경우, 수입업자가 그 해당 가격의 타당성을 입증하여야 한다고 주장한 것이다.

WTO 관세평가 협정에서는 많은 개도국이 주장했던 이러한 의견을 상당 부분 수용하였다고 볼 수 있다. 즉, 수입품 공표가격의 정확성에 대한 의문이 존재하는 경우, 이에 대한 자세한 정보를 수입업자에게 요구할 수 있는 권리를 관세당국에 주었다. 즉, 수출업자와 수입업자가 특수한 관계가 아니라는 부분에 대한 입증책임을 상당 부분 수입업자에게 부여한 것이다.

그러나 관세평가 협정에서는 추가적인 정보에도 불구하고 관세당국이 수입품의 가격에 대한 합리적인 의문이 존재한다면, 관세당국은 수입품의 관세가격[89]이 공표가격을 기초로 해서는 결정될 수 없는 것으로 간주한다.

제 7 절 · 선적전 검사에 관한 협정

1. 배경

선적전 검사(Pre-Shipment Inspection : PSI)란 해외로 나가는 상품의 자세한 선적내용(가격이나 품질, 수량 등)을 검사하기 위해 민간기업이 행하게끔 되어 있는 모든 관행을

---

[89] 1994년 관세 및 무역에 관한 일반협정 제7조의 이행에 관한 협정 제I조, 제8조, 제15조 참조. 수입품의 관세가격은 거래가격, 즉 수입국에 수출·판매되는 상품에 대하여 실제로 지불했거나 지불할 가격을 조정한 가격으로, 수입품에 종가관세를 부과하기 위한 목적의 물품가격을 의미한다.

의미한다. 선적전 검사는 수입물품의 품질, 수량, 거래가격의 적정성 여부 등을 수입국 정부가 지정한 검사기관이 선적 전에 수출국 현지에서 검사하고, 그 결과에 따라 수입국 도착 후 통관처분 및 일정한 관세를 부과하는 제도이다.

▶ 선적전 검사

선적전 검사는 수입품에 대해 구매자(Buyer)가 요청한 사양이나 구매주문서(puchase order)의 조건을 준수하였는지 여부에 대해 확인하는 검사를 의미한다. 선적전 검사는 보통 제품이 공장에서 100% 완성되었고, 포장이 80% 이상 완료된 상태에서 실시한다. 선적전 검사는 수입예정 제품에 대해 합격품질수준(Acceptable Quality Level : AQL)을 근거하여 수행되거나 고객의 요구사항에 따라 수행되는 것이 보통이다. 검사표본(샘플)은 이 기준과 절차에 따라 무작위로 선정하여 결함 여부를 검사하게 된다. 검사관은 보통 국제표준에 따라 완제품에서 샘플을 무작위로 추출하여 검사한다. 그리고 완제품이 구매자가 요구한 사양과 완전히 일치하는지 여부를 확인한다.

선적전 검사는 몇 가지 목적을 가진다. 첫째, 자본도피, 상업적 부정행위, 탈세 등의 방지를 통한 국가의 재정적 권익을 보호하려는 것이다. 둘째, 불충분한 행정검사시설의 부족이라는 행정적 하부구조를 보완하기 위한 것이다. 이 때문에 선적전 검사제도는 그동안 주로 개도국에 의해 활용되는 제도로 인식되어 왔다. 구체적으로 선적전 검사는 국제매매 시 상품검사의 일종으로 민간 검사회사에 의해 행해지며, 수입 시 품질 및 수량검사와 함께 가격비교 등을 목적으로 다수 개도국들에 의해 이용되면서 국제무역상의 관행으로 발전된 제도이다.

선적전 검사제도는 상품발송 전에 미리 상품의 가격과 품질을 검사함으로써 수입 시 포장을 다시 뜯어 검사하는 시간을 절약할 수 있다는 장점이 존재한다. 선적전 검사제도는 다국적기업이나 일부 수출·수입업자가 개도국과의 무역에서 거래가격 등을 조작하여 외화도피, 탈세 등의 수단으로 악용함에 따라, 이를 막아 개도국들이 자국의 이익을 지키기 위해 시행한 제도이다.

▶ 선적전 검사제도의 효과

○ **선적전 검사제도의 순기능**
  - 부정무역의 방지와 무역거래의 촉진

- 관세평가 및 관세부과의 적정성 도모
- 선적전 검사 기능보조 등
  - 취약한 통관기능의 보완
  - 직접 수행 시 예상되는 통관지연, 불편, 오심 등의 사전회피
  - 자국으로의 수출편의 도모 등
- **선적전 검사제도의 문제점(역기능)**
  - 검사기관의 서류검사 병행에 따르는 문제점
  - 무역대금 결제의 지연
  - 검사기관의 수출가격 적부판정 결정에 따르는 문제점
    - 검사기관에 의한 수출업체의 비밀사항 제시요구
    - 비밀사항 수집 및 이에 따르는 악용가능성 등

선적전 검사제도는 주로 수입과정에서 직면할 수 있는 불합리한 거래관행을 방지하고자 개발도상국이 중심이 되어 활용해 왔던 제도였다. 하지만 선진국은 선적전 검사제도가 불필요한 수출지연 등과 같은 무역왜곡 효과를 발생시킬 수 있다고 보고 꾸준히 문제제기를 해 왔다. 선진국들은 개도국이 그동안 주로 활용해 왔던 선적전 검사제도가 가진 부정적 측면 때문에, 이 제도를 다자간 협정의 틀 속에서 규제해야 한다고 보았다. UR 협상의 과정에서 이러한 선진국의 의견을 반영하여 WTO 선적전 검사에 관한 협정이 채택된 것이다.

2. 주요 내용

(1) 목적

WTO 선적전 검사에 관한 협정의 서문에 보면 다수의 개도국이 선적전 검사를 이용하고 있음을 주목한다고 밝히고 있다. 하지만 수입품의 품질, 수량 또는 이를 검증할 필요성이 존재하는 한 개도국이 선적전 검사를 실행할 필요성도 인정하고 있다. 다만, 협정에서는 개도국이 선적전 검사를 시행함에 있어 불필요한 지연이나 불평등한 대우를 초래함이 없이 실행되어야 한다고 규정하고 있다.

하지만 선적전 검사에 관한 협정에서는 선적전 검사가 수출국 영토 내에서 수행된다는 사실에 주목하고, 선적전 검사를 위탁하는 사용회원국과 수출회원국 모두에 대해 합의된 국제적 틀을 설정할 필요성이 있음을 인정했다. WTO 선적전 검사에 관한 협정은 선적전 검사기관(Pre-Shipment Inspection Entity)과 선적전 검사에 관련된 법과 규정의

운영에 투명성을 제공하기 위해 제정된 협정이다.

WTO 선적전 검사에 관한 협정은 회원국 영토 내에서 이루어지는 모든 선적전 검사활동에 적용되는 협정이다. 이 협정에서 사용되는 '사용회원국'이라는 용어는 자기 나라의 정부 또는 정부기관이 선적전 검사활동의 사용을 계약하거나 위임한 회원국을 의미한다. 선적전 검사활동은 사용회원국의 영토로 수출되는 상품의 품질, 수량, 환율 및 금융조건을 포함한 가격 및/또는 관세분류의 검증과 관련된 모든 활동을 의미한다. 그리고 선적전 검사기관은 선적전 검사활동을 수행하도록 회원국에 의해 계획되거나 위임된 모든 기관을 의미한다. 선적전 검사의 방법은 보통 다음과 같이 세 가지로 진행된다.

▶▶ 선적전 검사의 방법 ─────────────────────────────── ●

○ 국제적으로 공인된 검사기관에 수입국이 위탁하여 검사하는 방법
○ 수입국 정부가 자국의 공무원을 현지에 파견하여 검사하는 방법
○ 앞의 두 가지 방법을 병행하여 검사하는 방법

(2) 사용회원국(Use Member)의 의무

선적전 검사제도에 대한 사용회원국은 다음의 내용을 보장하여야 한다.[90]

1) 무차별   사용회원국은 선적전 검사(PSI)활동이 무차별적으로 수행되고, PSI 활동 수행에 사용되는 절차와 기준이 객관적으로 적용될 것으로 보장해야 한다. PSI 활동은 이 활동에 영향을 받는 모든 수출자에게 동등하게 적용되는 것을 보장해야 한다. 수입국은 자국에 의해 계약 또는 위임된 선적전 검사기관의 모든 검사가 일관되게 수행될 것을 보장해야 한다.

2) 정부에 대한 요건 : 선적전 검사활동에 대한 내국민대우 보장   사용회원국은 자기 나라의 법률, 규정 및 요건과 관련된 선적전 검사활동과정이 1994 GATT의 내국민대우 규정과 관련되는 범위 내에서 준수되도록 보장해야 한다.

3) 검사장소   사용회원국은 모든 선적전 검사활동[91]이 그로부터 상품이 수출되는 관세영역 내에서 이루어질 것을 보장해야 한다. 만약 관련 상품이 복잡한 특성으로 인해 검사가 그 관세영역 내에서 이루어질 수 없는 경우나 양 당사자가 합의한

---

90 WTO 선적전 검사에 관한 협정 제2조.
91 여기에는 검사결과보고서 발급 또는 비발급 통지를 포함한다.

경우, '제조된 관세영역' 내에서 이루어질 수 있다.

4) **표준**   사용회원국은 수량 및 품질검사가 구매합의 시 판매자와 구매자가 합의·규정한 표준에 따라 수행될 것을 보장해야 한다. 그리고 만약 이러한 표준이 없는 경우에는 관련 국제표준(Re.2)이 적용되는 것을 보장해야 한다. 여기서 국제표준은 회원자격이 모든 회원국에 개방되어 있고, 자신의 인정된 활동 중의 하나가 반드시 표준화 분야에 있는 정부 또는 비정부기관에 의해 채택된 표준을 의미한다.

5) **투명성**   사용회원국은 선적전 검사활동이 투명한 방법으로 수행되는 것을 보장해야 한다. 가장 먼저 사용회원국은 선적전 검사기관이 수출자와의 최초 접촉 시 검사요건 준수에 필요한 모든 정보목록을 수출자에게 제공하도록 해야 한다(이러한 활동이 이루어질 수 있도록 보장해야 한다). 사용회원국은 선적전 검사활동과 관련된 모든 법률과 규정을 다른 회원국 정부나 무역업자가 인지할 수 있는 방법으로 신속하게 공표해야 한다.

선적전 검사기관은 수출자의 요청이 있을 경우 사실상의 정보를 제공한다. 제공정보에는 선적전 검사활동과 관련된 사용회원국의 법률·규정의 언급이 포함된다. 그리고 검사 및 가격과 환율의 검증을 위해 사용된 절차 및 기준, 검사기관에 대한 수출자의 권리, 이의제기절차 등이 제공되어야 한다.

만약 추가적인 절차요건이나 기존절차의 변경이 있고, 이로 인해 검사일자가 결정되었지만 이러한 변경이 관련 수출자에게 통보되지 않은 경우, 해당 선적분은 변경된 검사일자에 적용되지 아니한다.

사용회원국은 수출자가 선적전 검사제도의 투명성을 보장하기 위해 제공되는 정보를 편리하게 입수할 수 있도록 보장해야 한다. 그래서 사용회원국은 선적전 검사기관이 유지하는 선적전 검사사무소가 관련 정보의 제공을 담당하는 안내처로서 기능하는 것을 보장한다.

6) **비밀영업정보의 보호**   사용회원국은 선적전 검사기관이 검사과정에서 접수된 정보를 비밀영업정보로 취급할 것을 보장한다. 영업비밀로 보장하는 정보는 모든 정보가 이미 공표되지 아니하였거나, 제3자가 일반적으로 입수 가능하지 않거나, 달리 공공의 영역에 있지 아니하는 정보 등이 해당된다. 사용회원국은 선적전 검사기관이 비밀영업정보의 보호목적절차를 유지하는 것을 보장해야 한다.

사용회원국은 회원국의 요청이 있는 경우, 비밀영업정보 보호의 실행을 위해 취한 조치에 관한 정보를 제공한다. 하지만 선적전 검사계획의 효율성을 위협하거나, 특정

공기업 또는 사기업의 정당한 상업적 이익을 저해시킬 수 있는 비밀영업정보의 공개는 요구할 수 없다.

사용회원국은 선적전 검사기관이 제3자에게 비밀영업정보를 누설하지 아니하도록 보장해야 한다. 사용회원국은 선적전 검사기관으로부터 입수한 비밀영업정보가 적절히 보호되도록 보장한다. 선적전 검사기관은 신용장 또는 다른 지불형식이나 통관, 수입허가 또는 외환통제의 목적상 관례적으로 요구되는 경우에 한하여 비밀영업정보를 수입국 정부와 공유할 수 있다.

사용회원국은 선적전 검사기관이 수출자에게 아래와 관련된 정보제공을 요청하지 아니하도록 보장한다. 이러한 경우, 검사기관은 목적달성을 위해 필요한 정보만을 요청해야 한다. 그리고 수출자는 선적전 검사기관이 달리 요청할 수 없는 다음 정보를 특정 사안의 설명을 위해 자발적으로 공개할 수 있다.

- ○ 특허나 공개되지 아니한 제법 또는 특허가 계류 중인 제법과 관련된 생산자료
- ○ 기술규정 또는 표준과의 합치 여부를 입증하는 데 필요한 자료 이외의 공개되지 아니한 기술적 자료
- ○ 제조비용을 포함한 내부가격 책정
- ○ 이윤수준
- ○ 수출자와 공급자 간의 계약조건, 단 동 정보가 제공되지 아니하면 당해 검사가 수행될 수 없는 경우는 제외

7) 이해의 상충　　　　사용회원국은 선적전 검사기관이 비밀영업정보의 보호를 위한 본 협정 규정을 염두에 두면서 관련 기관들이나 부서들과의 이해상충을 회피하기 위한 절차를 유지하는 것을 보장해야 한다.

8) 지연　　　　사용회원국은 선적전 검사기관이 선적검사 시 부당한 지연을 피할 수 있도록 보장해야 한다. 사용회원국은 선적전 검사기관이 수출자와 검사일자를 합의한 경우, 그 일자에 검사를 수행하도록 보장한다(단, 선적전 검사기관과 수출자 간의 상호 합의하에 검사일을 변경하거나 수출자 또는 불가항력에 의해 선적전 검사기관이 검사를 하지 못하는 경우는 제외).

사용회원국은 선적전 검사기관이 최종문서 수령 및 검사종결 이후 5 근무일 이내에 검사결과보고서를 발급하거나 비발급 사유를 명시한 상세한 서면해명을 제공해야 한다.

검사결과보고서 비발급의 경우, 수출자에게 서면의견 제출기회를 부여하고, 수출자의 요청 시 가능한 빠른 시간 내의 상호 편리한 일자에 재검사가 이루어지도록 보장한다.

수출자의 요청 시 언제나 실검사일 이전에 검사기관이 가격이나 환율에 대한 예비검증을 수행하는 것을 보장한다. 예비검증의 근거는 수출자와 수입자 간의 계약, 견적 송장 및 적용 가능한 경우의 수입승인 신청 등이다.

사용회원국은 예비검증에서 상품이 수입서류나 수입허가서와 일치하는 것을 조건으로 선적전 검사기관이 수락한 가격 및 환율이 철회되지 아니하도록 보장해야 한다. 그리고 선적전 검사기관은 예비검증 이후 이러한 수락내용을 수출자에게 즉시 서면으로 통보하는 것도 보장해야 한다. 그리고 비수락 시 상세사유를 수출자에게 서면으로 통보해야 한다.

사용회원국은 지불지연을 피하기 위해 선적전 검사기관이 수출자 또는 수출자의 지명 대표에게 검사결과보고서를 신속히 송부하는 것을 보장한다. 검사결과보고서에 오기가 있는 경우, 선적전 검사기관은 동 오기를 교정하고, 교정된 정보를 관련 당사자에게 가능한 한 신속히 송부한다.

9) 가격검증   사용회원국은 송장상 과도 또는 과소금액 기재와 사기행위를 방지하기 위해 선적전 검사기관이 다음 지침에 근거하여 가격검증을 실시하도록 보장해야 한다.

▶ 가격검증 지침 ⸺⸺⸺⸺⸺⸺⸺⸺⸺⸺⸺⸺⸺⸺⸺⸺⸺ ●

선적전 검사기관의 가격 부적합판정은 다음 기준에 적합한 검증절차를 근거로 해야 한다. 그리고 이것이 입증되는 경우, 선적전 검사기관은 수출자와 수입자 간에 합의된 계약가격을 거부할 수 있다.

○ 선적전 검사기관의 수출가격 검증을 위한 가격비교는 다음 사항을 기초로 진행됨
  - 경쟁적이며 비교 가능한 판매조건하에서 동시 또는 거의 동시에 동일한 수출국으로부터 수출되는 동종·동질 또는 유사상품의 가격을 기초로 함
  - 가격비교는 통상적인 상업적 관행에 따르고 적용 가능한 표준할인을 제외함
  - 가격비교의 기초
    • 수입국 및 가격비교를 위해 사용된 국가의 관련 경제적 요소를 고려하여 비교의 타당한 기초를 제공하는 가격만을 이용해야 함
    • 선적전 검사기관 : 선적분에 대해 가장 낮은 가격을 자의적으로 부과하기 위해 상이한 수입국으로 수출되는 상품의 가격에 의존하지 말아야 함

- • 다음 2에 열거되어 있는 구체적인 요소를 고려해야 함
- • 위 어떤 단계에서도 수출자가 가격에 대해 설명할 수 있는 기회를 부여해야 함
○ 가격검증 시 선적전 검사기관은 판매계약조건과 거래에 관련하여 일반적으로 적용되는 아래 조정요소를 적절히 참작해야 함
  - 판매의 상업적 단계 및 수량, 인도기간과 조건, 가격상승 조항, 품질명세, 특별한 도 안상 특징, 특별한 선적 또는 포장명세, 주문크기, 현물판매, 계절적 영향, 허가 또는 다른 지식재산권 사용료 및 관행상 별도의 송장 없이 계약의 일부분으로서 제공된 서비스가 포함됨
  - 수출자와 수입자 간의 계약관계와 같은 수출자의 가격에 관계되는 특정 요소도 포함됨
○ 운임의 검증 : 판매계약에 명시된 수출국 내 운송형태의 합의가격에만 관련됨
○ 다음의 요소는 가격검증의 목적으로 이용되지 않음
  - 수입국 내에서 생산된 상품의 수입국 내 판매가격
  - 수출국이 아닌 국가로부터의 수출상품의 가격
  - 생산비용
  - 자의적 또는 허구적인 가격 또는 가치

관세평가와 관련하여 선적전 검사기관의 서비스에 대한 사용회원국의 의무는 사용회원국이 1994 GATT 및 세계무역기구 협정의 부속서 1 가.에 포함된 그 밖의 다자간 무역협정에서 수락한 의무이다.

10) 이의제기절차   사용회원국은 선적전 검사기관인 수출자가 제기한 불만을 접수하고 이를 검토하며 이에 대해 결정을 내리는 절차를 확립하여 시행해야 한다. 따라서 사용회원국은 다음의 지침에 따라 이의제기와 관련된 절차가 발전되고 유지되는 것을 보장해야 한다.

○ 선적전 검사기관은 수출자의 이의제기 또는 불만을 접수하고, 이를 검토하여 결정을 내릴 수 있도록 선적전 검사 행정사무소를 각 시 또는 항구에 설치하고, 1명 또는 그 이상의 관리를 지정하여 정상 근무시간에 관련 업무를 볼 수 있도록 한다.

○ 수출자는 당해 특정 거래, 불만의 성격 및 제안된 해결방안에 관한 사실을 지정된 관리에게 서면으로 제출한다.

○ 지정된 관리는 수출자의 불만을 호의적으로 고려하고, 이의제기에 언급된 문서가 접수된 후 가능한 한 조속히 결정을 내린다.

11) 일탈　　　　사용회원국 의무규정에 대한 일탈규정도 존재한다. 사용회원국은 분할선적을 제외하고는 사용회원국이 규정한 선적에 적용되는 최소가치 이하의 선적은 예외적인 상황이 아닌 한 검사받지 아니하도록 규정한다.

이러한 최소가치는 수출자에게 제공되는 정보의 일부로 구성된다.

(3) 수출회원국(Exporter Member)의 의무

수출회원국은 선적전 검사활동과 관련된 자국의 법률 및 규정이 무차별적으로 적용되도록 보장해야 한다. 이를 위해 수출회원국은 자국 내의 PSI기관의 운영과 관계되는 규정이 국내법규나 규정과 다르게 적용될 수 있는 가능성을 제거함으로써 PSI기관의 운영 및 적용 면에서 무차별주의를 확립해야 한다.

수출회원국은 PSI활동과 관련되는 모든 적용 가능한 법률 및 규정을 다른 정부 및 무역업자가 인지할 수 있는 방법으로 신속히 공표하도록 보장함으로써 PSI기관 운영에 필요한 투명성을 보장해야 한다. 마지막으로 수출회원국은 요청을 받은 경우, PSI 사용회원국에 대해 상호 합의된 조건에 따라 이 협정의 목적달성을 위한 기술지원을 제공하여야 한다.[92]

(4) 분쟁의 해결

WTO 선적전 검사에 관한 협정에서는 선적전 검사기관과 수출자 간의 분쟁에 대해 독립된 기관에 의한 분쟁해결이 가능하도록 규정하고 있다.[93] 구체적으로 이는 선적전 검사와 관련된 분쟁의 검토절차는 수출자를 대표하는 기구와 검사기관을 대표하는 기구가 공동으로 구성하는 독립기관에 의해 관리될 수 있다는 것이다.

하지만 분쟁해결을 요청받은 독립기구는 관련 당사자들의 요청을 받아 패널구성을 요청할 수도 있다. 3인으로 구성되는 동 패널은 다수결로 결정을 내리며, 분쟁당사자인 선적전 검사기관 및 수출자 모두에 대해 법적 구속력을 가지게 된다. 하지만 분쟁당사자들이 합의할 경우, 1명의 독립적 무역전문가를 임명할 수도 있다.[94]

92　WTO 선적전 검사에 관한 협정 제3조.
93　WTO 선적전 검사에 관한 협정 제4조.
94　WTO 선적전 검사에 관한 협정 제5조.

함께 읽어보기

중국 중고설비 수출 시 실시되는 선적전 검사 CCIC

대중국 중고설비 수출이나 이전·투자를 하기 위해서는 한국에서 선적전 검사인 CCIC증을 구비해야 한다. 따라서 중국으로의 중고설비 수출을 원하는 기업은 중국세관에 B/L, 송장(invoice), 패킹리스트(packlist), 계약서와 함께 CCIC증을 제출해야 수입통관 신청이 가능하다.

○ CCIC: China Certification & Inspection(Group) Co., Ltd
  - 중국검험인증유한공사 : 대중국 수출품 검사를 인증하는 기관
  - 이곳에서 검사 후 발행한 증서를 CCIC증이라고 함
○ 중고설비의 기준 : 설비명판상 제조연도가 1년 이상인 설비
○ 검사방법 : CCIC 코리아에서 신청서류를 접수·확인 후 검사원을 공장에 파견하여 설비실사
○ 소요기간 : 15일 좌우 소요, 검사신청 시 7일 내 파견검사, 진행검사, 개선사항 완료 후 CCIC증 발급
○ 검사비용 : 인보이스 금액에 근거하여 차등적용
○ 신청서류 : 설비명세서, 검사대표위임장, 설비카드, 설비사진, 계약서, 인보이스 등

[반도체 중고설비 중국공장 수출사례 예시]

▼ 반도체 중고설비

▼ 설비와 부품 검사 후 설비리스트 작성

▼ 선적전 검사 진행

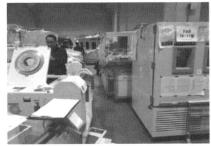

▼ CCIC증 발행

▼ 도비 및 상차 후 운송

▼ 포장공장에서 진공스키드 포장

▼ 컨테이너 작업

출처 | 1 www.solglobal.co.kr 2 중국물류통, "중국 중고설비 수출 시 실시되는 선적전 검사 CCIC", 네이버 포스트, 2019.1.15.

제8절 ● 원산지규정에 관한 협정

1. 배경

　　원산지규정(Rules of Origin)은 제품의 생산장소를 정의할 때 사용되는 기준으로, 상품의 원산지 국가를 결정하는 법률과 규정 및 일반적으로 적용되는 행정적 판정 등을 의미한다.[95] 국제무역에서 원산지규정이 점차 중요한 역할을 하게 된 이유로는 지역무역 협정의 확산을 들 수 있다.[96]

　　EU, NAFTA 등과 같은 지역무역 협정의 전 세계적 확산으로 인해 세계경제가 점차 블록화되어 가는 경향을 보이기 시작했다. 이에 따라 많은 수출국들은 지역무역 협정에 의한 관세혜택을 향유하기 위해 제3국을 통한 우회수출로 대응하거나, 생산의 세계화를 강화함으로써 해외직접투자(FDI)를 증대시키기 시작했다. 하지만 생산공정의 세계화 현상은 수입통관 시 관세결정과 쿼터적용, 반덤핑관세와 상계관세 부과 등의 문제에 직면했다. 그 결과 2개국 이상에 걸쳐 생산된 물품의 원산지를 어떻게 결정할 것인지의 문제가 국제통상의 주요 이슈로 대두했다.

　　그동안 원산지규정에 대한 국제적 기준이 존재하지 않기 때문에 국가들마다 자체적으로 제정 및 운영할 수 있었다. 이에 따라 세계 각국에서 운영하는 원산지규정은 저마다 다른 형태를 띠었고, 규정의 복잡성, 불명확성 그리고 차별성으로 인해 적용과정에서 상당한 수준의 무역장벽으로 인식되기 시작했다. GATT 체제를 중심으로 확산된 관세장벽의 완화·제거는 세계 각국으로 하여금 새로운 비관세장벽의 보호조치를 찾게 만들었다. 그 과정에서 원산지규정의 무역장벽화의 대안으로 인식되면서 전 세계적인 사용이 확산되게 되었다.

---

95 WTO 원산지규정에 관한 협정 제1조.
96 일반적으로 지역경제 통합체의 경우, 원산지규정을 수출국에서 적용하는 기준보다 더욱 엄격히 적용함으로써 경제통합이 가져오는 경제적 효과를 공고히 하고자 한다. 반덤핑관세나 상계관세의 부과 또는 쿼터적용 등의 부분에서는 원산지에 따라 제반 무역 관련 투자조치의 발동절차가 진행되기 때문에 간접수입 제한조치의 효과를 발휘한다.

이러한 이유 때문에 우루과이라운드 협상에서는 원산지 결정에 관한 문제를 논의하게 되었고, 협상의 결과로서 WTO 원산지규정에 관한 협정(Agreement on Rules of Origin : 이하 "ARO")이 제정되게 된 것이다.

2. 주요 내용

(1) 목적과 적용범위

WTO 원산지규정에 관한 협정은 그 서문에서 원산지규정의 제정과 이러한 규정의 적용이 국제무역의 흐름을 원활히 한다고 보고 있다. 결국 WTO 원산지규정에 관한 협정은 세계 각국에서 나타나고 있는 원산지규정의 제정과 적용이 그 자체로서 무역에 불필요한 장애를 초래하지 않도록 보장하려고 만들어진 협정이다.

WTO 원산지규정에 관한 협정 제정의 또 다른 목적으로는 회원국들이 제정하고 있는 원산지규정에 관한 법률과 규정 그리고 관행에 대해 투명성을 제공하려는 데 있다. 그리고 회원국들이 자국의 원산지규정을 공정하고 투명하며, 예측 가능하고 일관되며 중립적인 방식으로 수립 및 적용하기를 보장하기 위해 만들어졌다. 결과적으로 본 협정 제정은 회원국들이 운영하는 원산지규정이 어느 정도 조화를 이루며 사용될 수 있는 국제통상환경의 조성을 목표로 만들어졌다고 볼 수 있다.

WTO 원산지규정에 관한 협정 제1조에서는 원산지규정을 회원국이 상품의 원산지를 결정하는 데 사용되는 법률, 규정 및 일반적으로 적용되는 행정적 판정이라고 정의하였다.[97] 이는 WTO 원산지규정에 관한 협정의 목적이 회원국의 원산지 결정을 국가 간에 조화롭게 운영되게 하기 위함이라는 것을 분명히 한 부분이다.

구체적으로 원산지규정은 무역규칙을 적용하는 핵심근거로, 무역통계치를 수집하는 데 사용되며, "made in ~"이라는 표시를 붙여 사용되는 것이 일반적이다. 원산지규정은 일반적으로 특정 국가가 특정 제품의 원산지로 인정받기 위해 필요한 세부적인 요건과 통관과정 등에서 관련되는 요건의 충족 여부를 밝히는 원산지 확인절차 및 여타 부대조건 등으로 구성된다.

원산지규정은 1994 GATT에서 제시한 일반적 최혜국대우 조항의 적용을 초과하는 관세특혜를 부여하는 계약적·자발적 무역제도와는 관련되지 않은 제도를 의미한다. 본

---

97 WTO 원산지규정에 관한 협정 제1조.

협정에서 말하는 원산지규정은 1994 GATT에서의 최혜국대우 관련 조항, 반덤핑 및 상계관세 관련 조항, 긴급수입제한조치 관련 조항 그리고 GATT 제9조의 원산지 표시요건 및 모든 차별적 수량제한, 관세쿼터 등의 분야에서 비특혜적인 무역정책수단으로 사용되는 모든 원산지규정에 적용된다. 그리고 정부조달 및 무역통계에서 사용되는 원산지규정도 포함된다.

(2) 원산지 표시요건

한편 원산지에 대한 기본적인 표시요건은 WTO 원산지협정에 제시되어 있지 않고, 1994 GATT 제9조 원산지 표시규정에 제시되어 있다. GATT 제9조에서 제시하고 있는 원산지의 표시요건은 첫째, 무차별 대우의 적용이다. 이는 모든 회원국은 상품의 표시요건에 관해 다른 회원국의 상품에 대해 제3국의 동종상품에 허용하는 대우보다 불리한 대우를 하여서는 안 된다는 것이다.

둘째, 원산지 표시 관련 규정의 제정 및 실시과정은 소비자의 보호 및 타국에 대한 곤란과 불편을 고려해야 한다. 회원국은 원산지 표시에 관한 법률 및 규칙의 제정 또는 실시에 있어서 허위표시나 오해의 우려가 있는 표시로부터 소비자를 보호하기 위한 적절한 고려를 해야 한다. 소비자 보호를 위한 적절한 고려를 한 후에는 제정 및 실행되는 원산지 조치가 수출국의 상업과 산업에 미칠 곤란과 불편을 최소로 감소시켜야 함도 고려해야 한다.

셋째, 회원국은 행정상 실행이 가능한 경우, 수입과정에서 소정의 원산지 표시를 항상 붙이는 것을 허가해야 한다. 이를 위해 대부분의 회원국은 원산지 표시를 위해 "made in ~"이라는 표시를 붙여 사용한다.

넷째, 수입품의 원산지 표시와 관련하여 회원국은 이러한 법률 및 규칙이 상품의 현저한 손상이나 그 가치의 실질적 감소 또는 그 비용의 부당한 증대 없이 이행할 수 있도록 하여야 한다. 결과적으로 수입품 등에 원산지를 표시할 때 그 비용이 적게 들고 상품에 대한 손상이 거의 없어야 한다는 것이다.

다섯째, 회원국은 원산지의 수입 전 표시요건 미이행에 대해 다음 경우를 제외하고는 일반원칙으로 특별세의 부과나 처벌 등을 과할 수 없다.

○ 정정의 원산지 표시가 부당하게 지연된 경우
○ 허위의 원산지 표시가 붙여진 경우

ㅇ 소정의 원산지 표시가 고의적으로 누락된 경우

여섯째, 회원국은 원산지를 오인하게 하는 방법으로 상표를 사용하여 다른 회원국
이 보호하고 있는 독특한 지역적·지리적 상표에 해를 끼치는 일이 없도록 상호 간에
협력해야 한다. 그리고 각 회원국은 다른 회원국이 자국에 통고한 상품명칭에 대해 규
정적용과 관련하여 그 회원국이 행하는 요청 또는 사정의 설명에 대해 충분하고 호의적
인 고려를 하여야 한다.

(3) 조화작업 과도기간 중 회원국의 적용원칙

WTO 회원국들은 자국 원산지규정의 조화과정에서 다음의 4가지 원칙이 적용될
수 있도록 해야 한다.[98]

첫째, 무역장벽의 지양이다. WTO 회원국들이 운영하는 원산지규정은 통상정책상
의 조치나 수단과 연계될 수는 있지만, 원산지규정 자체가 무역상의 목적을 달성하기
위한 직·간접적 수단으로 사용되어서는 안 된다. 그리고 원산지규정의 부당한 적용으
로 인해 국제무역이 제한되거나 왜곡·교란되는 효과를 가져서도 안 된다. 그러므로 이
를 위해 수입국 정부는 원산지 판정의 전제조건으로서 지나치게 엄격한 요건을 부과하
거나 제조·가공과 관련 없는 특정 조건의 충족을 요구해서도 안 된다.

둘째, 무차별 원칙의 적용이다. 이는 수출입 물품에 적용되는 원산지규정은 국내
물품 판정에 적용되는 원산지규정보다 엄격히 적용되어서는 안 됨을 의미한다. 그리고
해당 물품 제조업자들 간의 제휴 여부와 관계없이 모든 회원국에 무차별적으로 적용되
어야 한다는 것도 의미한다.

셋째, 명료성의 보장이다. 원산지 판정을 위해 세번변경기준의 적용이 요구되는 경
우, 세번변경으로 인정되는 세번단위(HS 4단위 또는 6단위)를 분명하게 명시해야 한다. 부
가가치기준이 적용될 경우에는 부가가치비용의 산정방법이 원산지규정에 명확하게 제
시되어야 한다. 그리고 주요공정기준이 적용되는 경우에도 관련 물품의 원산지를 부여
하는 공정이 정확하게 명시되어야 한다.

넷째, 불소급 원칙과 비밀보장 원칙이다. 불소급 원칙은 원산지규정을 개정하거나
새로운 원산지규정을 도입할 경우, 규정의 소급적용을 금지한다는 원칙이다. 비밀보장

---

98 WTO 원산지규정에 관한 협정 제3조.

원칙이란 원산지 판정 시 제공되는 관련 정보 중 비밀보장이 필요한 부분에 대해서는 비밀보장이 이루어져야 한다는 것이다.

(4) 조화 원산지규정의 주요 적용원칙

WTO 원산지규정에 관한 협정에서는 세계무역 수행의 확실성 제고와 원산지규정의 조화를 위해 다음의 원칙에 기초하여 관세협력이사회와 함께 작업할 것을 명시하고 있다.

첫째, 조화개발된 원산지규정은 다음 규정에서 원산지규정의 목적과 관련해서는 동등하게 적용되어야 한다. 이에 대한 구체적 내용으로 원산지규정 제1조에서는 다음과 같은 조항들에 대해 원산지규정을 사용할 수 있다고 규정하고 있다.

○ 1994 GATT에서의 최혜국대우 관련 조항
○ 반덤핑 및 상계관세 관련 조항
○ 긴급수입제한조치 관련 조항
○ GATT 제9조의 원산지 표시요건
○ 모든 차별적인 수량제한, 관세쿼터 등의 적용과 비특혜적 무역정책수단
○ 정부조달
○ 무역통계 등

둘째, 회원국은 원산지규정의 제정 시 원산지와 관련하여 특정 상품이 완전 획득되는 국가이거나 둘 이상의 국가가 상품생산에 관련되는 경우일지라도, 해당 상품의 원산지는 최종적인 실질변형이 이루어진 국가가 되도록 해야 한다.

▶ **실질변형기준의 판정기준** ─────────────────●

보통 원산지 판정에서 우선 적용되는 완전생산기준(Wholly Obtained Criteria)은 주로 농산물 등의 1차 상품과 같이 한 국가에서 생산이 완성되는 상품에 적용하는 기준이다. 이는 한 국가에서 수확되거나 채취된 식물이나 광물 또는 한 국가에서 출생하고 사육된 동물 또는 한 국가에서 생산한 원재료를 가지고 처음부터 동일한 국가 내에서 가공한 완제품에 대한 원산지 판정을 할 때 적용하는 기준이다.

하지만 실질변형기준은 생산과정이 2개 국가 이상에 걸쳐 이루어진 상품에 대해서는

당해 상품의 본질적 특성을 부여하기에 충분한 정도의 실질적 변형이 특정 국가에서 최종적으로 수행된 경우, 이러한 작업이 이루어진 국가에 대해 원산지를 부여하는 기준이다. 실질변형기준의 판정은 세번변경기준, 부가가치기준, 주요공정기준으로 구분하여 적용된다. 실질적 변형에 대한 판정기준을 정리해 보면 다음과 같다.

"세번변경기준"이란 수입되는 원료(Input)의 세번과 완제품(Output)의 세번을 비교하여 세번이 일정 단위 이상으로 변하는 경우, 실질변형으로 인정하여 원산지를 부여하는 방식이다. 세번변경기준은 HS품목번호(세번)만 알면 누구든지 판정이 가능한 기준이다.

현재 한국에서 사용되는 HS품목번호는 모두 10자리로 구성되어 있으며, 이 중 앞에서부터 2자리를 류(Chapter), 4자리를 호(Heading), 6자리를 소호(Subheading)이라고 한다. 앞의 6자리 단위까지는 국제적으로 통일되어 있고, 나머지 4자리는 각 국가마다 다르기 때문에 원산지협상에서는 6단위까지만 사용하고 있다.

일반적으로 통일 원산지규정에서 사용하고 있는 세번변경기준은 HS 2단위 변경기준으로서 다른 2단위 세번으로부터 해당 세번으로의 변경, HS 4단위 세번으로부터 해당 세번으로의 변경, HS 6단위 세번으로부터 해당 세번으로의 변경을 의미한다.

"부가가치기준"이란 수출품의 제조과정에서 수출국이 부가한 가치의 정도에 따라 당해 제품의 수출국이 원산지 국가인지 여부를 결정하는 기준으로, 적용되는 부가가치율은 각 국에 따라 상이하다. 부가가치기준에서는 일반적으로 정상품의 주요 부품 중 부가가치기준으로 35% 이상을 생산한 국가를 원산지로 하는 것이 일반적이다.

"주요공정기준"이란 정상품의 주요 부품 중 부가가치기준으로 35% 이상을 생산한 국가가 하나도 없거나, 35% 이상을 생산한 국가가 2개국 이상인 경우, "주요 부품"을 생산한 국가나 "주요공정"이 이루어진 국가를 원산지로 인정하는 기준으로, 부가가치기준을 보완하는 기준이다.

셋째, 조화 원산지규정은 객관적이고 이해 가능하며 예측 가능하여야 한다. 그리고 원산지규정은 일관적이고 통일적이며 공정하고 합리적인 방식으로 운영되어야 한다. 이는 WTO 원산지규정에 관한 협정의 제정이 WTO 회원국들에게 원산지규정 운영의 투명화와 일반화를 요구하고 있는 것으로 해석할 수 있다. 구체적으로 이는 WTO 회원국이 제정 및 운영하는 원산지규정은 국제무역에 대한 규제 및 왜곡·방해 효과를 가지지 않아야 하고, 통일적이며 공정하고 합리적인 방법에 의해 일관되게 실시되어야 한다는 것을 의미한다.

넷째, 원산지규정은 다양한 방법과 수준에서 여러 가지 제도들과 연계되는 것임에도 불구하고, 원산지규정은 무역상 목적을 직접 또는 간접적으로 추구하기 위한 수단으로 사용되어서는 안 된다. 이는 원산지규정 자체가 국제무역을 제한하거나 왜곡 또는 교란시키는 효과를 초래해서는 안 됨을 의미한다. 그러므로 원산지규정은 원산지국에 대한 판정을 위한 전제조건으로서 지나치게 엄격한 요건을 부과해서는 안 된다. 그리고 원산지규정은 제조 또는 가공과 관련이 없는 특정 조건의 충족을 요구해서도 안 된다. 하지만 종가비율기준 적용을 위해 제조 또는 가공과 직접적으로 관련이 없는 비용은 포함될 수 있음은 인정하고 있다.[99]

다섯째, 원산지규정은 적극적 기준을 기초로 운영된다. 소극적 원산지규정(원산지를 반드시 표시할 필요가 없다고 규정하고 있는 원산지규정을 의미함)의 적용은 적극적 기준을 분명히 하기 위한 일환으로 사용되거나 원산지의 적극적인 판정이 필요하지 않는 개별적인 경우에만 허용된다.[100]

함께 읽어보기

세번변경기준(CTC)이란?

세번이란?

세번변경기준을 이해하기 위해서는 먼저 '세번'에 대한 정의를 이해해야 합니다. 세번이란 수출입 업무에서 필수적으로 사용되는 HS CODE를 말합니다. HS CODE는 총 6자리로 구성되어 있으며, 우리나라의 경우 뒤에 4자리를 더 붙여서 사용하고 있습니다(이를 HSK라고 합니다).

세번변경을 하는 이유

상품은 그 자체로 수출입을 진행하기도 하지만, 해당 상품을 가공하여 새로운 상품으로 만든 후 수출입을 진행하기도 합니다. 이때 가공된 상품의 원산지를 어디로 해야 할지 애매한 상황이 발생하게 됩니다.

돼지불고기를 예로 들어보겠습니다. 돼지의 HS CODE는 0103.10-0000으로 분류됩니다. 그

---

99 WTO 원산지규정에 관한 협정 제4조 1. 라.
100 WTO 원산지규정에 관한 협정 제2조.

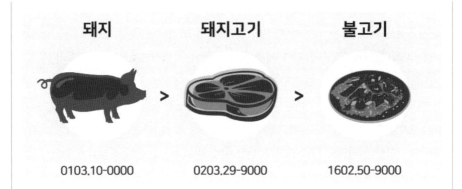

리고 이 돼지를 도축하게 되면 '살아있는 돼지'는 '돼지고기'로 변하고 HS CODE는 0203.29-9000이 됩니다. 그리고 이 돼지고기를 각종 양념과 함께 조리하게 되면 '불고기'로 변하고 HS CODE는 1602.50-9000이 됩니다.

불고기를 만들기 위해서는 가장 먼저 살아있는 돼지가 필요합니다. 이때 이 불고기의 원산지는 어디가 될까요? 바로 우리나라입니다. 그럼 불고기를 만들 때 사용한 재료들이 수입산일 경우에는 어떻게 될까요? 이때도 원산지는 우리나라가 됩니다. 그 이유는 바로 가공을 통해 새로운 상품으로 변형되었기 때문입니다. 이처럼 어떤 상품이 가공되어 전혀 다른 상품으로 변하게 되었다면 그 해 거래되는 물품에 대해 특혜 원산지 지위를 부여하게 되고, 이를 세번변경이라고 말합니다.

세번변경의 기준
세번을 변경하는 기준에는 총 3가지가 있습니다.

○ 2단위 세번변경기준(CC : Change of Chapter) : HS CODE의 가장 앞 2자리, 즉 '류' 부분이 달라질 경우, 가공에 의해 상품이 실질적으로 변형이 이뤄진 것으로 보고 제품의 원산지를 역내산으로 보는 기준입니다.

<u>16</u>02.50

○ 4단위 세번변경기준(CTH : Change of Tariff Heading) : HS CODE의 4자리, 즉 '호' 부분이 달라질 경우, 가공된 제품의 원산지를 역내산으로 보는 기준입니다.

<u>1602</u>.50

○ 6단위 세번변경기준(CTSH : Change of Tariff Sub-Heading) : HS CODE의 6자리, 즉 '소호'가 달라질 경우, 가공된 제품의 원산지를 역내산으로 보는 기준입니다.

<u>1602.50</u>

출처 | 물류인사이트, "세번변경기준(CTC)이란?", TRADELINK, 2021.5.21.

(5) 비특혜 원산지규정과 특혜 원산지규정

현재 국제적으로 사용되고 있는 원산지규정은 그 적용목적에 따라 특혜 원산지규정과 비특혜 원산지규정으로 구분된다. WTO의 원산지규정에 관한 협정과 통일 원산지규정에서는 특혜 원산지규정에 대해 언급하고 있지 않고, 비특혜 원산지에 관한 일반적 규정 등에 대해서만 규정하고 있다.

비특혜 원산지규정은 무역정책상 상품의 원산지를 일반적으로 식별할 필요가 있는 경우에 사용되는 원산지규정이다. 예를 들어, 특정 국가로부터의 특정 제품에 대한 수입제한을 실시할 경우, 원산지의 식별이 필요하므로 해당 정책의 운영상 원산지규정이 요구된다. 반덤핑관세 및 상계관세의 경우에도 원산국의 식별은 물론 제소의 대상이 된 상품의 동종상품과 국내산업의 존재 여부를 판정함에 있어서도 원산지규정의 적용이 필요하다. 또한 정확한 무역통계의 작성을 위해서도 원산지규정의 적용이 요구된다.

비특혜 원산지에 관한 세계적인 통일규정을 만들기 위한 작업이 세계관세기구(WCO)와 WTO의 공동으로 1995년부터 진행되어 왔다. 하지만 비특혜 원산지규정에 대한 각국의 첨예한 이해관계의 대립으로 인해 원래의 협상완료 시한이었던 1998년 7월 28일까지 타결되지 못하고 현재까지도 협상이 진행되고 있다.

그러므로 WTO 원산지규정에 관한 협정은 통일 원산지규정이 확정될 때까지 각 회원국이 준수해야 할 주요 원칙을 규정하고 있는 협정이라고 볼 수 있다. 원산지 판정기준 이외에도 통일 원산지규정이 마련될 때까지의 과도기간 중 회원국들이 보장하여야 할 부분은 다음과 같다.[101]

첫째, 회원국이 원산지규정과 관련된 일방적 행정명령을 내릴 경우, 그 충족요건을 명료하게 규정하여야 한다.

둘째, 무역정책상의 다양한 조치 또는 수단의 연계필요성에도 불구하고 원산지규정은 무역상의 목적을 직·간접적으로 추구하기 위한 수단으로 사용되지 않아야 한다.

셋째, 원산지규정은 자체로서 국제무역을 제한하거나 왜곡 또는 교란시키는 효과를 초래하지 않아야 한다. 즉, 원산지규정은 원산지 국가의 판정을 위한 전제조건으로서 지나치게 엄격한 요건을 부과하거나, 제조 또는 가공과 관련이 없는 특정 조건을 요구하지 않아야 한다.

넷째, 원산지규정에서도 내국민대우와 최혜국대우의 원칙이 적용된다. 즉, 수출입

---

101 이신규, 국제통상론, 두남, 2011, pp.168−169 적의 발췌.

에 적용되는 원산지규정은 국내물품 판정에 적용되는 원산지규정보다 엄격해서는 안
되며, 모든 회원국에 대해 무차별적으로 적용되어야 한다.

다섯째, 원산지규정은 일괄적이고 통일적이며, 공정하고 합리적인 방법으로 실시
하여야 한다.

여섯째, 원산지규정은 원산지 부여가 가능한 기준을 중심으로 기술된 포지티브
(Positive) 기준에 따르도록 한다.

일곱째, 관련 당사자로부터 원산지 판정의 요청이 있을 경우, 늦어도 150일 이내
에 판정해야 하고, 그 판정은 3년 동안 유효하다.

여덟째, 원산지 판정과 관련된 모든 행정조치는 사법·중재 또는 행정재판소나 절
차에 의해 수정되거나 번복될 수 있다.

하지만 WTO 원산지규정에 관한 협정의 부속서에서는 특혜 원산지규정의 적용에
관한 "특혜 원산지규정에 관한 공동선언"이 첨부되어 있다. 이는 EC 경제공동체, 북미
자유무역협정(NAFTA) 등과 같이 특정 국가 간에 관세상의 특혜를 제공하는 특혜무역지
대 또는 경제구역의 운영이나 일반특혜관세제도(GSP) 등과 같이 특정 국가군을 대상으
로 특혜관세를 부여하는 경우에만 적용되는 규정이다. 특혜 원산지규정은 관련 특혜의
수혜국을 정확히 설정 및 식별함으로써 비수혜국이 부당한 대우를 받는 것을 방지하고,
확실한 특혜프로그램의 실시효과를 거두기 위한 규정이다.

함께 읽어보기

수출기업들, FTA 비특혜 원산지제도 점검할 필요 있어

생활 속에서 원산지를 찾는 건 매우 쉬운 일이다. 내가 주로 마시던 음료의 원재료가 어디
것인지는 포장지를 확인하면 금방 찾을 수 있고, 자주 가던 식당의 음식도 원산지를 쉽게 확인할
수 있다. 이는 소비자의 알권리 보호를 위해 수입된 원료 혹은 농축수산물의 원산지 표시를 의무
화한 원산지표시법과 소비자기본법이 있기 때문이다.

국내생산 물품 등 국내에서 유통되는 제품의 경우, 수입 원재료 혹은 수입 완제품에 대한 원
산지 표기의무를 대외무역법을 준용하여 관련법에서 규정하고 있다.

다만, 일부 산업별로 원산지 표기 관련법이 국내 유통제품이 수출입제품보다 덜 엄격한 경우도
있고, 대외무역법을 준용하더라도 원산지증명서가 미비해 한국산 증명이 어려운 경우도 많았다.
그렇기에 국내 유통되는 제품이 한국산이라고 수출할 때 반드시 한국산이 된다는 보장도 없다.

참고로 2023년부터 상공회의소에서 이러한 혼란을 잡기 위해 국내산 원산지증명서 발급도

출처 | 아이클릭아트

시행하고 있다.

　수출제품의 원산지 확인도 일상 속 제품들과 같이 쉬울까? 우리 수출기업들에 물어본다면 어렵지 않다고 대답할 것이다. 이유는 대부분 원산지라고 한다면, 자유무역협정(FTA)에서 요구하는 특혜 원산지증명을 떠올리기 때문이다.

　간혹 비특혜 원산지를 떠올리는 분들도 계시겠지만, 특혜나 비특혜의 원산지 결정기준을 충족했다고 한국산으로 안심하기에는 이르다. 수출의 경우, 원산지 판정기준은 특혜 원산지와 비특혜 원산지로 나뉜다. 특혜 원산지 판정은 FTA 체결국가로 수출할 경우, 협정을 활용해 최혜국 대우(Applied MFN) 세율보다 더 낮은 특혜관세(Preferential Tariff)를 적용할 때 필요하다. 세계무역기구(WTO) 일반원칙에 대한 예외로서 체약국 간 협정에서 규정한 원산지 결정기준을 충족시켜야만 가능한 일이다.

　비특혜 원산지 판정은 주로 관세부과 이외의 반덤핑, 상계관세 등 무역구제 조치, 쿼터제, 혹은 정부조달 등에서 주로 사용되고 있다. 비특혜 원산지 판정기준은 대외무역법 등에서 규정하고 있다. 대외무역법 시행령 제61조 제3항에서 수출물품에 대한 원산지 판정은 수입물품의 판정을 준용하여 판정하되, 수입국의 원산지 판정기준과 다른 경우에는 수입국의 원산지 판정기준에 따라 원산지를 판정할 수 있음이 규정되어 있다.

　여기서 문제가 발생한다. 먼저, 특혜관세 혜택을 받기 위해서 FTA 협정상 원산지 결정기준을 충족시켰더라도, 비특혜 원산지 판정은 달라질 수 있다. 하물며, 우리 법률에 맞춰 수출제품에 대해 수입기준을 적용하여 비특혜 원산지 판정을 받았더라도, 수입국의 비특혜 원산지 판정기준이 다르다면 그 결과가 또 달라질 수도 있다.

유럽 연합(EU)에 철강제품을 수출한다고 가정해 보자. 한-EU FTA 원산지 결정기준을 충족했더라도, EU는 해당 제품에 대해 비특혜 원산지 검증을 요청할 수도 있다. EU는 중국산 철강제품에 대해 반덤핑 규정이 있고, 그에 대한 우회덤핑을 우려한다면 충분히 가능할 수 있는 일이다.

EU는 신관세법(Union Customs Code)의 위임규정에서 비특혜 원산지 판정을 다루고 있다. EU의 비특혜 원산지 판정기준은 특혜 원산지 판정기준 수준으로 품목별로 구체화하고 있다. 기본적으로 4단위 세번변경기준(CTH)을 적용하고 있다. HS코드 72류(철강제품)의 비특혜 원산지 판정기준을 한-EU FTA 특혜 원산지 판정기준과 비교해 본다면, 4단위 세번변경기준을 적용할 수 있는 품목들이 줄어들었고, 일부 잉곳(Ingot)의 제작기준이 추가되었다는 점에서 한-EU FTA 원산지 결정기준보다 더 엄격해졌다고 볼 수 있다. 그래서 한 기업이 한-EU FTA 원산지 결정기준을 충족해서 한국산 특혜관세를 적용받았더라도, EU 비특혜 원산지 결정기준에 따라 수출할 때 반덤핑 규제대상이 되는 등 불이익을 받을 수 있다.

우리나라의 주요 수출국인 미국, 중국, EU, 베트남 등은 별도의 비특혜 원산지 판정기준이 존재하기에 우리 기업들은 이들 국가로 수출할 때 특혜 원산지 판정뿐만 아니라 비특혜 원산지 판정도 주의할 필요가 있다.

현재 비특혜 원산지 판정은 제한적으로 활용되지만, 만약 앞으로 환경, 노동 등의 규제가 관세조치로 이어지고 그 조치의 부과기준이 부재하다면, 결국 비특혜 원산지 판정이 사용될 가능성이 존재한다. 위험진단 측면에서 우리 기업들은 선제적으로 비특혜 원산지 판정도 점검하여 수출국의 특혜 및 비특혜 사후검증 모두 대비할 필요가 있다.

출처 | 홍정완, "수출기업들, FTA 비특혜 원산지제도 점검할 필요 있어", 한국무역신문, 2023.11.27.

3. 통일 원산지규정 제정을 위한 국제간 논의

통일 원산지규정은 각 국가의 원산지규정 차이가 무역의 장애요인으로 작용하는 것을 막기 위해 각국의 원산지규정을 통일시키려는 시도로 만들어진 규정이다. 동 규정의 제정 논의는 WTO 원산지규정에 관한 협정의 체결에서 시작된다. 즉, 국제적 수준에서 통일 원산지규정의 제정 노력은 1995년 7월부터 WTO의 지원을 받은 세계관세기구(WCO ; World Customs Organization)의 기술위원회(TCRO ; Technical Committee on Rules of Origin)에서 시작되었다. WCO의 TCRO의 논의를 근거로 해서 WTO 원산지위원회에서도 통일 원산지규정에 대한 논의를 진행했다.

WTO 원산지위원회에서는 2002년 6월까지 총 348개의 이슈를 해결하였고(71.61%가 타결), 총 138개의 미해결 쟁점이 논의되고 있다. 미해결 쟁점 분야는 WTO 일반이사회에 상정하여 다자간 대화가 아닌 정치적 타결이 모색되었다.

최근까지 합의된 내용을 중심으로 통일 원산지규정의 논의 현황을 살펴보면 다음과 같다. 먼저, 통일 원산지규정의 적용범위(Scope of Application)로, 원산지규정 협정에서는 통일 원산지규정이 비특혜 무역제도에 적용될 것임을 명시하고, 원산지 표시, 반덤핑, 쿼터, 최혜국대우, 정부조달, 수출입통계 등을 적용대상으로 열거하고 있다. 하지만 우회덤핑 여부의 판정기준으로 사용할 것인지와 특혜 무역제도에 대해 적용할 것인지 여부는 논의 중에 있다.

통일 원산지규정의 제정작업은 HS(Harmonized System) 품목분류를 토대로 이루어지고 있다. 그러나 일부 개발도상국들은 아직 HS 품목분류를 사용하지 않고 있거나, 그 개정내용에 대해 자국의 관세 및 통관분류에 반영할 시간이 없음을 들어 문제를 제기하고 있다. 하지만 HS 품목분류제도가 각국의 품목분류에 있어서 통일성을 얻기 위해 만들어진 제도라는 것을 고려할 때, 통일 원산지규정의 제정은 HS 품목분류를 토대로 이루어진다는 것은 이미 합의된 사실이라고 볼 수 있다. 다만, 향후 개정이 있을 경우, 개도국들의 입장을 어떻게 수용할 수 있는지에 대해서는 반드시 고려되어야 하는 상황이다.

통일 원산지규정에서 원산지 결정(Determination of Origin)은 일국에서 완전히 획득된 농·임·수·광산물에 대해서는 당해국을 원산지로 하는 완전생산물품(Wholly Obtained Goods)으로 인정하고 있다. 그리고 완전생산물품만을 사용하여 생산된 물품에 대해서는 완전생산물품으로 인정한다.

나머지 품목별 원산지 결정기준은 통일 원산지규정의 첨부 2에 규정되어 있다. 현재 첨부2에 나타나 있는 원산지 결정에 관한 적용원칙은 기존에 우리가 사용하고 있는 4단계 원산지 결정기준을 핵심으로 하고 있다. 이는 WTO 원산지규정 관련 협정에서 규정되어 있던 세번변경기준, 부가가치기준, 주요공정기준을 어떤 순서로 적용할 것인가 하는 것을 품목별로 정한다는 것이다. 이러한 내용은 WTO 원산지규정에 관한 협정은 국제사회에서 적용되는 통일 원산지규정의 근간이 된다는 것을 의미한다.

제 9 절 ・ 무역 관련 투자조치에 관한 협정

1. 배경

(1) 무역 관련 투자조치의 개념

무역 관련 투자조치(Trade-related Investment Measures : TRIMs)는 외국인 투자와 관

련하여 무역흐름을 제한·왜곡시키는 투자유치국의 규제나 인센티브를 지칭하는 용어이다. 이 중 국제통상에서 가장 문제가 되는 것은 내국민대우에 위배되는 무역 관련 투자조치(이하 TRIMs)와 수량제한 금지에 위배되는 무역 관련 투자조치이다.

(2) 국제적 논의과정

사실 무역 관련 투자조치(TRIMs)는 산업정책의 일환으로서 외국인 투자에 적용되는 국내규제와 관련된 것으로 볼 수 있다. 하지만 전 세계적으로 외국인 직접투자가 증가하면서 기업 내 무역의 비중이 증대함에 따라 무역과 외국인 직접투자 간의 연계가 심화되었다. 이에 무역과 연계된 무역 관련 투자조치에 대한 적절한 국제규범 제정의 필요성이 제기되었다.

구체적으로 우루과이라운드(UR)에서 무역 관련 투자조치(TRIMs)가 논의된 이유는 미국 등 선진국들이 자국의 해외투자를 보호하고 무역을 확대하기 위해 무역제한을 가져올 수 있는 투자조치를 방지할 필요가 있다고 제안했기 때문이다. 선진국들은 무역제한적 투자조치의 방지를 위해서는 다자간 규범의 제정이 필요하다고 보았고, 이를 UR에서 논의하기를 원했다.

하지만 선진국은 무역 관련 외국인 투자에 대한 논의를 진행할 때 외국인 투자 시 기술이전의무나 외국인 지분제한 등에 대한 광범위한 규제철폐도 함께 주장했다. 이러한 선진국의 주장과는 달리 개발도상국은 일정 수준에서 외국인 투자의 제한은 주권국의 고유권한으로 보았다. 그리고 다국적기업의 불공정행위에 대한 규제도 이러한 측면에서 그 필요성을 인정하였다.

우루과이라운드 협상과정에서는 선진국의 입장과 외국인 투자규제에 대한 주권주장 및 자국산업의 보호라는 개도국의 입장이 대치되었지만, 이에 대한 타협을 성공적으로 도출하였다. 협상과정에서 외국인 투자에 대한 내용을 무역 관련 투자조치로 한정하면서 개도국과 선진국의 입장 차이를 조정하였다. 즉, 국제투자문제 자체를 협상의 대상으로 하지 않고, 무역의 자유로운 흐름을 왜곡하는 투자조치만을 일종의 비관세장벽의 차원에서 다루었다.

그 결과 WTO TRIMs 협정에서는 특정한 투자조치가 무역을 제한하거나 왜곡하는 효과를 초래할 수 있다는 점을 인정하였다. 그리고 이러한 무역 관련 투자조치를 세계무역의 확대와 자유화를 증진하는 방향으로 촉진하여 자유경쟁을 보장하는 동시에, 각국의 경제성장을 증진하는 방향으로 유도할 것에 합의하였다.

　　UR에서는 제한된 범위이지만 국제투자가 공식적으로 최초 거론되었다는 측면에서 의의를 가진다. 개도국도 기존의 소극적인 태도에서 벗어나 TRIMs 협정의 체결에 동의하였다는 부분에서 의의가 있다. 그리고 UR의 합의과정에서는 협정에 대한 향후 수정 및 보완 가능성을 열어 놓았다. 따라서 향후 무역 관련 투자조치에 관한 새로운 논의가 반드시 나타날 것이다. 현재에도 OECD, APEC 등에서 보다 강화된 TRIMs 관련 규범을 제정하기 위한 노력이 진행 중이다.

■ 함께 읽어보기

경총 "해외 직접투자 늘고 외국인 직접투자 줄어, 투자 순유출 407조 원"

　　한국경영자총협회는 '최근 우리나라 해외 직접투자 · 외국인 직접투자 현황과 시사점' 보고서 (2022.7.)에서 2000-2021년 동안 ODI는 2,465.7% 증가했지만 FDI는 501.9% 늘어나 투자 순유출 규모가 3,105억 달러(약 407조 1,000억 원)에 달한다고 밝혔다. 지난 20여 년간 ODI 및 FDI 증가율을 같은 기간 국내총생산(GDP) 증가율과 비교하면 한국 ODI 증가율(2,465.7%)은 GDP 증가율(212%)보다 11.6배 커 주요 7개국(G7)과 비교해 가장 높았다.

　　우리나라에 대한 FDI 증가율(501.9%)은 GDP 증가율의 2.4배로 영국(5.5배), 프랑스(3.7배), 이탈리아(3.3배), 미국(3.1배)보다 낮은 수준이었다. 일본은 이 기간 명목GDP가 0.6% 감소해 GDP 증가율과 투자 증가율을 비교하기에 적절치 않아 제외됐다. 다만, 경제성장을 고려하지 않은 단순 누적액 증가율은 FDI도 우리나라가 1위였다. 또 우리나라의 투자 순유출(ODI 누적액에

◀ 그림 ▶ 경제성장을 고려한 해외 직접투자 · 외국인 직접투자 증가율(배율) 국제비교

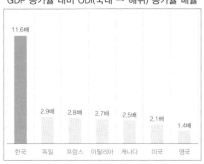

GDP 증가율 대비 ODI(국내 → 해외) 증가율 배율

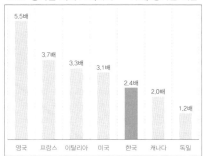

GDP 증가율 대비 FDI(해외 → 국내) 증가율 배율

주 GDP 증가율, FDI · ODI 증가율은 2000년 대비 2021년 증가율 기준
주 2000년 대비 2021년 각 국가별 경제규모(명목GDP)의 증가속도를 고려하여 우리나라와 G7 국가의 누적된 해외 직접투자 및 외국인 직접투자가 얼마나 증가했는지를 분석

출처 │ UNCTAD, IMF, 경총 분석

국가명	해외직접투자(ODI, 억 달러)				외국인직접투자(FDI, 억 달러)			
구분	2000	2021	증가율(%)	순위	2000	2021	증가율(%)	순위
한국	215	5,515	2,465.7	1위	437	2,633	501.9	1위
일본	2,784	19,839	612.5	2위	503	2,570	410.6	4위
캐나다	4,426	22,853	416.3	3위	3,250	14,378	342.4	6위
독일	4,839	21,413	342.5	4위	4,709	11,391	141.9	8위
프랑스	3,659	15,450	322.3	5위	1,842	9,780	730.9	3위
미국	26,940	98,135	264.3	6위	27,832	136,190	389.3	5위
이탈리아	1,700	5,533	225.6	7위	1,225	4,549	271.3	7위
영국	9,402	21,664	130.4	8위	4,395	26,342	499.4	2위

주 각 연도 ODI와 FDI 금액은 Stock(어느 한 시점에 한 나라에 투자되어 있는 총누적금액) 기준으로, 2000년, 2021년의 금액은 그 연도의 금액이 아닌 당해까지의 총누적금액을 의미

출처 | UNCTAD, IMF, 경총 분석

서 FDI 누적액을 차감한 수치)이 3,105억 달러에 달한 반면에 미국은 3조 7,163억 달러, 영국은 9,685억 달러가 순유입된 것으로 나타났다. 일본은 1조 4,988억 달러, 독일은 9,892억 달러가 각각 순유출됐다.

각국의 투자유입 대비 투자유출 규모를 비교하기 위해 FDI 대비 ODI 배율을 분석한 결과, 우리나라는 2000년에는 0.49배로 모든 G7 국가보다 낮았다. 반면에 2021년에는 2.10배로 일본을 제외한 6개국보다 높게 나타나 외국인 직접투자에 비해 해외 직접투자가 국제적으로 매우 높은

◀ 그림 ▶ FDI 대비 ODI 배율 국제비교(2000년, 2021년)

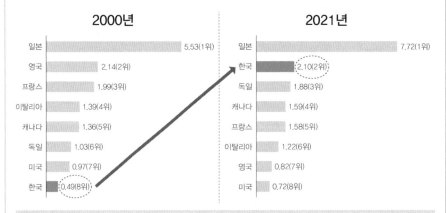

주 FDI 대비 ODI 배율은 해당 연도의 ODI Stock을 FDI Stock으로 나눠서(ODI Stock/FDI stock) 산출

출처 | UNCTAD, 경총 분석

수준에 도달한 것으로 분석됐다.

경총은 우리나라 ODI가 빠르게 증가한 원인이 경쟁국보다 협소한 내수시장, 과도한 시장규제, 취약한 조세경쟁력 등이 국내투자 결정에 부정적 영향을 미쳤기 때문으로 추정했다.

하상우 경총 경제조사본부장은 "우리 기업의 해외투자 증가를 부정적으로 보기보다는 신성장 동력 확보를 위해 투자 총량을 키우는 동시에 외국인의 국내투자를 확대하기 위한 노력이 시급하다"라며 "법인세 최고세율 인하 및 조세경쟁력 강화와 노동규제 개혁을 통해 우호적인 투자환경을 조성해야 한다"고 말했다.

출처 | 정다은, "경총 "해외 직접투자 늘고 외국인 직접투자 줄어, 투자 순유출 407조 원"", 전자신문, 2022.7.26.

(3) 의의

무역 관련 투자조치(TRIMs)에 관한 협정은 선진국과 개도국의 입장을 모두 반영하는 타협안이라는 점에서 의미가 있다. TRIMs 협정에서 선진국과 개도국의 입장 반영은 다음과 같은 내용으로 이루어졌다.

- ○ 선진국의 입장 반영
  - − 다국간기업의 경쟁제한적 투자조치 제외
  - − 투자조치의 영향 여부에 대한 평가 없이 부속서에 열거된 예시목록상의 조치를 전반적으로 금지 등
- ○ 개도국의 입장 반영
  - − 상품무역에 직접적으로 영향을 미치는 투자조치만을 규율대상으로 함
  - − 해외직접투자 등의 신규투자에 대해서만 적용
  - − 선진국이 폐지를 주장한 기술이전의무와 국내지분참여의무 등은 적용범위에서 제외 등

이러한 측면에서 보면 WTO TRIMs 협정은 직접적인 무역제한 또는 왜곡효과를 초래하는 투자조치만을 대상으로 한다는 점에서 그 파급효과가 제한적인 측면이 존재한다. 하지만 국내산품 사용의무, 수출의무, 송금제한 등과 같이 개도국들이 그동안 빈번히 사용해 오던 이행요건의 부과가 금지됨에 따라 해외직접투자의 여건이 전반적으로 개선된 측면이 강하게 존재한다. 그러므로 이러한 측면을 고려하면 WTO TRIMs 협정의 제정은 선진국을 중심으로 한 투자자유화의 가속화에도 기여할 수 있을 것으로 평가받고 있다. 그리고 국제투자의 자유화를 위한 포괄적인 규범은 아니지만 무역 관련

투자조치에 관한 최초의 다자간 투자규범이라는 점에서도 그 의의를 찾을 수 있다.

2. 주요내용

(1) 적용범위

WTO TRIMs 협정은 상품무역과 관련된 투자조치(investment measures related to trade in goods)에 대해서만 적용된다. 그러므로 은행, 학교, 병원 등에 대한 투자와 같은 서비스무역 관련 투자조치는 개별 서비스에 대한 개방협상을 통해 논의된다.

본 협정의 적용대상에서 무역왜곡효과와 무관한 일반 투자조치는 제외된다. 그리고 외국인의 자산투자는 외국인이 국내의 유가증권 등 금융상품을 매입하는 방법으로 투자하는 것이므로, 외국인 직접투자와는 달라 본 협정의 적용대상이 아닌 개별 금융협정의 적용대상이다. 또한 보조금 등의 인센티브는 투자 관련 조치와 관련되지만 TRIMs 협정이 아닌 보조금 및 상계관세에 관한 협정에서 처리된다.

WTO 회원국은 WTO 협정 발효 후 이루어지는 신규 투자에서 본 협정과 배치되는 무역 관련 투자조치를 부과할 수는 없다. 기술이전의무는 투자유치 협정에서 투자유치국에 의해 가장 빈번히 사용되고 마찰이 심한 부분이지만 TRIMs 협정의 대상에서는 제외된다.

이 밖에도 WTO에서는 외국인지분 참여제한제도는 일종의 시장접근 자체에 대한 제한으로, 각국이 개방업종을 정하는 것과 같은 차원으로 볼 수 있기 때문에 개별국가의 정책결정 사항으로 남겨둔다.

(2) 기본원칙

WTO TRIMs 협정의 기본원칙으로 내국민대우 및 수량제한금지 원칙에 위배되는 투자는 본 협정의 적용에서 제외된다는 것이다(제2조). 이는 내국세 및 규제에 관한 내국민대우(GATT 제3조)와 수량제한의 일반적 철폐의무(GATT 제11조) 원칙에 위배되는 무역 관련 투자조치는 본 협정의 적용에서 배제한다는 것을 의미한다.

  ○ 내국민대우 원칙에 위배되는 TRIMs
    − 기업들에 국산품이나 국내공급제품 등을 구매·사용하도록 하는 조치
    − 수입제품의 구매·사용을 국산품의 수출과 연계시키는 조치 등
  ○ 수량제한금지 원칙에 위배되는 TRIMs

　　－ 기업의 국내생산에 필요한 제품의 수입을 제한하거나 제품의 수입을 수출
　　　과 연계시키게끔 하는 조치
　　－ 기업의 외화취득을 기업이 벌어들인 외화의 액수로 제한함으로써 국내생산
　　　에 필요한 제품의 수입을 제한하거나, 제품의 수출 또는 수출을 위한 제품
　　　의 판매를 제한하는 조치
　　－ 기업의 제품 수출이나 수출을 위한 제품 판매를 특정 제품, 제품의 수량,
　　　자국의 국내생산량 또는 금액에 대한 비용 등을 기준으로 제한하는 조치 등

　　WTO 협정 발효 이후의 신규투자에서 회원국들은 국제무역을 왜곡시키는 TRIMs
를 시행해서는 안 된다. 회원국들은 TRIMs 협정 발효 이후, 협정에 위배되거나 합당하
지 않은 신규투자조치를 실시할 수 없다. 만약 시행되었다고 하더라도 일정 기간 이후
에는 철폐해야 한다.

(3) 협정적용의 예외
　　WTO TRIMs 협정에서도 협정적용의 예외는 인정된다. GATT에 따른 모든 예외는
이 협정의 전반에 적절히 적용되어 있다(제3조). 무역 관련 투자조치에 관한 협정 적용의
대표적 예외로는 GATT 규정상의 대표적 예외로 인정되는 일반적 예외와 안전보장을
위한 예외 등이 있다.
　　GATT에서는 다음과 같은 조치를 채택하기 위해 취하는 TRIMs 조치는 무역을 방
해하지 않는 일반적 조치로 해석된다(일반적 예외).

○ 공중도덕을 보호하기 위해 필요한 조치
○ 인간·동물·식물의 생명 또는 건강을 보호하기 위해 필요한 조치
○ 금, 은의 수출입에 관한 조치
○ 본 협정에 반하지 않는 법령 및 규칙
○ 제소자 노동상품에 관한 조치
○ 미술적·역사적·고고학적 가치가 있는 국보의 보호를 위해 적용되는 조치
○ 유한 천연자원의 보존을 위한 조치
○ 정부 간 상품협상상 의무에 따라 취하는 조치
○ 국내 원료가격이 낮은 가격으로 유지되는 가운데 국내 가공산업에 불가결한 수

량확보를 위해 국내원료의 수출에 제한을 가하는 조치
o 일반적으로 또는 지역적으로 공급이 부족한 생산품의 획득 또는 분배를 위해 불가결한 조치

GATT 규정상의 일반적 예외 이외에도 WTO TRIMs 협정에서는 개발도상국 우대 조치의 일환으로서 개발도상국에 대한 예외조치가 인정된다.[102] 그래서 개발도상국에 대해서는 GATT 제18조(경제개발에 대한 정부의 지원), 국제수지 규정에 관한 양해각서, 국제수지 목적의 무역조치에 관한 선언 등에 의거하여 여타 체약국들의 양해하에 내국민대우 및 수량제한금지를 규정한 본 협정상의 의무면제가 일시적으로 허용된다. 하지만 개도국에 대한 예외의 허용은 일시적인 것으로 수시로 재검토되며, 궁극적으로는 예외를 축소하여 경쟁을 촉진시키는 것이 목표가 되어야 한다.

(4) 통보 및 경과 규정

각 회원국들은 WTO TRIMs 협정 발효 후 90일 이내에 본 협정에 합치되지 않는 회원국의 모든 TRIMs를 상품무역이사회에 통보해야 한다. 통보 시에는 관련 TRIMs의 주요 특징에 대한 내용과 함께 포함되어야 한다. 통보된 TRIMs는 WTO 설립협정 발효 후 선진국의 경우 2년, 개도국의 경우 5년, 최빈개도국의 경우 7년 이내에 철폐되어야 한다.[103]

상품무역이사회는 개도국이나 최빈개도국에 대해 TRIMs의 철폐를 위한 경과기간을 연장할 수 있다(이러한 조치를 과도조치라 한다). 하지만 이 경우 연장 대상국가가 스스로 자국이 특별한 어려움을 겪고 있고, 또한 이에 대한 입증을 할 수 있는 경우에 한해, 해당국의 요청이 있는 경우에 연장된다. 경과기간의 연장을 고려할 때에는 개별 회원국의 개별적인 개발과 재정, 무역상 필요 등을 고려한다.

다만, TRIMs 협정에는 경과기간 중에 철폐의무를 부담해야 하는 분야에서 기존의 투자업체가 불이익을 당하지 않도록 하기 위해, 특별한 경우에 한해서 신규투자에 대한 무역 관련 투자조치의 적용을 규정하고 있다(제5조의5). 이때 신규투자의 실시가 적용되는 특정 경우는 다음과 같다.

---

102 무역 관련 투자조치에 관한 협정 제4조.
103 무역 관련 투자조치에 관한 협정 제5조 1, 2.

○ 신규투자된 상품이 기존기업의 상품과 동종인 경우

○ 신규투자와 기존기업 간의 경쟁왜곡을 시정할 필요가 있는 경우

(5) 투명성

회원국은 TRIMs와 관련하여 투명성 및 통보의무를 진다.[104] 회원국은 다른 회원국의 요청이 있을 경우, 필요한 자료 및 협조를 제공해야 하고, 이러한 요청에 대해 호의적으로 응해야 한다(의무조항). 그리고 각 회원국이 실시하고 있는 무역 관련 투자조치와 관련된 법률과 주요 내용 등은 각국 정부 및 무역업자들이 알 수 있는 방법으로 공표되어야 한다. 마지막으로 회원국들은 자국(정부와 지방정부 등)의 무역 관련 투자조치에 적용하고 있는 주요 조치와 이에 대한 공표와 관련된 주요 관련 간행물 등을 WTO 사무국에 통보해야 한다.

(6) 무역 관련 투자위원회와 분쟁처리

1) 무역 관련 투자위원회 TRIMs 협정은 동 협정과 관련된 약속의 이행 여부를 점검하기 위해 무역 관련 투자위원회의 설립을 규정하고 있다.[105] 상품무역이사회는 WTO 발효 후 5년 내에 본 협정의 운영을 검토하고, 필요한 경우 각료회의에서 협정문의 개정을 제안할 수 있다. TRIMs에 대한 검토과정에서 상품무역이사회는 WTO 협정이 투자정책 및 경쟁정책에 관한 규정에 의해 어떻게 보완되어야 할 것인지 여부를 검토해야 한다.[106]

2) 협의 및 분쟁해결 회원국은 무역 관련 투자조치에 대한 분쟁이 있는 경우, WTO의 협의 및 분쟁해결절차에 관한 양해를 적용받을 수 있다.

3. 관련 사례 : 다자간 투자협정(MAI)

(1) 배경

무역과 투자에 관한 논의는 제2차 세계대전 이후부터 시작되었다. 1940년대 후반 GATT의 설립이 준비될 때에도 GATT 설립목표 중의 하나가 상품무역의 자유화를 위

---

104 무역 관련 투자조치에 관한 협정 제6조.
105 무역 관련 투자조치에 관한 협정 제7조.
106 무역 관련 투자조치에 관한 협정 제9조.

한 규범의 제정과 함께 투자에 관한 규범을 제정하는 것이었다. 실제로 국제무역기구 (International Trade Organization : ITO)를 설립하기 위한 하바나 헌장(Havana Charter) 제11 조와 제12조에서도 외국인 투자 간 차별적 대우의 금지를 규정하고 있었다.

그러나 국제무역기구(ITO)를 설립하려는 시도가 미국 의회의 반대로 최종 실패됨으로써 무역과 투자에 관한 협정은 만들어질 수 없었다. 이러한 과정에서 외국인 직접투자에 관한 내용은 개별국가의 주권적 규제사항으로 남게 된 것이다. 하지만 현대 경제 사회에서 외국인 직접투자의 중요성이 커짐에 따라 쌍무적 차원에서나 지역적 차원에서 국제투자 규범을 만들려는 노력이 시작되었다.

1980년대 이후 GATT는 다자간 투자규범의 제정필요성을 제기하기 시작했고, 그후 UR 협상에서 무역과 투자에 관한 논의가 시작되었다. 그 결과 WTO 협정에서는 무역 관련 투자협정을 비롯해 여러 협정들 속에 투자와 관련된 문제와 규정들을 포함시킬 수 있게 되었다.

WTO에서의 투자문제에 관한 논의는 국제투자를 하나의 독립된 문제로 인식하는 것이 아니라 무역 관련 문제로 인식하면서 시작된 것이다. 즉, 무역의 흐름을 왜곡하는 투자조치를 무역장벽으로 인식하면서 이를 규제하기 위해 시작된 것이라고 볼 수 있다. 그러므로 WTO 차원에서의 무역 관련 투자에 관한 논의는 투자보호나 투자유인, 기업 행동 등 투자자체와 관련된 문제와 정책에 대한 것은 아니다. 그러나 투자 관련 논의 분야에서 WTO의 기여는 1994년 마라케시 각료회의를 통해 투자문제를 WTO 차원에서 논의될 수 있도록 하는 기반을 마련하였다는 것이다.

WTO에서는 TRIMs 협정을 제정하였고, GATS에서 무역제한이나 왜곡효과를 가진 투자조치를 규제하는 조항도 만들어졌다. 1996년에는 무역과 투자 간 연계작업반(Working Group on the Relationship between Trade and Investment)도 설치되어, WTO 차원에서 다자간 투자협정 또는 WTO 국제투자 협정에 대한 논의를 진행할 수 있게 되었다.

(2) 국제적 논의과정

WTO의 투자 관련 조항들은 외국인 직접투자를 직접 보호하는 부분에서는 많이 미흡하고, 규정의 포괄성도 결여되어 있다고 평가받아 왔다. 이 때문에 UR 협상의 타결 직후부터 국제투자 분야에서 구속성과 포괄성을 모두 갖춘 새로운 다자간 투자규범 (Multilateral Agreement on Investment : MAI)의 도입이 요구되어 왔다. 그래서 다자간 투자협정(MAI)에 대한 협상이 1995년 9월부터 경제개발협력기구(OECD)에서 처음 시작되었다.

　　다자간 투자협정(MAI)은 기존의 직접투자뿐만 아니라 주식, 채권, 계약상의 권리, 대금 및 이행청구권, 동산 및 부동산과 관련된 재산권 등 사실상의 모든 유형 및 무형자산까지도 논의의 대상으로 하고 있다. 그리고 내국민대우와 최혜국대우 그리고 투명성 등을 기본원칙으로 하여 투자보호의 강화, 기업설립 및 영업활동과 관련된 실질적인 투자자유화의 달성에 집중하였다. 또한 협정의 구속력 확보와 효율적인 분쟁해결절차의 마련 등과 같은 구조적 측면에서도 안정화를 도모하려는 노력도 시도하였다.

　　사실 다자간 투자협정(MAI)이 합의될 수만 있다면, 이는 투자보호와 투자자유화의 증진 그리고 분쟁해결의 강화 등과 같은 주요 3대 측면에서 광범위하고 포괄적인 증진이 있다고 볼 수 있을 것이다. 그 결과는 현재 수준보다 높은 수준의 국제투자 규범이 제정될 수 있을 것이라는 평가도 받았다.

　　WTO에서도 무역투자작업반을 중심으로 OECD 다자간 투자협정의 내용을 반영한 WTO 다자투자협정의 제정가능성에 대해 논의했다. 논의과정에서 개도국은 'WTO 다자투자협정'에 대한 이해도를 높일 수 있었으며, 향후 협상내용을 파악하기 위해 '기술이전과 능력배양' 활동의 중요성도 인식하게 되었다. 개도국들은 기술이전 및 이러한 능력배양이 WTO 다자간 투자협정의 체결을 위한 협상력 제고차원을 넘어 인력양성 및 기구설립, 정책개발·지원으로 확대되어야 한다고 주장하고 있다.

　　무역 및 투자와 관련된 최초의 의미 있는 결정은 2001년 도하 각료회의에서 이루어졌다. 동 각료회의에서 결정된 도하 각료선언문 제22항에서는 「무역과 투자작업반」에 다자간 투자협정에 포함될 수 있는 7개 핵심요소에 대한 집중 검토를 지시하였다.

　　이에 따라 검토된 7가지 핵심요소는 ⅰ) 범위와 정의, ⅱ) 투명성, ⅲ) 무차별 원칙, ⅳ) positive list 방식에 의한 설립 전단계 Modality, ⅴ) 개발조항, ⅵ) 예외 및 국제수지 조항, ⅶ) 협의 및 회원국 간 분쟁해결 등이다. 하지만 일부 회원국은 검토된 7개 핵심요소는 예시에 불과한 것이라고 주장하였고, 이행의무(performance requirement)에 대한 부분도 포함시킬 것을 요구하였다.

　　각료선언문 제22항에서는 무역 및 환경과 관련된 논의에서도 개도국과 최빈국의 개발·무역·재정 등을 다자협정의 일부로 고려해야 하며, 각국의 여건에 맞도록 의무와 양허를 허용할 것도 규정하였다.

(3) 무역투자작업반의 주요 검토내용

무역투자작업반에서 지금까지 검토된 다자간 투자협정(MAI) 또는 WTO 투자협정의 제정과 관련된 주요 내용을 항목별로 정리해 보면 다음과 같다.

    1) 범위와 정의   무역투자작업반에서는 MAI에서 사용되는 투자(Investment)
와 투자자(Investor)의 정의 및 포괄범위에 대해 논의하였다. 많은 개도국들은 협의의 투자개
념(enterprise-based)을 지지하며, 투자와 무역의 확대, 투자자유화가 갖는 시장의 불안정성
등을 강조하여 투자개념을 외국인 직접투자(FDI)에 한정하자고 주장하였다. 하지만 미국과
캐나다 등의 선진국들은 기업뿐만 아닌 자본, 포트폴리오까지를 포함하는 광의의 투자까지
도 포함하자고 주장하였다.

    그리고 투자의 대상이나 범위에 대한 논의에서는 ⅰ) FDI를 유형별로 다양하게 구
분하자는 주장과 ⅱ) 무역확대에 기여하는 장기적 투자에 대해서만 논의하자는 주장,
ⅲ) 개도국들에게는 포트폴리오 투자에 대한 규제를 허용하자는 주장 등이 제시되었다.

    일본과 EU, 대만 등의 국가들은 투자 부문에서 투명성 확보는 투자환경의 안정성
·예측가능성 확보에 필수요인이라는 부분에 동의하였다. 하지만 투명성의 적용범위,
규율수준에 대해서는 입장 차이를 보였다. 선진국들은 새로운 투자협정에 대해서는
GATS 수준의 투명성을 요구하고 있다. 하지만 개도국들은 기존 WTO 협정의 준수 어
려움이 상당함을 고려할 때 투자규범의 투명성 조항에 대한 이행에 있어서도 부담이 가
중될 것이고, 인력부족 등도 나타날 것임을 집중 거론하였다.

    2) 개발조항의 처리   회원국들은 모두 '개발조항(Development Provisions)'
이 다자간 투자협정이나 WTO 투자협정 모두에 적용되는 수평적 이슈(horizontal issues)
인 부분에 대해서는 공감하였다. 하지만, 이에 대한 구체적 실현방안에 대해서는 이견
이 존재하였다. 선진국들은 GATS 협정의 개발 관련 조항을 준용하면 개발목적의 달성
이 충분하다는 입장이다. 대표 선진국인 캐나다는 투자 분야에서 양허 분야의 설정은
Positive List 방식(WTO 서비스 협정 양허방식)이 Negative List 방식(원칙 개방, 일부 보호예
외)보다는 더 신축적이고 개도국의 이해에도 부합된다고 주장하였다.

    하지만 개도국은 GATS 수준은 너무 선언적이어서 개발목적(Development Dimension)
을 충족하기에는 부족하다고 보고 있다. 따라서 개도국의 개발정책 수행을 지원하기 위해
서는 이를 위한 실체적 조항을 포함시키자는 주장이 제기되었다.

    인도는 무역확대에 기여하는 투자형태를 각국이 국내여건에 따라 정하자는 "정책
융통성(policy flexibility)"의 개념을 주장하였다. 일부 개도국들은 각국의 여건을 반영한
예외규정의 도입을 주장하고 있다. 또한 선언적 예외조항보다는 실체적인 조항으로서의
별도 개발규정(Development Clause)을 두자는 개도국들도 존재한다.

3) 분쟁해결절차   WTO 분쟁해결절차를 회원국 간 투자분쟁에 대해서도 준용할 수 있는가 하는 부분도 쟁점이 되었다. 선진국은 대체로 준용을 지지하는 입장을 갖고 있지만 그 강조점은 조금씩 다르게 나타난다. 캐나다는 WTO의 DSU가 투자분쟁에도 준용되어야 한다는 강경한 입장을 가지고 있다. 하지만 EU는 투자국과 유치국 간 "협의"의 단계를 강조하는 등 유연한 입장을 보이고 있다. 그리고 비위반제소의 적용범위에 대해서도 우려와 이견이 제기되었다.

WTO 무역투자작업반에서는 투자분쟁의 쟁점으로 투자분쟁의 승자가 갖는 구제수단(remedies) 관련 논쟁이 발생했다. 투자자와 국가 간 투자분쟁의 중재를 허용한 MAI에서는 투자자가 협정위반 투자유치국 정부를 상대로 국제협정과 불일치하는 국내정책·조치의 수정과 같은 중재결정을 내릴 수는 없다. 하지만 손해배상청구와 자산환수 등을 허용하는 중재결정은 가능하다. 하지만 WTO DSU에서는 어디에서도 중재과정에서 이러한 손해배상을 명령할 수 있는 근거를 찾아볼 수 없다.

4) 기술이전   무역투자작업반은 다국적기업의 기술이전방식이 갖는 개도국 기술발전의 기여 부분에 주목하였다. WTO는 FDI가 개도국의 기술발전에 기여하기 위해서는 다국적기업의 형식적인 기술이전 외에도 투자유치국의 지식파급효과(knowledge spill-over effect)에 의한 연관기업들의 기술확산(diffusion)과정이 더 중요하다고 보았다.

WTO는 이러한 이유 때문에 내부화된 기술이전(internalized transfer)[107]과 외부화된 기술이전(externalized transfer)[108] 등의 다양한 기술이전 형태에 대해 모두 주목하고 있다.

5) 기타   회원국들 사이에서는 WTO 협정상 일반예외 및 국가안보상 예외조항이 투자규범에도 준용되어야 한다는 부분에 대해서는 어느 정도의 공감대를 형성하고 있다. 즉, 이는 공공이익·안보·국제수지(BOP)를 근거로 한 신축성 부여는 다자규범의 핵심요소라는 입장에 모두 공감하고 있다는 것이다.

하지만 이러한 예외조항들도 GATT나 GATS의 예외조항처럼 자의적인 차별을 야기하거나, 위장된 제약이 되지 않도록 명료한 조건을 붙여야 한다고 주장하고 있다. 그리고 개도국에 대해서는 추가적인 융통성(additional flexibility)이 부여되어야 한다는 입장도 여전히 제기되고 있다.

---

107 다국적기업 본사가 외국 소재 자기업에 기술을 이전하는 내부적인 기술이전을 의미한다.
108 다국적기업이 관계가 없는 다른 기업에게 라이선싱, 합작투자, 기술협력계약 등의 방식으로 기술을 이전하는 메커니즘을 의미한다.

(4) MAI 타결 실패의 교훈

OECD를 중심으로 하는 다자간 투자협정(MAI)의 제정노력이나 WTO를 중심으로 하는 WTO 다자간 투자협정의 제정노력은 실패했다. 사실 OECD에서 추진하는 MAI에 대한 제정 움직임은 OECD 자체가 어느 정도 동질적 수준의 국가들로 구성된 점을 고려할 때 성공할 수 있을 것이라고 전망되었다. 하지만 OECD도 투자이슈에 대해서는 결코 동질적이지 않은 입장이라는 것을 보여 주었다. 그리고 이러한 경향은 WTO 무역투자위원회에서도 마찬가지였다.

WTO의 뉴라운드인 DDA에서도 다자간 투자협정을 의제에 포함시키려는 노력이 나타났다. 하지만 논의과정에서 투자 분야에 대한 개도국들의 강한 저항을 다시 확인하게 되었다. 그 결과 2003년도 멕시코 칸쿤에서 개최된 WTO 각료회의에서는 투자이슈가 공식 의제에서 제외되었다. 이로써 1990년대 초반부터 계속되어 온 다자간 투자협정(MAI)에 관한 논의는 완전한 실패로 귀결되었다고 평가받게 되었다.

MAI 채택의 실패원인에 대한 평가로는 ⅰ) 지나치게 광범위한 투자자유화 대상의 설정, ⅱ) 투자자유화 관련 의무의 엄격한 적용, ⅲ) 예외조치의 최소화, ⅳ) 투자보호와 동등한 차원에서 투자자 대 정부 간 분쟁해결절차의 적용 등과 같은 다소 과도하고 경직된 접근방식이 만들어졌기 때문이라는 평가가 있다.[109]

따라서 향후의 다자간 투자협정에 대해 좀 더 유연한 입장의 접근이 필요할 것으로 보인다. 다자간 투자협정의 제정에는 비록 실패했지만 MAI에 대한 다자간 협상경험은 이후 전개되고 있는 FTA 등에서 만들어진 다양한 투자협정의 발전에 상당한 영향을 미쳤다고 평가받고 있다. 즉, 국가 간 투자협정의 제정에 대한 이해와 인지도가 크게 제고된 것이다. 그러한 과정에서 투자 관련 개별규정들에 대한 엄밀한 검토가 이루어지고 있으므로, 향후 MAI가 재추진될 경우에는 상당히 긍정적인 전망도 나타나고 있다.

---

109 Baldi, Marino, "Are trade—law inspired investment rules desirable ?", Columbia FDI Perspectives, No.105, (2013).

함께 생각하기

최근 확대되고 있는 기업 리쇼어링(Reshoring) 개념과 현황, 전망 및 문제점 등을 분석해 보고, 이러한 내용과 WTO TRIMs의 관련성에 대해 함께 생각해 보자.

리쇼어링이란?

국립국어원 권장용어 – 국내복귀

생산비와 인건비 등의 이유로
해외에 진출한 기업들이
다시 자국으로 돌아오는 현상

오프쇼어링이란?

국립국어원 권장용어 – 국외이전

기업들이 서비스 분야의 업무나 생산,
용역 등 업무 일부를
인건비가 비교적 저렴한 해외로 이전하는 현상

제5장

산업피해구제제도 관련 협정

사진 | https://www.gettyimagesbank.com/

제1절 · 반덤핑 협정

1. 배경

(1) 덤핑의 의의와 목적

덤핑(Dumping)이란 일반적으로 정상적인 가격 이하로 상품을 판매하는 행위를 말한다. 무역에서 덤핑은 보통 수출업자가 자신의 상품을 수출업자의 국내시장에서 비교가능한 상품의 가격보다 낮은 가격으로 수출시장에 판매하는 행위를 의미한다. 구체적으로 덤핑은 동일한 시기, 조건하에서 동일한 상품을 국내가격보다 낮은 가격으로 외국시장에 판매하는 행위이다.

특정 기업이 시장에서 덤핑을 하게 되는 이유는 당해 물품의 수출을 촉진하고, 당해 물품의 국내가격을 유지하며, 신규시장을 개척하고 이윤을 극대화시키는 데에 있다. 물론 이 밖에도 경쟁법상의 약탈적 목적을 가진 덤핑도 이유가 된다.

(2) 덤핑규제의 이유

덤핑은 불공정 무역행위로 인해 수입국 국내시장에 대한 교란과 왜곡을 발생시킬 뿐 아니라 자유무역질서까지도 어지럽힐 수 있어 규제된다. 구체적으로 특정 기업이 손해를 감수하면서라도 덤핑수출을 하게 되고, 이러한 행위가 지속된다면 이는 다른 경쟁업체의 시장진입이나 또는 시장 내 경쟁활동에까지 영향을 미칠 수 있다. 따라서 국제무역의 과정에서는 이를 불공정무역이라고 판단하여 규제조치를 취하게 된다. 덤핑행위에 대한 규제방식은 반덤핑관세의 부과를 통해 이루어진다.

반덤핑관세란 외국물품이 수출국의 국내 시장가격이라고 하는 정상가격 이하로 판매됨으로써 국내산업이 실질적 피해를 받거나 받을 우려가 있을 때 그리고 이러한 행위가 국내산업의 발전을 지연시킬 때 부과되는 관세를 의미한다(그림 참고).

일국의 덤핑규제가 반덤핑관세를 통해 진행되는 이유는 반덤핑관세가 가지는 정책적 유용성에 기인한다. 반덤핑관세의 정책적 유용성은 다음과 같다. 첫째, 반덤핑관세는 외국기업의 불공정한 가격책정 관행(unfair pricing practices)으로부터 국내기업과 노동자를 보호하는 데 유용한 정책수단이다. 반덤핑관세는 동종상품을 생산하는 국내기업들이 덤핑행위를 바탕으로 해외시장 점유율을 확대해 가는 해외수출품에 의해 축출되지 않도록 방지하는 역할을 한다.

◀ 그림 ▶ 반덤핑관세

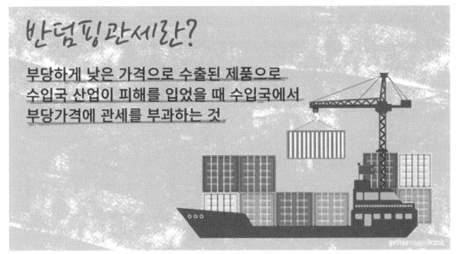

출처 ｜ 박주연, "거세지는 신보호주의 … 반덤핑관세", PAX 경제TV, 2016.8.11.

둘째, 반덤핑관세는 다른 보호무역정책수단들에 비해 상당히 온화한 형태의 보호
조치이다. 반덤핑관세는 일부 불공정한 외국기업의 상품에 대해서만 부과되는 제한적
무역규제수단이다. 따라서 국내소비자들은 국내생산자들보다 낮은 가격으로 수출되고
있는 정상적인 해외의 다른 동종상품(like products)을 구입할 수 있다.

셋째, 반덤핑관세는 국내 소비자에게 주는 부담(비용)이 고정되어 있기 때문에 정책
당국은 쿼터(수량할당)보다 반덤핑관세를 선호하는 경향을 가진다. 정부가 특정 품목 제
품에 대해 반덤핑관세를 부과하는 경우, 소비자들이 부담해야 하는 추가비용은 수요의
증가와 관계없이 덤핑마진 폭만큼만 부담하면 된다. 즉, 소비자들의 부담은 해당 상품
의 수요와 관계없이 일정하다는 의미이다. 하지만 쿼터(수량할당)의 경우, 수입공급량이
고정되기 때문에 국내수요가 증가하면 소비자의 부담이 가중되는 결과가 나타난다.

한편, 덤핑규제에 대한 논의가 일국이 아닌 국제간·다자간 체제로 논의되어야 하
는 이유는 무엇인가? 이는 결국 덤핑규제가 가지는 불공정성 요소 때문이다. 덤핑규제
가 가지는 불공정성을 살펴보면 다음과 같다.

첫째, 반덤핑관세는 다른 보호수단들과 마찬가지로 국내 소비자나 제조업자가 부
담하는 상품가격을 상승시켜 수입국에 대한 경제적 피해를 야기한다. 반덤핑관세는 국
내산업을 보호하기 위해 고안되었다. 하지만 이러한 반덤핑관세에 대해 상대국의 보복
이 있는 경우, 덤핑 판정을 내린 국가의 수출기업의 해외판매에도 장기적 측면에서 악

영향을 미칠 가능성이 높다.

둘째, 반덤핑관세제도는 남용 소지가 다분히 존재한다. 일국 기업이 국내 시장에서 해외 기업과의 경쟁을 회피하면서 국내 상품의 가격을 높게 유지하려고 한다면 해당 기업은 반덤핑 제소를 남발할 가능성이 높다. 이러한 사례는 결국 반덤핑관세의 조사절차를 하나의 무역장벽으로 활용함으로써 공정무역을 저해할 수도 있다는 것을 보여주는 좋은 사례이다.

셋째, 반덤핑관세는 상품별·국가별로 선택적으로 적용됨으로써 국제무역을 왜곡시킬 수가 있다. 실제로 일국의 정부는 특정 외국기업 상품에 대해서만 반덤핑관세를 부과함으로써 공격적인 수출가격을 채택하는 기업들에 대해 경고메시지를 줄 수 있다. 이러한 과정에서 반덤핑행위를 하지 않는 다른 수출 기업들도 자사의 가격을 상향조정함으로서 반덤핑관세의 묵시적 위협에 대응하게 된다.

함께 읽어보기 덤핑 관련 사례 : 반덤핑관세의 덫

주력 수출품, 이러다 훅 갈라 …

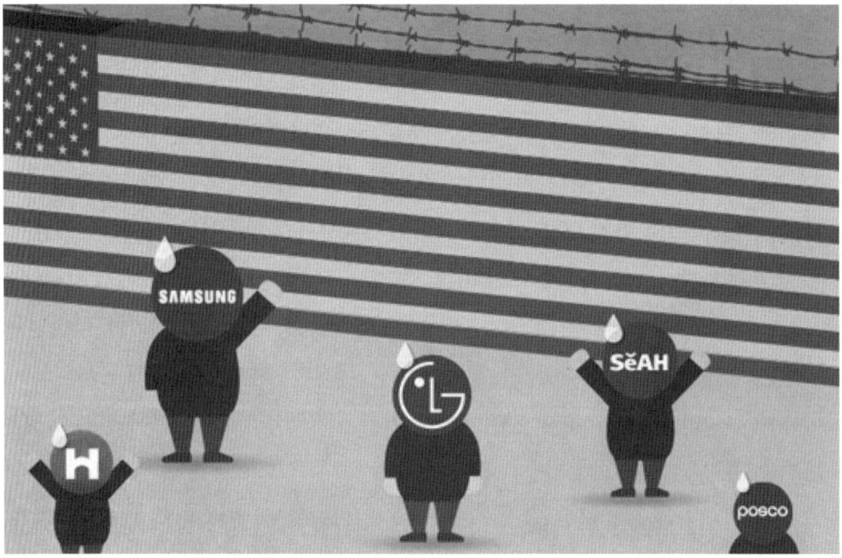

출처 | 유상현, 비즈워치

"몇 달 만에 관세율이 이렇게 널 뛸 수가 있나. 납득하기 힘들다. 미국 수출 비중이 큰 일부

기업은 존폐기로에 섰을 정도다."(철강업계 관계자)

지난 몇 년간 높아진 미국 무역장벽이 트럼프 정부 출범 후 더 강경모드로 전환됐다. 올 들어 국내 기업들이 미국 반덤핑관세를 두들겨 맞은 게 벌써 다섯 번째다. 더군다나 최종판정 관세율은 예상을 훨씬 뛰어넘었다. '설마'하며 이따금씩 새어 나오던 국내기업들의 볼멘소리는 이제 비명으로 바뀌었다.

◇ 반덤핑 덫에 걸린 철강 · 세탁기

미국 상무부는 2012년 한국산 세탁기에 대해 삼성전자 9.29%, LG전자 12.02%의 반덤핑관세를 부과한 바 있다. 우리나라가 WTO에 제소했고, 2015년 '미국의 한국 세탁기 반덤핑관세는 협정 위반'이란 결과를 이끌어냈다.

출처 | 연합뉴스

미국은 집요했다. 이번에는 중국산으로 눈을 돌렸다. 미국 가전기업들은 중국에서 생산된 국내기업들의 제품이 덤핑으로 판매돼 자국업체들이 피해를 봤다고 주장했다.

올해 1월 미국 국제무역위원회(ITC)는 중국에서 생산된 삼성전자와 LG전자의 가정용 세탁기에 각각 52.5%와 32.1%의 반덤핑관세를 부과했다. 결국 반덤핑관세 부과라는 목적을 달성한 셈이다.

◀ 표 ▶ 트럼프 정부 출범 후 국내기업 제품 반덤핑관세 부과 현황

제품	관세율(최종판정)	주요내용
가정용 세탁기 (중국산)	삼성전자(52.5%)	중국산 세탁기 미국 시장에서 덤핑 판매돼 자국기업 피해 주장
	LG전자(32.1%)	
구리모합금	국내산 제품(8.43%)	2014−2015년 미국 시장에서 한국산 제품의 비중이 29%로 증가. 가격 떨어지고 미국 내 일자리와 노동시간 등에 악영향 주장
변압기	현대중공업(61%)	ABB, 델스타 등 미국 변압기 제조사들의 국내기업 견제로 분석
후판	포스코(11.7)	오스트리아 뵈스트알피네(53.72%), 일본 JFE스틸(53.72%) 등 경쟁사에도 높은 관세 부과
유정용 강관	현대제철(13.84%), 넥스틸(24.92%), 세아제강(2.76%)	값싼 중국산 철강제품을 가공해 유정용 강관을 미국에 덤핑 판매했다고 주장

출처 | 비즈워치

지난달에는 변압기에도 반덤핑관세가 부과됐다. 변압기의 경우 지난해 9월 재심 예비판정에서 현대중공업은 3.09%, 일진전기와 효성은 각각 2.43%, 1.76%의 낮은 관세율을 부과받았지만 최종판정에서 뒤집어졌다. 현대중공업은 61%를 적용받아 충격에 빠졌다.

철강은 반덤핑관세 규제를 받는 대표 제품이다. 포스코가 후판 제품에 11.7%의 관세를 부과받은 데 이어 4월 11일에는 한국산 유정용 강관에도 예비판정보다 높은 관세율이 적용됐다. 유정용 강관은 원유나 천연가스 채굴에 사용되는 고강도강관 제품이다. 화석에너지를 강조하는 트럼프 대통령의 정책하에 원유 채굴 및 탐사가 활발해져 수요가 크게 증가할 것으로 기대됐다. 하지만 높은 관세율로 수출타격을 입을 가능성이 커졌다.

◇ 들쭉날쭉 관세율 … 고무줄 논란

국내기업들은 일관성 없는 반덤핑관세율이 가장 큰 불만이다. 미국에서 반덤핑 여부가 결정되기까지의 조사(상무부와 무역위원회 동시 진행)는 예비단계와 최종단계로 나눠진다. 부과기업에게 조사결과에 대해 해명할 기회를 주는 연례재심(최초 조사와 동일한 절차)제도도 있다.

국내기업들도 재심을 통해 덤핑 무혐의를 입증하거나 관세율을 낮추려고 노력한다. 하지만 오히려 최종판정에서 앞선 관세율보다 높게 책정되는 어이없는 일도 속속 발생하고 있다.

유정용 강관이 대표적이다. 2013년 7월 미국 철강업체들이 우리나라를 비롯한 9개국에서 만든 제품이 덤핑으로 수입돼 피해가 발생했다고 미국 당국에 제소했다. 특히 한국산을 향해 값싼 중국산 철강제품을 수입해 가공한 뒤 미국에 덤핑으로 수출했다고 주장하며 중국산처럼 최고 99%의 반덤핑관세 부과를 요구했다.

첫 조사에서 상무부는 예비판정을 통해 우리 기업들은 반덤핑 혐의가 없다고 결론 내렸다. 그러자 미국 정치권이 반발했다. 예비판정을 번복해 달라는 서신을 상무부에 발송하는 등 미국 내 강경기류가 확산되면서 최종판정(2014년 7월 11일)에서 우리 기업들이 반덤핑관세를 부과받았다. 당시 현대하이스코(現 현대제철에 흡수합병)는 15.75%, 넥스틸과 세아제강은 9.89%와 12.82%의 관세율이 매겨졌다.

우리 기업들은 이에 불복해 재심을 요구했다. 하지만 혹 떼려다 혹 붙이는 결과가 되고 말았다. 지난해 10월 현대제철과 넥스틸, 세아제강 등은 기존보다 낮은 관세율이 적용돼 한숨을 돌리는 듯했으나 잠깐이었다. 최종판정을 받아본 결과 세아제강(2.76%)을 제외한 현대제철(13.84%)과 넥스틸(24.92%)은 더 높은 관세율이 부과됐기 때문이다. 트럼프 정부 출범 후 보호무역주의 강화의 역풍이 몰아친 것이다.

◀ 그림 ▶ 유정용 강관 반덤핑관세 부과과정

2013년 7월 미국 철강사 제소
▼
반덤핑 혐의 조사
▼
2014년 2월 한국기업 덤핑 무혐의
▼
미국 정치권 반발, 상무부에 서신발송
▼

2014년 7월 한국산 반덤핑과세 부과 : 현대제철 15.75%, 넥스틸 9.89%, 세아제강 12.82%
▼
연례재심 청구
▼
2016년 10월 예비판정 : 현대제철 5.92%, 넥스틸 8.04%, 세아제강 3.80%
▼
2017년 4월 최종판정 : 현대제철 13.84%, 넥스틸 24.92%, 세아제강 2.76%

출처 | 비즈워치

　　정민 현대경제연구원 연구위원은 "트럼프 정부 지지층에는 철강 등 제조업 노동자가 포함돼 있고, 이들이 더 많은 일자리 창출을 원하고 있다는 점 등이 반덤핑관세로 나타난 것"이라며 "당분간 어떤 식으로든 강력한 보호무역주의가 지속될 것으로 보인다"고 말했다.

출처 | 노명현, 이돈섭, "[반덤핑관세의 덫] ① 주력수출품, 이러다 훅 갈라 …", BIZ Watch, 하나금융그룹, 2017.4.17.

(3) 반덤핑 협정의 발전

　　19세기 후반 세계시장에서는 자본주의를 대체하는 독점자본주의나 제국주의적 경향의 확산에 따라 치열한 세계경쟁에 직면하게 되었다. 세계 제국들도 이러한 세계경쟁에 대비하여 약탈적 덤핑전략을 채택함으로써 세계시장의 점유율 확보 및 확대 전략을 강화하게 되었다.

　　전 세계적인 차원에서 만연된 약탈적 덤핑현상은 관세수단의 한계점을 노출시켰다. 20세기 초 세계 제국들이 반덤핑법을 채택하게 된 이유도 바로 이러한 약탈적 덤핑현상의 확산 때문이다. 반덤핑관세의 기원은 캐나다가 철도용 철강을 판매하고 있는 미국철강회사를 규제하기 위해 1904년에 처음으로 부과한 수입관세에서 찾아볼 수 있다.

　　미국 최초의 반덤핑법(Anti-Dumping Act of 1916)은 1916년에 처음으로 제정되었다. 그 후 1921년 미국에서는 반덤핑규제의 근원이 되는 반덤핑법(Anti-Dumping Act of 1921)이 만들어졌고,[110] 1947 GATT에서는 반덤핑 및 상계관세에 관한 규정이 제정된다. 하지만 당시의 GATT에서는 이에 대한 구체성이 떨어졌고, 이 때문에 1950년대 이후 비관세조치의 남발과 확산이 나타났다. 그 결과 반덤핑 및 상계관세에 관한 GATT 차원에서의 규정 채택은 오히려 자유무역의 중요한 장애물로 등장하게 되었다. 이에 따라 국

---

110 이 법은 수차례의 개정을 거쳐 1930년 관세법(Tariff Act of 1930)의 일부분으로 편입되었다.

제사회에서 덤핑규제의 강화필요성이 강하게 제기되었다.

GATT 체제에서 진행된 케네디라운드에서는 협정서명국에게만 적용되는 '1968 반덤핑 코드'가 처음으로 채택되었다. 그 후 동경라운드에서도 '보조금 코드'가 채택되면서 이 두 가지의 코드가 '1979 반덤핑 코드'의 형태로 통합되었다. 하지만 개발도상국들은 이렇게 채택된 1979 반덤핑 코드의 규정과 기준이 명료치 않아 오히려 반덤핑조치의 국제적 남용의 원인이 된다고 주장하였다.

하지만 선진국은 선진국대로 기존의 반덤핑 규정에 대해 불만을 갖고 있었다. 선진국은 기업활동의 국제화에 따른 우회덤핑, 반복덤핑, 상습덤핑, 이전가격 조작 등 새로운 기업관행이 나타남에 따라 기존의 반덤핑 코드로는 이러한 불공정행위를 효과적으로 규제하지 못한다고 판단했다. 이러한 과정에서 반덤핑 협정에 대한 새로운 논의필요성이 국제적으로 제기되면서 UR 협상과정에서 반덤핑 협상 분야가 만들어지게 된 것이다.

UR 반덤핑 협상에서는 평균비용 산출의 기준, 생산비용 이하의 판매 판정기준, 구성가격의 산출기준 등 덤핑 여부를 판정하기 위한 실체적 기준과 샘플링조사, 자동시효조사 등의 절차적인 문제, 우회덤핑에 대한 방지조치 등이 중점적으로 논의되었다. 그 결과 WTO 반덤핑 협정이 합의되었다. 하지만 UR 협상과정에서 많은 쟁점들에 대한 합의가 도출되었으나, 우회덤핑 방지조치에 대한 부분은 끝내 합의를 도출하지 못하였다.

UR 반덤핑 협상과정에서 도입된 변화들을 살펴보면 다음과 같다.

○ 덤핑차액을 산정하기 위한 보다 상세한 규정
○ 반덤핑조사의 개시와 수행에 관한 보다 상세한 규정
○ 반덤핑조치의 이행과 존속기간(통상 5년)에 관한 규정
○ 반덤핑조치와 관련된 분쟁에 적용하기 위한 분쟁해결패널 설치를 위한 특별기준 등

사실 GATT 제6조에서는 각국이 덤핑행위에 대해 규제조치를 취하는 것을 허용하고 있다. WTO 반덤핑 협정은 GATT 제6조를 명확하고 상세하게 규정하고 있는 것으로, GATT 제6조와 반덤핑 협정은 함께 운영되는 것이다.[111]

---

111 1994년도 관세 및 무역에 관한 일반협정 제6조의 이행에 관한 협정 제1조.

■■■ 반덤핑 협정의 공식적인 명칭 ─────────────────────────── ●

1994년 관세 및 무역에 관한 일반협정 제6조의 이행에 관한 협정(Agreement on the Implementation of Article VI of the General Agreement on Tariffs and Trade 1994)

2. 주요 내용

(1) 반덤핑관세 부과의 실체적 요건

1) 덤핑의 결정   반덤핑관세가 부과되기 위해서는 수출물품의 수출가격과 수출국 내에서 동종물품의 상거래에서 사용되는 정상가격 간의 가격비교가 선행되어야 한다. 이러한 비교과정을 거쳐 수출가격이 정상가격보다 낮을 경우[정상가격에서 수출가격을 뺀 차액을 의미하는 덤핑차액이 정(正)의 값을 갖는 경우] 비로소 덤핑의 존재가 인정된다.

반덤핑관세 부과를 위한 덤핑판정의 실체적 요건으로는 덤핑이 있었는지 여부를 판정하는 절차와 이러한 덤핑행위로 인해 수입국 국내시장에서의 피해가 존재하는지 여부를 판정하는 절차가 진행된다. 반덤핑관세 부과를 위한 실체적 요건은 다음의 세 가지이다.

첫째, 덤핑행위의 존재

둘째, 이로 인한 피해요건의 충족

셋째, 이러한 양자 사이에서 인과관계의 인정

GATT 제6조 반덤핑 및 상계관세 조항에서는 일국의 상품이 정상가격 이하로 타국의 상업권 내로 수출되는 행위를 덤핑으로 규정하고 있다. 그리고 이러한 덤핑이 다음과 같은 결과를 발생시킬 때 규제받아야 한다고 규정하고 있다.

○ 수입국 내의 기존산업에 실질적 피해를 야기하거나 야기할 우려가 있는 경우
○ 국내산업의 설립을 실질적으로 지연시키는 경우

GATT 제6조 제1항에서는 일국에서 타국으로 수출되는 상품의 가격이 다음의 어느 하나보다 낮을 때 동 상품은 정상가격보다 낮은 가격으로서 수입국의 상업권 내로 수출된 것으로 간주한다고 규정하고 있다.

○ 통상적 상거래상 동종상품이 수출국에서 소비용으로 사용될 때의 비교 가능한

가격

○ 이러한 가격이 없을 경우

  – 통상적 상거래상 동종상품이 제3국으로 수출되는 경우에 있어서 비교 가능
    한 최고가격

  – 원산지 상품의 생산비에 합리적인 판매비용 및 이윤을 가산한 것

WTO 반덤핑 협정에서는 덤핑의 판정 시 관련 가격을 사용할 때 경우에 따라 판매조건의 차이, 과세상의 차이 및 가격의 비교에 영향을 미치는 기타의 차이에 대해서도 적절한 고려를 하는 것을 인정하고 있다.

그러나 반덤핑관세 부과를 위한 실체적 요건이 충족되더라도 반덤핑관세 부과절차의 개시는 제소자의 적격 등과 같은 기존 전제가 충족되어야 한다. 제소자 적격은 덤핑제소가 이루어진 경우, 반덤핑 당국은 동종물품의 국내생산자 반응을 조사하는데, 조사과정에서 생산량 규모로 반응자의 50%가 넘는 생산자의 찬성을 얻어내면 제소자 적격이 충족하는 것으로 인정한다. 그리고 이때 제소에 찬성하는 국내생산자의 생산량은 동종물품 국내총생산의 25% 이상을 차지해야 한다.

반덤핑관세의 부과는 이러한 실체적·절차적 요건(제소자 적격 등)이 충족되어야 한다. 이러한 내용을 바탕으로 수입국 정부는 이를 중심으로 하는 덤핑조치에 대한 구제조치를 취할 수 있다.

2) 정상가격과 수출가격

① 덤핑마진의 계산   반덤핑조치는 덤핑마진의 존재로 인해 발생할 수 있는 국내산업의 피해를 제거하기 위해, 덤핑행위를 한 수출국의 특정 상품에 대해 수입관세를 추가적으로 부과하는 것을 의미한다. 덤핑마진은 정상가격(normal price)과 수출가격(export price) 간의 차이를 의미한다.

덤핑마진(Dumping margin) = 정상가격 − 수출가격

WTO 반덤핑 협정에서는 수출가격이 수출국 내에서 소비되는 동종상품에 대한 정상거래에서 비교 가능한 가격보다 낮을 경우에 덤핑으로 판정한다고 규정하고 있다. 이는 수출가격이 정상가격보다 낮은 가격으로 다른 나라의 상거래에 도입된 것을 덤핑으로 간주한다는 의미이다.

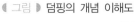 덤핑의 개념 이해도

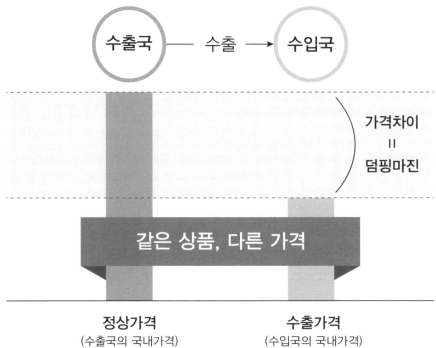

정상가격 (수출국의 국내가격)   수출가격 (수입국의 국내가격)

출처 | 박정준, "저렴하게 팔아도 잘못? 싸게 파는 게 문제! WTO 반덤핑 협정", 통상-무역지식인, 산업통상자원부
(https://tongsangnews.kr/webzine/2031910/sub_7.html!)

수출가격과 정상가격 간의 가격비교에는 공정한 비교를 진행해야 한다. 덤핑의 가격비교는 동일한 거래단계에서 같은 시기에 이루어진 거래의 가격을 사용하여 비교하는데, 일반적으로는 가장 기본적인 제조원가 수준에서 비교하는 것이 적절하며, 이에 따라 공장도 단계의 공장도 가격(ex-factory price)이 많이 사용된다. 가격비교 시에는 다음과 같은 가격비교에 영향을 미칠 수 있는 다양한 차이점들에 대해 각각의 경우와 그 내용에 따라 적절히 고려한다.

◼ 덤핑의 가격비교 시 고려사항 ─────────────────────────────●

○ 제반 판매조건   ○ 과세
○ 거래단계   ○ 수량
○ 물리적 특성의 차이   ○ 가격비교에 영향을 미친다고 증명된
                                     그 밖의 차이점 등

비교하는 두 가격을 산출하는 거래시점은 가능한 한 동시에 이루어진 것으로 한다. 이때 가격비교에 영향을 줄 수 있는 모든 차이점들을 고려하고, 이를 적절히 조정한다.

가격비교를 위한 통화환산 시에 적용하는 환율은 원칙적으로 거래일[즉, 판매일(date of sale)]의 환율을 기준으로 적용한다. 판매일자는 보통 계약일, 구매주문일, 주문확인일 혹은 송장작성일 중 실제적인 판매조건이 설정된 일자로 한다. 하지만 선물시장에서 외환의 판매가 관련 수출판매와 직접 연계되어 있는 경우, 선물판매환율이 적용된다. 그리고 환율변동은 무시되지만, 반덤핑조사가 진행되는 경우 조사당국은 조사기간 중 환율의 지속적인 움직임을 반영하기 위해 수출자에게 최소 60일의 수출가격 조정기간을 부여한다. 이 경우 조사기간 동안의 덤핑마진은 가중평균한 정상가격과 모든 비교 가능한 수출거래가격의 가중평균과 비교를 통해 계산한다. 만약 그렇지 않을 경우, 각각의 거래에 기초한 정상가격과 수출가격의 비교를 통해 입증한다.

② 수출가격   수출가격은 일반적으로 독립된 거래처에 직접 판매하는 직접 판매가격을 의미한다.[112] 수출가격은 상품이 수출국을 떠나는 시점에서의 가격으로 수입국의 독립적 수입업자(즉, 수출자와 특별한 관계에 있지 아니한 수입업자)가 수입하는 가격을 의미한다. 이러한 측면에서 보면 수출자가 해외에 있는 자회사에게 수출한 가격은 특수관계의 수입업자에 수출한 것으로, 일반적인 수출가격으로 볼 수 없다. 수출가격에 대한 정의는 국가들마다 조금 다르다. 미국의 경우 구매가격을 수출가격으로 보지만, EU의 경우에는 EU 내 판매 시 실제 지불되었거나 지불될 수 있는 가격으로 정의한다.

만약 수출가격이 존재하지 않거나 제3자 간 제휴나 보상협정(compensator arrange-ment) 등으로 인해 그 수출가격이 믿을 수 없는 상황이라고 판단되는 경우, 수출가격은 수입물품이 독립적인 구매자에게 최초로 재판매되는 가격을 기초로 해서 계산된다.[113] 여기서 수출가격이 존재하지 않는 경우란 구상무역 또는 리스의 경우와 같이 수출이 매매의 형태로 이루어지지 않아 그 수출가격이 존재하지 않는 경우를 의미한다. 그리고 제휴는 일반적으로 서로 통제하거나 일방이 상대방을 통제하는 것을 말한다.[114] 보상협정은 수출자가 낮은 가격으로 수출하면서 그 차액을 수입국이 보상해 주는 협정을 의미한다.

---

112 그리고 만약 무역상을 통해 간접판매를 하더라도 공급자가 판매 당시 최종 목적지를 알고 있는 경우, 독립된 무역상에게 판매한 가격이 실제 수출가격이 된다.

113 1994년도 관세 및 무역에 관한 일반협정 제6조의 이행에 관한 협정 제2조의3.

114 예를 들어, 일방이 상대방의 주식소유 등을 통해 기업운영에 실질적으로 영향을 미치는 경우를 들 수 있다.

하지만 독립적인 구매자에게 재판매되지 않거나 수입된 상태 그대로는 재판매되지 않는 경우, 조사당국은 합리적 근거에 따라 구성수출가격(constructed export price)을 산정하여 사용할 수 있다.[115] 이는 어떤 수출자가 수출자의 수입국 내 자회사에 중간재를 수출하고, 그 자회사는 이를 가공하여 완제품을 생산하는 경우에 해당된다. 이러한 상황은 수입국 내에서 중간재가 독립된 구매자에게 판매되지 않는 환경이라고 볼 수 있다. 이 경우 반덤핑 당국은 다른 합리적 방법을 채택할 수 있다. 예를 들어, 수입품이 수입국 내에서 추가가공을 거쳐 독립된 구매자에게 재판매된다면, 독립된 구매자에게 판매된 가격에서 추가가공에 소요되는 비용을 공제하는 방식으로 수출가격을 산정할 수 있는 것이다.

③ 정상가격   WTO 반덤핑 협정에서는 덤핑마진에 대한 계산방법상 가능한 선택범위를 좁히기 위해 상품의 '정상가격(normal value)'을 산정하는 3가지 방법을 규정하고 있다.

정상가격을 산정하는 가장 중요한 방법으로 수출자의 자국시장가격을 근거로 결정하는 방법이 있다. 수출자의 자국시장가격이란 수출국에서 소비되는 동종물품(like product)의 정상거래에 사용되는 비교 가능한 가격을 의미한다. 동종물품이란 "모든 면에서 당해 물품과 같은 물품을 의미하나, 만일 그러한 물품이 없는 경우에는 비록 모든 면에서 같지는 않으나 당해 물품과 아주 유사한 특성을 가지고 있는 물품"을 의미한다. 그리고 비교 가능한 가격이라 함은 동일한 거래단계(출고되어 최종 구매자에게 도달하기까지의 일정 시점)에서 동일한 시점 또는 비슷한 시점에서 이루어진 판매가격 간 비교를 의미한다.

하지만 수출국의 자국시장가격인 정상가격이 존재하지 않을 수도 있다. 반덤핑 협정에서는 이러한 경우를 다음과 같이 규정하고 있다.[116]

○ 수출국의 국내시장 내에 통상적인 거래에 의한 동종상품의 판매가 존재하지 않는 경우
○ 수출국 국내시장의 특별한 시장상황 또는 소규모 판매 때문에 적절한 비교를 할 수 없는 경우

이러한 경우 제3국 수출가격(또는 제3국 수출 시 비교 가능한 가격)을 사용한다. 제3국

---

115 이춘삼, 『국제통상법』, 법문사, 1999.7, p.184.
116 1994년도 관세 및 무역에 관한 일반협정 제6조의 이행에 관한 협정 제2조의2.

수출가격이란 수출국에서 제3국으로 수출되는 동종물품의 비교 가능한 대표적인 가격을 의미한다. 여기서 제3국의 선택은 조사당국의 재량권에 속하나 재량권의 남용을 방지하기 위해 적절한 제3국을 선택하도록 되어 있다.

또 다른 정상가격 결정방법으로는 원산지국의 생산비용에 합리적인 관리비, 판매비와 일반 비용, 이윤을 합산한 가격인 '구성가격'을 사용하는 것이 있다.[117] 여기서 구성가격은 수출업자나 생산자의 정상거래에서 동종물품의 생산 및 판매에 관한 실제자료를 근거로 산출한다.

하지만 이러한 금액이 실제의 자료를 근거로 산출될 수 없는 경우, 다음 중 하나를 근거로 산출할 수 있다.

- ○ 동일부류 물품의 원산지국 국내시장에서 해당 수출업자나 생산자가 부담하고 실현한 실제 금액
- ○ 원산지국 국내시장에서의 동종물품 생산 및 판매에 있어 조사대상 수입업자나 생산자가 부담하고 실현한 실제 금액의 가중평균
- ○ 입증된 이윤의 금액이 원산지국의 국내시장에서 동일부류 물품의 판매로 다른 수출업자나 생산자가 통상적으로 실현하는 이익을 초과하지 아니한다는 조건 하에서 그 밖의 다른 합리적인 방식

하지만 수출국이 계획경제 또는 통제경제를 실시하는 비시장경제국인 경우, 수출국의 정상가격이 당해 물품의 정당한 가격(즉, 시장수급의 균형점에서 이루어지는 시장가격)으로 볼 수가 없는 문제점이 발생한다. 이 경우 해당국의 정상가격을 수출가격과 비교하는 것은 무리가 있다. 이 문제와 관련하여 WTO 협정문에서는 특별한 규정을 두고 있지 않지만, 미국과 EU의 반덤핑법에서는 수출국과 유사한 국가(비교 가능한 국가)를 설정하여 그 국가 내에서의 판매가격을 정상가격의 기초로 삼고 있다.

그러나 최근 사회주의국가에서도 시장경제가 폭넓게 도입됨으로써 물품의 가격이 시장가격에 근접하고 있을 뿐만 아니라, 유사국가의 선정방식이 비시장경제국의 비교우위를 통한 수출을 원천적으로 봉쇄할 수 있다는 비판도 제기되고 있다.[118]

---

117 1994년도 관세 및 무역에 관한 일반협정 제6조의 이행에 관한 협정 제2조.
118 이춘삼, 『국제통상법』, 법문사, 1999.7, P.183.

3) 국내산업의 피해

① 피해의 유형과 결정　　　　　반덤핑조치의 발동을 위해 수입국 정부는 덤핑의 발생사실과 수출자의 수출가격이 국내시장에서의 정상가격보다 얼마나 낮은지를 입증해야 한다. 하지만 특정 상품에 대한 덤핑행위가 존재하는 것만으로는 반덤핑관세를 부과할 수 없고, 덤핑행위가 수입국의 국내산업에 피해를 야기한 경우에만 가능하다.[119]

WTO 반덤핑 협정에서는 국내산업[120]에 발생한 피해가 다른 방법으로 규정되지 않는 한, 그 피해를 다음과 같은 세 가지로 구체적으로 규정하고 있다.

○ 실질적인 피해(physical injury)
○ 이러한 피해의 우려
○ 국내산업의 확립에 대한 실질적인 지연 등

국내산업의 피해 여부는 명확한 증거를 바탕으로 결정되어야 한다. 구체적으로 덤핑으로 인한 피해발생 또한 명백하게 예견될 수 있는 것이어야 하고, 임박(imminent)해야 한다. 그리고 국내산업의 피해 여부는 명확한 증거(objective examination)를 근거로 결정된다. 그래서 덤핑으로 수입된 물량과 덤핑상품이 동종상품의 국내가격에 미치는 영향과 동 수입상품이 국내산업에 미친 결과 등에 대한 객관적인 검증이 필요하다. 객관적 검증은 덤핑으로 수입된 물량의 현저한 증가가 있었는지, 그리고 그 결과로 수입국 동일상품의 생산과 소비에 현저한 증가가 있었는지 여부를 중심으로 진행된다.

덤핑상품의 수입국 내 시장가격에 미친 영향을 평가하기 위해서는 덤핑수입에 의해 수입국의 동종상품 가격이 현저하게 하락되었는지 여부와, 덤핑수입에 의해 현저한 정도로 국내 동종상품의 가격이 압박을 받았는지 여부, 덤핑수입이 없었을 경우 있었을 것으로 판단되는 가격상승을 현저한 정도로 방해하였는지 여부가 고려된다.

국내산업의 피해를 결정하기 위해 검토하여야 하는 일반적 요소는 다음과 같다.

○ 판매량, 이윤, 생산량, 시장점유율, 생산성, 투자수익률, 설비가동률의 실질적
　혹은 잠재적 저하

119　1994년도 관세 및 무역에 관한 일반협정 제6조의 이행에 관한 협정, 제3조, 제4조.
120　여기서 국내산업이란 동종물품을 생산하는 국내생산자 전체 또는 생산량의 합계가 당해 물품의 국내
　　　총생산량 중에서 상당 부분(일반적으로 25% 이상을 의미)을 차지하는 국내생산자를 의미한다.

ㅇ 국내가격에 영향을 미치는 제 요인, 덤핑마진율의 크기

ㅇ 자금순환, 재고, 고용, 임금, 성장, 자본 또는 투자조달능력에 대한 실질적 혹은 잠재적인 부정적 영향 등 국내산업에 전반적인 영향을 미치는 모든 경제적 요소 및 지표들에 대한 평가

② 실질적 피해 우려   실질적 피해(physical injury) 우려에 대한 판정은 단순한 주장이나 추측 혹은 막연한 가능성이 아니라, 객관적인 사실에 근거하여 이루어져야 한다. 실질적 피해 우려에 대한 판정 시 고려대상은 국내시장으로의 덤핑수입품이 현저히 증가하거나 관련 수출자의 생산능력 면에서 급격한 증가가능성 혹은 실질적인 증가 가능성이 있는 경우가 된다.

실질적 피해 우려 여부의 판정에는 물론 국내가격을 현저하게 하락시키거나 억제시킬 수 있는 가격수준으로 수입되고 있는지 여부와, 추가적인 수입수요를 증가시킬 우려가 있는지도 고려대상이 된다.

③ 국내 동종산업 확립의 실질적 지연   WTO 협정에서는 국내산업의 실질적 확립지연에 대한 부분과 관련하여 특별한 언급을 하고 있지 않다. 국내산업의 확립지연에 대한 뚜렷한 정의가 없기 때문에 여러 주장을 종합적으로 정리해 보면, 국내산업이 생산설비를 설치 중에 있거나 생산설비를 가동하여 영업개시를 한 경우, 덤핑수입의 영향으로 생산설비의 가동에 차질이 생기거나 경영안정화를 지연시켰을 경우 등으로 유추된다.

미국의 ITC는 국내산업의 확립지연 여부의 판단기준으로 당해 산업의 안정성과 생존가능성을 제시하고 있다. 하지만 WTO에서는 이에 대한 구체적 기준을 제시하고 있지 않다. 그러므로 이러한 경우, 조사당국의 주관적 판단이 작용할 가능성이 커진다. 2012년 6월 21일 한국의 무역위원회에서는 산업확립의 실질적 지연에 대한 판정이 다음과 같이 내려졌다(함께 읽어보기 참고).

함께 읽어보기   산업확립의 실질적 지연에 대한 판정 사례

한국의 기업인 태크팩솔루션이 일본 다이와캔과 유니버설캔을 상대로 신청한 '일본산 알루미늄 보틀캔 반덤핑조사' 건에 대해 반덤핑 긍정 판정을 내렸다고 2012년 6월 21일 예비판정을 받았다.

이는 덤핑으로 인해 국내산업 확립이 실질적으로 지연됐다는 판단에 따른 것이다. 판정결과는 기획재정부와 일본 정부에 통보할 예정이다.

조사대상 물품인 알루미늄 보틀캔은 원통형이 아닌 병 형태를 띤 용기로 커피음료 등에 많이 사용된다. 국내시장 규모는 약 200억 원이며, 이 중 국내생산품은 2%, 일본산 물품은 98% 내외를 차지한다.

신청기업인 한국기업은 일본산 물품 100%인 알루미늄 보틀캔 시장진입을 위해 2010년 7월 신규로 설비를 투자해 작년 3월 생산을 시작했다. 하지만 한국기업의 입장에서는 일본 공급자 덤핑판매로 인해 시장에 제대로 진입하지 못했기 때문에 국내산업 확립이 실질적으로 지연됐다고 주장하고 있다.

무역위원회는 2012년 1월에 해당 조사의 개시를 결정했다. 그 후 약 5개월에 걸친 예비조사를 거쳐 예비판정을 했다. 향후 3개월(2개월 연장 가능)간 본 조사를 실시해 덤핑방지관세 부과를 최종판정할 예정이다.

④ 누적평가　　　　WTO 반덤핑 협정에서는 반덤핑관세 부과를 위한 조사 시 특정국으로부터 수입물량은 크지 않으나 여러 국가로부터 수입된 물량의 총량이 피해를 야기할 만한 규모에 도달하는 경우, 피해에 대한 누적평가(cumulation)를 진행하도록 규정하고 있다.

누적평가의 기준치는 각국으로부터 수입된 상품의 덤핑률이 최소 혹은 미소마진의 기준이 되는 2% 이상이고, 수입물량이 수입국 내 총소비량의 3%를 초과하는 경우에 피해의 누적평가가 적용된다. 그리고 누적평가는 조사당국이 수입상품 상호 간의 경쟁조건이나 수입상품과 국내 동종물품 간의 경쟁조건을 고려할 때 수입상품의 영향에 관한 누적평가를 하는 것이 적정하다고 결정한 경우에도 허용된다.

⑤ 덤핑과 피해 간의 인과관계　　　　국내산업에 대한 피해 여부가 결정되었다고 하더라도 곧바로 반덤핑관세가 부과되는 것은 아니다. 즉, 정상가격 이하로 판매된 수입품과 국내산업의 피해 간에 반드시 인과관계가 존재하여야만 반덤핑관세가 부과될 수 있다. 반덤핑조사 당국은 덤핑행위와 국내산업에 대한 피해의 인과관계를 입증하기 위해 제시된 모든 관련 증빙자료들을 반드시 검증하여야 한다.

(2) 반덤핑관세 부과의 절차적 요건

1) 조사절차

① 제소 : 조사의 시작　　　　반덤핑조사는 국내 산업계 또는 그를 대리하는 자가 덤핑의 존재와 국내산업의 피해, 덤핑수입된 상품과 국내산업 피해 간의 인과관계

등에 관한 구체적인 증거가 포함된 신청서를 가지고 덤핑행위기업을 제소하면서 시작
된다.

반덤핑조사 당국은 반덤핑조사 개시신청서에 기술된 내용과 제소자에 대한 적격성
검토를 한 후 조사개시 여부를 결정한다. 물론 조사당국이 산업피해 및 인과관계에 대
한 충분한 증거를 갖고 있을 시에는 직권 조사개시를 선언할 수 있다.

② 제소자적격   반덤핑조사 신청에 대한 제소자적격은 동종물품의 국내생
산자들의 반응을 조사하여 생산량 규모로 반응자의 50%가 넘는 생산자의 찬성을 얻으
면 충족된다. 하지만 신청을 찬성하는 국내생산자는 동종물품에 대한 국내총생산의
25%보다 작아서는 안 된다.

③ 미소마진에 의한 조사종결   반덤핑조사 과정에서 조사당국이 덤핑마진
이 미미하다고(즉, 상품의 수출가격의 2% 미만인 경우) 판정한 경우에 조사절차는 종결된다.
그리고 덤핑수입의 물량이 무시할 만한 수준인 경우(한 국가로부터의 수입물량이 그 상품의
전체 수입물량의 3% 미만인 경우)에도 반덤핑조사는 종결된다. 하지만 전체 수입물량의 3%
미만을 공급하는 여러 국가의 수입물량이 총합 전체 수입물량의 7%에 달하거나 이보다
많으면 조사는 계속된다.[121]

④ 반덤핑조사   반덤핑조사와 관련된 이해당사자들은 조사당국이 필요하다
고 인정하거나 요청하는 정보를 제출해야 한다. 이때 생산자와 수출자에 대한 질문서의
회신기간은 최소한 30일(연장 가능)을 보장해야 하며, 비밀정보 이외의 정보에 대해서는
이해관계자가 즉시 이용할 수 있어야 한다. 그러나 반덤핑조사 당국이 조사과정에서 필요
한 정보의 입수가 쉽지 않을 경우, '이용 가능한 최선의 정보(best information available)'를
근거로 예비판정과 최종판정을 내릴 수 있다.

⑤ 잠정조치   반덤핑조사 개시일로부터 조사종결과 반덤핑관세의 부과까
지는 상당 시간이 소요될 수 있다. 반덤핑조사 과정에서 조사 시간이 길어질수록 반덤
핑 제소신청자는 불리해질 수 있다. 이러한 경우 반덤핑조사 당국은 제소신청자의 피해
방지를 위해 최종 덤핑률이 결정되기 이전에도 반덤핑에 관한 잠정관세를 부과할 수 있
다. 그러나 이는 반드시 덤핑과 이에 따른 국내산업의 피해에 대한 긍정적 예비판정과
피해방지를 위한 잠정조치 필요성이 존재하는 경우에만 가능하다.

잠정조치는 잠정적으로 추정된 덤핑마진을 근거로 부과되는 잠정관세의 형태로 나

---

[121] 1994년도 관세 및 무역에 관한 일반협정 제6조의 이행에 관한 협정 제5조 제8항.

타나지만 담보(현금예치나 보증)제공 등과 같은 형식으로도 가능하다. 그러나 잠정조치는 남발방지를 위해 반덤핑조사 개시일로부터 60일 이전에는 발동될 수 없으며, 일반적으로는 4개월을 기한으로 발동된다. 예외적인 경우에는 잠정조치가 수출자의 요청에 의해 6개월까지로 연장될 수 있다. 그러나 조사당국이 조사과정에서 덤핑마진보다 낮은 수준의 관세로서 피해를 방지할 수 있는지 여부를 검토할 경우, 잠정조치의 부과기간은 각각 6개월과 9개월로 연장할 수 있다.

　　⑥ 가격인상에 관한 약속　　　　　반덤핑조사 과정에서 덤핑의 발생과 수입국 국내산업의 피해가 확인되고 입증된 경우, 수출기업은 향후 부과될 반덤핑관세 부과를 회피하기 위해 당사자 간에 합의된 수준까지 수출가격을 인상하는 조치[이를 가격인상 약속(price undertaking)이라고 함]을 취할 수 있다.

　　가격인상 약속은 조사당국의 요구에 의한 것이 아닌 자발적 약속의 형태로 이루어진다. 하지만 덤핑과 이로 인한 국내산업의 피해에 대한 긍정적 예비판정이 내려지지 않는 한, 가격인상 약속은 수출업자에게 요구되거나 수락되어서는 안 된다. 수입당국은 이러한 약속이 수출의 중지 또는 덤핑마진을 제거하는 수준에 달하지 않는 경우, 이를 거부할 수 있다.

　　가격인상에 관한 약속이 있은 후 반덤핑조사 절차는 원칙적으로 종결되지만, 수출업자가 원하거나 조사당국이 결정하는 경우에는 계속될 수 있다. 여기서 조사당국이 계속 조사를 요구하는 경우는 수출국 내에 실제 또는 잠재적 수출자의 수가 너무 많거나 정책적인 이유를 가진 경우이다. 조사의 진행 중에 덤핑 또는 피해에 대한 부정적 판정이 내려지는 경우, 가격인상 약속은 자동 소멸된다. 조사당국은 수출업자가 가격인상 약속을 위반한 경우, 입수 가능한 최선의 정보를 사용하여 잠정조치를 즉각 발동한다. 이때 확정된 잠정관세는 잠정조치 적용일로부터 90일 이전까지 반입된 물품에 대해 소급하여 부과된다.

　　⑦ 소멸시효　　　　　반덤핑관세는 조사당국의 자의적 또는 정책적 판단에 의해 덤핑을 상쇄하는 정도를 넘어서는 수준으로 부과되어서는 안 된다. 그리고 이러한 반덤

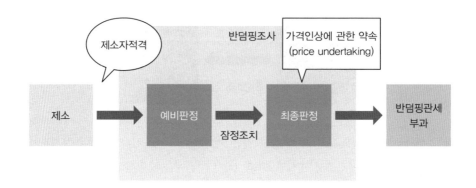

핑관세가 장기간 부당하게 부과되어서도 안 된다.

반덤핑관세는 동 조치의 종결이 수입국 국내산업의 피해를 초래할 것이라는 것을 입증하지 못하는 한, 조치 부과로부터 5년 후에는 종결되게 된다.[122] WTO가 반덤핑관세의 소멸시효를 5년으로 규정한 것은 수입국의 국내산업에 대한 피해를 야기한 수출국 기업의 불공정행위인 덤핑의 효과를 제거하는 데는 5년이면 충분하다고 판단했기 때문이다.

(3) 분쟁해결절차

WTO 회원국들은 반덤핑과 관련하여 결정된 모든 예비 또는 최종조치들에 관해 지체 없이 상세하게 반덤핑관행위원회(Committee on Anti-dumping Practices)에 통보해야 한다. 그리고 회원국들은 모든 반덤핑조사에 관해 1년에 2번씩 반덤핑관행위원회에 통보해야 한다.[123]

반덤핑조치 분쟁이 발생한 경우, 회원국들은 먼저 당사국들 간의 협의과정을 통해 문제해결을 시도한다. 그러나 당사국들 간의 협의를 통해서도 문제의 해결이나 합의도출이 쉽지 않은 경우, WTO의 분쟁해결절차를 통한 문제해결을 시도할 수 있다.[124]

분쟁해결기구(Dispute Settlement Body : DSB)는 문제해결을 위해 패널(panel)을 구성할 수 있다. 분쟁당사국은 패널구성에 참여할 수 없고 패널위원은 당사국이 따로 5명으로 합의하지 않는 한 3명으로 구성된다. 분쟁패널은 객관적 평가를 바탕으로 분쟁당사자가 상호 만족할 만한 해결책을 찾을 수 있도록 관련 당사자에게 분쟁해결절차의 진행

---

122 1994년도 관세 및 무역에 관한 일반협정 제6조의 이행에 관한 협정 제11조 제3항.
123 1994년도 관세 및 무역에 관한 일반협정 제6조의 이행에 관한 협정 제16조 제1항.
124 1994년도 관세 및 무역에 관한 일반협저 제6조의 이행에 관한 협정 제17조 제4항.

과 관련된 모든 부분에서 적절한 기회를 제공한다.

　　분쟁패널은 조사활동을 바탕으로 패널보고서를 작성하여 관련 당사자들에게 배포한다. 분쟁해결기구는 패널보고서가 배포된 날로부터 60일 이내에 패널보고서를 채택한다. 만약 패널보고서에 이의가 있는 분쟁당사국은 분쟁해결기구 내의 상설 상소기구에 상소할 수 있으며, 상소대상은 패널보고서에 제기된 법적 문제 및 패널의 법적 해석으로 국한된다.

　　분쟁해결기구는 채택된 패널보고서나 상소기구 보고서상의 권고사항 및 유권해석을 집행하고, 그 이행 여부를 감시하게 된다. 분쟁해결기구는 반덤핑관세의 부과와 이에 대한 소급적 취소 혹은 장래적 취소, 보상 등의 형식으로 집행을 하게 된다. 분쟁해결기구는 권고사항을 전달받은 회원국이 이에 불응하거나 이를 국내적으로 집행하지 않을 경우에는 WTO 협정 부속협정사의 양허 및 기타 의무의 이행을 중지할 수 있는 권한을 제소국에게 허용한다.

함께 읽어보기

"반덤핑관세 피하려면? … '국가별 절차 인지·초동대응'이 중요"

　　최근 반덤핑규제를 시행하는 국가와 대상 품목이 증가하고 있어 우리 중소·중견기업이 수출 대상국별로 다른 초동대응 전략을 구사해야 한다는 제언이 나왔다. 국가별로 다른 반덤핑조사 관행을 간과하고 대응하면 예상치 못한 고율의 반덤핑관세를 부과받을 수 있어서다.

　　한국무역협회 국제무역통상연구원이 25일 발표한 '반덤핑 초동대응 전략 : 국가별 의무답변자 선정절차 관행과 시사점' 보고서에 따르면, 반덤핑조사는 해당 품목의 모든 수출자를 대상으로 하는 것이 원칙이지만, 수출자가 다수이면 일부 의무답변자를 선정해 답변서를 받거나 이들만 조사할 수 있다. 이때 의무답변자 선정방식은 선정시기에 따라 크게 두 유형으로 구분된다.

　　첫째는 조사 초기에 의무답변자를 선정해 이들만 조사하는 방식으로 미국, 호주, 중국, 유럽연합(EU) 등 주요국에서 주로 사용한다. 미국과 호주는 수입물량 기준 상위 수출자 또는 알려진 수출자에게 간단한 질의서를 보내고 답변을 받아 이를 바탕으로 의무답변자를 선정한다. 중국과 EU는 알려진 수출자를 대상으로 조사 참여신청을 받아 그중에서 의무답변자를 선정한다. 이후 선정한 의무답변자에게만 다시 정식 질의서를 배포해 답변서를 받아 후속조사를 진행한다.

　　김경화 무역협회 수석연구원은 "정식 질의서에 대한 답변서 작성에는 통상 1~2개월이 소요될 정도로 방대한 분량이라 기업에는 큰 부담으로 작용한다"라면서도 "미국, EU, 중국 등 주요국의 반덤핑조사 시 의무답변자로 선정될 가능성이 낮은 중소기업은 조사 초기의 간단한 절차만 충분히 숙지하고 협조하더라도 추후 고율의 반덤핑관세가 부과될 가능성을 크게 낮출 수 있다"라고 조언했다.

의무답변자 선정방식	수출자의 대응방안
조사개시 초기에 간단한 절차를 통하여 선정 미국, EU, 중국, 대만, 호주, 이집트, 태국 등	• 의무답변자 선정 관련 각국의 다양한 절차 숙지 • 조사절차에 성실히 참여할 수 있도록 정부 및 협력단체와 긴밀한 정보공유 필요
모든 알려진 수출자로부터 정식 답변서 수취 후 선정 아르헨티나, 브라질, 캐나다, 콜롬비아, GCC, 일본, 인도, 멕시코, 러시아, 남아공, 터키, 베트남 등	• 정식 답변서 작성 관련 상당한 시간 및 예산 소요 • 반덤핑조사 개시 전 자문사 선임결정 등 선제적 대응 필요 • 반덤핑 제소동향 지속적 모니터링을 통해 추후 반덤핑조 사에 '적시' 대응

둘째는 조사당국이 모든 알려진 수출자에게 정식 질의서를 보내 답변서를 받은 후 의무답변자 선정과 전수조사 여부를 결정하는 방식이다. 조사에 협조한 것으로 간주되려면 수출 규모와 관계없이 모든 기업이 답변서를 제출해야 하는데, 우리의 주요 무역상대국 중 대대수 국가가 이 방식을 채택하고 있다.

보고서는 "두 번째 방식은 규모가 작은 중소기업이 의무답변자로 선정될 가능성이 적은데도 불구하고 방대한 답변서를 제출해야 해 첫 번째 방식보다 부담이 훨씬 크다"라면서 "반덤핑 대응은 상당한 시간과 예산이 소요되기 때문에 실익을 고려해 합리적인 결정을 할 수 있도록 선제적 검토와 대응 프로세스를 갖춰야 한다"라고 강조했다.

김 수석연구원은 "중소기업은 나라별로 다른 반덤핑조사 절차를 충분히 숙지하고 조사에 성실히 임하는 것이 중요하다"라면서 "무역협회에서 수입규제 데이터베이스(DB)와 상담을 통해 기업의 반덤핑조사 초기 대응을 지원하는 만큼 이를 적극적으로 활용하길 바란다"라고 덧붙였다.

출처 | 유창욱, "반덤핑관세 피하려면? … '국가별 절차 인지·초동대응'이 중요", 이투데이, 2021.8.25.

제2절 · 보조금 및 상계관세 협정

1. 배경

최근 전 세계 주요국들이 대부분 자국의 전략산업에 대해 보조금 지급을 국가전략화하면서 보조금 분야의 중요성은 더욱 커지고 있는 상황이다. 무역 전문 연구기관인 글로벌 트레이드 얼럿(GTA·Global Trade Alert)에 따르면, 산업보조금 조치는 2008년 이후 전 세계 차원에서 폭발적으로 증가하고 있는 것으로 나타났다. 2008년 11월부터

2023년 4월까지 누적으로 발표된 산업보조금정책은 총 1만 3,538건이었고, 이 중에서는 중국이 3,770건으로 가장 많았다. 이어 EU(3,221건), 미국(2,755건), 캐나다(476건), 일본(446건), 인도(430건)가 뒤를 이었다. 한국은 이 기간 114건으로 12위였다.[125]

보조금 분야는 그동안 GATT 제6조 반덤핑 및 상계관세, 제16조 보조금 조항과 동경라운드 당시 채택된 보조금 및 상계관세 협정에 의해 규율되어 왔다. 기존의 1947 GATT 제6조(상계관세)에서는 회원국에게 수출국의 보조금을 상쇄할 목적으로 상계관세를 부과할 권한을 부여하였으나, 보조금이 허용보조금인지 금지보조금인지를 구분하고 있지 않아 국내보조금과 수출보조금의 구별이 어려웠다.

동경라운드에서는 기존의 보조금과 상계관세에 대한 규정을 보완하여 국내보조금과 수출보조금을 구분하였고, 1차 산품에 대한 보조금과 기타 제품에 대한 보조금을 비교적 명확하게 구별하여 규정하였으며, 수출보조금의 유형들도 제시하였다. 하지만 동경라운드의 보조금 및 상계관세에 관한 협정은 모든 GATT 회원국에게 적용되는 것이 아니라 동 협정 가입국에만 적용되는 제한적 규정이었다.

그러나 동경라운드 이후에도 보조금의 지원과 상계관세의 발동을 둘러싼 국제간의 분쟁은 계속되었다. 주요 선진국들은 각종 형태의 산업지원금 등을 지급하고, 상계관세제도도 자국산업의 보호수단으로 남용하여 왔다(물론 이러한 경향은 오늘날에도 크게 달라지고 있지 않다). 이때까지의 보조금 규정은 규제대상 보조금의 범위와 상계관세조치의 기

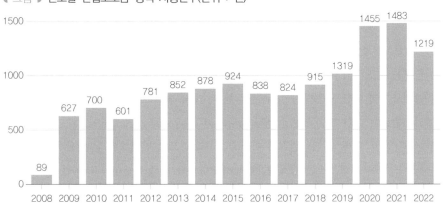

◀ 그림 ▶ 연도별 산업보조금 정책 시행건수(단위 : 건)

출처 | 정재환, "한몸처럼 움직이는 정부·기업… 전 세계가 보조금 전쟁", 조선비즈, 2024.6.26.

---

125 정재환, "한몸처럼 움직이는 정부·기업 … 전 세계가 보조금 전쟁", 조선비즈, 2024.6.26.

◀ 그림 ▶ 국가별 산업보조금 정책 발표건수(단위 : 건)

국가	정책건수	비중(%)	국가	정책건수	비중(%)
1 중국	3,770	27.8	11 튀르키예	138	1.0
2 EU*	3,221	23.8	12 한국	114	0.8
3 미국	2,755	20.4	13 호주	111	0.8
4 캐나다	476	3.5	14 아르헨티나	101	0.7
5 일본	446	3.3	15 남아프리카	95	0.7
6 인도	430	3.2	16 파키스탄	85	0.6
7 러시아	383	2.8	17 벨라루스	73	0.5
8 스위스	366	2.7	18 영국(2021년 이후)	66	0.5
9 브라질	269	2.0	19 인도네시아	50	0.4
10 사우디아라비아	193	1.4	20 태국	50	0.4
			기타	346	2.6
			합계	1만 3,538	100

★ 브렉시트 이전인 2020년까지 영국에서 발표한
   정책을 포함함

출처 | 정재환, "한몸처럼 움직이는 정부 · 기업 … 전 세계가 보조금 전쟁", 조선비즈, 2024.6.26.

준 및 절차 등이 명확하지 않아, 그 결과로 분쟁이 증가하였다.

보조금과 상계관세 부과 관련 국가 간 마찰이 지속되었기 때문에 우루과이라운드 협상에서는 보조금의 정의와 범위, 발동절차를 구체화하는 부분에 대해 주로 논의가 진행되었다. 그 결과 WTO 보조금 및 상계관세 협정이 채택되었고, 이는 농업협정에 달리 규정된 것을 제외하고는 WTO 회원국 모두에게 적용되는 규정이 되었다.

WTO 보조금 및 상계조치에 관한 협정은 기존의 규정에 비해 보조금의 규제강화를 주장한 선진국의 입장을 대폭 반영하였다는 특징이 있다. 구체적으로 WTO 보조금 및 상계조치에 관한 협정에서는 그동안 불명확했던 보조금의 정의가 명확히 됨으로써 보조금 운용에 대한 대폭적인 규제가 가능해졌다. 그리고 상계조치에 있어서도 분쟁해결기구를 통한 중재 및 패널결정의 이행을 의무화함으로써 명료성 및 일관성을 대폭 강화하였다. 또한 허용보조금 목록을 매년 제출하도록 하였고, 3년마다 회원국의 보조금 제도에 대한 전반적 검토를 규정함으로써 다자차원의 감시기능을 대폭 강화하였다는 부분에서 의미를 가진다.

WTO 보조금 및 상계조치에 관한 협정의 채택에도 불구하고 현재에는 미국과 중국, EU를 중심으로 하는 보조금 전쟁이 더욱 확산되고 있는 상황이다. 그리고 각국의 보조금

전쟁으로 인해 한국기업의 해외이전도 우려되고 있는 상황이다. 그 결과 향후 WTO 기능의 개선과 WTO 보조금 및 상계관세에 관한 협정 개정 등의 이슈를 중심으로 더욱 논쟁이 되고 있다. 이제 WTO를 중심으로 현재 나타나고 있는 보조금 전쟁의 처리는 더욱 관심사안이 되고 있다.

이하에서는 WTO 보조금 협정을 중심으로 주요 내용과 특징 등에 대해 학습해 보려고 한다.

2. 주요 내용

(1) 보조금의 정의

WTO 보조금 및 상계조치에 관한 협정(Agreement on Subsidies and Countervailing Measures)은 동경라운드에서 채택된 보조금 협정을 기초로 하고 있다. 하지만 동 협정은 이전의 협정과는 달리 이 협정의 목적이 되는 보조금에 관한 정의와 특정성(Specificity)에 대한 규정을 포함하고 있다.[126]

WTO 보조금 및 상계조치에 관한 협정의 목적이 되는 보조금은 회원국의 영역 내에서 정부 또는 공공기관의 재정적인 기여가 있는 경우 또는 GATT 제16조(보조금)[127]에서 정의하고 있는 소득지지 또는 가격지지가 어떤 형태로든 존재하여 이로써 이익이 부여되는 경우를 의미한다.

여기서 회원국의 영토 내에서 정부 또는 공공기관의 재정적인 기여가 있는 경우라는 규정의 의미는 다음과 같다.

○ 정부의 관행이 자금의 직접이전(예를 들어, 무상지원, 대출 및 지분참여), 잠재적인 자금 또는 채무부담의 직접이전(예를 들어, 대출보증)을 수반하는 경우

○ 정부가 받아야 할 세입을 포기하거나 징수하지 아니하는 경우(예를 들어, 세액공

---

[126] 보조금 및 상계조치에 관한 협정 제1조. 정부 또는 공공기관의 재정적인 기여가 있는 경우와 소득 또는 가격지지가 어떤 형태로든 존재하면 보조금이 존재하는 것으로 간주한다. 정부의 재정적인 기여는 정부의 관행이 자금이나 채무의 직접이전을 수반하거나, 정부세입을 포기하거나, 정부가 일반적인 사회간접자본 이외의 상품 또는 서비스를 제공하거나 구입하는 것을 의미한다.

[127] 제16조에서는 국가가 수출입을 직·간접적으로 증대시키거나 수입을 감소시키기 위한 목적으로 제공하는 어떠한 유형의 국내보조금이라도 이를 제공할 경우 ⅰ) 당해 보조금의 정도 및 성격, ⅱ) 영향받는 상품에 대한 보조금의 예상효과, ⅲ) 보조금이 필요한 상황에 관해 문서로서 체약국단에 통보하도록 하고 수입대체를 위한 보조금 지급을 금지하도록 규정하였다.

제와 같은 재정적 유인)

○ 정부가 일반적인 사회간접자본 이외의 상품 또는 서비스를 제공하거나 상품을
구매한 경우

○ 정부가 자금공여기관에 지불하거나 일반적으로 정부에 귀속되는 앞의 세 항목
에 예시된 기능의 유형 중 하나 또는 둘 이상을 민간기관으로 하여금 행하도록
위임하거나 지시하며, 이러한 관행이 일반적으로 정부가 행하는 관행과 실질적
으로 상이하지 아니한 경우

(2) 특정성

보조금이 특정적인(specific) 경우에 한하여 금지되거나, 조치 가능하거나 또는 상계
조치를 발동할 수 있다.[128] 보조금의 특정성 여부는 이 협정에 명시되어 있는 특정성
원칙에 따라 결정된다. 특정 보조금이란 보조금의 지급이 국가 내의 특정 기업, 산업,
기업군, 산업군에만 지급되는 것을 의미한다. 그리고 공여기관의 관할지역 내에 위치하
는 특정 기업에 한정된 보조금을 의미한다. 특정 기업의 특정성 여부의 결정원칙은 다
음과 같다.

▶ 특정성 여부의 결정원칙 ──────────────────────────────●

○ 공여당국 또는 공여당국이 그에 따라 활동하는 법률이 보조금에 대한 접근을 특정 기
업으로 명백하게 한정하는 경우, 특정성이 존재하는 것으로 결정함

○ 공여당국이 활동하는 근거법률이 보조금 수혜요건 및 금액을 규율하는 객관적인 기준
또는 조건을 설정하고, 수혜요건이 자동적이며, 이러한 기준과 조건이 엄격히 준수되는
경우, 특정성이 존재하지 않는 것으로 결정함. 이러한 기준은 공식문서에 의해 명백하
게 규정되어야 함

○ 위의 두 조항을 적용한 결과 외견상 특정성이 없음에도 불구하고 보조금이 사실상 특
정적일 수 있다고 믿을 만한 이유가 있는 경우, 다른 요소들이 고려될 수 있음
고려 가능한 다른 요소 : 이때 제한된 숫자의 특정 기업에 대해 불균형적으로 많은 금액의
보조금 지급 및 보조금 지급 결정에 있어서 공여기관의 재량권 행사방식★과 같은 것

★ 고려 가능한 재량권 행사방식 : 특히 보조금 신청이 거부 또는 승인된 빈도에 대한 정보와 그러한 결정에
대한 이유가 고려됨

───────────────

[128] 보조금 및 상계조치에 관한 협정 제2부 제3조 내지 제1조의 1, 2.

본 협정의 규정들은 모두 특정 보조금에만 적용된다. 그리고 이러한 특정 보조금은 국내보조금이거나 수출보조금일수도 있다. 금지보조금은 모두 특정적인 것으로 간주된다.

함께 읽어보기

특정 산업 혜택주는 보조금 철폐 대상 분쟁 땐 객관적 증거 필수

한 나라가 자국 특정 기업의 상품에만 일정한 보조금을 지급한다면 어떤 일이 발생할까. 시장에서 해당 상품이 유일하다면 소비자에게 혜택이 돌아가겠지만, 경쟁상품이 있다면 보조금을 지급받은 상품의 가격경쟁력이 높아져, 경쟁상품 생산자에게는 불이익이 돌아간다. 이러한 상황이 불공정한 경쟁의 대표적 형태다.

정부가 기업이나 경제 전반에 효과적인 혜택을 주는 지원책이 '보조금'이다. 보조금이 특정 상황에서 국가경제를 조절하거나 국가정책을 강화하는 수단으로 사용되는 경우, 합법적인 정부 개입으로 이해되기도 한다. 정부가 시장에서의 상품부족 현상을 개선하거나, 국가의 경제적 복지를 끌어올리기 위해 보조금을 지급하는 경우가 이에 해당한다.

그러나 보조금은 긍정적 효과만 발생시키는 것이 아니라, 부정적 결과를 초래하는 경우가 더 많다는 데 문제가 있다. 국제무역에서 한 국가가 자국 산업에만 보조금을 지급하면서 자유로운 경쟁관계를 왜곡하는 무역장벽을 만드는 경우가 그렇다.

보조금을 지급받아 생산된 상품이 싼 가격으로 수출됨으로써 무역상대국의 국내산업에 피해를 주는 경우나 보조금 지급으로 외국산 동종상품의 수입이 감소하는 경우, 보조금 지급으로 제3국 시장에서 유리한 경쟁조건을 갖게 되는 경우도 있다. 특히 시장구조가 과점상태이거나 국가 간 경제규모, 상품가격이 차이가 날 때 특정 산업을 지원하는 보조금은 국가 간 분쟁으로 비화될 수 있다는 점에서 법적으로 면밀히 검토돼야 한다. 국제무역을 왜곡시키는 보조금은 다자간 무역협상에서 합의된 시장개방 약속을 파괴하는 위협이 될 수 있으므로, 이에 대한 규제는 선의의 피해국을 보호하며 국제교역상의 형평성을 구하기 위한 것이다.

WTO 보조금 협정 제1조는 회원국의 영토 내에서 정부 또는 공공기관의 재정적 기여로 수혜자에게 혜택이 생기는 경우를 보조금으로 정의한다. 제2조는 보조금이 당국의 관할 내에 있는 특정 기업이나 산업 또는 기업군이나 산업군에 대해서만 특정되어 지급되는 경우, 피해국은 이에 대한 상계관세 부과 등의 대응조치를 할 수 있도록 하고 있다.

정부나 공공기관이 아닌 민간기관이 정부를 대신해 보조금을 지급하면 어떻게 될까. 프랑스곡물협회가 밀과 밀가루 생산자에게 보조금을 지급한 사건을 살펴보자. 밀 생산자는 민간기관인 프랑스곡물협회가 집행하는 가격안정제도에 따라 매년 일정한 수준의 밀 가격을 보장받을 수 있었다. 이에 따라 1965년 프랑스의 밀 작황이 좋지 않음에도 싼 가격으로 밀과 밀가루를 수출해 타국의 수출물량이 잠식됐다. 피해를 입은 호주가 제소해 GATT(관세, 무역에 관한 일반협정) 분쟁해결패널에서 사건이 심의됐는데, 프랑스는 곡물협회의 지원금은 정부가 지급하는 것이 아니므로 보조금이 될 수 없다고 주장했다. 그러나 패널은 자금의 전부 또는 일부가 정부에 의해

지원된 경우 보조금으로 보아야 한다고 결정해, 정부의 통제하에 있는 민간기관의 지원도 정부의 지원과 동일하게 보아야 함을 분명히 했다. 우리나라에도 유사한 사례가 있다. 2002년 10월 유럽 연합은 한국 조선사업의 구조개선을 위한 채무감면이나 채권의 자산전환, 한국수출입은행(수출입은행)의 선적전 대출과 사전지불보증 등의 조치는 WTO 보조금 협정에 반하는 보조금이므로 철폐돼야 한다고 주장했다. 패널은 유럽 연합의 주장을 받아들여 수출입은행의 조치를 철폐하기로 결정했다. 수출입은행을 정부에 의해 통제되는 공공기관으로 본 것이다.

경제적 활동을 지원하기 위해 각국이 사용할 수 있는 보조금의 형태는 매우 다양하다. 그중 현행 WTO 체제에서 규제대상이 되는 것은 특정성이 있는 보조금에 국한된다. 특정성이 있는 보조금은 보조금 지급대상으로 선택된 기업의 생산비용에 영향을 주기 때문에 왜곡이 특히 심한 것으로 인정되기 때문이다. 특정성 명시는 선택적으로 특정 산업 분야에 혜택을 줌으로써 정상적 경쟁조건에 영향을 끼치는 보조금을 제한하기 위한 것이다. WTO 보조금 협정은 지급당국 또는 지급당국이 따르는 법률이 보조금 지급대상을 특정 기업으로 명백하게 한정하는 경우, 특정성이 있다고 했다. 다만, 지급당국 또는 지급당국이 따르는 법률이 보조금 수혜요건 및 금액을 규율하는 객관적 기준 또는 조건을 설정하고 이러한 기준과 조건이 엄격히 준수되는 경우, 특정성은 존재하지 않는다고 규정했다. 결국 객관적 기준 없이 수혜자를 특정한 보조금은 철폐돼야 하고 그로 인한 피해는 규제대상이 되는 것이다.

보조금은 정부에 의한 불공정행위라는 점에서 대처가 어려운 법적 과제다. 그러나 어떠한 경우든 보조금이 지급되면 경쟁관계에 있는 기업이 피해를 입게 된다. 피해기업이 초기단계에서부터 정부나 공공기관에 의해 특정 기업에만 보조금이 지급되고 있다는 객관적 증거를 확보하는 것이 문제를 푸는 첩경임을 잊어서는 안 된다.

출처 | 성재호, "특정 산업 혜택주는 보조금 철폐 대상 분쟁 땐 객관적 증거 필수", ECONOMY Chosun, 2016.4.4.

(3) 보조금의 종류

WTO 보조금 및 상계조치에 관한 협정에서는 보조금을 금지보조금(Prohibited Sub-sidies), 조치가능보조금(Actionable Subsidies),[129] 허용보조금(Non-actionable Subsidies)[130]의 세 범주로 구분하고 있다. 동 협정은 농업협정에 따른 보조금인 경우를 제외하고는 공산품과 농산물 모두에 적용된다.

1) **금지보조금**   금지보조금(prohibited subsidies)은 사실상 수출실적에 따라 지급되거나 수입품 대신 국내상품의 사용을 조건으로 지급되는 보조금을 의미한다. 사실상 수출실적에 따라 지급되는 보조금이란 보조금 지급이 법률적으로는 수출실적을 조건으로 이루어지는 것은 아니지만, 실제 또는 예상되는 수출이나 수입과 결부된다는 것이 증명되는 경우의 보조금을 의미한다. 하지만 수출하는 기업에게 보조금이 지급된다는 단순한 사실만으로는 이러한 보조금을 수출보조금으로 간주하지 않는다. 수출보조금은 국제무역을 왜곡시켜 다른 국가의 무역에 피해를 발생시킬 가능성이 높기 때문에 금지된다.

한편, 다른 회원국에 의해 금지보조금이 지급 또는 유지되고 있다고 믿을 만한 사유를 가진 회원국은 금지보조금을 유지하고 있는 다른 회원국에게 협의를 요청할 수 있다.[131] 그리고 협의요청에는 당해 보조금의 존재 및 성격에 관한 입수 가능한 증거에 관한 진술 등을 포함하고 있어야 한다.

하지만 협의요청으로부터 30일 이내에 상호 합의된 해결책에 도달하지 못하는 경우, 동 사안은 분쟁해결기구에 회부될 수 있다. 분쟁해결패널의 설립요청은 분쟁해결기구가 컨센서스를 통해 패널을 설치하지 않기로 결정하지 아니하는 한 즉시 허용된다.

만약 분쟁해결절차에 의해 문제의 보조금이 금지보조금인 것으로 판명되면 동 보조금은 즉시 철폐되어야 하며, 그렇지 않은 경우 제소국은 대응조치를 취할 수 있다. 국내생산자가 보조금을 받은 상품의 수입으로 인해 피해를 입게 되면 상계관세가 부과될 수 있다.

2) **조치가능보조금**   조치가능보조금(actionable subsidies)은 금지보조금에는 해당되지 않지만 무역상대국에게 부정적 효과(Adverse effect)를 초래시키는 보조금을 의미

---

129 보조금 및 상계조치에 관한 협정 제4조. 분쟁해결 양해에 따라 적용 가능한 금지보조금에 관한 분쟁의 진행을 위한 기간은 동 양해에 규정된 기간의 절반이 된다.
130 보조금 및 상계조치에 관한 협정 제4부 제8조, 제9조.
131 보조금 및 상계조치에 관한 협정 제2부 제4조.

한다.[132] 조치가능보조금은 상계가능보조금이라고도 하며, 피해당사국이 상계관세 부과 등을 통해 보복조치를 발동할 수 있는 보조금을 의미한다.

여기서 부정적 효과는 일반적으로 다른 회원국 국내산업에 대한 피해와 다른 회원국이 직·간접적으로 향유하는 혜택, 특히 양허혜택의 무효화 또는 침해, 다른 회원국의 이익에 대한 심각한 손상을 의미한다. 그리고 다른 회원국의 이익에 대한 심각한 손상은 상품의 종가기준으로 총보조금의 지급이 5%를 초과한 경우, 또는 특정 산업이나 기업이 입은 영업손실을 보전하기 위한 보조금을 지급하는 경우에 존재한다고 본다. 하지만 보조금 중에서 특정 기업이 입은 영업손실을 비반복적이거나 되풀이될 수 없다는 조건하에 단지 장기적인 해결책 강구를 위한 시간이 제공되고 심각한 사회문제를 피하기 위해 부여되는 일회적 조치는 심각한 손상에서 제외된다. 그리고 직접적 채무감면(예 : 정부보유채무의 면제 및 채무상환)을 위한 교부금은 심각한 손상으로 간주한다. 그러나 이러한 심각한 손상이더라도 회원국이 해당 보조금이 이러한 손상을 발생시키지 않는다는 것을 입증하는 경우, 심각한 손상이 존재하지 않는 것으로 판정된다.

한편, 다른 회원국 이익에 심각한 손상을 주는 (조치가능)보조금 중에서 다음 하나 이상이 적용되는 경우, 심각한 손상으로 판정한다.

○ 보조금으로 인해 보조금이 지급된 회원국 시장에 대한 다른 회원국의 동종상품 수입이 배제 또는 방해되는 효과가 발생하는 경우
○ 보조금으로 인해 제3국 시장에서부터 공급되는 다른 회원국 동종상품의 수출이 배제 또는 방해되는 효과가 발생하는 경우
○ 보조금으로 인해 동일시장에서 다른 회원국의 동종상품의 가격에 비해 보조금 혜택을 받은 상품의 현저한 가격인하 또는 동일시장에서의 현저한 가격인상 억제, 가격하락 또는 판매감소를 초래하는 효과가 발생하는 경우
○ 보조금으로 인해 보조금을 받은 특정 일차상품이나 상품(commodity)에 대해 보조금 지급 회원국의 세계시장 점유율이 이전 3년간의 평균 점유율과 비교하여 증가하고, 이 같은 증가가 보조금이 지급된 기간에 걸쳐 일관성 있는 추세로 나타나는 효과가 발생하는 경우

---

132 보조금 및 상계조치에 관한 협정 제3부 제5조.

　　회원국은 다른 회원국에 의해 지급 또는 유지되는 보조금이 자국의 국내산업에 대해 피해나 침해, 무효화 또는 심각한 손상을 초래한다고 믿을 만한 이유가 있는 경우, 관련 회원국에 언제나 협의를 요청할 수 있다.[133] 당사국 간의 협의를 통해 60일 이내에 상호 합의된 해결책에 도달하지 못하는 경우, 분쟁해결기구가 이 사안에 대해 컨센서스 방식으로 패널 미설치를 결정하지 않는 한 패널은 즉시 설치된다.

　　패널조사과정을 통해 보조금이 다른 회원국 이익에 부정적 효과를 초래하였다는 패널보고서나 그 뒤의 상소절차를 통한 상소보고서를 채택할 수 있다. 보고서가 채택된 경우, 보조금을 지급 또는 유지하고 있는 회원국은 이러한 효과를 제거하기 위한 적절한 조치를 취하거나 해당 보조금을 철폐해야 한다.

　　피제소국은 패널보고서나 상소보고서 채택 후 6개월 이내에 보조금의 부정적 효과를 제거하기 위한 다음과 같은 적절한 조치를 취해야 한다.

　　○ 적절한 조치를 취하지 않은 경우
　　○ 보조금을 철폐하지 않은 경우
　　○ 보상에 관한 합의가 없는 경우

　　분쟁해결기구는 컨센서스 형식으로 대응조치 요청이 거절되지 않는 한, 제소회원국의 대응조치를 승인한다. 이때 제소국이 발동할 수 있는 대응조치는 해당 보조금 부과로 인해 존재한다고 판정된 부정적 효과에 상응하는 조치를 의미한다.

│ 함께 읽어보기 │

WTO, 중국에 대미 보복관세 허용

　　세계무역기구(WTO)가 26일 미국산 제품에 대한 중국의 보복관세 부과조치를 허용했습니다. 이번 결정은 바락 오바마 행정부 시절 미국 정부가 22개 중국산 제품에 부과했던 상계관세에 대해 중국이 WTO에 제소한 데 따른 것입니다. 오바마 행정부는 태양광 패널과 강선 등 22개 중국산 제품이 중국 정부의 보조금을 받고 있다며 상계관세를 부과했습니다.
　　이에 대해 WTO는 중국이 매년 6억 4천 500만 달러 상당의 미국산 제품에 대해 보복관세를 부과할 수 있다고 판결했습니다. WTO는 "특정 중국산 제품에 대한 미국의 상계관세와 관련해

---

[133] 보조금 및 상계조치에 관한 협정 제3부 제7조.

미국은 WTO의 판정을 준수하지 않았다"고 지적했습니다.

앞서 WTO는 지난 2014년 미국이 제시한 보조금 입증자료가 부실하고 보조금 계산에도 오류가 있다며 미국 측에 시정을 요구했지만 미국은 이를 수용하지 않았습니다. 다만, WTO는 이날 판결에서 중국이 당초 미국산 제품에 대한 보복관세 한도로 매년 24억 달러를 요구한 것보다는 적은 6억 4천 500만 달러 선에서 역조치를 취할 수 있도록 판결했습니다.

이와 관련해 아담 호지 미국 무역대표부(USTR) 대변인은 성명을 통해 이번 결정은 "중재 역할을 맡은 WTO가 무역을 왜곡시키는 중국 정부의 보조금으로부터 노동자와 기업을 보호하는 WTO 회원국의 역량을 훼손하는 잘못된 해석을 반영하고 있다"고 비판했습니다.

이어 "이번 결정은 중국의 비상식적인 경제관행을 용인하고 공정하고 시장지향적인 경쟁을 저해하는 데 악용되고 있는 WTO 규정과 분쟁조정에 대한 개혁필요성을 증대시킨다"고 주장했습니다.

그러나 가오펑 중국 상무부 대변인은 "WTO의 이번 판결은 다시 한번 미국이 오랫동안 WTO의 규정을 위반하고, 무역구제조치를 남용해 왔고, WTO가 명령한 국제적 의무를 충실히 이행하는 것을 거부해 왔다는 점을 보여 준다"며, "이같은 행동은 국제무역환경의 공정과 정의를 심각하게 저해시켰다"고 밝혔습니다.

출처 | VOA 뉴스, "WTO, 중국에 대미 보복관세 허용", 2022.1.27.

    3) 허용보조금   허용보조금(non-actionable subsidies)은 보조금이 지급되더라도 WTO 협정이나 수입국의 제재조치를 받지 아니하는 보조금을 의미한다. 이는 보조금이 특정적이지 않거나, 산업연구와 경쟁 전의 개발활동을 위한 특정 보조금, 낙후된 지역에 대한 지원, 새로운 환경법·규정에 기존 시설의 적응을 촉진하기 위한 지원의 경우를 의미한다.[134]

　　허용보조금은 WTO의 분쟁해결절차의 제소대상이 될 수 없다. 따라서 허용보조금을 지급받은 수입품에 대해서는 상계관세도 부과할 수 없는 것이다. 그러나 허용보조금으로 인정되기 위해서는 다음과 같은 엄격한 조건을 충족시켜야만 허용된다.

　　첫째, 보조금 중에서도 기업 또는 기업과 계약을 체결한 고등교육기관이나 연구기관이 행하는 연구활동에 대한 지원으로, 이러한 지원이 산업적 연구비용의 75% 또는 경쟁 전 개발활동비용의 50%를 초과하지 않는 보조금을 ⅰ) 인력비용, ⅱ) 영구적으로 연구활동을 위해 사용되는 장치나 설비, 토지, 건물 등의 비용, ⅲ) 구입된 연구·기술 지식·특허권 등을 포함하여 연구활동만을 위해 이용되는 자문 및 이에 상응한 서비스의 비용, ⅳ) 연구활동의 결과로서 직접적으로 발생하는 추가 경상비용, ⅴ) 연구활동의 결과 직접적으로 발생하는 다른 운영비용(재료, 공급품 등과 같은 비용)으로 사용하는 경우에 허용된다.

　　둘째, 보조금 중에서 지역개발의 일반적인 틀에 따라 회원국 영토 내의 낙후지역에 제공되는 지원이며, 수혜대상 지역 내에서 특정적이지 아니한 보조금은 허용된다. 지역개발보조금은 지역발전 정도에 따라 사업별로 지원상한액을 별도로 정해야 하며, 이들 기준은 검증이 가능하도록 법령, 규정 또는 공식문서에 명백하게 규정되어야 한다. 지원대상을 지역 내에 광범위하게 분포시켜 특정 산업이나 지역이 수혜대상으로 되지 않게 해야 한다.

　　셋째, 공장이나 건물과 같은 기존 설비를 개·보수하여 새로운 환경 관련 법규나 규정에 맞추기 위해 무상으로 지원하는 보조금은 허용된다. 환경보조금이 충족되기 위해서는 비반복적인 1회의 조치이어야 하며, 총적응비용의 20% 이내이어야 한다. 그리고 환경보조금은 기업의 오염감축계획에 직접적으로 연계되고 감축수준에 비례하여야 하며, 새로운 설비나 공정을 채택하는 모든 기업이 이용 가능하여야 한다. 하지만 기업이 전적으로 부담해야 할 설비투자의 운용 또는 대체비용은 제외된다.

　　허용보조금이라고 하더라도 어떠한 제약도 없이 지급할 수 있는 것은 아니다. 각국은 통보양식에 따라 연구개발 등의 허용보조금을 시행 전에 보조금·상계관세위원회에 통보하고 총지출액과 변경된 내용도 매년 통보해야 한다.

　　타국의 보조금 지급으로 인해 해당국 산업에 존립문제가 발생하고, 이에 대한 치유가 곤란한 피해가 발생할 경우, 회원국은 보조금을 지급한 국가에 대해 협의를 요청

---

134 보조금 및 상계조치에 관한 협정 제4부 제8조.

할 수 있다.[135] 당사국 간의 협의 시작 후 60일 이내에 해결책에 도달하지 못할 경우, 보조금·상계관세위원회에 제소할 수 있다.

보조금·상계관세위원회는 제소내용을 검토하여 120일 이내에 제소에 대한 결정을 발표하고, 관련국의 보조금 계획에 대한 수정을 권고할 수 있다. 만약 보조금 지급 회원국이 위원회의 권고를 6개월 이내에 받아들이지 않을 경우, 협의 요청국에게 적절한 대응조치를 취할 수 있는 권한이 부여된다.

(4) 상계관세

1) 상계관세의 개념   WTO 보조금 및 상계조치에 관한 협정(Agreement on Subsidies and Countervailing Measures)은 보조금의 사용과 보조금의 효과를 상쇄시키기 위하여 회원국들이 취할 수 있는 조치에 관해 규정한 협정이다. WTO 회원국은 보조금의 철회나 보조금의 부정적 효과(adverse effects)를 제거하기 위해 분쟁해결절차를 이용할 수 있다.[136] 회원국은 자국의 조사절차에 의해 국내생산자에게 피해를 초래한다고 판명된 보조된 수입품에 대해 상계관계(Countervailing duty)를 부과할 수 있다.[137]

상계관세는 생산이나 수출 측면에서 정부에 의해 직접적으로나 간접적으로 보조금을 받아 생산된 제품이 국내로 수입되어 수입국의 국내산업이 피해를 받았거나 받을 우려가 있는 경우, 이를 상쇄할 목적으로 해당 품목에 대해 부과하는 관세이다. WTO 보조금 및 상계조치에 관한 협정에서는 상계관세를 상품의 제조, 생산 또는 수출에 대해 직간접적으로 지급된 보조금을 상쇄하기 위해 부과되는 특별관세로 규정되어 있다.[138]

2) 조사절차   부과된 보조금의 존재·정도·효과를 판정하기 위한 조사는 원칙적으로 국내산업의 제소에 의해 시작된다. 반보조금 조사는 국내산업 또는 국내산업을 대표하는 자가 동종상품의 국내생산자가 제소한 것에 대한 지지나 반대의 정도에 관한 검토에 근거하여 개시된다.

제소자적격은 제소신청에 대해 지지를 표명한 국내산업이 생산한 동종상품 생산이 국내총생산의 50%를 초과하는 경우에 인정된다. 그러나 신청을 명시적으로 지지하는 국내 생산자들의 총생산이 국내산업 총생산의 25% 미만인 경우에는 조사가 개시되지 아니한다.

---

135 보조금 및 상계조치에 관한 협정 제4부 제9조.
136 보조금 및 상계조치에 관한 협정 제7조 제4항.
137 보조금 및 상계관세에 관한 협정 제19조.
138 보조금 및 상계관세에 관한 협정 제10조 상계관세에 관한 각주 설명.

그러나 특별한 상황하에서 관계당국은 직권으로 조사를 개시할 수도 있다.

한편 반보조금 조사는 다음과 같은 경우에는 즉각 종결된다.

○ 상품이 원산지국으로부터 직접 수입되지 않고 중개국을 거쳐 수입국으로 수출되는 경우
○ 원산지국과 수입국 간의 거래로 받은 수입품의 실제적·잠재적 수량 또는 그 피해가 무시할 정도로 적은 경우

상계관세 부과를 위한 조사는 덤핑의 경우와 마찬가지로 보조금이 부여되었다는 사실에 근거하여 시작된다. 하지만 이러한 보조금이 수입국의 국내산업에 실질적인 피해를 야기하거나 실질적인 피해의 우려가 있는 경우, 혹은 새로운 국내산업의 확립에 실질적인 지연을 야기할 경우에만 상계관세가 발동된다.

보조금이 부여되었고 이 보조금이 국내산업에 피해를 야기했다는 긍정적 예비판정이 내려진 경우, 현금예치 또는 유가증권에 의한 담보설정 등의 방법을 통한 잠정 상계관세를 부과할 수 있다. 잠정조치는 4개월을 초과해서는 안 된다. 이러한 잠정조치나 상계관세 부과는 수출국 정부가 보조금을 중단 또는 삭감하기로 하거나, 수출업자가 보조금의 피해를 제거할 수 있는 방식으로 가격을 수정하는 경우에는 조사절차가 정지 또는 종료될 수 있다.

상계관세는 보조금을 받은 수입품이 피해를 야기하고 있다고 최종판정이 내려진 경우에 부과된다. 그러나 상계관세 부과는 그 원산지가 어디이든 관계없이 문제의 보조금을 수령한 모든 제품에 적용되며, 차별적으로는 적용되어서는 안 된다.

반보조금 조치의 발동을 위한 조사는 특별한 상황을 제외하고 1년 이내에 종결되며, 어떠한 경우에라도 개시 후 18개월을 초과할 수는 없다. 부과된 상계관세는 그 종료로 인해 보조금 지급과 피해의 지속 혹은 재발을 초래할 가능성이 있는 경우, 부과일로부터 5년까지 지속될 수 있다. 물론 상계관세에 관한 판정은 공개되어야 하고 설명되어야 한다.

(5) 개발도상국 우대제도

WTO 보조금 및 상계조치에 관한 협정에서는 개발도상국에 대한 특별 및 차등대우를 규정하고 있다. 이는 보조금이 개발도상국의 경제개발계획에 중요한 역할을 한다는 것을 인정하는 것이다. 그러므로 최빈개도국은 수출실적에 따라 지급되는 보조금을

금지할 필요가 없다. 개발도상국들은 WTO 협정 발효일로부터 8년 동안 보조금제도를 단계적으로 폐지하면 된다. 수입품 대신 국내상품의 사용을 조건으로 지급되는 보조금의 경우, 개발도상국은 WTO 협정 발효일로부터 5년, 최빈개도국은 8년 동안 지급할 수 있다.

협정에서는 체제전환국에 대해서도 특별대우를 인정하고 있다. 이들 국가들은 금지보조금을 WTO 협정 발효일로부터 7년 내에 단계적으로 폐지하면 된다. 그리고 예외적으로 필요하다고 인정되는 경우, 보조금폐지계획을 통보해 온 체제전환국의 한시적인 이탈을 허용하고 있다.

3. 반덤핑관세와 상계관세의 비교

WTO 보조금 및 상계조치에 관한 협정의 일부 규정들은 WTO 반덤핑 협정의 규정들과 유사하다. 일반적으로 상계관계는 반덤핑조치 조사와 유사한 절차가 있은 후에야 부과될 수 있다.

이러한 이유 때문에 많은 국가들은 반덤핑조치와 반보조금조치를 동일한 법규 아래서 다루며 유사한 절차를 적용하기도 한다. 그리고 두 문제에 대한 처리를 위해서도 단일기구를 설치하여 조사책임을 맡기기도 한다. 실제로도 WTO의 반덤핑위원회와 보조금·상계관세위원회는 함께 소집되기도 한다.

이 두 조치는 유사한 점이 매우 많다. 덤핑과 보조금에 대한 조치는 일반적으로 특별상쇄 수입관세(보조금의 경우에는 상계관세)의 형태를 갖는다. 상계관세도 반덤핑관세와 마찬가지로 특정국의 수입품에 부과되므로, GATT의 관세양허 원칙 및 모든 무역상대국에 대해 동등하게 적용해야 한다는 무차별 원칙에도 위배된다. 두 협정 모두는 회피조항(Escape Clause)을 갖고 있으나, 이들 또한 관세부과 전에 수입국 국내산업의 피해를 입증하기 위한 충분한 조사를 기초로 한다.

하지만, 양 협정에는 근본적으로 다른 점이 있다. 덤핑은 개별기업에 의한 행위이지만, 보조금은 기업에게 직접적으로 보조금을 지급하거나 기업의 요청에 따라 특정 주체(소비자)를 보조하는 형태를 띤 정부나 공공기관의 행위라는 부분이 다르다.

사실 WTO는 회원국과 회원국 정부로 구성된 기구이기 때문에 덤핑행위와 같은 사기업의 행위를 직접 규율할 수는 없다. 그러므로 반덤핑 협정은 단지 정부가 사기업의 덤핑행위에 대해 취할 수 있는 조치에 관해서만 규정하는 것이다.

WTO 보조금 및 상계관세에 관한 협정에서는 일국 정부가 보조금을 지급하는 방법과 다른 국가의 보조금 지급에 대해 대응하는 조치에 관해 규정하고 있다. 따라서 WTO 보조금 및 상계조치에 관한 협정은 보조금과 그 대응조치 모두를 규율하고 있다고 볼 수 있다.

함께 읽어보기

미, 국내 철강회사에 상계관세 … "값싼 전기료, 사실상 보조금"

미국 상무부가 한국의 값싼 전기요금이 사실상 철강업체에 대한 정부보조금에 해당한다며 현대제철과 동국제강에 상계관세를 부과했다. 미국 정부가 값싼 전기료를 이유로 관세를 부과한 건 이번이 처음이다. 정부의 전기요금 인상 유보가 통상 문제로 번진 것이다.

5일 산업통상자원부에 따르면, 미 상무부는 지난달 관보를 통해 2021년산 현대제철과 동국제강의 철강 후판에 각각 1.08%의 상계관세를 부과한다고 최종발표했다. 상계관세는 수출국이 특정 상품에 보조금 등의 혜택을 줘 수입국 제품의 경쟁력에 영향을 끼칠 때 그 피해를 막기 위해 수출국 제품에 부과하는 관세다. 미 상무부는 "한국의 값싼 산업용 전기가 한국 철강업체에 사실상 보조금 역할을 했다"고 지적했다.

미국 철강업계는 몇 해 전부터 한국의 전기요금이 지나치게 낮아 철강업체 보조금 구실을 하고 있다며 꾸준히 문제를 제기해 왔다. 정부와 철강업계는 지난 2월 미국 수출 후판에 1.1%의

주 사진은 지난해 말 현대제철 충남 당진제철소의 모습

출처 | 연합뉴스

상계관세를 물려야 한다는 미 상무부의 예비판정 이후 이를 뒤집기 위해 노력했지만 최종확정을 바꾸지 못했다.

이번 상계관세는 미 상무부가 2021년 이후 한국 산업용 전기요금이 원가에 못 미치는 수준으로 묶여 있자 최종 부과한 것으로 해석된다. 산업부 관계자는 "2021년 이후 산업용 전기의 원가 회수율(원가 대비 판매가 비율)이 100%를 넘지 못한 것을 문제 삼은 것으로 보인다"고 말했다.

한전의 전기요금 총괄 원가회수율은 2020년 101.3%에서 2021년 85.9%, 2022년 64.2%로 크게 낮아졌다. 국제 연료값 상승으로 전기 원가가 높아졌는데 정부가 이를 전기요금에 제대로 반영하지 않은 결과다. 이번 최종 판정을 앞두고 지난달 미 상무부는 한국전력을 대상으로 조사를 진행한 것으로 알려졌다. 철강업계 관계자는 "한전이 흑자를 낼 때는 상계관세를 부과하지 않는데, 적자가 오래 지속되다 보니 정부보조금으로 해석한 것 같다"고 말했다.

정부는 미 상무부의 결정이 다른 업종에도 파급될지 예의주시하고 있다. 현대제철이 한해 미국에 수출하는 후판 물량은 4만t으로 전체 생산량의 2% 수준이지만, 전기료가 원가 이하의 수준을 유지하면 지속적으로 통상 문제를 일으킬 소지가 있기 때문이다.

정부와 업계는 미국 국제무역법원(ITC)에 제소하는 방안을 검토 중이다. 산업부 관계자는 "상계관세로 인한 국내 업계의 피해를 최소화하는 방안을 찾겠다"고 밝혔다. 이날 현대제철은 "최종 판정에 있어 석연치 않은 부분이 있어 차후 대응을 구상 중"이라고 입장을 밝혔다. 동국제강 관계자는 "대미 후판 수출물량은 크지 않아서 회사에 직접적인 영향을 미치는 건 크지 않고, 상황을 예의주시하고 대응 방법을 강구할 방침"이라고 말했다.

출처 | 김학승, 미, 국내 철강회사에 상계관세 … "값싼 전기료, 사실상 보조금", 한겨레, 2023.10.5.

제 3 절 • **긴급수입제한조치에 관한 협정**

1. 배경

(1) 개념

긴급수입제한조치(Safeguard)란 넓게 해석하면 한 국가가 수입으로부터 발생하는 국제수지의 악화 및 국내산업의 피해를 방지하기 위해 사용하는 모든 무역제도상의 조치를 의미한다. 일반적으로 긴급수입제한조치는 수입의 급격한 증가로 인해 일국의 국내산업이 심각한 피해를 입게 되거나 피해의 우려가 있는 경우, 해당 제품의 수입을 일시적으로 제한하기 위해 취할 수 있는 관세 및 비관세조치를 의미하며, 세이프가드라고도 불린다.

그러나 국제무역에서 일반적으로 사용되는 좁은 의미의 세이프가드는 특정 물품의

◀ 그림 ▶ 긴급수입제한조치란?

| 수출량 | < | 수입량 |

▼

수입급증으로 국내업체에 심각한 피해발생 또는 우려가 있을 경우

▼

자국기업과 자국민을 보호하기 위해 발동되는 '긴급수입제한조치'

출처 | 인천항만공사, "[그것이 알고 싶다] 물류용어 정복! 세이프가드란?", 2021.10.7.

수입이 급격히 증가해서 수입국의 전반적인 경제여건이나 수입국 내 경쟁산업에 피해를 주거나 피해를 줄 우려가 있는 경우에 WTO의 1994 GATT 제19조 및 세이프가드 협정에 근거하여 실시되는 WTO 회원국의 대응조치를 의미한다.

WTO 협정은 국가 간의 무역자유화를 촉진하기 위해 모든 회원국에게 수량제한을 일반적으로 금지하는 의무를 부과하고, 관세장벽은 인정하되 점차 인하하는 것을 원칙으로 한다. 그러나 다른 한편으로는 특수한 상황하에서 국내산업을 보호할 수 있도록 많은 예외조항을 두고 있는데, 그중에서 대표적인 조항이 '특정 물품의 수입에 대한 긴급수입조치(emergency action on imports of particular products)'를 규정하고 있는 GATT 제19조의 세이프가드 조항이다.

GATT 제19조 제1항에서는 "GATT 가맹국이 관세양허를 포함하여 GATT의 의무를 성실히 준수한 결과 예기치 않은 사태의 발생으로 당해 물품이 국내생산에 비해 절대적 또는 상대적으로 증가된 수량이 수입됨으로써 수입국의 경쟁상품(동종 또는 직접적 경쟁관계를 상품)을 생산하는 국내생산업자에게 심각한 피해를 주거나 줄 우려가 있는 경우, 수입국은 동 상품에 대해 피해를 방지 또는 구제하는 데 필요한 한도 내에서 일정 기간 동안 GATT 의무를 전부 또는 일부 유보하거나 관세양허를 철회 및 수정할 수 있다"라고 규정되어 있다.

(2) 조치의 의미와 성격

긴급수입제한조치는 수입을 일시적으로 제한하여 피해를 입은 국내 경쟁산업에게 적절한 조정기회를 부여함으로써 해당 산업의 경쟁력을 회복 및 향상시키고, 자원의 효율적 이동을 촉진시키는 데 그 의의가 있다. 긴급수입제한조치는 국제무역장벽이 낮아짐에 따라 상이한 체제 간에 무역으로 발생할 수 있는 급격한 개혁을 방지하는 국경조치로 사용함으로써 특정 산업과 노동자들을 불가피한 심각한 피해로부터 보호하고 자유무역경쟁에 적응할 수 있는 적절한 시간을 부여하고자 하는 조치이다.

하지만 경제학적 관점에서 보면 이러한 긴급수입제한조치는 몇 가지 문제점을 가지고 있다. 긴급수입제한조치는 WTO 협정에 부합하는 공정경쟁 관행을 통해 무역을 진행하였음에도 불구하고, 수입국의 특수한 상황 때문에 해당 상품의 수입에 대한 제제를 가하는 조치이다. 결국 긴급수입제한조치는 경제학적 측면에서 보면 국가 간 비교우위에 기초한 효율적인 생산활동을 제약할 수 있는 조치로 자유무역과 공정무역의 원칙에 위배되는 조치라고 볼 수 있다.

긴급수입제한조치는 수입급증에 따른 수입국의 산업구조 조정비용의 부담을 감소시켜 주는 정책수단이지만, 수출국이나 관련 기업의 입장에서 보면 그 대가가 너무 크다는 측면이 있다. 또한 장기적 측면에서 보면 경쟁력이 약한 기업이나 산업이 동 조치로 인한 보호를 통해 생산을 계속할 수 있도록 장려하는 것이기 때문에, 국가경제 전체적인 자원배분과 효율성 측면에서 유해한 결과를 초래할 수 있다.

실제로 기업은 기술개발과 새로운 사업영역 개척, 효율성 증대 등과 같은 일련의 활동을 통해 기업경쟁력을 강화함으로써 끊임없이 변화하는 기업경영환경에 적응하여야 한다. 수입급증도 이러한 여러 가지 기업경영환경 중의 하나이다. 따라서 정상적인 기업은 이러한 상황변화에 대해서도 적극적으로 대응 및 적응하여 극복해 나가야 하는 것이다.

하지만 긴급수입제한조치는 이러한 경제적 문제점에도 불구하고 정치적인 차원에서 타당성을 제공하고 있다. 일국의 정책변화로 야기되는 산업피해에 대해서는 해당국의 정치부분에서 관심을 기울여야 하며, 이에 대한 적절한 조치가 취해지는 것은 당연하다는 의미이다. 결국 긴급수입제한조치는 일국의 정책변화로 인해 야기되는 수입의 급증에 따른 피해를 정치·경제적인 차원에서 어느 정도 완화시키기 위해 시행되는 조치라고 볼 수 있다.

(3) 긴급수입제한조치의 발전과정

긴급수입제한조치와 관련된 논의의 시작은 GATT 창설 당시 추진되었던 국제무역기구(ITO)의 설립과 밀접한 관련이 있다. 당시 ITO의 승인과정에서 미 의회는 행정부의 과도한 자유무역주의 노선 강화를 경계하기 위해 GATT 협정문에 면책조항(Escape Clause)을 삽입해 줄 것을 행정부에 요청했다. 미국 정부는 이의 이행을 위해 1942년 미-멕시코 간 무역협정 체결 시 합의했던 면책조항을 근거로 하여 그 후 체결되는 모든 통상협정에 면책조항을 삽입하는 행정명령을 발동했다.

1946년 미국 정부는 미 의회의 이러한 입장이 반영된 ITO 헌장 초안을 런던회의에 제출했다. 이 면책조항은 그 후 1959년 11월에 개최된 GATT 제16차 총회에서는 일부 품목의 수입급증으로 인한 피해문제가 제기되면서 세이프가드의 형태로 거론되기 시작했다. 그리고 제17차 GATT 총회에서 오늘날의 GATT 제19조의 내용이 되는 세이프가드 조항이 처음으로 만들어졌다.

그 후 1970년대에 접어들면서 선진국들을 중심으로 비관세장벽이 남발되면서 GATT 체제 내에 있던 세이프가드 규정은 그 실효성을 의심받게 되었다. 그 과정에서 세이프가드조치의 명확화와 더불어 당시 GATT 체제 밖에 있던 다양한 회색지대 조치에 대한 대응책을 GATT 체제 내로 가져오기 위한 논의가 본격적으로 시작되었다.

그러나 세이프가드에 대한 논의과정에서 선진국과 개도국 간의 견해 차이가 발생하게 되었다. 1979년에 개최된 GATT 총회에서는 세이프가드에 관한 실질적인 합의도 달에는 실패했지만 세이프가드위원회의 설치가 합의했다. 그러나 그 후에도 세이프가드에 관한 관련 합의는 만들어지지 않았다.

사실 세이프가드조치 발동의 핵심요건은 무역자유화조치로 인해 발생되는 예견치 못한 국내의 특정 산업의 심각한 피해를 보호하기 위한 조치 도입을 허용하는 것이다. 하지만 발동의 핵심요건이라고 할 수 있는 이러한 심각한 피해에 대한 합의가 만들어지지 않았다. 그리고 세이프가드 발동절차에 대한 불투명성, 관련 조치에 대한 GATT 통보 및 적절한 협의의 부존재, 해당 조치의 장기화 등에 대한 합의도 도출되지 못했다.

하지만 UR 협상과정에서 앞에서 제기되었던 이러한 많은 쟁점들에 대한 합의가 만들어졌다. 그 결과 기존의 GATT 세이프가드 규정을 보다 명확히 하고 강화하는 과정을 통해 세이프가드조치에 대한 다자간 통제를 재확립할 수 있게 되었다. 이렇게 해서 만들어진 것이 WTO 세이프가드에 관한 협정이다.

자국기업을 보호하기 위한 긴급수입제한조치 '세이프가드'

긴급수입제한조치 또는 세이프가드(Safe guard)란 특정 품목의 수입이 너무 급증해 자국에 중대한 피해가 발생하거나 그럴 우려가 있을 경우, 수입물품에 대한 수량제한, 관세율 조정 및 국내산업의 구조조정을 촉진시키기 위한 지원을 할 수 있는 제도다.

세이프가드가 제정된 배경은 1947년 미국을 포함한 23개국이 스위스 제네바에서 나라 간의 관세장벽을 허물고 경제협력을 강화하자는 뜻으로 '관세무역 일반협정(GATT)'을 발효한 것에서 시작된다. 그런데 이 GATT로 인해 자국기업의 피해가 우려되자 회원국들은 일시적으로 수입을 긴급하게 제한할 수 있는 장치인 세이프가드를 만들게 되었다.

자국기업을 지키기 위한 조치라고는 하지만, 세이프가드를 남발하게 되면 관세장벽을 허물려 했던 본래 취지가 무의미해진다. 따라서 세이프가드의 발동요건은 매우 엄격한데, 이에 세계국제무역기구(WTO)는 "세이프가드는 심각한 피해를 방지하고, 산업 구조조정을 용이하게 할 목적으로만 사용해야 한다."고 권고하고 있다.

불공정 무역으로부터 자국 기업을 보호해야 하는 건 당연한 일이다. 그러나 세이프가드는 종종 다른 용도로 사용되기도 해 문제가 되고 있기도 하다.

그 예로 2014년 12월부터 터키 정부는 자국의 전자기업인 베스텔(Vestel)의 제소를 받아들여 한국 제품에 대한 세이프가드를 발동했다. 이와 관련하여 전경련은 터키 정부가 세이프가드 발동을 위한 요건을 충족하지 못하고 있음을 지적했고, 터키 정부에 공정한 조사를 요청했다. 실제로 터키가 수입한 휴대폰의 물량 증가율이 연평균 2.7%에 불과했고 터키 내 시장점유율 변화도 미미해 산업피해 요건에 부합하지 않았다.

이번 미국의 한국 세탁기에 대한 세이프가드는 미국 국제무역위원회(ITC)의 중재로 그 피해가 인정돼 발동가능성이 크다. 이에 따라 우리 정부와 해당 업체들도 세이프가드 조처의 부당성을 밝힐 대책을 강구할 계획이다.

무분별한 수입으로 생긴 자국 산업의 피해를 막기 위해 만들어진 세이프가드. 자국 산업을 보호하기 위해 사용하는 것이 아닌 정치적인 목적을 가지고 이용되는 것은 양국에 신뢰와 협력을 깨는 행위밖에 되지 않는다는 것을 잊지 말아야 할 것이다.

출처 | 김태웅, "자국기업을 보호하기 위한 긴급수입제한조치 '세이프가드' [지식용어]", 시선뉴스, 2017.10.18.

2. 주요 내용

(1) 조사와 발동요건

1) 조사의 개시　　　산업이나 개별기업은 자국 정부에게 긴급수입제한조치의 발동을 요구할 수 있다. WTO 긴급수입제한조치에 관한 협정에서는 제소자의 신청자격에 대한 규정을 별도로 두고 있지 않다. 이는 세이프가드조치의 발동요건에 대해서는 조치실행 국가들의 실정에 맞게 정할 수 있도록 한 것으로 해석할 수 있다. 하지만 동 협정에서는 긴급수입제한조치와 관련된 조사가 개시된 경우, 이러한 개시는 그 사실과 이유를 WTO 세이프가이드위원회에 반드시 통보하도록 하고 있다.

협정의 이러한 내용을 반영하여 미국은 관계 당사자의 청원이나 대통령 또는 ITC의 발의에 따라 세이프가드 조사를 개시할 수 있도록 했다. 그리고 EU는 생산자의 제소는 인정하지 않고, 회원국 정부를 통하거나 집행위원회의 직권으로 조사를 개시하도록 했다. 우리나라의 경우, 긴급수입제한조치의 발동과 관련된 조사는 당해 국내산업에 이해관계가 있는 자 및 당해 국내산업을 관장하는 관계행정기관의 장이 신청하거나, 무역위원회의 직권으로 조사할 수 있다.

긴급수입제한조치 발동을 위한 조사는 투명성을 바탕으로 자의적 판정을 회피하기 위해 규정과 관행을 통해 이루어진다. 긴급수입제한조치 발동을 위해 조사당국은 관련 공청회의 일정을 공표해야 하며, 이해당사자가 증거를 제출할 수 있는 적절한 기회를 제공해야 한다. 물론 이러한 증거에는 긴급수입제한조치의 적용이 공공의 이익에 부합하는 것인지에 관한 의견을 포함하여야 한다.[139]

2) 발동요건　　　긴급수입제한조치의 발동은 ⅰ) 특정 상품의 수입이 국내생산에 비해 절대적(absolute)으로나 상대적(relative)으로 증가되고, ⅱ) 동종 또는 직접 경쟁적인 상품을 생산하는 국내산업에 심각한 피해를 초래하거나 초래할 우려가 있으며,

---

139 긴급수입제한조치에 관한 협정 제3조 제1항.

◀ 그림 ▶ 세이프가드의 발동조건

세이프가드의 발동조건

☑ 수입의 증가

☑ 국내산업에 심각한 피해 또는 그럴 만한 우려의 존재

☑ 수입증가와 심각한 피해 또는 그 우려 간의 인과관계의 존재

출처 ∣ 1 한국무역협회, "WTO 긴급수입제한조치 협정을 기반으로 정한 세이프가드 발동조건" 2 인천항만공사, "[그것
이 알고 싶다] 물류용어 정복! 세이프가드란?", 2021.10.7.

iii) 이러한 수입증가와 국내산업의 피해 간에 인과관계가 충족되는 경우에 이루어진다.

긴급수입제한조치의 발동을 정당화시키는 수입의 급격한 증가는 크게 두 가지로
구분된다. 하나는 수입의 실질적 증가로, 이는 수입의 절대적 증가(absolute increase)를
의미한다. 다른 하나는 수입량이 증가하지는 않은 시장점유율상의 증가로 수입의 상대
적 증가(relative increase)를 의미한다.

국내산업의 심각한 피해(serious injury)는 국내산업에 중대하고도 전반적인 손상(a
significant overall impairment in the position of a domestic industry)을 입는 것을 의미한다.
그리고 심각한 피해의 우려(threat of serious injury)는 명백히 임박한 심각한 피해(serious
injury that is clearly imminent)를 의미한다.[140]

조사당국은 국내산업의 피해발생 또는 발생우려의 여부를 조사함에 있어 당해 산
업상황에 영향을 미치는 모든 객관적이고 계량 가능한 성격의 요인을 조사하고 평가한
다. 국내산업의 피해발생에 대해 조사할 때 고려되는 주요 지표로는 당해 물품의 절대
적·상대적 수입 증가율 및 증가량, 수입품의 국내시장 점유율, 판매, 생산, 생산성, 가
동률, 이윤 및 손실, 고용 등이 있다.

회원국은 국내산업의 심각한 피해를 방지하거나 구제하고 구조조정을 촉진하는 데
필요한 범위 내에서만 긴급수입제한조치를 적용하여야 한다.[141] 수량제한을 사용하는
세이프가드조치는 입수 가능한 통계를 기준으로 하되, 과거의 대표적인 3년간의 평균수
입량 이하로 수입량을 감소시켜서는 안 된다.

---

140 긴급수입제한조치에 관한 협정 제4조.
141 긴급수입제한조치에 관한 협정 제5조.

　　마지막으로 긴급수입제한조치가 발동되기 위해서는 해당 상품의 수입증가가 국내
산업의 심각한 피해 또는 그 우려와 인과관계가 존재해야만 한다. 이는 결국 해당 상품
의 수입급증 이외의 요인이 국내산업에 피해를 준 경우, 긴급수입제한조치는 발동될 수
없다는 것을 의미한다.

(2) 잠정조치와 구제조치

　　긴급수입제한조치의 발동이 지연되어 국내산업에 회복하기 어려운 손상을 초래할
수 있는 경우, WTO 회원국은 잠정 긴급수입제한조치의 발동을 명령할 수 있다. 단, 이
러한 잠정조치는 증가된 수입품이 심각한 피해를 초래하거나 심각한 피해를 초래할 우
려가 있다는 긍정적 예비판정이 내려진 경우에 한해서 발동할 수 있다.

　　잠정조치의 발동은 향후의 조사결과가 국내산업의 심각한 피해나 피해 위협의 원
인이 해당 상품의 수입급증에 의한 것이 아니라는 판정이 있는 경우, 즉시 환급할 수
있는 형태인 관세인상의 형태로 취해져야 한다. 잠정조치의 존속기간은 200일을 초과해
서는 안 된다.

　　한편, WTO 긴급수입제한조치에 관한 협정을 통해 수입국이 취할 수 있는 피해구제
조치는 잠정조치를 제외하면 크게 두 가지 방식으로 발동된다. 가장 일반적인 방법으로는
수입품에 대한 관세를 크게 올림으로써 자국 내 수입품의 유통가격을 관세부과액 만큼
높게 상승시키는 방법이다. 그 외의 방법으로는 관세를 올리는 대신 물량규제를 하는
방법이 있다. 이는 주로 쿼터와 같이 수입허용치를 규제하는 방식을 의미한다. 하지만
최근에는 이러한 두 가지 방법을 혼용하거나 구조조정 등의 방법도 도입된다.

함께 읽어보기

미국의 2018년 한국산 세탁기에 대한 긴급수입제한조치

　　미국 정부는 2018년 2월 한국산 세탁기의 수입급증으로 인해 자국산업이 심각한 피해를 보고
있다는 자국업계의 제소를 근거로, 한국산 세탁기(삼성·LG전자를 겨냥한 것)에 대해 세이프가드
를 발동했다. 당시 발동한 세이프가드조치는 관세부과와 수량제한이 혼용된 방식을 채택했다.
　　당시 미국 정부는 향후 3년간 수입산 가정용 세탁기를 대상으로 연간 120만 대에 대해 저율
관세할당(TRQ) 기준을 적용하겠다고 발표했다. 여기서 TRQ는 관세율 조정과 물량규제를 혼합
한 조치로 연간 120만 대에 대해서는 낮은 관세를 물리지만, 이 기준을 초과하는 경우 두 배가
넘는 관세를 부과한다는 것이다.

이 사건에서 한국 정부는 같은 해 5월 미국 정부의 세탁기 수입규제의 부당성을 따지기 위해 WTO 분쟁해결절차에 제소했다. 한국 정부는 제소 후 5년간의 법적 분쟁 끝에 2022년 2월에 최종 승소판정을 받았다.

출처 | 권영은, "한미 '세탁기 세이프가드' 분쟁, 5년 만에 한국 승소 확정", 한국일보, 2023.4.28.

WTO 긴급수입제한조치에 관한 협정에서는 이러한 긴급수입제한조치의 발동은 국내산업의 심각한 피해를 방지하거나 구제에 필요한 정도 내에서 발동되어야 한다고 규정하고 있다. 하지만 WTO 긴급수입제한조치에 관한 협정에서는 가장 일반적인 피해 구제수단으로서 관세조치를 중심으로 한 주요 피해구제수단에 대해서만 규정하고 있다.

만약 국내산업의 피해구제를 위해 수량제한(쿼터)을 부과하는 경우, 심각한 피해의 방지 또는 구제를 위해 수입제한량을 변화시킬 필요가 있다는 명백한 정당성이 제시되어야 한다. 만약 그렇지 않은 한, 입수 가능한 통계치를 사용한 최근 기준으로 수입량을 과거 3년간의 대표적인 평균수입량 이하로 감소시켜서는 안 된다.[142]

수입국은 국내산업의 구조조정을 촉진하기 위해 '구조조정지원조치(Structural Adjustment Assistance Measures)'를 취할 수 있다. WTO 긴급수입제한조치에 관한 협정에서는

수입국에게 심각한 피해를 방지하거나 구제하고 구조조정을 촉진하는 데 필요한 범위 내에서만 긴급수입제한조치를 취할 수 있도록 하고 있다. 산업구조 조정을 위한 조치로 관세인상, 수량제한조치는 물론 국내산업에 대한 금융 및 세제상의 지원도 행할 수 있다.

하지만 WTO 보조금 및 상계조치 협정과 농산물 협정의 관계에서는 금지보조금 또는 조치가능보조금 등이 긴급수입제한조치의 일환으로서 구조조정지원조치로 사용될 수 있는지에 관해서는 규정된 바가 없다.

(3) 조치의 소멸과 보상

1) 조치의 소멸과 검토　　　　긴급수입제한조치의 소멸기간은 4년이다. 하지만 동 조치가 계속 필요하며, 산업이 조정 중에 있다는 증거를 근거로 수입국의 주무당국은 동 조치의 존속기간을 8년까지로 연장할 수 있다. 긴급수입제한조치의 총적용기간은 잠정조치 적용기간과 최초 적용기간 및 그 연장을 포함하여 8년을 초과하지 아니한다.

한편 최초 발동이 허가되고, 예상 존속기간이 1년 이상인 경우, 조정의 촉진을 위해 세이프가드조치의 적용회원국은 적용기간 동안 동 조치를 정기적으로 그리고 점진적으로 자유화하여야 한다.[143] 동 조치의 존속기간이 3년을 초과하는 경우, 조치를 발동한 국가는 조치의 중간시점 이전에 조치의 적용상황에 대한 검토를 진행한다. 그리고 적절한 경우, 조치의 철회나 자유화 형태로 조치의 가속화를 시행한다. 조치의 발동이 연장된 경우, 최초 적용기간의 종료시점보다 세이프가드조치가 더 제한적이어서는 안되며, 지속적으로 자유화 조치를 진행해야 한다.

2) 보상　　　　긴급수입제한조치는 수입국의 국내사정을 이유로 수출국의 정당한 수출행위를 제약하는 조치이다. WTO 긴급수입제한조치에 관한 협정에서는 긴급수입제한조치의 발동으로 인해 관련 수출국이 받을 손해를 보상하도록 하고 있다. 이러한 보상에 관한 협의가 이루어지지 않는다면, 수출국은 동일한 수준의 보복조치를 취할 수 있도록 하고 있다.

긴급수입제한조치를 발동하는 수입국은 해당국과 긴급수입제한조치와 관련된 보상협상을 진행해야 한다.[144] 보상을 위한 협의를 개시한 후 30일 이내에 합의에 도달하지 못할 경우, 수입국은 세이프가드조치를 발동할 수 있다. 이러한 경우 수출국은 수입국이 긴급수입제한조치를 발동한 이후 90일 이내에 그에 상응하는 보복조치를 취할 수

---

143 긴급수입제한조치에 관한 협정 제7조 각 항.
144 긴급수입제한조치에 관한 협정 제8조.

◀ 그림 ▶ 세이프가드 발동에 의한 보상 및 보복

출처 | 인천항만공사, "[그것이 알고 싶다] 물류용어 정복! 세이프가드란?", 2021.10.7.

있다. 가장 일반적인 보복조치의 형태는 적용된 세이프가드조치와 실질적으로 동등한 무역효과를 가지는 양허의 적용을 정지하는 것이다. 그러나 긴급수입제한조치가 수입품의 절대적 증가의 결과로서 취해지고, 그러한 조치가 이 협정의 규정에 합치하는 경우에 수출국이 보복조치를 취하기 위해서는 긴급수입제한조치가 도입된 뒤 3년을 기다려야 한다.

(4) 관련 위원회와 개발도상국 우대

긴급수입제한조치위원회는 동 협정의 운영을 감독하며 회원국의 약속이행 여부를 감시할 책임을 갖고 있다. 회원국의 정부는 긴급수입제한조치와 관련된 조사와 의사결정, 정책 등에 관하여 각 단계별로 긴급수입제한조치위원회에 서면으로 보고하면, 동 위원회는 이 보고서를 검토한다.[145]

개도국의 수출품은 긴급수입제한조치로부터 어느 정도는 보호된다. 수입국은 상품이 수입국에서 차지하는 점유율이 3%를 초과하고 있거나, 3% 미만의 수입점유율을 가진 개도국들이 차지하는 점유율의 합이 관련 상품 총수입의 9%를 초과하는 경우에만, 개도국으로부터의 수입에 대해 긴급수입제한조치를 부과할 수 있다.

개도국은 긴급수입제한조치의 발동기간을 최대 8년에서 2년을 추가하여 최장 10

---

145 긴급수입제한조치에 관한 협정 제13조.

년까지 연장할 수 있도록 하고 있다.[146]

(5) 대중국 특별 긴급수입제한조치

WTO 협정에는 일반적 형태의 세이프가드 외에도 특별한 형태의 조치가 존재한다. 이는 중국의 WTO 가입으로 인해 만들어진 대중국 특별 긴급수입제한조치이다. 동 조치는 특정 회원국이 WTO 체제에 가입하는 경우, 해당 국가의 경쟁력과 영향력이 막강하여 무역자유화조치를 충실히 이행하는 다른 회원국이 수입개방으로 인해 받을 피해가 예측 가능한 수준 이상으로 클 수 있어 도입된 조치이다.

'대중국 특별 긴급수입제한조치'는 중국의 WTO 가입의정서에 포함되어 있으며, 2001년 11월 15일(중국의 WTO 가입의정서의 WTO 본회의 통과일)부터 2013년까지 한시적으로 적용된 조치이다. 중국의 WTO 가입은 중국입장에서 보면 새로운 시장접근 기회를 자국에게 더 많이 제공하는 사건이다. 하지만 중국과 치열한 경쟁을 하고 있는 다른 국가의 입장에서 보면, 이는 WTO 회원국으로서 특혜를 받는 가장 무서운 경쟁국이 세계시장에 등장하는 것과 같은 효과를 가진다.

많은 개발도상국이나 관련 선진국들은 중국의 WTO 가입에 대해 이러한 이유 때문에 부정적이거나 소극적인 입장을 보였다. 대중국 특별 긴급수입제한조치는 기존의 WTO 회원국들이 중국에 대해 가지는 이러한 생각을 극복하기 위해 제안한 것이다. 따라서 대중국 특별 긴급수입제한조치는 중국의 입장에서 보면 WTO에 가입하지 않았을 때에는 당하지 않아도 되는 국제통상상의 핸디캡이라고 볼 수 있다.

'대중국 특별 긴급수입제한조치'의 내용을 살펴보면 다음과 같다.

첫째, 대중국 특별 긴급수입제한조치는 그동안 WTO 회원국 모두에 적용되던 최혜국대우(MFN) 원칙을 무너뜨린 중국에만 적용되는 "특별조치"이다. '대중국 특별 긴급수입제한조치'는 다른 나라에서의 중국제품에 대한 수입증가의 정도를 고려할 필요가 없는 조치이다. 이는 결국 무섭게 성장하고 있는 중국산에 대한 세계 각국의 위기감을 반영한 것으로, 세계경제는 중국의 WTO 가입을 인정하기는 하되 어느 정도의 충격완화장치를 둔 것이라고 볼 수 있다.

둘째, 대중국 특별 긴급수입제한조치의 발동기준은 기존의 긴급수입제한조치보다도 많이 완화되었다는 특징을 가진다. 대중국 특별 긴급수입제한조치의 발동기준은 '실

---

146 긴급수입제한조치에 관한 협정 제9조 제1항.

출처 | 최형욱, "중국의 WTO 개도국 지위", 서울경제, 2023.6.13.

질적 피해(material injury)' 기준을 적용하고 있다. 따라서 기존의 WTO 세이프가드 발동 요건인 '심각한 피해(serious injury)'보다는 많이 완화된 기준이라고 볼 수 있다. 이는 중국의 WTO 가입으로 인해 급증할 수 있는 중국산 제품 때문에 어려움을 겪을 수 있는 많은 국가들에게 상당한 정도의 정책운용상 유용성을 제공할 것이다.

셋째, 대중국 긴급수입제한조치는 관련 당사국의 보복조치 사용이 불가능하다는 특징을 갖고 있다. 대중국 특별 긴급수입제한조치가 발동된 경우, 수출국인 중국은 절대적 수입증가의 경우에는 3년간, 상대적 수입증가인 경우에는 2년간 보복조치를 행할 수 없다. 이로써 긴급수입제한조치의 발동과 이로 인한 보복관계로 이어졌던 통상분쟁은 상당히 줄어들었다.

대중국 특별 긴급수입제한조치는 비록 한시적으로 적용되는 조치이지만, 향후 중국과 같은 통상대국이 WTO에 신규 가입하게 되는 경우에 충분히 원용될 수 있는 조치로서 중요한 의미를 가진다.

제6장

상품외거래 관련 협정

사진 | https://www.gettyimagesbank.com/

제1절 • **서비스무역에 관한 일반협정**

1. 배경

글로벌 서비스무역이 전체 교역에서 차지하는 비중은 약 20% 정도에 불과하나, 부가가치 기준으로는 50%를 차지할 정도로 국제무역에서 중요한 역할을 담당하고 있다.[147] 특히 4차 산업혁명 관련 기술진보와 고부가가치화 등이 추진되면서 전체 무역에서 차지하는 서비스무역의 중요성도 더욱 확대될 것으로 전망되고 있다.

하지만 중요성이 점차 중대되고 있는 서비스무역도 1970년 이전까지는 국내규제를 중심으로 이루어지던 거래로 인식되어 왔다. 이러한 이유 때문에 서비스무역에 관한 규제도 국제규범보다는 각국의 국내법규로 규율해 왔던 것이다. 이는 서비스무역이 국제규범의 밖에서 규율되어 왔던 분야라는 것을 의미하는 것이다.

서비스무역에 관한 국제적 논의는 서비스무역과 관련된 양국 간의 쌍무협상에서 그 기원을 찾아볼 수 있다. 대표적으로는 투자보장 협정이나 우호통상항해 협정 등과 같은 쌍무협상에서 서비스무역에 대한 국제적 논의의 흔적을 찾아볼 수 있다.

진정한 의미에서의 서비스무역에 관한 국제적 논의의 흔적은 OECD에서 찾아볼 수 있다. OECD는 서비스무역을 다자간 통상협정의 주요 의제로 채택했던 최초의 국제기구였다. 하지만 OECD에서의 서비스무역에 대한 논의는 선진국의 입장에서 서비스무역의 자유화 문제를 다루었다는 비판을 받고 있다. 서비스무역에 관한 또 다른 논의는 UNCTAD에서 이루어졌다. UNCTAD는 서비스무역에 관한 국제규범의 제정에 있어서 개도국의 이익을 많이 반영하려고 노력했던 기구이다. UNCTAD에서 서비스무역에 관한 논의를 시작한 것은 서비스무역에서 개도국의 비중은 그리 크지 않지만, 향후 개도국의 지속적인 경제발전을 위해서는 서비스무역의 확대와 발전이 반드시 필요하다는 이유 때문이다.

서비스무역에 관한 국제적 논의 중 가장 의미 있는 접근은 GATT에서 이루어졌다. GATT 체제 내에서의 서비스무역에 관한 국제적 논의는 UR 협상을 통해 의미 있는 결과를 도출했다. 사실 1980년대 이후 서비스무역이 급격히 증가하는 추세를 보이자, 서비스무역장벽을 둘러싸고 많은 논란이 발생하기 시작했다.

---

147 강종석, "서비스 국내규제에 관한 국제규범 제정", 나라경제, KDI, 3월호, 2022.

🔲 GATT 체제에서 서비스무역 논의의 진전이 미흡했던 이유 ──────────────●

　　GATT에서 서비스무역에 관한 논의와 진전이 미미할 수밖에 없었던 이유는 선진국과 개도국의 입장 차이가 워낙 컸기 때문이다. GATT는 선진국뿐만이 아니라 개도국 등의 세계 대다수 국가들로 구성되어 있는 분야이다. 그래서 GATT에서 의결된 사항들은 다른 국제기구의 의결사항보다 회원국에 대한 실효성을 확보할 수 있다는 장점이 있다. 따라서 선진국의 입장에서 보면 상품무역 위주의 GATT 구조에서 약간의 수정·보완 과정을 통해 서비스무역 분야에까지 쉽게 규율할 수 있다는 장점을 가진다고 보았다. 그래서 선진국의 입장에서는 GATT 체제 내에서 서비스무역에 관한 논의의 진행에 대해 찬성을 한 것이다. 하지만 개도국들은 선진국의 주장과는 반대적 입장을 가지고 있었다.

　　선진국과 개도국 간의 입장 차이로 교착상태에 빠져 있던 서비스무역에 대한 논의는 1988년 캐나다 몬트리올에서 개최된 GATT 각료회의에서 GATT 체제 내에서 서비스무역 관련 논의를 진행하자는 주장에 합의하면서 탄력을 받기 시작했다. 그 후 일반협정, 분야별 부속서, 양허협상 등의 분야에서 협상이 진행되어 합의에 도달하게 된 것이다.

　　우루과이라운드(UR) 협정에서의 서비스무역에 관한 논의는 당시 선진국들의 강력한 주장으로 시작된 것이다. 그 후 1994년까지 진행된 UR 협상에서는 서비스무역의 장벽을 제거하고 서비스무역의 자유화를 가속화하기 위한 다자간 규범으로 GATS(General Agreement on Trade in Services : 서비스무역에 관한 일반협정)가 합의되었다. WTO GATS의 제정으로 인해 여러 개별협정의 적용을 받던 서비스무역은 단일 국제규범의 적용을 받게 되었다.[148]

　　GATS의 제정은 최혜국대우를 가장 중요하게 여기던 GATT 체제와는 달리 서비스무역에서는 최혜국대우의 예외를 광범위하게 인정했고, 관세를 중심으로 무역자유화를 확대했던 GATT 체제와는 달리, 시장접근과 내국민대우를 중심으로 무역자유화를 강화했다는 특징이 있다. GATS의 제정은 그동안 GATT 체제에서 규율할 수 없었던 무형무역의 대표적 유형인 서비스 분야도 이제는 다자간 체제에서 규율될 수 있는 분야가 되었다는 의의를 제공하고 있다. 하지만 이는 서비스무역과 관련된 다자간 규율에 대한 논의의 시작점에 불과하고, 향후 채워야 할 여백이 많다는 의미이기도 하다. 따라서 향후 서비스무역과 관련된 추가적 논의와 합의과정은 더욱 중요한 국제통상 이슈가 될 가능성이 높다.

---

148 당시까지 서비스무역은 대부분 항공협정, 통신협정, 금융협정, 투자보장협정 등과 같은 양국 간 협정이나 양해협력, 복수국가 간 협약이나 협정 등을 통해 복잡하고 다양한 형태로 규율되어 왔다.

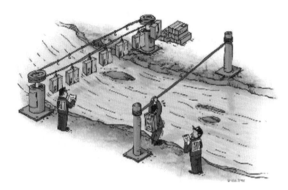

출처 | 의료기기 뉴스라인, "상품무역에 'GATT'가 있다면, 서비스무역엔 'GATS'가 있다", 2014.12.22.

2. 주요 내용

(1) 협정의 적용범위와 구성

1) 서비스의 정의   WTO 서비스무역에 관한 일반협정은 국제간에 교역되는 모든 서비스에 적용된다. GATS가 관할하고 있는 국제간 서비스무역은 다음과 같은 4가지 방법의 서비스공급으로 정의하고 있다.[149]

▶ 서비스무역의 형태 : 서비스공급의 종류 ━━━━━━━━━━━━━━━━━━━━━━━━●

○ **서비스공급자가 서비스수입국 영토 내에 주재하지 않는 경우**
  - 국경횡단공급(cross-border supply) : 한 회원국 영토로부터 그 밖의 다른 회원국 영토 내로의 서비스공급(예 : 국제전화)
  - 해외소비(consumption abroad) : 한 회원국 영토 내에서 다른 회원국의 서비스소비자나 기업에 대한 서비스공급(예 : 해외관광, 유학)
○ **서비스공급자가 서비스수입국 영토 내에 주재하는 경우**
  - 상업적 주재(commercial presence) : 한 회원국의 서비스공급자가 다른 회원국 영토 내에서 상업적 주재를 통해 행하는 서비스공급으로, 대표적인 예로 외국기업이 다른 국가 내에서 자회사나 지점을 개설하여 서비스를 공급하는 것(예 : 일국 내에서의 외국은행 경영)
  - 자연인의 주재(presence of natural persons) : 한 회원국의 서비스공급자가 다른 회원국 영토 내에서 자연인으로서 주재하며 행하는 서비스공급으로, 대표적인 예로 한 국가의 서비스공급자가 다른 국가에 서비스를 제공하기 위해 서비스수요국으로 이동하여 서비스를 공급하는 것(예 : 패션모델 또는 외국계 컨설턴트)

---

149 서비스무역에 관한 일반협정 제1조.

2) **GATS의 구성과 목적**　　　　　　서비스무역에 관한 일반협정(GATS)도 GATT와 마찬가지로 3단계의 외형으로 구성되어 있다. 협정 본문(Articles of Agreement)에서는 모든 회원국에 적용되는 일반원칙과 의무를 다루고 있다. 그리고 8개 부속서(Annexes)와 결정 및 양해각서(Decisions and Understanding) 등이 있다. GATS의 마지막 단계로는 시장접근에 관한 개별국가들의 약속표(National Schedule)가 있다.

◀ 표 ▶ **GATS의 기본구성**

GATS 협정 본문 (Articles of Agreement)	• 제 I 부 ~ 제IV부(합계 29조)
부속서(Annexes) 총 8개	• GATS 제2조 면제에 관한 부속서 • 협정하에서 서비스를 공급하는 자연인의 이동에 관한 부속서 • 항공운송서비스 부속서 • 금융서비스 부속서 • 금융서비스에 관한 제2부속서 • 통신 부속서 • 기본통신 부속서 • 해상운송서비스 부속서
결정(Decisions)	• GATS를 위한 제도적 장치에 관한 결정 • GATS를 위한 특정 분쟁해결절차에 관한 결정 • 서비스무역과 환경에 관한 결정 • 자연인의 이동에 관한 결정 • 금융서비스에 관한 결정 • 해운서비스에 관한 결정 • 기본통신협상에 관한 결정 • 전문직 서비스에 관한 결정
양해각서(Understanding)	• 금융서비스의 자유화약속에 대한 양해
국가별 약속표 (National Schedule)	

GATS에는 GATT와는 달리 무차별대우 원칙인 최혜국대우 적용을 일시적으로 면제할 수 있게 하는 '면제목록(Lists of exemptions)'이 존재한다.[150] UR 협상 참가국들 중에는 서비스 분야에서 기존의 쌍무적 형태로 체결했던 특혜협정과 지역협정 등으로 인

---

[150] 서비스무역에 관한 일반협정 제2조 및 제2조의 면제에 관한 부속서.

해 최혜국대우 적용에 대한 예외규정이 필요했다. 면제목록은 이러한 국가들에게 UR 내에서 서비스무역 협상의 타결과 관련하여 합의할 수 있는 여지를 제공한 부분이다. GATS 속에 존재하는 면제목록은, 즉 GATT 체제하의 관세양허표와 같은 약속으로서 서비스 협정의 타결을 위해 꼭 필요했던 부분이다. GATS에서는 이 목록을 근거로하여 최혜국대우의 적용을 일시적으로 면제하고 있다.

서비스무역의 경우 해운, 항공, 금융, 보험 등과 같이 서비스 분야별로 상호주의에 입각한 양자협정 체제가 지배적으로 적용되었기 때문에 최혜국대우의 원칙을 무조건적으로 적용하면 관련 서비스 분야를 개방하지 않은 국가가 무임승차(free ride)를 하는 불공정한 사태가 발생할 수 있다. 이러한 이유 때문에 GATS에서는 예외를 광범위하게 인정한 것이다.

WTO 서비스무역에 관한 일반협정(GATS)의 목표로 먼저 각국의 서비스시장 자유화는 그 나라의 경제발전 수준에 맞는 점진적 개방주의를 지향하는 것이다. 그리고 국가정책의 목표달성을 위해 서비스 분야에 대한 각국의 신규규제 도입권리를 존중하며, 마지막으로 선진국과 개도국 간의 서비스무역에 따른 이익균형주의를 지향하는 것이다.

(2) 일반적 의무와 규정

GATS의 29개 조항은 정부의 공공 서비스[151]를 제외한 모든 서비스 부문을 포괄한 규정이다. 따라서 GATS는 WTO의 모든 회원국에 공통으로 적용되어야 하는 일반적 의무를 제시하고 있다. GATS에서 제시하고 있는 본 협정의 일반의무와 기본원칙은 GATT에서 제시하고 있던 기본원리 등과 별로 다른 것이 없다.

서비스무역은 상품무역과 거래형태가 다르다는 것은 사실이지만 한 나라의 국경을 넘나든다는 측면은 같다. 따라서 서비스무역에 관한 부분이지만 국경을 넘나드는 경제주체에 대한 정부의 간섭원리는 유사할 수밖에 없을 것이다. 이러한 측면을 고려하면 서비스무역에 관해 적용되는 일반원칙도 결국 GATT와 같거나 유사할 수밖에 없는 것이다.

GATS에서 적용되는 기본원칙을 살펴보면 다음과 같다.

1) 최혜국대우   GATS에서도 GATT에서 적용되었던 것과 마찬가지로 최혜국대우(Most favoured nation treatment Treatment : MFN Treatment)가 적용된다. 서비스무

---

151 서비스무역에 관한 일반협정 제1조 "정부의 권한을 행사함에 있어서 공급되는 서비스"란 상업적 기초에서 공급되지 아니하며, 하나 또는 그 이상의 서비스공급자와 경쟁하에 공급되지 아니하는 모든 서비스를 의미한다.

역 분야에서 최혜국대우 원칙의 적용이란 한 회원국이 다른 회원국의 서비스와 서비스 공급자에게 그 밖의 회원국의 동종 서비스와 서비스공급자에게 부여하는 대우보다 불리하지 않은 대우를 즉시 그리고 무조건적으로 적용하여야 한다는 의미이다. 이는 한 회원국이 서비스의 한 분야에서 외국과의 경쟁을 허용한다면, 이 분야에서의 경쟁기회는 이러한 내용이 해당국의 약속표에 기재되어 있지 않았더라도 다른 모든 회원국들의 관련 서비스공급자에게도 동등하게 허용되어야 한다는 의미한다.

　　하지만 최혜국대우 중에서 한 회원국이 자국에서 생산 및 소비되는 서비스를 인접 접경지대에 국한된 교환을 촉진하기 위해 인접국에 혜택을 부여하거나 허용하는 것까지 금지하는 것은 아니다. 즉, 국경지대에 대한 서비스 교환 촉진을 위한 혜택의 부여는 허용된다는 의미이다.

　　2) 최혜국대우의 면제　　　　　GATS에서는 최혜국대우의 적용에도 예외를 인정하고 있다. 비록 최혜국대우 원칙이 모든 서비스무역에 적용되어야 하지만, 특수한 경우에 대해서는 최혜국대우의 일시적인 면제를 허용하는 것이다. 구체적으로 GATS의 '제2조의 면제에 관한 부속서(annex on article II exemptions)'에서는 최혜국대우(MFN) 원칙의 예외목록을 별도로 첨부하고 있다.

　　이러한 최혜국대우의 예외인정은 서비스무역 분야에서 인정하는 중요한 자유화 조치는 GATT 체제에서 중요하게 인정하는 기본정신과 상당히 다른 측면에서 출발한다는 의미이다. GATT의 기본정신은 상품무역에 관련된 장벽을 관세로 일원화하여 관세장벽의 감소 및 철폐를 통해 무역자유화를 도모하는 것이다. 하지만 서비스무역은 서비스의 국경 간 이동, 소비자의 이동, 서비스공급자의 상업적 주재, 노동자의 주재 등을 통해 이루어지기 때문에, 관세의 부과는 의미가 없고 오히려 시장접근과 내국민대우 원칙이 최혜국대우보다 더욱 중요하기 때문이다.[152]

　　최혜국대우 면제에 대한 예외목록이 만들어진 또 다른 이유로는 기존에 이미 존재하고 있는 특혜협정의 잠정적 존속이 필요하기 때문이다. GATS가 발효되었지만 이미 많은 국가들은 서비스 분야에 대한 쌍무 또는 일부 다국간 특혜협정을 가지고 있었다. 따라서 WTO GATS의 시작을 위해서는 이러한 기존의 특혜협정에 대한 인정이 꼭 필요했다.

　　하지만 최혜국대우의 면제는 최혜국대우라는 기본원칙의 보호를 위해 단 한 번만

---

[152] 예를 들어, 금융 부문에서 자유화에 대한 기준은 일반적으로 상대국 시장에 현지법인의 설립 등을 통해 진입이 가능한지 여부(시장진입)와 시장접근 후 진출국가의 금융기관과 비교하여 차별조치를 받고 있는지 여부(내국민대우)에 따라 결정되기 때문이다.

인정된다. 이러한 이유 때문에 최혜국대우 면제목록에는 어떠한 단서조항도 덧붙일 수 없게 규정되어 있는 것이다. 5년 이상의 기간 동안 부여되는 모든 면제조치는 재검토되어야 한다. 면제는 일반적으로 10년을 초과할 수 없다. 최혜국대우 면제목록[153]은 GATS 협정의 일부로 WTO 협정에 첨부되어 있다. 하지만 이러한 면제는 10년이 지나도 자동 종료되지 않는다. WTO 서비스이사회에서 이를 검토한 후 연장 여부를 결정해야 한다. 회원국의 입장에서는 이러한 면제에 대한 조치로 세 가지 선택을 할 수 있다. 세 가지 선택은 다음과 같다.

○ MFN 면제를 종료하고 최혜국대우 원칙 적용
○ WTO에 연장 요청(정당한 사유 필요)
○ 면제조치를 다자간/양자간 협정으로 전환[154]

3) 투명성   WTO 협정에서 투명성(transparency)은 GATT 제10조나 GATS 제3조 등에서 확인할 수 있듯이 매우 중요한 원칙으로 취급된다. 하지만 국제통상학의 관점에서 투명성에 대한 확립된 개념은 없다. 다만, 내용 등에서 규정하고 있는 부분을 참고로 하면 공표(publication)를 매우 중요한 요건으로 취급하고 있는 것으로 판단할 수 있다.

WTO GATS에서도 이러한 요건을 반영하여 회원국 정부는 서비스무역에 영향을 미치는 모든 관련 법규 및 규제, 그리고 회원국이 서명국으로 참여하는 서비스무역과 관련되거나 서비스무역에 영향을 미치는 국제협정을 공표하도록 하고 있다. 그리고 이러한 공표가 불가능할 경우, 다른 방법을 통해 관련 정보를 공개하여 입수 가능하도록 해야 한다. 그리고 WTO 회원국들은 서비스무역에 대해 중대한 영향을 줄 수 있는 모든 관련 규정의 수정과 제정에 대해 신속하게 WTO에 통보해야 한다.[155]

WTO에서는 투명성 요건을 준수하기 위해 공표된 정보에 대한 이의신청이나 정보 요청 등을 보장하고 있다. 그리고 이러한 과정에서 신속 응답의 의무도 부여하고 있다. 이러한 전체 과정에서 문의처 방식을 도입하고 있다. 구체적으로 WTO 회원국은 자국

---

153 제2조의 면제에 관한 부속서(Annex on Arricle II Exemprions) 제3조, 제6조.
154 GATS 내의 특정 약속(Specific Commitments)을 수정하여 특정 국가만 적용되는 개별규정에 포함할 수 있음.
155 서비스무역에 관한 일반협정 제3조 제1항.

에서 시행되는 모든 조치 또는 국제협정에 대한 다른 회원국의 특정 정보에 관한 모든 요청에 대해 신속하게 응답해야 한다. 이를 위해 회원국은 행정·관료제도 내에 문의처(inquiry points)를 하나 이상 설치해야 한다. 해외기업과 정부는 서비스 분야에 관한 특정 정보를 취득하기 위해 문의처를 활용할 수 있다. 개도국은 이러한 문의처의 설치에 시간제한의 융통성을 부여받는다.

　　4) **국내규제**　　　　　　서비스무역에 대한 국내규제(domestic regulation) 규정은 GATT에는 없는 독특한 규정이다. 서비스무역의 국내규제는 상품무역과는 달리 국내규제 관련 조항의 존재와 강도 여부에 따라 서비스무역의 자유화에 영향을 미칠 수 있기 때문에 중요한 무역장벽으로 작용할 수 있다. 구체적으로 일국 내에서 서비스공급자들이 서비스를 제공하기 위해서는 관련 허가를 획득하는 것이 매우 중요하고, 이러한 허가의 획득이 서비스무역의 일차적 관문에 해당된다. 결과적으로 서비스무역이 활성화되기 위해서는 이러한 허가절차를 투명하고 공정하게 운영하는 것이 중요하다.

　　WTO GATS에서는 서비스무역에 영향을 미치는 개별국가의 국내규제가 객관적이고 투명한 기준하에서 합리적이고 공평한 방식으로 집행되도록 요구하고 있다.[156] 구체적으로 서비스무역과 관련되는 국내규제의 자격요건과 취득절차, 기술표준 및 인가요건 등은 불필요한 무역장벽으로 작용하지 않도록 해야 한다.

　　그리고 각 회원국은 서비스무역에 영향을 끼치는 행정적인 결정에 대해 서비스공급자가 이 행정결정을 신속하게 재검토하고, 이에 대한 적절한 구제를 제공받을 수 있는 사법, 중재 또는 행정재판소를 유지하거나 설치하여야 한다. 이는 서비스무역에 대한 정부의 행정적 결정도 재검토될 수 있음을 의미한다.[157]

　　만약 구체적 약속이 있는 분야에서 서비스공급의 승인요구가 있는 경우, 회원국은 완전하다고 간주되는 신청서가 제출된 이후 합리적인 기간 내에 동 신청과 관련된 결정을 신청자에게 통보하면 된다. 회원국의 주무당국은 신청자의 요청 시 신청의 처리현황에 대해 지연 없이 정보를 제공해야 한다.

　　회원국이 구체적 약속을 한 분야에 대해서는 이를 무효화하거나 침해하는 면허 및 자격요건과 기술표준을 적용하지 못한다. 그리고 전문직 서비스와 관련하여 구체적 약속이 행하여진 분야에 대해서 각 회원국은 다른 회원국의 전문직업인 자격을 검증할 적절한 절차를 제공해야 한다.

---

156 서비스무역에 관한 일반협정 제6조 제1항.
157 서비스무역에 관한 일반협정 제6조 제2항.

서비스 국내규제에 관한 국제규범 제정

세계무역기구(WTO) 72개 회원국이 합의한 '서비스 국내규제에 관한 규범'이 2024년 5월 24일 한국에서 발효됐다. 이는 서비스무역에 관한 자국 내 규제절차가 무역장벽이 되지 않도록 WTO 회원국들이 협상을 통해 자발적으로 마련한 규범으로, 2021년 12월 제정된 것을 발효한 것이다. 이는 이미 개방된 서비스 분야에서 면허 · 자격 등을 취득하는 국내 절차의 투명성과 예측가능성을 높이는 방향으로 각국이 관련 규범을 정비하는 것이 주 내용으로 담고 있다.

WTO 차원에서의 서비스 국내규제(domestic regulation)에 대한 논의는 WTO 서비스교역에 관한 일반협정(GATS ; General Agreement on Trade in Services) 제6.4조에 따라 지난 1999년부터 진행돼 왔다. 하지만 국내규제에 대한 논의가 2017년 12월 개최된 WTO 11차 각료회의에서 시작된다. 이 각료회의에서 59개국이 복수국가 간 협정의 형태로 서비스무역의 국내규제에 대한 합동성명을 발표하면서부터 시작된다. 그리고 2019년 5월에는 59개 회원국이 두 번째 합동성명을 발표했다. 12차 WTO 각료회의에서의 협상 타결을 목표로 남은 작업을 지속하기로 합의한 것이다.

그 후 4년에 걸친 협상기간 동안 참여 회원국들은 국내규제에 대한 국제규범 성격인 참조문서(Reference Paper)의 개별 조항들에 대해 탄력적으로 이견을 좁혀갔다. 이러한 과정에서도 회원국들은 성차별 금지조항을 포함시키는 등 진취적 내용도 반영했다.

한편, 미국은 과거 트럼프 정부에서는 WTO 시스템에 부정적이었지만, 바이든 행정부가 집권하면서 WTO 시스템에 다소 적극적으로 임하게 되었다. 그 과정에서 서비스 국내규제 협상에도 공식적으로 참여하게 되었다. 그리고 그동안 금융서비스에 대해 별도의 규정체계를 마련하는 것에 반대하던 중국도 이를 용인하는 방향으로 입장을 변경했다. 이렇게 미국과 중국 간의 대타협이 이루어지면서 협상 타결의 열쇠가 만들어졌다. 당초 2021년 11월 30일에 개최예정이던 12차 WTO 각료회의는 코로나 변이 확산으로 전격 연기되었음에도 불구하고, 67개 참여 회원국은 12월 2일 대사급 회의를 개최하여 협상 타결을 선언했다. 이렇게 빠른 협상 타결 선언을 한 배경에는 DDA 협상이 유명무실해지면서 약화되던 WTO의 위상을 서비스 국내규제와 관련된 국제규범의 도출을 통해 WTO의 역할이 살아 있음을 국제사회에 선언하고자 했기 때문이다.

1. 합의내용과 구성

이번 복수국가 간 합의내용은 GATS 양허표에 추가적 약속(additional commitments) 형태로 서비스 국내규제 참조문서를 편입하는 형식으로 구속력을 갖게 된다. 새로운 국제규범에 해당하는 참조문서는 총론격인 섹션 Ⅰ, 국내규제 관련 원칙들을 규정한 섹션 Ⅱ, 금융서비스에 선택적으로 적용 가능한 원칙들을 규정한 섹션 Ⅲ 등 3장으로 구성된다.

국내규제 규정의 뼈대라고 할 수 있는 섹션 Ⅱ에는 서비스공급자들이 참여 회원국에서 서비스공급을 위해 필요한 허가요건 및 절차, 자격요건 및 절차, 기술표준에 관한 원칙들을 규정하고 있다. 여기에는 접수창구 일원화, 상시신청, 전자신청, 투명하고 공정한 처리절차, 수수료, 자격시험(전자시험 권고 포함), 독립적 평가, 정보공개, 관련 법령에 대한 의견수렴, 문의처, 투명한 절차에 따른 기술표준 개발 등을 포함하고 있다. 이러한 규정들은 서비스공급자들이 불필요한 부담 없이 합리적인 수준에서 서비스공급에 필요한 허가와 자격을 취득하고 기술표준에 부응할 수 있도록 지원하기 위한 것이다.

섹션 Ⅲ은 금융서비스의 특성을 반영해 기술표준 용어가 삭제되고 수수료 조항이 완화되는 등 일부 내용에는 차이가 있으나 대부분이 섹션Ⅱ와 동일하게 구성돼 있다. 우리나라를 포함한 대부분의 참여 회원국은 금융서비스에 대해 별도로 마련된 섹션 Ⅲ를 적용하는 것을 선택했다.

2. 합의의 의미

서비스 국내규제와 관련한 국제규범의 타결은 다음과 같은 의미를 갖고 있다. 첫째, 과거 만들어졌던 GATS 양허표가 서비스 개방의 폭을 정의한다면 이번 국내규제 규정은 국제적으로 서비스 개방의 깊이를 더하는 결과를 가져올 것이다. 협정 참여 회원국 수는 총 67개국이다. 하지만 시장점유율 기준으로는 90%에 달하고 있다. 이에 따라 서비스공급과 관련한 참여국들의 규범체계가 보다 투명하고 예측 가능하게 변화됨에 따라 다양한 효과가 발생할 것이다(기업 경영 환경 개선, 거래비용 감소, 서비스무역 촉진, 소비자후생 증대 등).

둘째, 이번 협정은 비록 복수국가 간 협정이지만, WTO가 여전히 의미 있는 역할을 수행하고 있음을 국제사회에 알리는 효과를 가져왔다. 서비스무역 관련 협정으로서는 24년 만에 새로운 협정이 제정된 것이다. 성차별 금지조항이 반영됐고, 협정 미참여 회원국들도 최혜국대우(MFN ; Most Favored Nation) 조항으로 인해 여타 참여 회원국들과 동일한 수준의 혜택을 받을 수 있다.

셋째, 서비스 국내규제 협정은 향후 참여 회원국 확대 등이 필요한 협상이다. 이번 협상에 개도국과 최빈개도국(LDC)의 참여가 적다. 하지만 이들 국가들도 서비스 국내규제가 자국의 서비스산업 경쟁력 제고로의 연결가능성을 확산할 수 있다면 참여가 확대될 것이다(참고로 이번협상에서 개도국에게는 최대 7년의 전환기간을 부여해 협정의 수용가능성을 높였다. 하지만 LDC국가에 대한 웨이버(waiver, 의무면제)는 반영되지 않았다. 따라서 향후 추가 협상 과정에서 반영하여야 할 분야이다).

3. 참여와 서비스산업 경쟁력 강화

글로벌 서비스무역의 촉진과 참여 회원국의 서비스산업 경쟁력 강화를 위해서는 참여 회원국들의 이행과정이 매우 중요하다. 우리나라, 스위스 등이 높은 수준의 1인당 소득을 창출하고 최근까지 성장동력을 확보하고 있는 것은 개방경제를 지향하며 개별산업과 관련 기업들의 글로벌 경쟁력 극대화 전략을 채택했기 때문이다. 이러한 방향과 전략의 채택은 서비스산업 분야에서도 마찬가지다.

글로벌 개방에 적극적으로 임했던 항공, 해운, 콘텐츠 등은 비록 일부 부침현상은 겪었지만 큰 틀에서 보면 국제경쟁력을 어느 정도 확보하고 있는 것으로 나타나고 있다. 하지만 이익집단의 저항 등으로 개방에 소극적이었던 분야는 잠재력에 비해 국제경쟁력이 취약하고 해외진출도 활발하지 못했다.

서비스 국내규제 협정발효 후 외국자본의 국내진출을 최소로 허용하는 입장으로 관련 규정을 운용한다면, 국내서비스 산업의 경쟁력도 이러한 취약성에서 벗어나기 어려울 것이다. 이번 기회에 서비스 국내규제 협정의 발효가 서비스 개별업종별 경쟁력을 높이고 소비자들에게 더 좋은 서비스를 제공하는 기회로 활용되어야 할 것이다. 따라서 협정 중 일부 조항이 권고조항(온라인 자격시험, 공정하고 투명한 절차에 따른 표준규격 마련 등)임에도 불구하고 이를 실천하는 것이 국민의 후생과 국가경쟁력에 도움이 된다면, 정책적 측면에서 적극적으로 채택하는 지혜가 필요하다.

출처 │ 강종석, "서비스 국내규제에 관한 국제규범 제정", 나라경제, KDI, 3월호, 2022.(일부 수정 및 삭제)

5) 인정   인정(Recognition)은 한 회원국에서 취득한 자격에 대해 다른 회원국이 인정하는 것을 의미한다. 구체적으로 이는 회원국은 특정국 내에서 습득한 교육이나 경험, 충족된 요건 또는 부여받은 면허나 증명 등에 대해 인정할 수 있다는 것이다. 그리고 이러한 인정은 관련 국가와의 협정이나 약정에 기초하거나 자율적으로 부여하는 방식으로 진행될 수 있다.[158] 그리고 자기 나라가 기존에 인정하고 있는 조치들은 서비스무역이사회에 통보된다.

자격의 인정과 관련하여 GATS에서는 2개국 이상의 정부가 서로 상대국의 자격[159]을 인정해 주는 협정을 맺을 때 다른 회원국에게도 이와 동등한 협정이나 약정에 가입하거나 협상할 기회를 제공하도록 하고 있다.[160] 그리고 한 회원국이 자율적으로 특정 자격을 인정하는 경우, 다른 회원국의 서비스공급자들에게도 학력, 경험, 면허, 자격 등이 인정받을 수 있는 충분한 기회를 보장해 줄 것도 규정하고 있다.

상대국에 대한 자격인정은 차별적이어서는 안 되고, 자격인정제도 자체가 자유무역을 가장한 보호주의적 수단이 되어서도 안 된다. 자격을 인정해 주는 방법으로는 ⅰ) 어느 국가가 자발적으로 외국의 자격증을 인정해 주는 일방적인 방법, ⅱ) 상대국이 자국의 자격증을 인정해 주는 조건으로 상대국의 자격증을 인정해 주는 방법, ⅲ) 각국의

---

158 서비스무역에 관한 일반협정 제7조 제1항.
159 예를 들어, 서비스공급자의 승인, 면허 또는 증명에 관한 표준 등을 의미한다.
160 서비스무역에 관한 일반협정 제7조 제2항.

자격인증제도를 통일시키는 방법 등이 있다.

GATS는 자격인증에 대한 문제는 국내문제적 성격이 강하기 때문에 강제적이거나 의무적으로 규정하고 있지는 않다. 하지만 전문직업인의 자격에 대한 상호인정, 일방적 인정, 자격인증제도 통일 등의 추진에 대한 근거를 제시하고 있다. 그리고 자격에 대한 인정은 다자적으로 합의된 기준에 기초하여야 하며,[161] 이와 관련된 자격인정 협정은 WTO의 서비스무역이사회에 통보되어야 한다.

함께 읽어보기

한국산업인력공단의 국가 간 자격 상호인정 지원

□ **국가 간 자격 상호인정 지원**
  - 국가 간 자격 상호인정 지원을 통한 자격의 국제적 통용성 확보 및 우수 기술인력의 해외 진출 지원

□ **사업개요**
  - 일본, 중국, 베트남 등 IT분야 자격 국제통용성 확보를 통한 국가 간 인적교류 추진
※ 자격 상호인정은 양국 간 자격의 동등성을 인정하는 것으로, 한국의 자격증을 타 국가의 자격증으로 발급해 주는 것은 아님

<IT 자격 상호인정 체결 현황>

구분	기관명(체결일자)	종목
일본	정보기술추진기구[IPA] ('01.12.21. / '11.1.11. 갱신)	정보처리(산업)기사(2개)
중국	정보산업부 전자교육센터[CEIAEC] ('06.1.19.)	상동
베트남	정보기술센터[VITEC] ('08.2.29.)	상동

□ **세부내용**
1. **한-일 IT자격 상호인정 MOU 체결**
  - 2000.10. 「한중일+ASEAN 경제장관회의」에서 일본 통산성장관의 제의에 따라 한·일 정부 간 협의회 개최
  - 한·일 양국 간 자격의 상호인정에 대한 양해각서 체결('01.12.21.)
    • 양해각서 체결은 양국의 시험기관(한국산업인력공단, JITEC: 정보처리시험센터)에서

---

161 적절한 경우, 회원국은 인정에 대한 국제공통표준과 기준 그리고 관련 서비스무역과 전문직의 관행에 대한 국제공통표준의 설립과 채택을 위해 관련 정부 간 기구, 그리고 비정부기구와 협력하여 작업하여야 한다.

주관하였으며, 한국 측에서는 노동부차관 및 정통부국장, 일본 측에서는 주한일본국
대사가 참석
- 한·일 양국에서 상호인정 자격취득자에 대한 입국규제 완화조치(일본 : '02.7., 한국
: '03.3.)
- 공단에서 시행하는 일본 취업 전제 IT연수생 모집 시 동 자격취득자를 우대
- 일본 정보처리분야 자격체계 변경('09.12.) 및 상호인정 개정 제안('10.2.)

<한·일 IT분야 상호인정 자격종목>

구분	한국	일본		비고
		당초	변경	
상호인정 자격종목	정보처리기사	소프트웨어 개발기술자	응용정보기술자	명칭변경
	정보처리산업기사	기본정보 기술자	기본정보기술자	–
	정보기기운용기능사	초급시스템 어드미니스트레이터	–	폐지

2. 한-중 IT자격 상호인정 MOU 체결

- '05.12. 주무부처인 정보통신부에서 한·중 IT자격 상호인정 협정 체결을 추진키로 결정
  • 동 협정 체결을 한국산업인력공단에 위임
  • 공단에서 중국 정보산업부 전자교육센터와 실무협의 추진
- '05.12.28. 국가기술자격 정책심의위원회 심의 의결(노동부)
- 한·중 IT자격 상호인정 협정 체결('06.1.19.)

<한·중 IT분야 상호인정 자격종목>

구분	한국	중국
상호인정 자격종목	정보처리기사	소프트웨어설계기사
	정보처리산업기사	프로그래머

3. 한-베 IT자격 상호인정 MOU 체결

- 한·베 IT자격 상호인정에 대한 양해각서 체결('08.8.)
  • 양해각서 체결은 양국의 시험기관(한국산업인력공단, VITEC 베트남훈련시험센터)에
    서 주관

<한·베 IT분야 상호인정 자격종목>

구분	한국	중국
상호인정 자격종목	정보처리기사	소프트웨어개발기사(SW)
	정보처리산업기사	기본정보기술자(FE)

출처 | 한국산업인력공단(https://www.hrdkorea.or.kr/1/5/2/3), 2024.8.12.

　　6) 독점 및 배타적 서비스공급자와 영업관행　　　　회원국은 자기 나라 영토 내의 모든 독점적 서비스공급자가 관련 시장에서 독점 서비스를 제공함에 있어, GATS 제2조인 최혜국대우 조항과 구체적 약속에 따른 회원국의 의무에 일치하는 방식으로 행동하도록 보장하여야 한다. 그리고 회원국의 독점적 서비스공급자가 자신의 독점권 범위 밖에 있지만 회원국의 구체적 약속대상이 된 서비스를 공급하거나 관련 분야에서 경쟁할 경우, 이러한 공급자가 자신의 독점적 지위를 남용하여 자기 나라의 영토 내에서 회원국이 약속한 것과 일치하지 않는 방식으로 행동하지 않도록 보장해야 한다. 그리고 이러한 서비스공급 시 경쟁은 직접 경쟁 혹은 제휴기업을 통한 경쟁도 모두 포함된다.

　　만약 독점 서비스공급자가 앞에서 언급한 방식과 일치하지 않는 방식으로 행동한다고 믿을 만한 사유가 있는 회원국의 요청이 있는 경우, 서비스무역이사회는 그러한 공급자의 설립, 유지 또는 승인과 관련된 구체적 정보의 제공을 요청할 수 있다. 그리고 회원국이 WTO 협정 발효 이후에 구체적 약속의 대상이 된 서비스공급과 관련한 독점권을 부여할 경우, 이러한 사실을 독점권 부여 시행 예정일로부터 3개월 이내에 서비스무역이사회에 통보하여야 한다.

　　그리고 독점적 서비스공급자와 관련된 내용은 회원국이 공식적이거나 사실상으로 ⅰ) 소수의 서비스공급자를 승인하거나 설립하고 또한 ⅱ) 자기 나라의 영토 내에서 소수의 서비스공급자들 간의 경쟁을 실질적으로 방해하는 경우의 배타적 공급자에게도 적용된다.

　　그리고 GATS 제9조에서는 독점 및 배타적 서비스공급업자의 영업관행을 제외한 서비스공급자의 특정 영업관행이 경쟁을 제약할 수 있고, 이에 따라 서비스무역이 제한될 수 있음도 인정하고 있다. 그래서 회원국은 다른 회원국의 요청이 있을 경우, 이러한 서비스공급자의 영업관행의 폐지를 위한 협의를 개시하여야 한다. 요청을 받은 회원국도 이러한 요청에 대해 충분하고 호의적인 고려를 부여하며, 당해 사안과 관련된 정보(공개적으로 입수 가능한 비밀이 아닌 정보)를 제공하여 협력한다.

　　7) 국제지급과 이전　　　　GATS는 한 회원국 정부가 외국 경쟁사에게 서비스 부문 개방을 약속한 이상, 국제수지 보호를 위한 제한이 아닌 한 해당 서비스 부문의 공급(경상거래)대가인 관련 지불금이 국외로 유출되는 것을 제한해서는 안 된다고 명시하고 있다.[162] 이는 국제수지 관련 긴급수입제한의 경우를 제외하고는 경상거래의 지급

---

162 서비스무역에 관한 일반협정 제11조.

제한을 하지 않도록, 자유화 분야에서 발생하는 서비스의 대가지급, 급료송금, 영업이익 송금 등을 제한하지 않아야 한다는 의미이다. 그리고 국제수지 관련 긴급수입제한이나 IMF의 요청을 제외하고, 자회사나 자사 설립을 한 자본금 반입, 기업청산에 따른 자본금 반출 시에 필요한 자본이동에 대해서도 제한하지 못한다.

하지만 GATS의 어떠한 규정도 국제통화기금(International Monetary Fund : IMF) 협정에 따른 IMF 회원국의 권리와 의무에 대해 영향을 미칠 수 없다. 이 밖에도 WTO 회원국은 국제수지 보호를 위해서나 IMF의 요청이 있는 경우, 자본거래에 관한 자국의 구체적 약속과 합치되지 않는 제한을 가할 수도 있다. 하지만 이러한 제한은 반드시 일정한 조건하에서 일시적으로 이루어져야 한다.

경제개발이나 체제전환 과정에 있는 회원국이 국제수지상의 곤란을 겪을 경우, 자국의 경제개발이나 체제전환 계획의 수행을 위한 적정 외환보유고를 유지하기 위해 국제지불과 이전에 관한 제한을 가할 수 있다.[163]

8) 적용예외   GATT에서는 협정의 적용에 대한 예외가 규정되어 있다. 제20조에서는 일반적 예외를 규정하고 있고, 제21조에서는 안정보장을 위한 예외를 규정하고 있다. GATS에서도 GATT 제20조에서와 마찬가지로 적용의 일반적 예외조치를 규정하고 있다. GATS에서 규정하고 있는 일반적 예외사항은 다음과 같다.

○ 공중도덕 보호 및 공공질서 유지를 위해 필요한 조치
  − 공공질서를 위한 예외는 사회의 근본적인 이익에 대해 진정하고도 충분히 심각한 위협이 제기되는 경우에만 원용될 수 있음
○ 인간, 동·식물의 생명 또는 건강 보호를 위해 필요한 조치
○ 다음 사항에 관한 조치를 포함하여 이 협정의 규정과 불일치하지 아니하는 법률이나 규정의 준수를 확보하기 위해 필요한 조치
  − 기만행위 및 사기행위 방지 또는 서비스계약의 불이행 효과의 처리
  − 사적인 자료처리와 유포 관련 개인 사생활 보호와 개인 기록 및 구좌의 비밀보호
  − 안전
○ 내국민대우에 일치하지 않는 조치(단, 상이한 대우가 다른 회원국들의 서비스

---

163 서비스무역에 관한 일반협정 제12조.

또는 서비스공급자들에게 공평하거나 효과적인 직접세의 부과 또는 징수를 보
장하기 위한 것)

－ 직접세의 공평·효과적 부과 또는 징수를 보장하기 위한 조치

GATS에서는 서비스 분야에서 긴급수입제한조치의 발동이 필요할 경우 GATS 적
용의 예외를 인정하고 있다.[164] 서비스무역 분야에서의 긴급수입제한조치는 무차별 원
칙에 기초해서 다자간 협상을 통해 발효할 수 있다. 하지만 서비스 분야에서 세이프가
드조치의 발동에 관한 구체적 규정과 내용의 정립은 아직까지 이루어지고 있지 않다.
향후 이러한 부분에 대한 추가적인 논의가 더 필요하다.

GATS 적용의 예외는 국제수지 보호를 위한 제한 시에도 허가된다. 구체적으로 국제
수지와 대외금융상 심각한 어려움이 있거나 그러한 우려가 있는 경우, 회원국은 구체적
약속이 행하여진 서비스무역 분야에 대한 제한을 채택하거나 유지할 수 있다.

(3) 구체적 약속

1) 시장접근　　　　GATS는 서비스무역과 관련된 4가지 서비스공급 형태에 대
한 시장접근과 관련된 적용원칙을 구체적으로 제시하고 있다. 가장 먼저 제시된 적용원
칙은 시장접근과 관련된 것으로, 각 회원국은 그 밖의 회원국의 서비스 및 서비스공급
자에 대해 자기 나라의 양허표상에 합의되고 명시된 제한 및 조건하에서 규정된 대우보
다 불리하지 아니한 대우를 부여하여야 한다는 것이다.

여기서 시장접근(market access)은 서비스나 서비스공급자들에게 시장개방을 허용
하는 것으로, 시장접근 양허표에 기재된 조건에 근거하여 허용된다. 양허 분야 기재방
법은 포지티브(positive) 방식을 채택하고 있다. 포지티브 기재방법은 양허업종만 기재하
고 미기재 업종은 양허하지 않은 것으로 간주하는 방식이다.

시장접근 약속이 행하여진 분야에 있어서 회원국은 자기 나라의 양허표상에 달리
명시되지 않는 한, 다음과 같은 조치를 유지하거나 채택하지 못한다.[165]

○ 서비스공급자의 수에 대한 제한
○ 수량쿼터 또는 경제적 수요심사 요건 형태의 서비스 거래나 자산의 총액에 대

---

164 서비스무역에 관한 일반협정 제10조.
165 서비스무역에 관한 일반협정 제16조 2.

한 제한

○ 쿼터나 경제적 수요심사 요건의 형태로 지정된 숫자단위로 표시된 서비스 영업의 총수 또는 서비스의 총산출량에 대한 제한

○ 수량쿼터나 경제적 수요심사 요건의 형태로 특정 서비스 분야에 고용되거나 서비스공급자가 고용할 수 있는 특정 서비스공급에 필요하다고 직접 관련되는 자연인의 총수에 대한 제한

○ 서비스공급자가 서비스를 제공할 수 있는 수단인 법인체나 합작투자의 특정 형태를 제한하거나 요구하는 조치

○ 외국인 지분소유의 최대 비율한도, 개인별 투자 또는 외국인 투자 합계의 총액한도에 의한 외국자본 참여에 대한 제한

2) 내국민대우   내국민대우는 GATS의 구체적 약속에 적용되는 중요한 기본원칙이다. 서비스무역 분야에서 내국민대우는 구체적 약속이 제시된 자기 나라의 양허표에 기재된 분야에서 양허표에 명시된 조건·제한을 기준으로 적용된다. 이는 각 회원국은 다른 회원국의 서비스 및 서비스공급업자에 대한 서비스공급에 영향을 미치는 모든 조치와 관련하여 자기 나라의 동종 서비스와 서비스공급자에게 부여하는 대우보다 불리하지 않은 대우를 부여해야 한다는 의미이다.

각국 정부는 각 회원국이 약속한 구체적 약속에 대해 내국민대우 원칙에 입각하여 외국업체의 국내시장 접근을 차별 없이 보장한다. 그리고 이때의 내국민대우는 형식적 내국민대우가 아닌 실질적 내국민대우(내국인과 동일한 보장)를 의미한다. 구체적 약속에 대한 내국민대우 적용에서 회원국은 자국의 서비스나 서비스공급자에게 취해지는 조치와 형식 측면에서 다른 조치를 취할 수 있다. 다만 이러한 조치들은 국내경쟁조건을 변화시키지 않아야 한다.[166]

서비스무역 분야에서의 내국민대우 적용은 다른 분야와 조금 다르다. GATT와 TRIPs 분야에서 내국민대우는 일반원칙처럼 적용된다. 하지만, GATS에서 내국민대우는 회원국이 구체적 약속을 행한 분야에 대해 적용된다.

그리고 서비스무역 분야에서 내국민대우에 관한 구체적인 약속이 있었다 하더라도 관련 서비스 또는 서비스공급자가 외국 서비스 또는 외국인이기 때문에 발생하는 내재

---

166 서비스무역에 관한 일반협정 제17조.

적인 경쟁상 불리함은 어쩔 수 없다.

　　3) 추가적 약속　　　　회원국은 자격, 표준 또는 면허 사항에 관한 조치처럼 시장접근 및 내국민대우와 관련된 구체적 약속에 관한 양허표 기재사항은 아니지만, 서비스무역에 영향을 미치는 조치와 관련하여 추가적인 약속에 관한 협상을 할 수 있다. 이때 만들어진 추가적인 약속은 회원국의 양허표에 추가적으로 기재되어야 한다.

(4) 점진적 자유화

　　1) 구체적 약속에 관한 협상　　　　서비스무역의 자유화 과정에서 우루과이라운드(UR)는 단지 시작에 불과하다. GATS에서는 WTO 출범 이후 더욱 완전한 서비스무역에 관한 협정 도출을 위한 새로운 협상을 5년 내로 시작하도록 명시하고 있다. 그리고 이러한 협상은 향후 계속해서 주기적으로 진행하도록 하고 있다. 과거 진행되었던 DDA에서도 GATS에 대한 구체적 보강과 서비스무역 분야에서의 자유화 개선을 위한 논의는 계속 진행되었다.

　　서비스무역의 점진적 자유화를 위한 새로운 협상의 목표는 양허표상에서 제시된 약속 수준을 제고하여 자유화의 정도를 확대 및 촉진하는 것이다. 물론 이러한 자유화 과정은 전반적 또는 개별적 분야에서 개별 회원국의 정책목표 및 경제개발 단계를 적절하게 고려해서 점진적으로 이루어져야 한다.[167]

　　서비스무역 분야에서 점진적 자유화 과정은 GATS 협정 제19조에 따라 구체적 약속의 일반적 수준을 확대시키는 방향으로 진행되고, 그 형식은 양자 간 또는 복수국가 간, 다자간 협상 등의 형식으로 매 협상마다 진행된다. 2024년 5월에 복수국가 간 형식으로 발효된 "서비스 국내규제에 관한 규범"은 이러한 과정에서 만들어진 협상 중 하나라고 볼 수 있다.

　　2) 구체적 약속에 관한 양허표　　　　각 회원국은 자기 나라가 행한 구체적 약속을 "GATS 제3부(구체적 약속)에 따라 행한 양허표"에 명시한다. 서비스 분야의 양허표는 GATS 협정의 '불가분의 일부를' 구성하며, 구체적으로 다음 사항을 명시한다.

　　○ 시장접근에 대한 조건 및 제한
　　○ 내국민대우에 대한 조건 및 제한

---

[167] 서비스무역에 관한 일반협정 제19조, 구체적 약속에 관한 협상.

○ 추가적 약속과 관련된 조치들

○ 적절한 경우, 이러한 약속의 이행을 위한 시간계획

○ 이러한 약속의 발효일

3) 양허표의 수정   회원국은 구체적 약속의 발효일로부터 3년이 경과하면 언제라도 자국 양허표상의 약속을 수정 또는 철회할 수 있다. 양허표상의 약속에 대한 수정을 원하는 회원국들은 동 약속의 수정이나 철회로 인해 '영향을 받는 회원국(affected Member)'의 요청에 근거하여 여러 가지 필요한 보상과 함께 양허내용 조정에 관한 협상을 개시한다.

구체적 약속들의 이러한 변경방법은 국제사회에서 구체적 약속의 양허변경(unbinding)을 매우 어렵게 만들었다. 하지만 양허표 수정의 이러한 어려움은 서비스무역과 관련된 수출업자나 수입업자, 투자자들에게는 서비스무역 안정성을 보증하는 것과 같은 역할을 한다.

한편, 양허표 수정협상을 통해서도 수정합의가 도출되지 않을 경우, 관련 당사국들은 이 사안을 중재(arbitration)절차에 회부할 수 있다. 이는 결과적으로 서비스무역과 관련된 양허표상의 약속수정은 중재판정을 통한 보상조정이 완료되기 전까지는 어렵다는 것을 의미한다. 그리고 서비스무역 분야에서 양허표 수정을 위한 중재절차에 참여한 회원국들은 이러한 해당 중재판정을 준수하지 않고 약속을 수정하려는 회원국에 대해 그 판정에 따라 실질적으로 동등한 혜택을 수정하거나 철회할 수 있다.[168]

(5) 제도 관련 규정

1) 분쟁해결   분쟁해결의 시작은 관련 당사자 간의 협의절차로부터 시작된다. 각 회원국은 GATS의 운영에 영향을 미치는 모든 사항과 관련하여 협의를 위한 적절한 기회를 제공해야 한다. 그리고 회원국은 다른 회원국이 제기할 수 있는 주장과 관련한 협의에 대해 호의적인 고려를 해야 한다.

서비스무역과 관련된 분쟁에서 서비스무역이사회나 분쟁해결기구는 협의과정에서 만족스러운 해결책을 발견할 수 없는 문제에 대해서는 회원국의 요청에 따라 다른 회원국과도 협의할 수 있다.

---

168 서비스무역에 관한 일반협정 제21조 제1항 양허표의 수정.

WTO 회원국들은 다른 회원국이 GATS에 따른 의무나 구체적 약속을 수행하지 않고 있다고 간주하는 경우, 상호 만족스러운 해결책 도출을 위해 분쟁해결절차를 이용할 수 있다.

분쟁해결기구는 GATS에 따른 의무나 구체적 약속의 불이행이 충분히 심각하다고 간주하는 경우, 약속을 불이행한 회원국에 대한 구체적 약속이행의 의무나 이러한 약속의 적용을 중지할 수 있다. 그리고 WTO 회원국은 다른 회원국의 구체적 약속에 따라 자기 나라에 귀속될 것이라고 합리적으로 기대한 혜택이 무효화되거나 침해되었다고 간주하는 경우에도, 분쟁해결절차를 이용할 수 있다.

2) 서비스무역이사회 　　　　서비스무역이사회(the Council for Trade in Services)는 WTO 서비스무역에 관한 일반협정의 운영을 감독한다.[169] 물론 서비스무역이사회는 이 협정의 운영을 촉진하고 그 목적을 증진하기 위해 자신에게 부여될 수 있는 기능을 수행한다. 이사회는 자신의 기능을 효과적으로 수행하는 데 적절하다고 판단되는 보조기관을 설치할 수 있다. 이사회가 달리 결정하지 않는 한 그 보조기관은 모든 회원국 대표의 참여를 위해 개방된다. 이사회 의장은 회원국에 의해 선출된다.

3. 분야별 부속협정

GATT는 상품무역(유형재)에 대한 규율로 비교적 이해하기 쉽다는 특징을 갖고 있다. 하지만 GATS는 서비스무역에 대한 규율로 일종의 무형재의 거래이고 유형재의 거래보다 훨씬 더 복잡하고 다양하다. 그래서 서비스무역의 대표적인 통신기업이나 은행, 항공사, 회계법인 등은 전적으로 자신만의 독특한 방법으로 국가 간 서비스를 제공하고 있다.

GATS 부속서에서는 이러한 서비스무역의 대표적 분야에 대한 서비스거래의 기본적인 규율원칙을 제공하고 있다. GATS 부속서에서 언급되고 있는 대표적 서비스무역의 분야는 다음의 8개로, 이는 GATS 협정의 불가분의 일부를 구성한다.

ㅇ 제2조(최혜국대우) 면제 부속서
ㅇ 자연인의 이동에 대한 부속서

---

[169] 서비스무역에 관한 일반협정 제24조 이사회의 의장은 회원국에 의하여 선출된다. 그리고 이사회와 그 보조기관은 모든 회원국 대표의 참여를 위하여 개방된다.

○ 항공운송서비스 부속서

○ 금융서비스 부속서

○ 금융서비스에 관한 제2부속서

○ 통신 부속서

○ 기본통신 부속서

○ 해상운송서비스 부속서

본서에서는 이 중 4개의 분야에 대한 기본내용을 제시하려고 한다.

(1) 자연인의 이동

GATS 자연인의 이동에 관한 부속서는 GATS 협정에 따라 서비스를 공급하는 자연인의 국가 간 이동에 관련된 내용을 규율한 부속서이다.[170] 이 부속서는 서비스의 공급과 관련하여 회원국의 서비스공급자인 자연인이나 회원국의 서비스공급자에 의해 고용되는 회원국의 자연인에게 영향을 미치는 조치에 적용되는 부속서이다. 그러므로 서비스 제공을 목적으로 한 국가에 입국하거나 일시적으로 머무를 수 있는 개인의 권리에 대해 적용된다. 하지만 동 부속서는 시민권, 영구적 거주 또는 고용을 추구하고 있는 자연인에 대해서는 적용되지 않는다.

각 회원국은 GATS 협정 또는 구체적 약속(제3부)과 점진적 자유화(제4부) 규정에 따라 서비스를 제공하는 모든 범주의 자연인의 이동에 적용되는 구체적 약속에 관한 협상을 할 수 있다. 그리고 자연인은 이 약속의 조건에 따라 서비스를 공급할 수 있도록 허용된다.[171]

그리고 자국의 노동시장을 보호하고 노동인력의 질서 있는 노동이동 등을 확보하기 위해 자연인의 입국과 일시적 체류 등을 규제하는 국내조치는 허용된다. 하지만 이러한 국내조치는 자연인의 이동에 대한 해당국의 시장접근 약속을 무효화하거나 침해하지 않아야 한다.

---

170 이 협정에 따라 서비스를 공급하는 자연인의 이동에 관한 부속서(Annex on movement of natural persons supplying services under the Agreement).

171 이 협정에 따라 서비스를 공급하는 자연인의 이동에 관한 부속서(Annex on movement of natural persons supplying services under the Agreement) 제3조.

(2) 항공운송서비스

　　GATS 항공운송서비스에 관한 부속서(Annex on Air Transport Services)는 정기 또는 비정기 여부와 관계없이 항공운송서비스 및 보조서비스의 무역에 영향을 미치는 제반 조치에 적용된다. 본 부속서에 따라 행해진 구체적 약속이나 의무는 WTO 협정 발효일을 기점으로 유효한 양자 간 또는 다자간 협정에 따른 회원국의 의무를 감소시키거나 영향을 주지는 않는다.

　　항공운송서비스(Air transport services)는 상호주의가 인정되어 양자 간 또는 복수국가 간 협정체제로 운영되고 있기 때문에 원칙적으로는 WTO GATS의 적용을 받지 않는다. 따라서 운수권(traffic rights) 및 운수권과 직접적으로 관련된 활동들은 GATS의 적용범위에서 배제되었다. 이러한 서비스는 다른 쌍무협정에 의해 다루어진다.

　　여기서 "운수권"은 정기 및 부정기 서비스를 제공하기 위해 한 회원국의 영토로부터 영토로, 영토 내에서 또는 영토 상공으로 대가나 사용료를 목적으로 운항 또는 여객, 화물 및 우편을 운송할 권리를 의미한다. 운수권에는 운항지점, 취항항로, 운송대상의 형태, 운송능력, 부과운임 및 조건 그리고 항공사의 수, 소유권 및 지배를 포함한 항공사의 지정에 관한 기준이 포함된다.

출처 | 김근영, "국내서도 '항공기 정비'…2026년까지 일자리 2만 개 창출", 워크투데이, 2019.2.20.

하지만 항공운송서비스에 관한 부속서는 다음에 영향을 미치는 조치에 적용된다.

○ 항공기 수리 및 정비 서비스
○ 항공운송서비스의 판매 및 시장확대
○ 컴퓨터 예약제도 서비스

여기서 항공기 수리 및 정비 서비스는 항공기가 취항하지 아니하고 있는 상태에서 항공기 자체 또는 항공기의 부분에 대해 행해지는 활동을 의미한다. 하지만 이러한 활동에 소위 비행 전 운항정비는 포함되지 아니한다.

항공운송서비스는 크게 운항서비스와 항공보조서비스로 구분된다. 운항서비스는 여객과 화물의 정기·부정기 운송서비스를 의미하며, 항공보조서비스는 항공기 수리 및 유지서비스, 운송서비스의 판매 및 마케팅 서비스, 컴퓨터 예약서비스 등을 의미한다. 이때 항공운송서비스 중 운항서비스는 서비스무역 협정의 적용을 받지 않으나, 항공보조서비스는 적용을 받게 된다. GATS 항공운송서비스에 영향을 미치는 조치는 항공기 수리 및 정비 서비스, 항공운송서비스의 판매 및 시장확대, 컴퓨터 예약제도 서비스에 영향을 미치는 조치에 대해 적용된다.

이 부속서에 따른 분쟁해결절차의 적용은 회원국이 의무를 지거나 구체적 약속을 한 경우에 한하여 그리고 양자 간 및 다른 다자간 협정 또는 약정상의 분쟁해결절차를 다 거친 이후에만 원용할 수 있다.[172] 이는 GATS 항공운송서비스 관련 분쟁해결절차는 GATS 관련 분야의 의무를 완전히 이행한 국가가 관련 분야에서 양자·쌍무협정이 없는 경우에 원용 가능하고, 만약 양자/쌍무협정이 존재하는 경우에는 해당 협정부터 먼저 적용한다는 의미이다.

서비스무역이사회는 항공운송 분야에서 GATS의 추가적인 적용가능성을 고려하기 위해 항공운송 분야 및 동 부속서의 운영을 주기적으로 그리고 최소한 매 5년마다 검토하고 있다.

(3) 금융서비스

GATS 금융서비스에 관한 부속서의 내용은 금융서비스의 자유화 논쟁과 관련이

---

172 항공운송서비스에 관한 부속서 제4조.

있다. 여기서 금융서비스는 회원국의 금융서비스공급자에 의해 제공되는 금융적 성질을 가지는 모든 서비스로, 모든 보험 및 보험 관련 서비스와 모든 은행 및 다른 금융서비스(보험은 제외)를 포함한다.[173]

금융서비스의 자유화에 대한 논의에서 통상전문가들과 금융전문가들의 자유화 방안은 다르게 나타난다. 통상전문가는 금융서비스 분야에서의 자유화는 상품이나 다른 서비스 분야와 마찬가지로 가급적이면 정부규제의 수준을 낮추어서 완전자유화를 추구한다는 입장이다. 하지만 금융전문가들은 금융 부문에서 규제의 완전제거는 현실적으로 불가능할 뿐만 아니라 바람직하지도 않다고 주장하고 있다.

GATT 체제하에서 서비스 협상의 진행은 통상전문가와 금융전문가의 자유화에 대한 논쟁에서와 마찬가지로 의견 차이가 커 논의의 진척이 어려웠다. 즉, 금융서비스 분야의 개방을 확대하려는 선진국의 입장과 이를 저지하려는 개도국의 입장 차이로 인해 합의도출이 쉽지 않았다. UR 협상의 과정에서도 이러한 의견 차이는 그대로 이어져서 서비스무역과 관련된 협상을 잠정적인 수준에서 타결할 수밖에 없었다. 다만 GATS의 후속협상에서 더 나은 결과를 도출한다는 미봉책의 방향으로 마무리되었다.

GATS 금융서비스 부속서에서 합의된 주요 내용은 다음과 같다.

첫째, 본 부속서는 금융서비스의 공급에 영향을 미치는 조치에 적용된다. 여기서 말하는 금융서비스의 공급은 GATS 제1조에서 규정한 네 가지 서비스공급방식과 관련된 금융서비스의 공급에 영향을 미치는 조치에 적용된다.

둘째, 중앙은행의 서비스와 같은 금융시스템 전반에 걸친 정부의 권한을 행사할 때 제공하는 서비스는 본 부속서의 적용으로부터 제외된다.[174] 금융 부문에서 "정부권을 행사할 경우 공급되는 서비스"는 다음의 세 가지를 의미한다.

○ 중앙은행이나 통화당국 혹은 그 외의 공공기관이 통화 또는 환율정책의 추진을 위해 수행하는 활동
○ 법정 사회보장제도 또는 공공 퇴직제도의 일부를 구성하는 제반 활동
○ 공공기관이 정부계정을 위해 또는 정부 보증하에 정부재원을 사용하여 수행하는 다른 활동

---

173 금융서비스의 세부적 종류에 대한 내용은 금융서비스에 관한 부속서 제5조 참고.
174 금융서비스에 관한 부속서(Annex on financial services) 제1항.

셋째, 회원국 정부들은 투자자, 예금보유자 그리고 보험계약자들을 위한 보호조치를 취할 수 있는 권리와 금융시스템의 통합과 안정을 보장하는 조치를 취할 수 있는 권리를 가진다.[175] 그리고 이 협정의 어떠한 규정도 개별고객과의 사적 사항과 구좌와 관련되는 정보 또는 공공기관이 보유하고 있는 비밀이나 재산적 가치가 있는 정보의 공개를 회원국에게 요구하는 것으로 해석되지 아니한다.

넷째, 회원국은 금융서비스와 관련된 자기 나라의 조치가 어떻게 적용되어야 하는지를 결정함에 있어서 그 밖의 국가의 합리적 조치를 인정할 수 있다. 그리고 회원국이 다른 국가의 금융서비스와 관련된 조치를 어떻게 적용할지를 결정할 때 다음의 방법으로 할 수 있다.

○ 다른 국가의 합리적 조치를 인정
○ 관련 국가와의 협정이나 약정에 기초
○ 자율적인 자격부여

(4) 통신

GATS 통신에 관한 부속서(Annex on Telecommunications)에서는 통신서비스 분야의 특수성을 인정하고 있다. 여기서 통신서비스 분야의 특수성이란 통신서비스 분야가 독립된 하나의 경제활동 분야이면서도 다른 경제활동을 뒷받침하는 전달수단이 되는 이중적 역할을 한다는 것이다.

통신서비스 부문은 통신서비스 분야의 이중적 특수성 때문에 그 경제적 파급효과도 막대하다는 특징을 가진다. 그 결과 통신 분야에서의 구체적 약속에 관한 WTO의 협상은 UR 이후 다시 재개되었고, 재협상의 결과 1997년 2월에 새로운 자유화에 대한 일괄타협안을 이끌어 내었다.

GATS 통신에 관한 부속서는 한 회원국이 공중통신전송망 및 공중통신전송서비스에 대한 접근 및 이의 이용에 영향을 미치는 조치에 관한 내용을 구체화할 목적으로 만들어졌다. 그래서 이러한 부분에 대한 주석과 보완적 규정을 제공하려는 목적을 갖고 있다.

이 협정에서 규정하고 있는 주요 내용은 다음과 같다.

---

[175] 금융서비스에 관한 부속서(Annex on financial services) 제2항.

　　첫째, GATS 통신에 관한 부속서는 각 회원국으로 하여금 자기 나라 양허표에 포함된 서비스공급을 위해 그 밖의 회원국의 모든 서비스공급자에게 합리적이며 무차별적인 조건으로 공중통신전송망 및 공중통신전송서비스의 접근과 이의 이용이 부여되도록 보장해야 한다는 의무를 부여하고 있다.[176] 이때 접근 및 이용이 보장되는 통신망은 회원국 의 양허표에 규정되어 있는 것이어야 하며, 자국의 일반 대중에게 보편적으로 제공되는 통신망이라야 한다.[177]

　　둘째, GATS 통신에 관한 부속서는 공중통신전송망 및 공중통신전송서비스에 대한 접근 및 이의 이용에 영향을 미치는 회원국의 모든 조치에 적용된다. 하지만 본 부속서는 라디오나 TV 프로그램의 유선방송 또는 무선방송에 영향을 미치는 조치들에 대해서는 적용되지 아니한다.

　　셋째, 이 부속서의 어떠한 규정도 회원국에 자기 나라의 양허표에 규정되어 있는 것을 제외하고는 그 밖의 회원국 서비스공급자의 통신전송망 또는 통신전송서비스의 설치, 건설, 취득, 임차, 운영 또는 공급을 허가하도록 요구하는 것으로 해석되지 않는다. 그리고 부속서의 어떠한 규정도 회원국이(또는 회원국이 자기 나라의 관할권 아래에 있는 서비스공급자들을 강제하여 서비스공급자로 하여금) 대중에게 일반적으로 제공되지 않는 통신전송망 또는 통신전송서비스를 설치, 건설, 취득, 임차, 운영 또는 공급하도록 요구하는 것으로 해석되지 않는다.

　　GATS 통신에 관한 부속서상에 나타나 있는 통신(Telecommunications)의 의미는 모든 전자자기적 수단(electromagnetic means)에 의한 신호의 전달 및 수신을 의미한다. 그리고 공중통신전송서비스는 회원국에 의해 명시적으로 또는 사실상 일반적으로 공중에게 제공되도록 요구된 모든 통신전송서비스를 의미한다. 그러한 서비스에는 특히 고객정보의 형태 또는 내용이 한쪽 끝에서 다른 쪽 끝까지 변경됨이 없이 2개 이상의 지점 사이에서 고객이 제공한 정보를 실시간 전송을 수반하는 전신, 전화, 텔렉스 및 데이터 전송이 포함될 수 있다.[178] 그리고 공중통신전송망은 명시된 망 종단점 간에 통신을 할 수 있게 하는 공중통신 기반시설 등으로 규정하고 있다.

---

176 통신에 관한 부속서(Annex on financial services) 제5항.
177 통신에 관한 부속서(Annex on financial services) 제2항.
178 전기통신서비스는 음성전화서비스, 패킷교환데이터 전송서비스, 회로교환데이터 전송서비스, 텔렉스, 전보, 팩스, 사설 리스회선 서비스, 전자사서함(e-mail), 음성사서함(v-mail), 온라인 정보검색 서비스, 전자자료 교환, 고도 팩시밀리, 코드 및 프로토콜 변환, 온라인 정보 및 데이터처리 서비스, 기타 등으로 구분된다.

한편, 통신에 대한 부속서에서는 투명성과 관련된 내용도 규정하고 있다. 구체적으로 각 회원국은 공중통신전송망 및 공중통신전송서비스에의 접근 및 이의 이용에 영향을 미치는 제반 조건에 대한 관련 정보가 대중에게 입수 가능하도록 보장하여야 한다.[179] 관련 정보의 범위에는 서비스의 요금 및 다른 조건, 공중통신전송망 및 공중통신전송서비스의 기술적 상호 연결장치 사양, 동 접근 및 이의 이용에 영향을 미치는 표준을 준비하고 채택하는 책임을 지는 기관에 대한 정보, 단말장비 또는 다른 장비의 부착에 적용되는 조건 그리고 해당되는 경우 통보, 등록 또는 면허요건이 포함된다.

하지만 이러한 조치에도 불구하고 회원국은 메시지의 안전과 비밀을 보장하기 위해 필요한 조치를 취할 권리를 가진다.[180] 그러나 이러한 조치가 서비스무역에 대한 자의적이거나 부당한 차별의 수단 또는 위장된 제한을 구성하는 방식으로 적용되어서는 안 된다.

제 2 절 ● **무역 관련 지식재산권에 관한 협정**

1. 배경

(1) 지식재산권의 개념과 의의

지식재산권(Intellectual Property Right)의 국제무역상 비중이 점차 증가하고 있다. 지식재산권이란 산업적 발명과 예술적·상업적 시장가치가 있는 인간의 지적·정신적 창작물에 대해 갖는 권리를 지칭하는 것이다. 지식재산권에 대한 장려는 인간의 정신적 산물인 무형적 재산이 그 자체로서는 권리의 대상이 되는 것이 아니고, 이러한 무형적 재산, 즉 무체물 등이 구체적으로 활용 및 실용화되고 그 과정에서 유형적인 권리 형태를 가질 때 비로소 인정받을 수 있다는 의미이기도 하다.

구체적으로 지식재산권은 인간의 창의적 정신활동으로 인한 새로운 물질의 발견, 새로운 제조기술의 발명, 새로운 용도의 개발, 상품의 새로운 기능의 개발, 새로운 상품의 디자인 등 산업적 발명과 문학·미술·음악·연출·공연·제작·방송 등의 창작물을

---

179 통신에 관한 부속서(Annex on financial services) 제4항.
180 통신에 관한 부속서(Annex on financial services) 제5항 라.

◀ 그림 ▶ 지식재산권의 개념

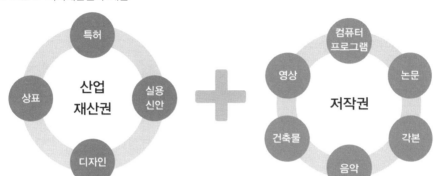

출처 ┃ 성신여자대학교 연구산학협력단(https://www.sungshin.ac.kr/acm/16286/subview.do)

포함한 지적생산물 등에 관한 권리의 총칭이라고 볼 수 있다. 세계지식재산권기구(WIPO ; World Intellectual Property Organization) 협약에서는 지식재산권을 "문학·예술·과학작품, 연출, 예술가의 공연·음반, 방송, 인간이 노력하는 모든 분야에서의 발명, 과학적 발견, 공업의장·등록상표·서비스마크·상호·기타 명칭, 부당경쟁에 대한 보호 등에 관한 권리, 공업·과학·문학·예술 분야의 지적활동에서 발생하는 그 밖의 모든 권리"로 규정하고 있다.[181]

　　지식재산권 보호와 관련된 제도의 시행은 국가마다 다소 차이가 있다. 지식재산권의 보호는 지식재산권에 대한 제3자의 불법적 사용을 방지함으로써 많은 위험과 노력이 수반되는 발명과 창작활동에 대한 의욕을 고취시켜 경제발전에 이바지하고자 하는 데 그 목적이 있다.

(2) 국제적 논의과정

　　지식재산권에 대한 국제적 논의가 시작된 것은 국제무역에서 지식재산권이 차지하는 비중이 증대되었기 때문이다. 지식재산권의 경제적 비중이 날로 중요해지는 상황에서 국가별 제도의 차이는 결국 지식재산권 관련 산업과 국가경쟁력의 차이로 나타났다.

　　하지만 지식재산권의 보호에 관한 문제는 기존의 GATT 체제에서 다루고 있던 분야가 아니었다. 지식재산권의 보호와 관련된 기존 국제협약의 보호수준과 내용도 그리

181　WIPO 설치협약 제2조 제7항.

만족할 만한 수준은 못 되었다. 이러한 과정에서 지식재산권의 배타적 소유권을 최대한 보장하고자 하는 선진국들과 지식재산권의 공공재적 역할을 강조하는 개발도상국 간에는 극심한 무역마찰 현상이 발생하게 되었다.

지식재산권에 관한 국제적 논의는 지식재산권의 보호를 위한 국가별 입장 차이를 조정하고 효과적으로 지식재산권을 보호하며, 국제무역상의 왜곡과 장애를 완화시키려는 노력에서 시작되었다. 국제적 논의의 또 다른 이유로 국제간 합의를 바탕으로 무역 관련 지식재산권제도의 투명성과 예측가능성을 제고시켜 국제간 분쟁을 쉽게 해결하고자 하는 의도도 있다.

UR 협상은 그동안 개별국가 또는 소규모 차원에서 행해지던 지식재산권 보호에 관한 논의를 국제적인 차원으로 확대시켜 전 세계적 합의를 도출하였다는 부분에서 커다란 의미가 있다. UR 협상의 결과 도출된 WTO 무역 관련 지식재산권에 관한 협정 (Agreement on Trade-related Aspects of Intellectual Property Rights)은 세계 정부들 간의 지식재산권 보호와 관련된 제도적 차이를 줄이고, 공통적 국제규범하에서 지식재산권의 보호를 논의할 수 있게 만들었다는 점에서 의의를 가지며, WTO TRIPs 협정이라고도 한다. 이 밖에도 TRIPs 협정은 지식재산권에 관한 분쟁을 WTO의 분쟁해결제도를 통해 해결할 수 있게 만들었다는 점에서도 의의를 가진다.

◀ 그림 ▶ WIPO 건물 전경

출처 | 연합뉴스(https://m.yna.co.kr/view/AKR20200519039300063)

WTO 무역 관련 지식재산권에 관한 협정은 국제무역에 대한 왜곡과 장애를 줄이는 것을 목적으로, 지식재산권의 효과적이고 적절한 보호를 증진할 필요성을 고려하여 지식재산권을 시행하는 조치 및 절차 그 자체가 정당한 무역에 대한 장벽이 되지 않도록 보장하기 위해 만들어진 협정이다.

TRIPs 협정은 지식재산권 분야에서 다음과 같은 5가지 새로운 규칙과 규율의 제정 필요성에 따라 만들어진 협정이다. 이러한 5가지 필요성을 정리하면, ⅰ) 무역제도의 기본원칙과 국제 지식재산권 협정이 적용되는 방법, ⅱ) 지식재산권의 보호방법, ⅲ) 자국 내에서의 지식재산권에 관한 협정의 적용과 이행방법, ⅳ) WTO 회원국 사이의 지식재산권에 관한 분쟁을 해결하는 방안, ⅴ) 새로운 제도가 도입되는 기간 동안의 특별 경과조치(special transition의 arrangements) 등이 있다.

(3) 협정의 의의

TRIPs 협정은 지식재산권의 국제적 조화(harmonization)나 통상정책의 관점에서 획기적인 선례를 제공하고 있다. 즉, TRIPs 협정은 지식재산권의 권리수준에 관해 국제적인 표준을 확립하였고, 권리행사의 법적 절차에 관해서도 각국이 지켜야 할 기준을 설정했다는 부분에서 큰 의의를 가진다.

TRIPs 협정은 지식재산권제도에 대한 국제적 조화를 시도한 것이지만, 앞으로 WTO의 다른 여러 분야에서 전개되어야 하는 조화 관련 협상에서의 좋은 선례가 될 것으로 전망된다. 향후 WTO의 신의제로 지속적인 논의를 하여야 할 환경과 무역, 투자와 무역, 경쟁과 무역 등과 같은 분야에서의 조화 문제는 지식재산권제도의 조화문제 이상의 문제를 발생시킬 것이다. 따라서 지식재산권 분야에서 만들어진 성공적인 합의도출 경험은 향후 WTO에서 논의될 여러 가지 신의제 분야에서 어느 정도까지의 조화를 만들어 낼 것인가 하는 부분에서 좋은 지침으로서의 의미를 갖게 될 것이다.

2. 주요 내용

(1) 기본정신

TRIPs 협정의 서문에서는 협정 제정의 기본정신을 직·간접적으로 밝히고 있다. TRIPs 협정의 기본정신으로는 지식재산권은 사적 권리(private rights)임을 인정하며, 각 회원국이 추진하는 이러한 지식재산권에 대한 효과적이고 적절한 보호의 고려가 무역장벽이 되지 않도록 한다는 것이다.

본 협정에서는 위조상품의 국제무역을 다룰 원칙, 규칙 및 규율의 다자간 틀의 제정필요성을 인정했다. 그리고 개발 및 기술목표를 포함한 지식재산권의 보호가 국가적 제도의 기본 공공정책적 목표임도 인정하고 있다. 하지만 최빈개도국의 건전하고 실행가능한 기술적 기반 창출을 위한 최대한의 융통성을 제공할 수 있는 특별한 필요성도 인정하고 있다.

TRIPs 협정은 다자간 절차를 통한 무역 관련 지식재산권 분쟁의 해결이 지식재산권 문제의 해결을 위한 보다 강화된 약속임을 인정했다. 그래서 이러한 강화된 약속을 위해 세계무역기구와 세계지식재산권기구 및 다른 관련 국제기구와의 상호 협조적 관계 수립을 희망한다고도 언급하고 있다.

(2) 일반규정 및 기본원칙

1) 일반규정   우선 TRIPs 협정 제1부의 일반규정 및 기본원칙 부분에서는 지식재산권 보호와 관련해서 회원국의 권리와 의무를 규정하고 있다. TRIPs 협정 제1조에서는 WTO의 회원국이 이 협정의 제 규정을 실시하도록 규정하고 있다. 하지만 이 협정의 규정에 위배되지 않은 경우, 자기 나라의 법을 통해 이 협정에서 요구되는 것보다 더 광범위한 보호를 실시할 수 있다고도 규정하고 있다(이를 최저보호 원칙이라고도 부른다).

▶ 최저보호의 원칙 ───●

　　최저보호의 원칙은 기존의 국제협정을 최저보호 수준으로 하여 그 이상의 지식재산권을 보호하자는 원칙을 의미한다. 실제로 WTO 지식재산권에 관한 협정(TRIPs)은 '국제협정 플러스 방식'을 채택함으로써 국제협정을 최저보호 수준으로 하여 각국의 재량에 따라 보호수준을 강화할 수 있도록 하고 있다.

　　TRIPs 협정에서는 협정에 위배되지 않는 한 회원국은 자국의 국내법을 통해 협정이 요구하는 것보다 더 광범위한 지식재산권의 보호를 실시할 수 있다고 규정하고 있다. 그러나 반드시 그렇게 할 의무를 지지는 아니한다고 규정함으로써 회원국은 자국의 고유한 법제도와 관행의 범위 내에서 TRIPs 협정의 적절한 이행을 도모할 수 있도록 하고 있다.

하지만 이러한 것은 회원국의 의무는 아니라고 분명히 밝히고 있다. 그래서 WTO TIRPs 협정에서는 회원국이 자기 나라의 고유한 법제도 및 관행 내에서 이 행정의 제규정에 관한 적절한 이행방법을 자유로이 결정할 수 있음도 분명히 규정하고 있다.

한편, TRIPs 협정에서는 회원국이 다른 회원국의 국민에 대해 이 협정에 규정된 대우를 제공해야 한다고 규정하고 있다. 이때 다른 회원국의 국민의 의미는 WTO의 모든 회원국이 파리협약(1967년), 베른협약(1971년), 로마협약(1961년)[182] 및 집적회로에 관한 지식재산권 조약(IPIC 조약, 1989년)[183]의 회원국인 경우, 이들 조약에 규정된 보호의 적격요건을 충족시키는 자연인이나 법인으로 양해된다.[184] 하지만 이 협정의 어느 규정도 파리협약, 베른협약, 로마협약 및 집적회로에 관한 지식재산권 조약에 따라 회원국 상호 간에 존재하는 의무를 면제하지는 못한다.[185]

회원국은 자국의 법과 규정의 제·개정에 있어 본 협정과 일치하는 범위 내에서 공중보건과 영양상태의 보호 그리고 자국의 사회경제적 및 기술적 발전에 매우 중요한 분야의 공공이익 증진을 위한 조치를 취할 수도 있다(제8조). 또한 이 협정의 관련 규정과 일치하는 범위 내에서 권리자에 의한 지식재산권 남용 및 불합리한 무역제한 그리고 국가 간 기술이전에 부정적 영향을 미치는 관행 등을 방지하기 위한 적절한 조치를 취할 수도 있다.

2) 기본원칙   TRIPs 협정에서도 GATT나 GATS와 마찬가지로 몇 가지 핵심 기본원칙이 적용된다. TRIPs 협정에서도 내국민대우와 최혜국대우와 같은 무차별주의가 제시되어 있다. 이 밖에도 TRIPs 협정에서 강조되는 또 다른 기본원칙들은 최소보호의 원칙과 권리소진의 원칙, 투명성의 원칙 등이 있다. 이러한 TRIPs 협정에서 적용되는 몇 가지 기본원칙들을 간략하게 살펴보면 다음과 같다.

① 내국민대우   내국민대우란 지식재산권의 보호와 관련하여 WTO 회원국들은 자국의 국민보다 불리한 대우를 다른 회원국 국민에게 부여하여서는 안 된다는 것을 규정한 원칙이다.[186] 하지만 실연자, 음반제작자 및 방송기관에 관해 내국민대우를 적용할 경우, TRIPs 협정에 규정되어 있는 권리에 한해서만 적용된다. 이러한 TRIPs 협정에서 나타나고 있는 내국민대우의 원칙도 다음의 경우에는 예외가 인정되고 있다.

---

182 로마협약은 1961년 10월 26일 로마에서 채택된 실연자, 음반제작자 및 방송기관의 보호에 관한 국제협약을 지칭한다.
183 IPIC 조약은 1989년 5월 26일 워싱턴에서 채택된 직접회로에 관한 지식재산권 보호조약을 지칭하며, 워싱턴 조약이라고도 한다.
184 WTO 무역 관련 지식재산권에 관한 협정 제1조.
185 WTO 무역 관련 지식재산권에 관한 협정 제2조.
186 WTO 무역 관련 지식재산권에 관한 협정 제3조 제1항 제1문 후단.

○ 각 회원국이 다른 나라 국민에게 파리협약, 베른협약, 로마협약, 지식재산권 조약(IPIC)상의 예외조항들을 적용한 경우

○ 각 회원국이 다른 회원국의 관할권 내에 있는 주소지의 지정(송달을 위함)이나 대리인의 선임 등과 관련된 사법 및 행정절차인 경우

○ WIPO가 주관하고 있는 지식재산권의 취득과 유지를 위한 다자간 협정의 경우

② 최혜국대우   지식재산권의 보호와 관련된 최혜국대우란 일방 회원국에 의해 다른 회원국의 국민에게 부여되는 이익, 혜택, 특권, 면제가 즉시 그리고 무조건적으로 다른 모든 회원국 국민에게도 부여된다는 것을 의미한다.[187] 최혜국대우는 GATT 협정에서는 일반적인 원칙으로 볼 수 있으나, 지식재산권의 보호체계에서는 도입된 적이 없던 원칙이다. 실제로 지식재산권의 보호를 위한 다른 국제협약에서는 내국민대우만이 존재하지, 최혜국대우의 원칙은 존재하지 않는 것이 일반적이다.

하지만 TRIPs 협정은 무역 관련 협정이기 때문에 최혜국대우의 원칙이 도입된다. 지금까지 지식재산권의 보호는 속지주의의 원칙하에서 이루어져 왔고, 지식재산권을 무역대상으로도 인식하지 않았다. 하지만 지식재산권이 무역상품의 국제경쟁력을 결정짓는 요소로서 그 중요성이 더욱 커져감에 따라 최혜국대우의 원칙이 TRIPs 협정에 도입된 것이다.

최혜국대우의 적용에 대한 예외는 다음과 같은 경우에 인정된다.

○ 한 회원국이 부여하는 이익, 혜택, 특권, 면제가 지식재산권의 보호에 한정되지 아니하는 일반적 성격의 법률집행에서 비롯되는 경우

○ 한 회원국이 부여하는 이익, 혜택, 특권, 면제가 내국민대우가 아닌 상호주의 원칙에 따른 대우의 부여를 허용하는 로마협약 또는 베른협약의 규정에 따른 경우

○ 한 회원국이 부여하는 이익, 혜택, 특권, 면제가 동 협정에 규정되어 있지 않은 실연자, 음반제작자, 방송기관의 권리에 관련된 경우

○ 한 회원국이 부여하는 이익, 혜택, 특권, 면제가 WTO 설립협정의 발효 이전에 발효된 지식재산권 보호 관련 국제협정으로부터 비롯된 경우

---

187 WTO 무역 관련 지식재산권에 관한 협정 제4조.

- 단, 이러한 협정은 TRIPs 이사회에 통보되어야 하며, 다른 회원국 국민에게 자의적이거나 부당한 차별을 구성하지 아니하여야 함
- ㅇ 지식재산권의 취득과 유지에 관해 WTO 주관하에 체결된 다자간 협정에 규정된 절차의 경우

③ 권리소진의 원칙 제외   권리소진의 원칙(exhaustion doctrine)은 적법하게 만들어진 복제본(특허상품 포함)을 일반 판매하면 제1의 판매로서(특허권, 저작권 등의) 권리자가 가진 권리는 소진되고, 원권리자는 다시 자신의 권리를 주장할 수 없다는 원칙이다. 이는 복제본의 권리자는 원권리자의 독점적인 배포권에도 불구하고 다른 방법으로 자신이 가진 복제본을 처분할 수 있음을 설명하는 원칙이다. 권리소진의 원칙은 원권리자로부터 실시권을 받은 타국의 실시권자가 상품을 생산하여 원권리자의 국가로 수출하는 병행수입(parallel import)[188]과 관련되어 적용되는 원칙이다.

권리소진의 원칙에 대해서는 선진국과 개도국 간의 격렬한 입장대립으로 인해 TRIPs 협정 내에서는 어떠한 국제적 표준을 제시하는 데 실패하였다. 실제로 TRIPs 협정 제6조에서 "이 협정에 관계된 분쟁해결의 목적을 위해 본 협정의 내국민대우와 최혜국대우의 규정을 조건으로, 이 협정의 어떠한 규정도 지식재산권의 소진문제를 다루기 위해 사용되지 아니한다."고 규정하고 있다. 이는 TRIPs 협정에서는 권리소진 원칙의 인정 여부를 결정하지 않고 회원국들이 자유롭게 결정할 수 있도록 하고 있음을 의미한다.

④ 투명성의 원칙   투명성은 국제통상관계에서 일반적으로 인정되는 원칙으로 개별 회원국의 법이나 제도의 운영이 투명해야 한다는 원칙을 의미한다. 일반적으로 WTO 협정에서는 이러한 투명성 문제를 해결하는 방법으로 제도의 공표와 관련 제

---

[188] 병행수입제란 국내 독점판매권을 갖고 있는 업체 외에 다른 유통경로로도 같은 상품의 수입이 전면 허용되는 제도다. 우리나라에서는 1995년 9월부터 수입공산품 가격인하를 위해 시행됐다. 따라서 국내 독점판매권자나 수입상표의 전용사용권자는 단지 위조품에 대해서만 그 권리를 보호받게 된다. 재정부의 병행수입 허용기준을 보면 원칙적으로 상표의 고유기능인 출처표시 및 품질보증 기능을 해치지 않는 범위 내에서 모든 수입품에 대한 병행수입을 허용한다는 것인데, 국내외 상표권자가 동일인이거나 같은 계열사 또는 본·지사 관계, 독점 수입대리점 등 자본거래가 있는 특수관계의 경우에는 상표권이 소진된 것으로 간주, 다른 수입업자가 이 상품을 수입해 판매할 수 있다. 그러나 외국상품의 국내 상표권자가 국내에서 독자적인 제조 및 영업망을 갖고 있는 경우에는 기존의 영업권을 보호한다는 차원에서 병행수입이 허용되지 않는다. 이는 수입상품에 대해서도 가격파괴 경쟁이 본격화될 수 있는 풍토를 만들어 과도한 유통마진을 축소하고 가격인하를 유도하겠다는 방침에서 시행되는 것이다. 그러나 관련 업계에서는 독점계약상품의 판매촉진을 위해 광고 등 많은 비용을 부담하고 있는데, 다른 수입업체가 무임승차할 수 있도록 허용하는 것은 부당하다며 강력히 반발하고 있다.

도나 절차의 통보절차 등을 통해 해결하고 있다.

　　TRIPs 협정에서도 기존의 WTO 협정들과 같은 방법으로 투명성 문제를 해결하고 있다. 구체적으로 협정의 집행을 감시하고 실효성을 기하기 위해 제5부(분쟁의 방지 및 해결) 제63조(투명성)와 제3부(지식재산권의 시행) 각 조에서 공개성, 투명성, 공정성, 검증 가능성 등에 대해 규정하고 있는 것이다.

　　TRIPs 협정 제63조를 중심으로 이 협정에서 제시하고 있는 투명성 원칙의 내용을 살펴보면 다음과 같다. TRIPs 협정에서 투명성을 증대시키기 위해 채택하고 있는 방법으로 첫째, 관련 정보의 공표를 들 수 있다. 이는 지식재산권과 관련된 법(협정 포함), 규정, 제도 및 관련 정보 등에 대해 일국 정부와 권리자가 그 내용을 알 수 있도록 공표하거나 공개함으로써 공개적인 입수가 가능해야 한다는 의미이다. 둘째, 통보이다. 각 회원국은 자국의 지식재산권과 관련된 법과 규정을 TRIPs 이사회에 통보해야 한다. 마지막으로 TRIPs 협정의 투명성을 제고하기 위한 방법으로, 정보제공의 의무를 들 수 있다. 이는 타당한 사유에 의해 공표대상 정보를 요청하는 자가 있는 경우에는 그 요청을 받은 회원국은 대상 정보를 제공해야 한다는 것이다.[189]

(3) 지식재산권의 유형별 보호방법

　　TRIPs 협정 제2부에서는 여러 유형의 지식재산권과 이러한 지식재산권의 취득가능성, 범위 및 사용에 관한 기준을 제시하고 있다. 제2부의 목적은 전체 회원국에 적용할 지식재산권의 보호를 위한 적절한 기준이 존재하고 있다는 것을 모든 회원국에 확신시키는 것이다.

▶ TRIPs 협정에 의해 보호되는 분야 ●

○ 저작권과 저작인접권(Copyrights and related rights)
○ 서비스상표를 포함한 상표(Trademarks, including service marks)
○ 지리적 표시(Geographical indications)
○ 의장(Industrial designs)
○ 특허(Patents)

---

189 그러나 각 회원국은 자국의 법률집행을 방해하거나, 공익에 반하거나, 특정 공기업 또는 사기업의 정당한 이익을 저해할 수 있는 비밀정보의 공개를 거부할 수 있다(WTO 무역 관련 지식재산권에 관한 협정 제63조 제4항).

○ 집적회로 배치설계(Layout-designs of integrated circuits)
○ 영업비밀을 포함한 미공개 정보(Undisclosed information, including trade secrets)

　　TRIPs 협정의 출발점은 세계지식재산권기구(World Intellectual Property Organization : WIPO)와 일부 지식재산권 관련 국제협정의 주요 의무에서 출발한다. TRIPs 협정의 적용을 받는 주요 국제협정과 관할 분야는 다음과 같다.

○ 파리협약(Paris Convention for the Protection of Industrial Property) : 특허(patents)와 의장(industrial designs) 등의 산업재산권 보호
○ 베른협약(Bern Convention for the Protection of Literary and Artistic Works) : 문학적 · 예술적 저작물 보호
○ 워싱턴조약을 포함한 국제협약[190] : 신지식재산권(new intellectual property) 보호

　　1) 저작권 및 저작인접권　　　　TRIPs의 저작권 보호에 관한 내용은 기본적으로 국제조약인 베른협약(1971)을 기초로 한다. 여기서 저작권(Copyrights)이란 법에 의해 저작물의 저작자에게 부여되는 배타적인 권리로서 자신의 창작물을 공표하고, 이를 통해 어떠한 방법으로든 공개 · 배포 · 전달하며, 다른 사람에게 저작권자의 저작물을 특정의 방법으로 사용하도록 허락할 수 있는 권리를 의미한다.

　　저작물의 이용은 저작권자의 이용허락을 받아야 한다. 이러한 이용허락을 위해서는 사용료를 지급하는 것이 보통이나, 저작권자가 아무런 대가를 받지 않고서 이용허락을 할 수도 있다. 저작권에 대한 이용허락은 저작재산권자와 저작물이용자 간의 채권적 법률관계에 해당한다.[191]

　　저작권의 보호대상으로는 어문 및 예술저작물, 번역, 번안, 편곡, 기타 문학적 · 예술적 저작물의 개작물 등 소위 2차적 저작물, 백과사전이나 전집 등 문예저작물 등의 저작물 등이다. 그리고 TRIPs 협정에서는 베른협약상의 저작권 보호대상 외에 컴퓨터프로램도 문학적 저작물(literary works)로 보호하고 있다.[192] 하지만 인터페이스(interface)나 알고리즘

---

190 신지식재산권으로는 진종식물의 권리를 보호하기 위한 국제신종식물동맹, 미생물 및 생명공학 기술 분야의 특허를 통일하기 위한 부다페스트조약, 반도체 직접회로의 회로배치설계를 보호하기 위한 위싱턴조약이 있다.
191 야후 검색 시사상식(http://kr.search.yahoo.com/).

출처 ︙ 차상호, "[디지털라이프] 저작권(coypright)", 경남신문, 2020.8.18.

(algorithm) 등 비문학적 요소가 보호대상에 포함되는지 여부는 규정하고 있지 않다.

그리고 자료편집물(compilations of Data)도 지적창작물로서 보호받는다. 이때 자료편집물이나 다른 자료는 기계판독 가능 형태인지 또는 그 외의 형태로 존재하는지 여부와 관계없이, 내용의 선택 또는 배열을 이유로 지적창작물을 구성하는 자료나 기타 소재의 편집물을 의미한다. 하지만 공식문서나 사실상의 전달에 불과한 시사보도, 정치연설이나 법적 절차과정에서 행해진 연설, 특정 강연이나 연설 등의 보호는 각국의 국내입법에 위임되어 있다.

한편, TRIPs 협정에서는 국제저작권 규범이 대여권(rental rights)에도 적용된다고 규정하고 있다. 이는 결국 컴퓨터프로그램의 저작자와 음반제작자가 자신의 저작물이 일반 대중에게 상업적으로 대여되는 것을 방지할 수 있는 권리를 가진다는 것을 의미한다. 이와 비슷한 배타적인 권리로는 상업적 대여가 영상저작물의 저작권자에 대한 잠재적 소득에 영향을 미칠 수 있는 광범위한 복제를 초래하는 경우의 영상저작물(films)에도 적용된다.[193]

---

192 WTO 무역 관련 지식재산권에 관한 협정 제10조. 저작권 보호는 표현에는 적용되나 사고, 절차, 운영방법 또는 수학적 개념 그 자체에는 적용되지 아니한다.

　　구체적으로 TRIPs 협정에서는 컴퓨터프로그램의 대여권(rental right)에 관한 규정을 음반제작자와 기타 회원국의 법에 정해진 음반 관련 권리자에게 준용하고 있다. 다만, 동 협정에서는 예외적으로 1994년 4월 15일 기준으로 회원국이 음반의 대여와 관련하여 권리자에 대한 적절한 보상제도를 확립하고 있는 경우 또는 음반의 상업적 대여가 권리자의 복제에 대한 배타적인 권리를 실질적으로 침해하지 않는 경우에는 음반의 상업적 대여제도를 유지할 수 있다고 규정하고 있다.[194]

　　사진저작물 또는 응용저작물이 아닌 저작물의 보호기간은 베른협약과 같이 저작권자가 개인인지 공동인지와 관계없이 원칙적으로 승인된 발행 역년의 말(특정 연도의 마지막 날을 의미)로부터 최소 50년간 또는 작품의 제작 후 50년간이다.

　　저작인접권(Neighboring right)은 저작권에 인접한 저작권과 유사한 권리로 저작물의 실연자, 음반제작자, 방송사업자 등이 소유하는데, 역사적으로 로마협약의 규율을 받아 왔다. 여기서 실연자는 자신의 실연을 녹음·녹화하거나 사진으로 촬영할 권리를, 음반제작자는 음반을 복제·배포할 권리를, 방송사업자는 그의 방송을 녹음·녹화·사진 등의 방법으로 복제하거나 동시중계 방송할 권리를 가진다.

　　실연자와 음반제작자 및 방송사업자는 저작물을 직접 창작하는 사람은 아니지만, 일반인이 창작물을 온전하고 풍부하게 누릴 수 있도록 하는 매개역할을 한다. 실연자와 음반제작자 및 방송사업자는 저작물의 해석과 재현에 기여할 뿐만 아니라, 이들의 이런 행위가 없다면 비록 완벽한 저작물이라도 일반 이용자에게 충분히 전달될 수 없기 때문에 이들의 저작인접권은 보호되는 것이다.[195]

　　저작인접권에 대한 권리는 전통적인 저작물에 기술적인 요소가 합치되는 것이기 때문에 별도의 독자적인 보호가 필요하다. UR 협정에서 북유럽국가, 스위스, EC 등의 입장을 반영하여 저작인접권 보호를 도입하였다.[196] 저작인접권 보호의 내용을 간략하게 살펴보면 다음과 같다.

　　ⅰ) 실연자(performers)는 승인되지 않은 공연의 레코딩과 그 작품의 복제 그리고 공연의 중계를 최소 50년간 방지할 수 있는 권리를 가진다. ⅱ) 음반제작자는 승인되지 않은 음반의 복제를 50년간 방지할 수 있는 권리를 가진다. ⅲ) 방송 또한 고정물의 복

193　WTO 무역 관련 지식재산권에 관한 협정 제11조.
194　사법연수원, 『WTO통상법』, 1999, p.237.
195　야후 검색 시사상식(http://kr.search.yahoo.com/).
196　WTO 무역 관련 지식재산권에 관한 협정 제14조.

제, 무선수단에 의한 재방송과 TV 방송을 통한 대중전달행위가 방송기관의 승인 없이 실시될 경우에 이를 금지할 수 있는 권리를 가지는데, 그 보호기간은 방송이 실시된 해의 말로부터 20년간 지속된다.[197]

한편 TRIPs 협정에서 저작인격권은 보장되지 않는다. 저작인격권(moral right)은 저작물의 공표권, 저작자의 지위를 주장할 수 있는 권리, 저작자의 성명을 표시할 수 있는 권리, 승낙 없이 저작물을 변경 또는 삭제하는 것을 금지할 수 있는 권리 등을 의미한다. 저작인격권은 저작재산권에 대응되는 개념으로, 저작자는 인격보호의 법리를 근거로 보호된다.

하지만 베른협약에서는 저작인격권이 저작권의 양도 이후에도 지속되고 저작자의 사망 후에도 보장되도록 규정하고 있다. 하지만 TRIPs 협정에서는 이러한 베른협약의 저작인격권 조항을 적용받지 않도록 규정하고 있다.

2) 상표, 지리적 표시 및 의장

① 상표　　　　　상표(Trademarks)는 상품을 생산, 제조, 가공 또는 판매하는 자가 자기의 상품을 다른 업자의 상품과 식별하고자 그 상품에 대해 사용·표시하는 기호나 문자, 도형 등을 의미한다. 상표권은 생산자 또는 상인이 그 상표를 특허청에 출원·등록함으로써 부여받는 전용권을 말한다. 즉, 지정상품에 대한 등록상표를 독점적으로 사용할 수 있는 권리를 의미한다.[198]

TRIPs 협정에서는 어떤 유형의 표시(sign) 또는 그 결합이 상표로서 보호의 대상이 되는지와, 그러한 상표의 소유자에게 부여되는 최소한의 권리가 무엇인지에 대해 정의를 내리고 있다. 협정의 제15조 제1항에서는 특정 사업자의 상품이나 서비스를 다른 사업자의 상품이나 서비스로부터 구별할 수 있는 표시(sign)나 그 결합은 상표를 구성할 수 있다고 규정하고 있다. 구체적으로 상표는 표시(sign), 특히 성명을 포함하는 단어, 문자, 숫자, 도형과 색채의 조합 및 이러한 표시의 결합이 가능하다고 규정하고 있다.

상표권의 보호는 파리협약(1967)의 규정을 기초로 하여 보호받고, 추가로 규정된 부분에 대해서는 TRIPs 협정의 적용을 받는 형태로 적용된다. 그리고 파리협정의 규정으로부터 일탈하지 않는 한, 회원국은 다른 이유로 상표의 등록을 거절할 수 없도록 규정하고 있다.

상품이나 서비스의 성격은 어떠한 경우에도 상표등록의 장애요인으로 작용하지 않

---

197 WTO 무역 관련 지식재산권에 관한 협정 제14조 제5항.
198 야후 검색 시사상식(http://kr.search.yahoo.com/).

아야 한다. 그리고 회원국은 상표의 등록 전이나 후에 모든 등록상표를 신속히 공개하여야 하며, 등록취소청구를 위한 합리적 기회도 제공해야 하고, 상표등록에 관한 이의신청 기회도 제공하여야 한다.

TRIPs 협정 제16조에서는 등록상표의 소유자는 소유자의 동의 없이 등록상표의 상품이나 서비스와 동일 또는 유사한 표시(sign)의 사용으로 혼동을 일으킬 가능성이 있는 경우, 거래과정에서 그 사용을 금지시킬 수 있는 배타적 권리를 가진다고 규정하고 있다.[199] 그리고 동 조항에서는 동일한 상품이나 서비스에 대한 동일한 표지의 사용 시이를 혼동 가능한 경우로 추정한다고 추가적으로 규정함으로써 위조상품에 대한 규제를 분명히 하고 있다.

TRIPs 협정에서는 시각적으로 인지 가능한 상표만을 등록요건으로 할 수 있도록 할 뿐, 상표의 출원과 등록조건에 대해서는 별다른 규정을 두고 있지 않다. 그러므로 상표의 일반적 등록조건에 대해서는 파리협약을 근거로 적용한다고 볼 수 있다. 파리협정에 규정되어 있는 상표등록조건에 관련된 규정은 다음과 같다.

■ 공업소유권 보호를 위한 파리협약 제6조
(상표등록조건, 상이한 국가에서의 동일한 상표 보호의 독립)

1. 상표의 출원과 등록조건은 각 회원국에서 국내법에 따라 정할 수 있다고 규정되어 있다.
2. 그러나 한 회원국 국민에 의해 출원된 상표의 등록신청도 그 출원, 등록 또는 갱신이 원국가에서 실시되지 않았음을 이유로 거절될 수 없고, 그 등록 또한 무효화될 수도 없다고 규정되어 있다.
3. 한 회원국에서 정당하게 등록된 상표는 원국가를 포함하는 타 동맹회원국에서 등록된 상표와 독립된 것으로 간주된다고 규정되어 있다.

한편, 상표의 등록출원은 실제 사용할 수 있을 것을 조건으로 해서는 안 된다. 그리고 상표의 등록출원은 출원일로부터 3년 이내에 사용되지 않았다는 이유로 출원이 거절되어서도 안 된다.[200] 상표의 최초 등록과 갱신은 7년 이상 유지되며, 상표의 등록은 무한정 갱신이 가능하다.[201] 그러나 정당한 사유 없이 상표를 3년간 계속하여 사용하지

199 WTO 무역 관련 지식재산권에 관한 협정 제16조 제항.
200 WTO 무역 관련 지식재산권에 관한 협정 제15조의3.
201 WTO 무역 관련 지식재산권에 관한 협정 제19조.

않으면 상표권의 등록이 취소될 수 있다.[202] 서비스상표에 대한 보호도 일반 상표의 보호와 동일하게 실시된다.

한편, 파리협약 제6조의2는 잘 알려진 상표 또는 유명상표(well-known mark)의 보호의무를 규정한 것이다 '유명상표'란 등록 또는 사용 사실이 당해 국가에서 잘 알려진 상표를 의미한다. TRIPs 협정 제16조 제2항과 제3항을 정리해 보면 파리협약 제6조의2 는 ⅰ) 서비스와 ⅱ) 상표가 등록된 상품 또는 ⅲ) 서비스와 유사하지 아니한 상품이나 서비스 등에 모두 준용된다고 볼 수 있다. TRIPs 협정에서는 유명상표의 판단기준으로 상표의 홍보 결과로 인해 당해 회원국 내에서 얻어진 지명도와 관련 분야에서 일반인에게 알려진 정도 등을 고려하도록 하고 있다.

> ▶ 공업소유권 보호를 위한 파리협약 제6조의2 ─────────────●
>
> (상표 : 잘 알려진 상표)
>
> 1. 동맹국은 국내법에 따라 직권상으로 또는 관계국의 요청으로 이 협약의 혜택을 받을 권리가 있는 사람의 상품으로서 동일 또는 유사한 상품에 사용되고 있음이 이미 그 나라에서 잘 알려진 것으로, 등록 또는 사용국의 권한 있는 당국에 의해 간주되는 그러한 상품의 복제, 모방, 번역을 구성하여 혼동을 일으키기 쉬운 상표의 등록을 거절 또는 취소하며 또한 그 사용을 방지할 것을 약속한다. 이 규정은 상표의 중요 구성요소가 그러한 잘 알려진 상품의 복제 또는 그것과 혼동하기 쉬운 모방을 구성하는 경우에도 적용된다.
> 2. 그러한 상표의 취소를 요청하는 데에는 등록일로부터 최소한 5년의 기간이 허용된다. 동맹국은 사용의 금지를 요청할 수 있는 기간을 정할 수 있다.
> 3. 성실에 반하여 등록 또는 사용되는 상표의 취소 또는 사용금지를 요청하는 데에는 기간의 제한이 붙여지지 아니한다.

상표권 부문의 적용원칙으로는 내국민대우의 원칙 외에도 우선권주장의 원칙과 상표독립의 원칙이 있다. 우선권주장의 원칙은 일국에서 정식으로 상표등록을 먼저 출원한 자는 타 동맹국에서도 최초의 출원일로부터 6개월간은 출원에 대해 우선권을 가진다는 것을 의미한다. 상표독립의 원칙은 일국에서 정식으로 등록된 상표는 다른 국가에서 등록된 상표와 독립적인 것으로 간주한다는 의미이다.[203]

---

[202] 그러나 이 경우에도 상표에 의해 보호되는 상품이나 서비스에 대한 수입제한조치 또는 그 밖의 요건으로 인해 상표권자의 의사와 무관하게 발생하는 상표의 사용장애 상황은 불사용에 대한 정당한 사유로 인정된다(WTO 무역 관련 지식재산권에 관한 협정 제19조 제1항).

▶️ 우선권주장의 원칙과 상표독립의 원칙 ─────────────── ●

○ **우선권주장의 원칙** : 일국에서 정식으로 상표등록을 먼저 출원한 자는 타 동맹국에서도 최초의 출원일로부터 6개월간은 출원에 대해 우선권을 가진다.
○ **상표독립의 원칙** : 일국에서 정식으로 등록된 상표는 다른 국가에서 등록된 상표와 독립적인 것으로 간주한다.

한편, 상표의 사용권 설정과 양도에 관한 조건은 회원국이 자체로 결정할 수 있다. 하지만 상표의 강제실시권은 인정되지 않는다. 상표의 등록권자는 영업의 이전과 동시에 상표를 양도할 수 있고, 상표만을 양도할 수도 있다.

함께 읽어보기

화장품 등 해외 인기 'K브랜드', 상표권 침해 피해 4,000건 육박

화장품 · 전자제품 · 옷 등 한국 브랜드(K브랜드)가 세계 시장에서 주목받으면서 브랜드를 무단 선점하는 사례가 잇따르고 있다. 한국 기업이 만든 정품이 '위조상품'으로 몰려 상표분쟁에 휘말리는 등 수출에 어려움을 겪는 상황도 발생하고 있다.

특허청은 2019년부터 2022년까지 중국과 인도네시아 · 태국 · 베트남 등 동남아 지역에서 국내기업의 상표가 무단 선점당한 상황을 모니터링했다고 23일 밝혔다. 이들 시장에서 국내 상표를 무단 선점해 피해를 본 사례는 총 3,923건으로 집계됐다. 국가별로 보면 중국이 2,490건으로 가장 많았다. 그다음이 인도네시아(982건), 태국(680건), 베트남(433건) 등의 순이었다.

피해가 가장 많은 업종은 화장품(734건, 18.7%)이었다. 이어 전자기기(600건, 15.3%), 의류(593건, 15.1%), 프랜차이즈(516건, 13.2%), 식품(297건, 7.6%) 등이었다. 기업규모별 피해는 상표 등 지식재산권 분야의 대응력이 상대적으로 약한 중소기업이 81.8%로 가장 컸다. 이어 중견기업(9.4%), 대기업(8.2%) 순이었다.

K브랜드가 해외시장에서 무단 선점당하는 경우, 한국 기업이 수출에 어려움을 겪게 된다고 특허청은 우려하고 있다. 국내에서 제조한 정품이 오히려 위조상품으로 몰려 수출을 제대로 할 수 없게 되거나 해외시장 진출시기가 늦어지는 등 피해를 볼 수 있다는 것이다.

한덕원 특허청 산업재산분쟁대응과장은 "무단 선점 빈발 업종에 대한 정보를 미리 제공하는 등 한국 기업에 대한 지원을 강화해 나가겠다"고 말했다.

---

203 파리협약 제6조.

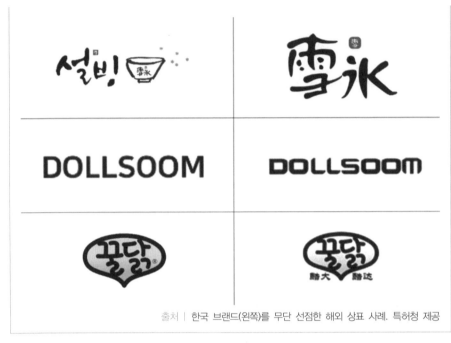

출처 | 한국 브랜드(왼쪽)를 무단 선점한 해외 상표 사례. 특허청 제공

출처 | 윤희일, "화장품 등 해외 인기 'K브랜드', 상표권 침해 피해 4,000건 육박", 경향신문, 2023.7.23.

    ② 지리적 표시   특정 지역에 대한 고유명칭은 때로는 상품을 구별하는 기준으로도 작용한다. 삼페인(Champagne), 스카치(Scotch), 데킬라(Tequila) 같은 포도주(wine)와 주류(Spirits) 생산자들은 상품을 식별하기 위해 지역의 고유명칭을 주로 사용한다. TRIPs 협정에서는 이러한 상품의 품질, 명성, 그 밖의 특성이 본질적으로 지리적 근원에서 비롯되는 경우, 회원국의 영토 또는 지역이나 지방을 원산지로 하는 상품임을 명시하는 표시를 지리적 표시(Geographical Indication : GI)로서 보호할 수 있도록 하고 있다.[204]

지리적표시

지리적표시제도란 명성, 품질 등이 특정지역의 지리적 특성에 기인하였음을 등록하고 표시하는 제도로써 국내외적으로 농산물(축산물, 임산물 포함)과 수산물 및 그 가공품의 지적 재산으로 인정되어 보호받아요.

---

204 WTO 무역 관련 지식재산권에 관한 협정 제22조 제1항.

구체적으로 TRIPs 협정 제22조 제1항에서는 지리적 표시를 상품의 특정 품질, 명성 또는 그 밖의 특성이 본질적으로 지리적 근원에서 비롯되는 경우, 회원국의 영토 또는 지역·지방을 원산지로 하는 상품임을 명시하는 표시로 규정하고 있다. 그리고 제2항에서는 회원국은 지리적 표시와 관련해서 다음의 행위를 할 수 없도록 하는 법적 수단을 제공할 수 있도록 규정하고 있다.

▶ 지리적 표시와 관련된 금지행위

○ 당해 상품의 지리적 근원에 대해 대중의 오인을 유발하는 방법으로, 진정한 원산지가 아닌 지역을 원산지로 한다고 표시하거나 암시하는 상품의 명명 또는 소개 수단의 사용
○ 지리적 표시가 불공정 경쟁행위를 구성하게끔 하는 사용으로, 다음과 같은 내용을 의미한다고 볼 수 있음
  - 여하한 방법에 의함을 불문하고 경쟁자의 영업소나 상품 또는 공업상·상업상의 활동 등과의 혼동을 일으키게 하는 모든 행위
  - 거래과정에서 경쟁자의 영업소, 상품 또는 공업상·상업상의 활동 등에 관해 신용을 해하게 할 허위의 주장
  - 거래과정에서 상품의 성질, 제조방법, 특징, 용도 또는 수량에 대해 공중을 오도할 표시 또는 주장

결과적으로 TRIPs 협정 제22조 제2항은 지리적 표시와 관련해서 위와 같은 금지행위를 규제할 수 있는 법적 조치의 설정근거를 회원국에게 제공하고 있다. 그러므로 회원국은 자국의 법을 통해 직권이나 이해관계자의 요청에 따라 자국의 지리적 표시와 관련된 상품이 진정한 원산지를 오인받지 않도록 하기 위해 해당 상표의 등록을 거부 또는 무효화할 수 있다.

전통적으로 볼 때 지리적 표시에 관한 용어는 두 가지 개념으로 사용되어 왔다. 첫째는 '지리적 원산지'의 개념인데, 이는 상품이나 서비스가 특정 국가, 지역에서 생산되었음을 알리는 표시를 의미한다. 둘째는 상품의 특성을 설명하는 것으로, 생산제품의 특징적인 품질이 생산지의 지리적 환경에 의해 밀접한 영향을 받을 경우, 그 생산지의 지리적 명칭을 사용하는 것을 의미한다. TRIPs 협정에서 사용하는 지리적 표시의 개념은 이 두 가지를 포괄하는 개념으로, 후자에 조금 더 가까운 것이라고 볼 수 있다.

그러나 지역명칭이 이미 상표로서 보호받고 있거나 일반적 용어로 인정된 경우에는 예외가 인정된다.[205] 예를 들면, 특정 형태의 치즈를 지칭하는 '췌더(Cheddar)' 치즈는 췌더

◀ 그림 ▶ 지리적 표시제도란?

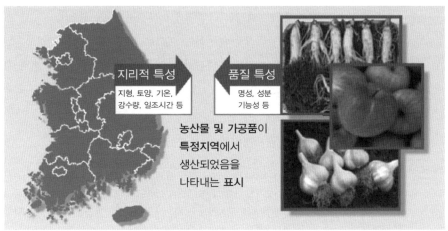

지리적 특성
지형, 토양, 기온,
강수량, 일조시간 등

품질 특성
명성, 성분
기능성 등

농산물 및 가공품이
특정지역에서
생산되었음을
나타내는 표시

출처 | 배문숙, "소비자와 함께하는 지리적 표시제도 … '명품 브랜드' 키운다", 헤럴드경제, 2017.4.6.

지방이 아닌 지방에서 만들어지더라도 췌더라는 상표를 부착할 수 있다는 것이다.

한편, TRIPs 협정에서는 포도주와 주류의 지리적 표시에 관한 추가보호를 규정하고 있다.[206] 이는 여러 회원국이 특히 포도주나 주류에 대한 허위적 지리적 표시의 사용을 금지하도록 요구하였기 때문이다. 그리고 TRIPs 협정에서는 포도주와 주류에 관한 지리적 표시의 보호를 목적으로 다자간 제도의 확립을 위한 협상을 할 것도 규정하고 있다. 하지만 이 부분에 대해서는 미국과 호주 등이 과도한 행정부담 및 기존의 지식재산권 체계와의 충돌을 이유로 반대하면서 현재까지도 큰 진전을 보이고 있지 못한 상황이다.

③ 의장   의장권(Industrial designs)은 산업재산권 중의 하나로 산업적 물품이나 제품의 독창적이고 장식적인 외관 형상의 보호를 위해 허용된 권리이다. 의장이란 물품에 표현되어 눈으로 보아 미적 감각을 일으키게 하는 디자인을 의미한다. 이는 기술과는 무관하게 물품의 미적 외관을 시각적인 관점에서 파악하는 것으로, 반드시 특정된 물품에 표현되어야 한다.[207]

의장제도는 물품의 미적 외관에 대한 재산적 가치를 인정하여 참신하고 우수한 기

---

205 WTO 무역 관련 지식재산권에 관한 협정 제24조.
206 WTO 무역 관련 지식재산권에 관한 협정 제23조.
207 우리나라 의장법 제2조 제1호에서는 "의장이라 함은 물품의 형상, 모양이나 색채 또는 이들을 결합한 것으로서 시각을 통하여 미감을 일으키게 하는 것을 말한다"고 규정하고 있다. 야후 검색 시사상식 (http://kr.search.yahoo.com/).

능을 주는 디자인 창작자의 노력을 보호하기 위해 창작자에게 일정 기간 동안 창작된 디자인의 독점적인 권리를 부여하는 것이다. 결국 의장권은 물건의 형상, 모양, 색채 또는 이들의 결합을 산업에 이용할 수 있도록 새로운 고안을 한 자가 그 고안에 대해 향유하게 되는 독점적·배타적 권리를 의미한다. 의장권은 동 권리를 등록함으로써 발생하며, 의장권자는 그 등록의장으로 된 물건을 생활수단으로 제작, 사용, 판매할 권리를 독점한다.

　　TRIPs 협정에서는 회원국으로 하여금 새롭거나 독창성 있고 독립적으로 창작된 의장에 대해 보호할 것을 규정하고 있다. 의장권의 보호요건으로 신규성과 독창성이 요구된다. 이는 공지된 의장 또는 공지된 의장의 형태 결합과 현저하게 다르지 않은 의장, 미적 외관이 아닌 기술적 또는 기능적 고려에 의해 요구되는 의장 등은 보호대상에서 제외된다는 의미이기도 하다.[208]

함께 읽어보기

아성다이소, 디즈니 뚜껑 물병 '디자인권 침해' … "판매중단"

　　산업디자인 전문기업 리벨롭은 다이소가 판매 중인 뚜껑 물병이 자사 디자인권을 침해했다며 최근 법무법인(로펌)을 통해 해당 제품 판매중단 및 전량폐기와 경제적 피해보상, 재발 방지책 마련을 다이소에 요구했다고 3일 밝혔다.

　　리벨롭은 '알약'을 모티브로 한 물병을 개발해 2014년 9월과 2018년 1월 디자인권 출원 등록을 마쳤다. 이준서 리벨롭 대표는 연합뉴스와 통화에서 "해당 제품을 네이버스토어 등에서 9천 원에 팔고 있는데, 다이소가 3천 원에 중국산 카피(복제) 제품을 팔았다"며 "가뜩이나 중국에서 무작위로 복제품을 만들어 대응이 어려운데, 이를 국내 중견기업이 갖다 파는 것은 너무하지 않으냐"고 지적했다.

　　이 대표는 "2019년 6월에도 중국산 카피 제품을 파스쿠찌에서 소비자들에게 팔아 문제를 제기했고, 파스쿠찌에 납품한 업체가 적반하장으로 디자인권 무효확인, 권리범위 확인 심판 등을 제기했지만 특허심판원이 우리 손을 들어 줬다"며 심결문(결정문)을 제시했다. 그는 "우리 물병으로 스타벅스, 엔제리너스와는 정식 협업을 했다"며 "파스쿠찌나 다이소의 MD(상품기획자)들은 중국산 값싼 제품을 들여오기 전에 디자인 침해 문제가 없는지 검토했어야 한다"고 강조했다.

　　다이소는 이와 관련 "해당 제품은 중국 업체가 개발한 상품으로, 기본적인 디자인 침해 사항에 대해 점검하고 판매했으나 의도하지 않게 상품의 디자인이 도용됐다는 연락을 받았다"고 설명했다.

　　그러면서 "지난달 27일 관련 내용을 인지한 즉시 상품철수 및 판매중단 조치를 했고, 이후

---

208 WTO 무역 관련 지식재산권에 관한 협정 제25조.

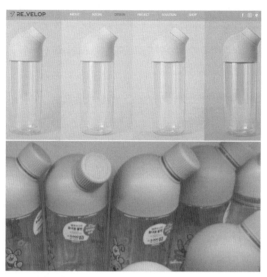

▲ 리벨롭의 '알약' 모티브 물병(위)과 다이소가 판매한 중국산 제품(아래) [리벨롭사 홈페이지 제품사진 등]

판매된 상품은 없다"며 "원만한 합의를 하기 위해 노력하고 있다"고 밝혔다.

다이소는 "협력업체 제조상품을 유통하는 기업으로서 디자인 도용에 대한 위험성을 충분히 알고 있고, 내부에 여러 검증절차가 있으나 상품개발 단계부터 더욱 세심하게 관리해 재발을 방지할 것"이라고 입장을 내놨다.

2019년 파스쿠찌가 판매했던 유사제품 [리벨롭 제공. 재판매 및 DB금지]

출처 | 성혜미, "아성다이소, 디즈니 뚜껑 물병 '디자인권 침해' … "판매중단'", 연합뉴스, 2023.11.3.

　　의장권은 최소한 10년간 보호된다. 의장권의 소유자는 자신의 디자인을 복제한 디자인을 사용하거나 유형화(embodying)한 상품의 제작, 판매 또는 수입을 금지시킬 수 있는 권리를 가진다.[209] 하지만 회원국은 의장의 보호에 대한 제한적 예외를 규정할 수 있다. 여기서 제한된 예외는 다음과 같은 경우를 의미한다.

　　○ 제3자의 정당한 이익을 고려하여 보호되는 의장의 정상적인 이용에 불합리하게 저촉되지 않아야 함
　　○ 보호된 의장의 권리자의 정당한 이익을 불합리하게 저해하지 않아야 함

　　이 밖에도 TRIPs 협정에서는 직물의장 보호를 위한 획득요건(특허 비용, 심사, 공표와 관련된 요건)에 의해 직물의장의 보호가 부당하게 저해되어서는 안 된다고도 규정하고 있다. 그러나 회원국이 이러한 규정의무를 의장법이나 저작권법을 통해 이행할 것인지 여부는 회원국의 재량에 맡기고 있다.

함께 읽어보기

디자인 특허가 발명 특허만큼 강력한 이유

　　하나의 제품에는 특허적 요소뿐만 아니라 디자인적 요소가 공존할 수 있다. 특허는 기술적 사상, 즉 제품의 기능이나 기술을 보호하고, 디자인은 제품의 기능이나 기술과 무관한 외관만을 보호한다. 특허는 제품의 외관이 서로 다르더라도 기술적 사상이 동일하면 권리행사가 가능하고, 디자인은 기술적 사상과 무관하게 외관이 동일하거나 유사하면 디자인권으로 보호받을 수 있다.

　　일반적으로 디자인 개발비는 발명에 필요한 연구개발비보다 적게 들고, 특허청에 출원·등록하는 비용도 디자인이 특허에 비해 저렴하다. 변리사 비용도 적어도 6배에서 10배 정도 차이가 난다. 특허의 경우, 발명의 기술적 사상을 언어로 표현한 특허문서를 작성해야 하지만, 디자인은 디자인의 외관을 분명히 나타낼 수 있는 사진이나 도면 및 그에 관한 간단한 설명만 제출하면 된다.

　　심사기간도 디자인은 보통 수개월 이내에 그 결과를 받게 되지만, 특허 등록까지는 적어도 1-2년의 기간이 소요된다. 심사결과도 디자인의 경우 형식적 거절이 대부분이고, 선행기술에 의한 거절도 매우 적어 중간대응 비용조차 발생하지 않는 반면, 특허는 통계적으로 90% 정도가 심사관에 의한 거절이유를 통지받고, 2차 3차의 거절이유를 받는 경우도 흔하다.

---

209 WTO 무역 관련 지식재산권에 관한 협정 제26조.

이런 이유로 디자인의 권리획득은 쉽고 그 권리범위는 좁은 반면, 특허의 권리획득은 어렵지만 획득하게 되면 권리범위는 디자인에 비해 훨씬 넓고 강력한 것으로 인식된다.

하지만 이러한 인식이 바뀌게 된 계기가 있었다. 바로 삼성과 애플 사건인데, 이 사건에서 삼성은 전력제어, 전송효율, 무선데이터 통신기술 등에 기초한 특허로 애플을 공격했고, 애플은 '모서리가 둥근 검은 사각형을 적용한 디자인특허(D677)', '액정화면에 베젤(테두리)을 덧댄 디자인특허(D087)', '계산기처럼 격자 형태로 애플리케이션을 배열한 디자인특허 (D305)' 등의 디자인 특허로 삼성을 공격했다.

애플과 삼성의 전쟁은 7년이나 지속됐고, 결국 삼성이 애플에게 수천억 원을 배상하는 조건으로 마무리됐다. 삼성의 특허공격은 표준화된 특허를 누구든지 비용을 지불해 이용할 수 있다는 프랜드(Fair, Reasonable and Non-Discrimination) 원칙으로 막혔지만, 애플의 디자인 공격은 침해 여부에 대한 판단도 쉽고 삼성의 카피캣 이미지가 부각되면서 성공적으로 마무리될 수 있었다.

삼성과 애플 사건을 일반화하기는 어렵다. 다만, 그동안 우리가 새 제품을 개발하고 특허만 생각했다면 이제부터는 디자인도 함께 고려해 볼 필요가 있다. 날개 없는 선풍기를 개발한 다이슨은 날개 없이 바람을 만들어 내는 기술적인 내용은 특허로 권리화하고, 외관은 디자인으로 보호를 꾀했다. 바람이 통하는 외관의 다양한 변형을 방지하기 위해 다이슨은 국내에서 무려 28개의 날개 없는 선풍기 관련 디자인 권리를 획득했다. 이를 통하여 디자인의 단점을 다수의 디자인 권리화로 극복할 수 있다는 사례를 보여줬다.

특허를 고려하기에 앞서 저렴한 출원·등록비용과 짧은 심사기간, 상대적으로 높은 성공률 등 디자인이 가진 장점을 활용하는 것이 바람직하다. 또한 일부에 특징이 있는 경우 일부 디자인 제도를 통해 권리범위를 확장하고, 디자인권의 유사범위를 확장할 수 있는 관련 디자인이나, 일정 기간 동안 공개를 제한할 수 있는 비밀디자인제도, 가방·의류·식품·포장용기 등 라이프 사이클이 짧고 모방이 쉬운 물품에 대하여 형식적인 심사만을 진행하는 일부심사제도 등 디자인만의 특유한 제도 등을 다양한 목적에 맞게 잘 활용한다면 수십, 수백 특허를 압도하는 제2의 "둥근 모서리 디자인"이 탄생할 수 있겠다.

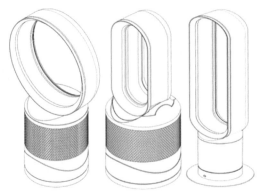

출처 │ 날개 없는 선풍기를 개발한 다이슨은 날개 없이 바람을 만들어 내는 기술적인 내용은 발명 특허로 권리화하고, 외관은 디자인 특허로 보호를 꾀했다. 자료 = 특허청 특허정보사이트 키프리스

출처 │ 공우상, "디자인 특허가 발명 특허만큼 강력한 이유", 비즈한국, 2022.5.25.

3) 특허권

① 특허권과 그 대상　　　　　　　TRIPs 협정 제27조에서는 특허의 대상으로, 모든 기술 분야에서 물질 또는 제법에 관한 어떠한 발명도 신규성(novelty)과 진보성(inventive step, Non-obviousness), 산업상 이용가능성(industrial applicability)이 있으면 특허의 획득이 가능하도록 하고 있다. 여기서 신규성은 발명의 내용이 출원 전에 공지되지 않은 것이라는 의미이고, 진보성은 단순한 기술조합이 아니라 해당 기술 분야의 전문가가 쉽게 생각해 낼 수 없는 창의적 요소가 포함되어야 한다는 의미이다. 그리고 산업적 적용가능성은 발명이 단순한 아이디어나 이론이 아니라 실제로 산업적으로 적용 가능해야 함을 의미한다.

하지만 다음과 같은 경우에 발명은 특허대상에서 제외될 수 있다.

○ 회원국의 영토 내에서 발명의 상업적 이용의 금지가 인간, 동·식물의 생명이나 건강의 보호를 위해 필요한 경우
○ 공공질서 또는 미풍양속의 보호
○ 환경에서의 심각한 피해를 회피하기 위해 필요한 경우
○ 인간 또는 동물의 치료를 위한 진단방법, 요법 및 외과적 방법
○ 미생물 이외의 동물과 식물 그리고 비생물학적 및 미생물학적 제법과는 다른 본질적으로 생물학적인 식물 또는 동물의 생산을 위한 제법

그러나 식물변종(plant varieties)에 대한 보호는 특허권자 또는 신식물변종의 보호를 위한 국제연합 협약(International Union for the Protection of New Varieties of Plants : UPOV Convention)의 육종가(breeder) 권리 등과 같은 특별한 제도에 의해 보호되어야 한다.

특허권(Patents)은 협의로는 특허법에 의해 발명을 독점적으로 이용할 수 있는 권리를 의미하고, 광의로는 특허법, 실용신안법, 의장법 및 상표법에 의해 발명, 실용신안, 의장 및 상표를 독점적으로 이용할 수 있는 권리(상표의 경우에는 지정상품에 한함)를 의미한다. 광의의 특허권은 공업소유권이라고도 불리나, 국제공업소유권 보호동맹 조약은 광의의 특허권 외에 농업·공업에 관한 것도 공업소유권으로 보고 있다.[210]

TRIPs 협정에서는 특허권자에게 특허권의 양도와 상속에 의한 이전 그리고 사용

---

210 야후 검색 시사상식(http://kr.search.yahoo.com/).

허가 등을 체결할 권한을 부여하고 있다. 그리고 특허권자에게 이러한 권한 외에도 다음과 같은 배타적 권리를 추가적으로 부여하고 있다.[211]

○ 특허대상이 물질인 경우
  − 제3자가 특허권자의 동의 없이 동 물질을 제조 및 사용하거나 또는 판매를 위한 제공, 판매 등을 위해 수입하는 행위를 금지할 수 있는 권한
○ 특허대상이 제법(process), 즉 특허공정인 경우
  − 제3자가 특허권자의 동의 없이 제법(process)의 사용행위나 그 제법에 의해 직접적으로 획득되는 상품의 사용, 판매를 위한 제공, 판매 등을 위해 수입하는 행위를 금지할 수 있는 권한

② 권리자의 승인 없는 사용   TRIPs 협정은 이렇게 특허권자가 누릴 수 있는 최소한의 권리를 규정하고 있다.[212] 하지만 TRIPs 협정 제30조에서는 특허권자의 권리에 대한 예외를 규정할 수 있도록 하고 있다. 그러면서 단지 이러한 예외는 제3자의 정당한 이익을 고려하여 특허권의 정상적 이용에 불합리하게 저촉되지 않고, 특허권자의 정당한 이익을 불합리하게 저해하지 않아야 한다고 규정하고 있다.

그리고 TRIPs 협정 제31조에서는 권리자의 승인이 없는 기타 사용에 대해서도 규정하고 있다.[213] 이는 회원국 정부로 하여금 특허권자의 허가 없이도 경쟁자로 하여금 상품을 생산하거나 제법을 이용하도록 하는 강제면허(compulsory licences)를 발행할 수 있도록 한 것이다.

권리자의 승인 없는 기타 사용의 경우에 적용되는 규정은 다음과 같다.

○ 사용의 승인은 개별적 사안의 내용에 따라 고려된다.
○ 이때 특허의 사용승인은 사용예정자가 합리적인 상업적 조건하에 권리자로부터 승인을 얻기 위해 노력을 하고, 이러한 노력이 합리적 기간 내에 성공하지 못한 경우에 한하여 허용될 수 있다.
○ 이때의 사용요건은 국가 비상사태, 극도의 긴급상황 또는 공공의 비상업적 사

---

211 WTO 무역 관련 지식재산권에 관한 협정 제28조.
212 WTO 무역 관련 지식재산권에 관한 협정 제28조 제1항.
213 이는 앞에서 살펴본 30조에 따라 허용되는 것 이외의 사용을 지칭하는 것이다.

용의 경우이다. 이러한 경우에 회원국에 의해 특허권의 사용승인이 면제될 수 있다.

○ 그럼에도 불구하고 이러한 경우에도 특허권리자는 다음과 같이 통보를 받아야 한다.

－ 국가 비상사태 또는 그 밖의 극도의 긴급 비상상황의 경우 : 권리자는 합리적으로 가능한 빠른 시간 내에 통보를 받아야 함

－ 공공의 비상업적 사용의 경우 : 정부는 권리자에게 신속하게 통보해야 함

권리자의 승인 없는 기타 사용의 경우, 사용의 범위 및 기간은 해당 사용이 승인된 목적에 따라 한정된다. 하지만 반도체 기술의 경우, 공공의 비상업적 사용 또는 사법 혹은 행정절차의 결과 반경쟁적이라고 판정된 관행을 교정하는 것에 한하여 사용이 승인된다. 그리고 이때의 사용은 비배타적(non-exclusive)이어야 한다.

그러나 강제면허의 발행은 특허권자의 정당한 이익을 보호하려는 목적을 전제로 하여 특정 조건하에서만 발행될 수 있다. 이러한 조건의 구체적인 예로, 사용예정자가 합리적인 상업적 조건하에 권리로부터 승인을 얻기 위해 노력하고, 이러한 노력이 합리적 기간 내에 성공하지 못한 경우를 의미한다.

강제면허의 사용은 주로 동 사용을 승인하는 회원국의 국내시장에 대한 공급을 위해서만 승인된다. 그리고 이러한 사용이라 하더라도 특허권자는 각 사안의 상황에 따라 승인의 경제적 가치를 고려하여 적절한 보상을 받는다. 이때의 사용승인은 그렇게 사용승인을 받은 자의 정당한 이익의 적절한 보호를 조건으로 그 사용이 허가된다. 그리고 상황이 종료된 후 그러한 상황이 재발할 것 같지 않은 경우, 해당 사용허가는 종료될 수 있다. 이때 관련 당국은 관련자의 이유 있는 신청에 따라 상황의 지속 여부를 심사할 권한을 가진다.

③ 보호　　　　　TRIPs 협정에서는 파리협약을 근거로 하며 발명품에 대한 특허권은 최소 20년간 보호되어야 한다고 규정하고 있다.[214] 공업소유권 보호를 위한 파리협약에는 내국민대우의 원칙뿐만 아니라 1국 1특허의 원칙,[215] 우선권주장의 원칙[216]

---

214 WTO 무역 관련 지식재산권에 관한 협정 제33조.
215 동맹국의 국민이 동일한 발명에 대하여 여러 동맹국 또는 비동맹국에 출원한 특허는 각각 독립성을 가진다.
216 어떠한 동맹국에서 정식으로 특허출원을 한 자나 그 승계인은 타 동맹국에서의 출원을 목적상 1년간 우선권을 가진다.

등이 포함되어 있다. 파리협약에서 제시하고 있는 이러한 원칙은 결국 TRIPs 협정에서
도 그대로 적용된다.

그리고 특허의 취소 또는 몰수 결정에 대해서는 사법심사의 기회가 주어진다.

④ 제법특허(process paterns) 및 입증책임   한편 특허가 특정 물질을 생산
하는 생산공정을 보호하기 위해 부여된 제법특허(process paterns)인 경우, 사법당국은 피
고인에게 동일물질을 취득하는 제법(process)이 이미 특허된 제법과 다름을 증명하도록
명령할 권한을 가진다. 그리고 동일한 물질이 특허권자의 동의 없이 생산된 경우, 반대
의 증거가 없는 한 이미 특허된 제법에 의해 취득된 것으로 간주한다.[217] 그리고 이러한
반대증거의 제시과정에서 제조 및 영업비밀의 보호에 대한 피고인의 정당한 이익은 고
려되어야 한다.

함께 읽어보기

개도국 코로나19 백신 지재권 면제 … 수출 노리던 韓 기업은?

스위스 제네바에서 열린 12차 세계무역기구(WTO) 각료회의(MC-12)가 지난 17일(현지시간)
폐막한 가운데, 최종결과 문서인 각료선언에 담긴 백신 지식재산권(지재권) 관련 내용을 놓고 국
내 제약사들이 촉각을 곤두세우고 있다. 이번 합의를 통해 개도국이 특허권자 허가 없이 기존
신종 코로나바이러스 감염증(코로나19) 백신 특허를 사용할 수 있게 되면서 SK바이오사이언스,

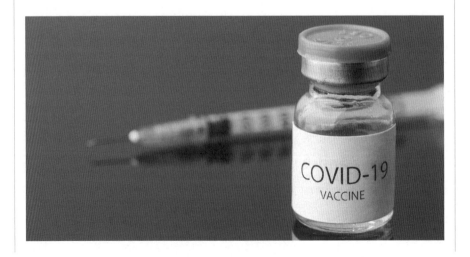

---

217 WTO 무역 관련 지식재산권에 관한 협정 제34조.

유바이오로직스, 아이진, 큐라티스 등 해외수출을 목표로 코로나19 백신을 개발하던 국내기업들의 사업전략 수정이 불가피하게 됐기 때문이다.

WTO 각료회의는 WTO 회원국 통상장관이 모두 참석하는 WTO 최고 의사결정기구로, 2년마다 개최되는 것이 관행이다. WTO는 향후 개발도상국(이하 개도국)들이 백신 관련 특허에 대해 기존 TRIPs에 비해 완화된 요건하에 '강제실시'를 시행할 수 있도록 허용했다. 강제실시는 긴급 상황에서 적절한 보상을 전제로 특허권자의 허가 없이도 특허실시를 허용하는 제도다. 한국은 개도국이 아니므로 이번 지재권 면제국가에 포함되지 않는다. 개도국 중에서도 중국과 같이 수출역량이 큰 국가도 제외됐다.

이번 백신 지재권 내용을 좀 더 살펴보면, 이번 합의문 적용대상 국가는 사용자(기업)가 특허권자에게 승인을 획득하도록 요구하지 않아도 된다. 아울러 자국의 국내시장 공급 이외에도 다른 면제대상 국가들에게 백신을 수출할 수 있으며, 국제 또는 지역적인 백신공급 이니셔티브에도 공급할 수 있다. 다만, 대상 국가는 자국에 수입된 코로나19 백신의 재수출, 합의와 일치하지 않는 코로나19 백신의 수입 등을 방지하기 위해 노력해야 하며, 지재권 면제가 인도적이고 비영리 목적임을 고려해 백신에 적정한 가격을 책정해야 한다. 아울러 대상 국가는 지재권이 면제된 기업의 이름, 면제권이 부여된 제품 및 기간, 백신의 양과 공급국가 등 지재권 면제에 관련된 모든 조치를 WTO TRIPs에 통보해야 한다.

WTO의 이번 결정은 5년간 유효하며, 이번 결정의 운영에 대해 매년 점검할 계획이다. 이번 개도국 코로나19 백신 지재권 면제는 코로나19 백신 해외수출을 노리고 있던 국내 백신개발 기업들에게도 적지 않은 영향을 미칠 것으로 보인다. 국내기업 중 일부는 기존 코로나19 백신이 공급되지 않은 개도국을 타깃으로 백신을 개발하고 있기 때문이다.

현재 유바이오로직스, 아이진 등이 해외에서의 허가획득을 목표로 자사 후보물질 임상시험을 진행하고 있으며, 큐라티스는 지난달 한국을 방문한 인도네시아 보건부 차관단과 인도네시아에서의 코로나19 백신 임상시험 및 인허가 관련 사항을 논의했다. SK바이오사이언스는 '스카이코비원(개발명 GBP510)' 다국가 3상 임상시험을 진행하고, 코로나19 백신 미접종 국가를 대상으로 수출을 꾀하고 있으며, 각국 정부 및 파트너사와 협력해 백신 생산시설을 설립하는 '스카이쉴드' 프로젝트 계획을 밝힌 바 있다.

한편, WTO의 이번 결정은 코로나19 백신에만 해당된다. WTO는 이번 결정문 채택일로부터 6개월 이내 코로나19 진단기기 및 치료제 포함 여부를 결정할 예정이다.

출처 | 김찬혁, "개도국 코로나19 백신 지재권 면제 … 수출 노리던 韓기업은?", 청년의사, 2022.6.20.(일부 생략)

4) 그 외의 지식재산권

① 집적회로 배치설계   집적회로 배치설계(Integrated circuits layout designs)는 반도체 집적회로를 제조하기 위하여 각종 회로소자와 그것들을 연결하는 도선을 평면적으로나 또는 입체적으로 배치한 설계를 의미한다. 이러한 집적회로의 배치설계는 반도체산업의 발달로 인하여 나타난 새로운 지식재산권이다.

◼ 직접회로(Integrated Circuit)

직접회로는 많은 전자회로 소자가 하나의 기판 위 또는 기판 자체에 분리 불가능한 상태로 결합되어 있는 초소형 구조의 복합적 전자소자 또는 시스템을 의미한다. 집적회로는 트랜지스터, 다이오드, 저항, 캐패시터 등 복잡한 전자부품들을 정밀하게 만들어 작은 반도체 속에 하나의 전자회로로 구성해 집어넣은 것이다.

직접회로는 개개의 반도체를 하나씩 따로따로 사용하지 않고 실리콘의 평면상에 몇 천 개 몇 만 개를 모아 차곡차곡 쌓아놓은 것이다. '모아서 쌓는다' 즉, 집적한다고 하여 집적회로(IC)라는 이름이 붙게 된 것이다.

집적회로(IC)는 1958년 미국 TI사의 기술자, 잭 킬비에 의해 발명된 것으로, 기술이 발전함에 따라 하나의 반도체에 들어가는 회로의 집적도 SSI, MSI, LSI, VLSI, ULSI 등으로 발전하여 오늘날 첨단 반도체 제품이 등장하게 되었다.

접적회로 배치설계에 대한 명칭은 국가들마다 조금씩 다른데, 정리하면 다음과 같다.

한국	미국	일본	유럽
배치설계 (Layout Design)	Mask Work	회로배치 (Circuit Layout)	Topography

집적회로의 배치설계는 신지식재산권의 일종으로 보호된다. 집적회로의 배치설계를 배치설계권이라 하여 이러한 배치설계의 무단복제와 침해를 막아 주는 역할을 하게 된다. TRIPs 협정에서는 배치설계권은 창작성이 있는 집적회로에 대한 배치설계를 설정·등록함으로써 권리가 발생한다고 보고 이를 보호대상으로 하였다. 이때 창작성은 배치설계의 제작자가 지적노력을 투입한 결과로써 해당 설계가 통상적 수준이 아닌 특성이 나타나 있어 기존의 제작물과 구별이 될 수 있게 제작되어야 인정된다.

TRIPs 협정에서 집적회로 배치설계를 보호하는 근거는 세계지적재산기구에서 합의된 집적회로의 지적재산에 관한 워싱턴조약(Washington Treaty on Intellectual Property in Respect of Integrated Circuits)이다. 이는 TRIPs 협정에서의 집적회로 배치설계에 대한 보호방식은 결과적으로 워싱턴조약 플러스방식으로 되어 있음을 의미한다. 하지만 이 워싱턴조약은 1989년에 채택되었으나 아직까지 발효되지는 않았다. TRIPs 협정에서는 권리자의 승인이 없이 불법적으로 복제된 배치설계를 포함한 집적회로가 내장된 제품이 상업적 목적으로 수입 또는 판매·유통되는 행위도 불법으로 간주하고 있다.[218]

　　그리고 불법적으로 복제된 배치설계를 포함하는 집적회로 또는 이러한 집적회로를 포함하는 품목을 수입·판매·배포하거나 이를 지시하는 자가 취득 당시 불법적으로 복제된 배치설계가 포함되었음을 알지 못했거나 알고 있었다고 하는 합리적인 이유나 증거가 없는 한 적법한 것으로 보도록 규정하고 있다.[219] 그러나 불법 복제품의 사용자는 자신이 사용하는 제품이 불법 복제품이라는 사실을 안 이후에는 제품의 권리자에게 합리적인 제품의 사용료를 지급하여야만 동 제품을 다시 사용할 수 있다.

　　집적회로에 대한 권리는 설정 등록일로부터 최소 10년 이상 보호된다. 워싱턴조약에서는 직접회로에 대해서도 강제실시권을 인정하고 있다. 즉, 제3자가 정상적인 상업관행에 따라 최선을 다했으나 권리자로부터 사용승낙을 받아내지 못할 경우, 국가는 목적달성을 위해 필수적이라고 판단될 때 강제실시권을 부여할 수 있도록 했다. 하지만 TRIPs 협정에서는 이러한 워싱턴조약에 따른 강제실시권의 적용을 배제하고 독자적인 강제실시권제도를 규정하고 있다. 집적회로 배치설계에 대한 구체적인 강제실시권의 내용은 특허권에서 언급된 내용과 동일하다.

　　② 미공개 정보의 보호　　　　　　TRIPs 협정에서는 자연인 및 법인은 합법적으로 자신의 통제하에 있는 이러한 정보가 자신의 동의 없이 건전한 상업적 관행에 반하는 방법으로 타인에게 공개되거나 타인에 의해 획득 또는 사용되는 것을 금지할 수 있도록 가능성을 열어두었다. 그리고 상업적 관행에 반하는 방법이란 적어도 계약위반, 신뢰위

218 WTO 무역 관련 지식재산권에 관한 협정 제36조.
219 WTO 무역 관련 지식재산권에 관한 협정 제37조.

반 및 위반의 유도와 같은 관행을 의미한다.

TRIPs 협정에서는 파리협약을 근거[220]로 재산가치가 있는 미공개 정보인 영업비밀(Business secrets) 또는 노하우의 보호에 대해 규정하고 있다.[221]

그리고 TRIPs 협정에서 제시하고 있는 자신의 통제하에 있는 정보는 다음과 같은 것을 의미한다(이는 위에서 제시한 영업비밀의 성립요건과 같음).

○ 전체로서 또는 그 구성요소의 정밀한 배열 및 조합의 형태로서 당해 정보의 종류를 통상적으로 다루고 있는 업계의 사람들에게 일반적으로 알려져 있지 않거나 쉽게 접근할 수 없다는 의미에서 비밀인 것
○ 비밀이기 때문에 상업적 가치를 갖는 것
○ 적법하게 동 정보를 통제하고 있는 자에 의해 비밀로 유지하기 위한 그 상황하에서 합리적인 조치의 대상이 되는 것

각 회원국은 미공개 정보와 정부 또는 정부기관에 제출된 자료들을 비밀누설과 정직한 거래관행에 반하는 범법행위들로부터 보호해야 한다. 그리고 새로운 의약품 또는 농약품의 판매를 허가받기 위해 정부에 제출된 미공개 실험결과나 자료도 불공정한 상업적 사용으로부터 보호되어야 한다.[222]

▶ 영업비밀의 보호 ────────────────────────────●

미공개 정보(undisclosed information)는 특정 기업이 비밀로 보유하고 있는 기술상·경영상의 정보로서 경제적 가치를 가지는 것을 영업비밀(Business secrets) 또는 노하우(know-how)라고 한다. 이는 영업비밀(또는 노하우)의 소유자가 건전한 영업적 관행에 위배되는 방식으로 미공개 정보가 공개되어 사용되는 것을 방지하기 위해 가지는 권리를 규정한 것으로 이해할 수 있다. 여기서 영업비밀이라 함은 공연히 알려져 있는 정보가 아니며(비공지성), 독립된 경제적 가치를 가지는 것으로(경제성), 상당한 노력에 의해 비밀로 유지된(비밀유지성) 생산방법, 판매방법, 기타 영업활동에 유용한 기술상·경영상 정보(정보성)를 의미한다.

220 파리협약 제10조(부정경쟁행위방지).
221 WTO 무역 관련 지식재산권에 관한 협정 제39조.
222 WTO 무역 관련 지식재산권에 관한 협정 제39조.

◀ 그림 ▶ 영업비밀의 성립요건

비공지성
공연히 알려져 있지 아니한 것, 즉 공개된 간행물 등에 게재되지 않고 비밀상태인 것을 의미. 단, 비밀유지의무자(보안서약서)에 대한 공개는 제외

경제적 유용성
기술상·경영상 경제적 가치를 가지고 있어야 함
① 경제상의 이익을 얻을 수 있거나,
② 정보의 취득 또는 개발을 위해 상당한 비용이나 노력이 필요한 경우를 의미

비밀관리성
비밀유지를 위해 상당한 노력을 기울여야 함, 즉 영업비밀보유자가 비밀을 유지하려는 의식을 가져야 하고, 제3자 또는 종업원이 알 수 있는 방식으로 비밀임을 표시하는 행위를 의미

출처 | 영업비밀보호센터

③ 사용허가계약에 있어서 반경쟁적 관행의 통제   TRIPs 협정에서는 무역과 기술이전에 역효과를 초래하는 사용허가 관행과 조건을 국내법으로 규제할 수 있도록 하고 있다.[223] 사용허가계약에서는 계약의 체결 시 반경쟁적 행위나 관행이 계약조건으로 포함되는 경우가 많이 존재한다. 반경쟁적 관행은 일반적으로 다음과 같은 것들을 의미한다.

○ 사용자(licensee)가 사용허가계약을 이행하는 과정에서 개량발명한 부분에 대한 권리를 허가자(licensor)에게 사용 허가토록 하는 그랜트백(grant back)
○ 특허의 효력을 다투지 않겠다는 부쟁조항 삽입행위
○ 특허대상 기술을 비대상 기술이나 불필요한 특허와 함께 끼워 파는 행위
○ 특허사용 시 필요한 자재를 특정 업자에게 구입하도록 하는 행위
○ 사용허가계약으로 생산된 제품을 일정 지역이나 일정 고객의 범주 내에서 판매하게 강요하는 행위 등

UR 협상과정에서는 반경쟁적 사용허가계약(Anti-competitive licensing contracts)의

---

223 WTO 무역 관련 지식재산권에 관한 협정 제40조.

통제 분야에 대해 선진국과 개도국 간의 의견이 대립되었다. 개도국은 라이선스계약의 체결 시 선진국의 지식재산권 소유자가 개도국 기업에 각종 제한조항을 붙여 개도국의 기업활동이 저해되기 때문에 이를 규제하는 조항을 제정해야 한다고 주장한다. 하지만 미국을 포함한 선진국은 라이선스에 관한 경쟁 제한조항이 무역을 저해하는 효과를 갖는다는 부분은 아직까지 논증되지 않았고, GATT는 국가의 행위를 규율하는 체제이기 때문에 사기업의 라이선스 활동에 대해 규제하는 것은 부적절하다는 입장을 갖고 있다. TRIPs 협정에서는 이러한 두 주장의 타협안으로서 개도국의 입장이 일부 반영된 규정을 첨가한 형태로 만들어졌다.

한편, WTO 회원국은 반경쟁적 사용허가를 통제함에 있어서 관련 당사국의 협의 요청을 받아들여 협의를 위한 충분하고 호의적이며 적절한 고려의 기회를 제공하여야 한다. 그리고 협의요청을 받은 국가는 협의과정에서 당해 문제와 관련된 공개된 입수 가능 정보와 기타의 정보를 제공하여야 한다.

(4) 지식재산권 보호의 시행

TRIPs 협정 제3부에서는 지식재산권의 침해방지를 위한 회원국의 일반적 의무와 지식재산권 침해사건의 구제와 추가침해 등을 억제 및 방지하기 위한 주요 절차와 내용 등을 규정하고 있다. 이러한 내용을 정리해 보면 다음과 같다.

1) 일반적 의무   TRIPs 협정 제41조 제1항에서 지식재산권의 침해방지를 위한 신속한 구제와 추가침해를 억제하는 구제를 포함하여 지식재산권의 침해행위에 대한 효과적인 대응조치를 위한 절차가 자국의 법률에 따라 이용 가능해야 한다고 규정하고 있다. 이는 지식재산권 보호조치를 시행하기 위한 회원국의 일반적 의무를 규정한 내용이다. 그리고 동 조항에서는 이러한 지식재산권의 보호절차가 합법적 무역에 장애가 되지 않고, 남용에 대한 보호장치를 제공하는 방법으로 적용되어야 한다고도 규정되어 있다.[224]

TRIPs 협정에서는 지식재산권 보호의 시행절차는 공정하고 형평성을 가져야 하며, 필요 이상으로 복잡하거나 비용이 추가되어서는 안 된다고 규정하고 있다. 그리고 불합리하게 시간을 제한하거나 부당하게 지연되어서도 안 된다.[225] 회원국의 지식재산권 보

---

224 이는 회원국에 의한 지식재산권의 보호가 각국의 법률에 의해 강화될 수 있어야 하고, 지식재산권 침해에 대한 규제조항은 범법행위를 막기에 충분할 정도로 강력하다는 것을 회원국 정부가 보장하여야 함을 요구하는 내용으로 해석할 수 있다.
225 WTO 무역 관련 지식재산권에 관한 협정 제41조의2.

호절차의 시행은 가능한 투명성을 유지해야 한다. 이를 위해서 TRIPs 협정에서는 지식재산권에 관한 결정은 결정사유와 함께 분쟁당사자들에게 지체 없이 서면으로 통지되어야 한다고 규정하고 있다.

소송당사자는 지식재산권 시행절차에 관한 최종적인 행정결정 및 최초 사법결정의 법적 측면에 대해 사법당국에 의한 검토기회를 가진다. 그러나 회원국은 상업적 상용을 위해 고의로 상표와 저작권을 침해한 형사사건에 있어서 석방에 대한 심사기회를 부여할 의무는 없다.

2) 민사·행정상의 절차

① 공정하고 공평한 절차　　　회원국은 지식재산권의 권리자가 다양한 지식재산권의 시행과정에서 민사사법절차를 이용할 수 있도록 보장하고 있다.[226] 이때 피고는 적시에 청구이유를 포함한 충분하고 상세한 이유를 서면으로 통보받도록 해야 한다.[227] 그리고 지식재산권 침해사건의 당사자는 독립된 변호인에 의해 대리될 수 있고, 절차는 당사자의 의무출석에 관해 지나치게 과중한 요구를 부과해서는 안 되도록 하고 있다. 그리고 민사사법절차를 통한 구제과정 동안 절차의 모든 당사자는 자신의 주장을 소명하고 관련되는 모든 증거를 제출할 정당한 권리를 가진다. 그리고 절차의 진행과정 동안 비밀정보에 대한 보호수단이 제공되어야 한다.

② 증거　　　사법당국은 일방 당사자가 자신의 주장을 입증하기에 충분하며, 합리적으로 취득 가능한 증거를 제시할 수 있도록 해야 한다. 그리고 이때 상대방의 관할하에 있는 자신의 주장을 입증할 수 있는 관련 증거를 명시하는 경우 그리고 이러한 증거의 명시가 적절하다면, 비밀정보 보호를 보장하는 조건하에서 당사자에게 그 증거자료의 제출을 명령할 수 있는 권한을 가진다.

소송의 일방 당사자가 자발적으로 정당하나 이유 없이 정보에 대한 접근을 거부하거나 달리 합리적인 기간 내에 필요한 정보를 제공하지 않을 경우, 또는 시행조치에 관한 절차를 심각하게 방해하는 경우, 해당 사법당국은 제출된 정보에 기초하여 판정을 내릴 수 있다.[228] 단, 이러한 경우라도 회원국은 당사자에게 주장 또는 증거에 대한 진술기회를 반드시 제공하여야 한다. 그리고 사법당국이 판정을 내릴 때 기초하는 정보는 관련 정보의 접근거부로 부정적 영향을 받는 당사자에 의해 제출된 이의 또는 주장을

226　WTO 무역 관련 지식재산권에 관한 협정 제42조.
227　TRIPs협정에서는 서면으로 통보받을 권한을 피고에게 제공하고 있다.
228　WTO 무역 관련 지식재산권에 관한 협정 제43조의2.

모두 포함한 것이어야 한다.

　③ 금지명령　　　　　사법당국은 지식재산권의 침해자에 대한 침해중지를 명령할 수 있다.[229] 이때의 명령은 지식재산권 침해사건의 일방 당사자에게 지식재산권을 침해한 수입상품이 통관 직후 자신의 관할하에 있는 상거래에 유입되는 것을 금지하도록 하는 명령을 의미한다. 하지만 회원국이 이러한 대상 품목 취급이 지식재산권의 침해를 수반할 수 있음을 알기 이전에는 이러한 명령 등을 부여할 의무가 없다. 그리고 이는 동 사실을 알만한 합리적 근거가 있기 이전에도 마찬가지이다.

　　만약 권리자의 승인 없이 정부에 의한 사용이나 정부의 승인에 의한 제3자의 사용이 있는 경우에도 지식재산권 침해에 대한 적절한 보상은 있어야 한다. 구체적으로 이러한 경우, 회원국은 제3자에 의한 사용에 대해 가능한 구제로서 경제적 가치를 고려하여 적절히 보상하도록 제한할 수 있다. 그 외 민·형사적 구제의 적용이나 이러한 구제가 회원국의 법과 불일치하는 경우에도 사법당국은 선언적 판결과 함께 적절한 보상이 가능하도록 해야 한다.

　④ 손해배상　　　　　사법당국은 지식재산권 침해행위로 권리자가 입은 피해에 대한 보상이나 적절한 손해의 배상을 침해자가 권리자에게 행하도록 명령할 수 있다.[230] 그리고 이때 침해자는 적절한 변호사 비용을 포함한 경비를 권리자에게 지불하여야 한다.

　　하지만 사법당국은 침해자가 알면서 또는 알만한 합리적 근거를 가지고 침해행위를 하지 않았더라도, 이득의 반환이나 기 산정된 손해를 배상하게 하는 지불명령을 하나 또는 중복적으로 내릴 수 있다. 이러한 경우 적절하다면 회원국은 이러한 사법당국의 명령에 대해 승인할 수 있다.

　　한국의 상표법 제111조에서는 "상표권자 또는 전용사용권자는 자기가 사용하고 있는 등록상표와 같거나 동일성이 있는 상표를 그 지정상품과 같거나 동일성이 있는 상품에 사용하여 자기의 상표권 또는 전용사용권을 고의나 과실로 침해한 자에 대하여 제109조(기존의 일반적인 손해배상 청구방법)에 따른 손해배상을 청구하는 대신 5천만 원 이하의 범위 내에서 상당한 금액을 손해액으로 하여 배상을 청구할 수 있다"라고 규정되어 있다.

　⑤ 다른 구제　　　　　사법당국은 침해자의 요구에 따라 침해의 효과적인 억제를 위해 침해상품에 대해 아무런 보상 없이 지식재산권의 권리자에게 피해가 가지 않는 방법으로 상거래 밖에서의 처분이나 폐기(현행법상 위반되지 않는 경우)를 명령할 수 있다.[231]

---

229 WTO 무역 관련 지식재산권에 관한 협정 제44조.
230 WTO 무역 관련 지식재산권에 관한 협정 제45조.

출처 │ 이길재, "상표권 침해발생 시 법정손해배상제도 활용하기", FASHION POST, 2020.5.25.

또한 사법당국은 침해상품의 제조를 위해 사용된 재료나 기구를 아무런 보상 없이 상거래 밖에서 처분하도록 명령할 수 있다.

상거래 밖에서의 처분이나 폐기를 위한 침해자의 요구를 심사할 때에는 침해의 심각성, 명령받은 구제 및 제3자의 이익 간에 비례성에 대한 필요성이 고려된다. 상표권 위조상품에 대한 고려 시 사법당국은 예외적인 경우를 제외하고는, 불법적으로 부착된 상표를 단순히 제거하는 것만으로는 이러한 상품이 다시 상거래에 유입되는 것을 허가하지 못한다.

⑥ 행정절차   TRIPs 협정 제49조에서는 행정절차를 통한 민사구제조치가 명령될 경우, 이는 본 부의 제2절(민사 및 행정절차와 구제)에 규정된 원칙과 실질적으로 동등해야 한다고 명시하고 있다. 이는 행정절차를 통한 지식재산권의 침해구제 시 사법절차와 유사한 수준의 공정성과 효과를 보장하기 위한 것이다.

일반적으로 지식재산권 보호를 위한 행정적 구제절차는 행정기관에 의한 위조상품의 단속, 세관에 의한 국경조치, 산업재산권 분쟁조정제도 등이 있다.

3) 잠정조치와 국경조치 등

① 잠정조치   사법당국은 지식재산권 침해발생의 방지와 침해의 혐의에

---

231 WTO 무역 관련 지식재산권에 관한 협정 제46조.

관한 증거보전을 위해 신속하고 효과적인 잠정조치를 명령할 수 있다.[232] 특히 통관 직후의 수입상품을 포함한 침해상품의 시중 유통을 방지하기 위해 신속하고 효과적인 잠정조치는 꼭 필요하다.

사법당국은 특히 지연으로 인해 지식재산권의 권리자에게 회복할 수 없는 피해가 발생할 가능성이 있거나 증거가 훼손될 위험이 있는 경우에 일방 절차에 의한 잠정조치를 취할 수 있다. 이때 사법당국은 지식재산권의 권리자, 즉 잠정조치 신청인에게 자신의 권리가 침해당하고 있거나 그러한 침해가 임박하였다는 확신이 들 정도에 대한 증거 제공을 요구할 수 있다.

사법당국은 지식재산권의 침해방지 요청에 대해서도 남용의 방지와 피고의 보호를 위한 적절한 조치를 취할 수 있다. 이러한 조치의 대표적 예는 충분한 담보제공이나 이와 동등한 수준의 보증제공 등의 명령이다. 그리고 일방적 잠정조치의 경우, 당사자들은 조치가 시행된 후 지체 없이 통보받아야 한다.

사법당국은 불법복제품이나 위조된 상품을 폐기 또는 처분할 수 있는 명령을 할 권한을 가진다. 하지만 이 조치는 보통 근무일 기준으로 20일 또는 달력 기준으로 31일 중 긴 기간 내에 이 사안에 관한 절차가 개시되지 않으면 피고 측의 청구로 철회 또는 효력이 중지될 수 있다. 사법당국은 잠정조치에 대한 피고인의 보상문제와 관련하여 ⅰ) 잠정조치가 철회된 경우, ⅱ) 신청인의 행위나 누락으로 잠정조치가 소멸될 경우, ⅲ) 추후 지식재산권의 침해 또는 침해 우려가 없었음이 확인된 경우에 피고에게 적절한 보상의 제공을 명령할 수 있다.

② 국경조치

가. 국경조치의 개념   국경조치(border measures)란 침해상품으로부터 지식재산권을 보호하기 위해 통관과정에서 침해상품에 대한 유통을 금지시키는 조치를 의미한다. 지식재산권 침해상품에 대한 대표적 국경조치로는 세관에 의한 반출정지(통관보류조치)와 공탁금제도, 침해물품에 대한 폐기 및 처분조치 등이 있다.

나. 세관에 의한 반출정지   먼저 세관에 의한 반출정지(통관보류조치)는 상표권이나 저작권 침해상품의 수입이 있다고 의심할 만한 정당한 근거가 있는 경우에 발동된다. 통관보류조치의 발동은 지식재산권자가 권한 있는 행정 또는 사법당국에 서면으로 요청하면 된다. 그리고 TRIPs 협정 제51조에는 다른 지식재산권(특허권이나 집적회

---

232 WTO 무역 관련 지식재산권에 관한 협정 제50조.

로 배치설계 등)에 대해서도 이러한 신청이 가능하다고 규정되어 있다. 이러한 규정의 전제는 다른 지식재산권 분야에 대해서도 회원국의 재량권을 인정하고 있다는 것으로 해석할 수 있다.

세관당국에 의한 반출정지를 개시할 때 지식재산권의 권리자는 권한 있는 당국에 대해 수입국의 법률에 따라 자신의 지식재산권에 대한 일견 명백한 침해가 있음을 납득시킬 수 있는 적절한 증거를 제공해야 한다. 그리고 침해상품에 대한 충분하고 상세한 설명을 제공함으로써 세관당국이 침해를 용이하게 인지할 수 있게 해야 한다. 이러한 신청에 대해 권한 있는 당국은 합리적 기간 안에 신청인에게 신청의 수락 여부와 이에 대한 결정 및 조치, 기간 등을 통보하여야 한다.

다. 담보 또는 동등한 보증(공탁금)   TRIPs 협정에서는 또 다른 국경조치로 담보 또는 동등한 보증 등에 대해 규정하고 있다.[233] 이러한 담보 또는 동등한 보증(공탁금을 의미) 등의 조치는 수출업자와 세관 등을 보호하고 통관보류조치의 남용을 방지하기 위해 부과되는 것이다. 하지만 위 공탁금 등의 요구는 세관절차의 운용에 부당한 장애요인이 되지 않아야 한다. 이러한 공탁금 등의 기탁은 수출업자나 수입업자 모두에게 허용된다.

라. 통관정지기간   하지만 통관정지조치 후 10일 이내에 피고가 아닌 자가 본안소송을 제기하거나, 적법하게 통관정지기간을 연장하는 잠정조치가 이루어졌음을 세관에게 통보하지 않는 한 해당 상품은 통관되어야 한다. 통관정지기간의 연장은 적절한 경우에 한하여 최대 20일까지 연장될 수 있다.[234]

마. 수입자 및 상품소유자에 대한 배상   세관에 대한 통관정지의 신청자가 잘못 요청하여 수입자나 해당 상품의 소유자에게 피해를 주는 경우가 발생할 수 있다. 이 경우 관계당국은 통관정지 요청자에게 해당 요청에 따라 손해를 입은 당사자에 대해 충분한 배상을 하도록 명령할 수 있다.[235]

바. 직권조치의 발동   지식재산권이 침해받고 있다는 명백한 증거가 존재하는 경우, 관할당국은 반출정지조치를 직권으로 발동할 수 있다. 이때 권한 있는 당국은 이러한 권한행사에 도움이 될 수 있는 어떠한 정보라도 권리자에게 언제든지 요청할 수 있다. 그리고 수입자와 권리자에게 그 정지가 신속히 통보되도록 해야 한다.

---

233 WTO 무역 관련 지식재산권에 관한 협정 제53조.
234 WTO 무역 관련 지식재산권에 관한 협정 제55조.
235 WTO 무역 관련 지식재산권에 관한 협정 제56조.

회원국은 선의로 취해졌거나 선의로 의도된 경우에 한하여, 적절한 구제의 책임으로부터 국가기관과 공무원의 책임을 면제할 수 있다.

함께 읽어보기

관세청 압수물품 95% 이상 폐기

지난 5년간(2018-2022년) 관세청이 통관과정에서 세금 미신고 등으로 압수된 물품들을 폐기처분하는 데 든 비용만 수십억 원에 달하는 것으로 나타났다. 1일 국회 기획재정위원회 소속 국민의힘 송언석 의원이 제출받은 관세청 자료에 따르면, 지난 2019년부터 올해 상반기까지 관세 미납으로 압수처리된 수입물품·여행자 휴대품은 총 187만 3천 183건이다. 가액기준으로 하면 3천 186억여 원에 달한다.

관세확보를 위해 수입품은 6개월, 여행자 휴대품은 1개월씩 보관했다가 미납상태가 지속될 경우 공매를 진행한다. 그러나 국내반입이 불가능한 의약품 등 공매가 불가능한 물품의 경우 폐기처분하게 돼 있다. 지난 5년간 전체의 95% 이상이 폐기처분된 것으로 나타났다.

문제는 폐기비용만 연평균 3억 5천만 원에 달한다는 점이다. 지난 5년간(2017-2022년) 누적된 폐기비용은 20억 원을 웃돈다. 공매로 넘어가도 전체의 80%가량이 유찰을 거듭하면서 관세 확보가 미진하다고 송 의원은 지적했다.

지난 2017년부터 올해 상반기까지 공매를 진행한 물품은 총 1만 2천 364건으로 예정가액은 772억 원에 달한다. 공매로 약 173억 원의 관세를 거둬들여야 했지만, 실제 낙찰·수의계약 등을 통해 납부된 관세는 12억 원에 불과하다는 것이다. 공매를 진행하고도 받지 못한 관세가 161억 원에 이른다는 계산이다.

송 의원은 "개인의 관세미납으로 인해 폐기 등 행정비용이 발생한다"며 "미납된 관세마저 제대로 받지 못하는 현행 체화(압수)·공매제도를 전면적으로 개선할 필요가 있다"고 말했다.

출처 | 이영호, "관세청 압수물품 95% 이상 폐기", 한국경제, 2023.10.1.

◀ 그림 ▶ 명동 위조상품 판매 적발현장 및 압수물품 사례 사진

출처 | 이정성, "서울시, 위조상품 일제 단속 … 불법 유통업자 137명 형사입건", 세계타임즈, 2023.12.7.

③ 형사절차   회원국은 적어도 상표나 저작권을 고의로 또는 영업상 이득을 얻을 수 있는 규모로 침해한 경우에 적용할 수 있는 형사절차와 처벌규정을 마련해야 한다. 형사절차에는 침해상품뿐만 아니라 침해상품의 제조를 위해 중요하게 사용된 부품 또는 장치에 대한 압수와 몰수, 폐기처분이 포함되어야 한다.

우리나라의 경우, 위조상품을 제작하거나 판매, 보관하는 범죄행위로써 타인의 재산과 신용에 막대한 피해를 끼치는 경우, 「상표법」 제230조에 따라 7년 이하의 징역 또는 1억 원 이하의 벌금이 부과된다. 그리고 특허, 실용신안, 디자인 등의 침해죄에 대해서도 7년 이하의 징역이나 1억 이하의 벌금을 부과하고 있다. 또한 저작권 침해의 경우 5년 이하의 징역이나 5천만 원 이하의 벌금, 저작인격권의 경우에는 3년 이하의 징역이나 3천만 원 이하의 벌금에 처하고 있다.

영업비밀 침해의 경우, 2019년 7월부터 시행되며 국외유출은 15년 이하의 징역이나 15억 원 이하의 벌금, 국내유출은 10년 이하의 지역이나 10억 원 이하의 벌금을 부과하고 있다.

(5) 분쟁의 방지 및 해결

TRIPs 협정에서는 국가 간 지식재산권 분쟁의 방지와 해결을 위한 제일 첫 번째 규정으로 투명성에 대해 제안하고 있다. 구체적으로 회원국들은 회원국 간의 지식재산권 분쟁 예방을 위해 지식재산권 관련 법령과 판결 또는 행정처분, 회원국 간에 체결된 관련 협정 등에 대해 자국어로 공표하거나 발간해야 한다.[236] 이러한 과정에서 지식재산권 분쟁에 대한 일반인의 자유로운 접근을 가능하게 했다.

또한 회원국은 자국에서 제정한 지식재산권 보호의 대상이 되는 지식재산권의 취득가능성, 범위, 취득, 시행 및 남용의 방지 등과 관련된 법과 규정을 무역 관련 지식재산권위원회에 통보하여야 한다. 회원국은 다른 회원국에 대해 서면으로 앞에서 언급한 지식재산권 보호와 관련되는 사항에 대한 종류의 정보를 제공할 준비가 되어 있어야 한다. 회원국은 지식재산권 보호나 제도운영에 관한 사후적인 분쟁해결절차로 GATT 분쟁해결절차에 준하는 WTO의 분쟁해결규칙 및 절차를 이용할 수 있다.[237]

제 3 절 • 정부조달 협정

1. 배경

(1) 정부조달 시장의 중요성

정부조달 분야는 원래 GATT 내국민대우 원칙의 예외 분야(GATT 제3조 제8항, 제17조 제2항)로 국제무역의 자유화가 이루어지지 않았던 분야였다. 하지만 1960년대 이후 정부조달 시장의 규모가 점차 증가함에 따라 세계무역 자유화 확대노력의 일환으로서 동 분야의 자유화가 추진되었다. 정부조달 시장은 공공기관의 특성 때문에 최종수요자로서의 정부기관의 물품구매에 있어서는 내국민대우와 무차별주의 원칙의 적용이 면제되었던 분야였다.

하지만 각국의 정부나 정부기관들은 모두 기본 생필품에서 하이테크 설비까지 전 부문의 상품을 구매하는 가장 큰 구매자인 동시에 국내공급자에 대해 정치적 압력을 강하게 행사할 수 있는 압력주체이다. 이 때문에 각국 정부는 정부조달 분야에 대해 법률이나 정책관행상 자국산 상품·서비스의 우선구매 원칙[238] 등 차별적 무역조치를 시행함으로써 자국의 산업, 특히 국제경쟁력이 취약한 중소기업을 보호·육성하는 경향이 나타난다.

---

236 WTO 무역 관련 지식재산권에 관한 협정 제63조.
237 WTO 무역 관련 지식재산권에 관한 협정 제64조.
238 예컨대, 미국의 Buy American Act, EC의 EC 내 상품 우선구매 원칙 등.

함께 읽어보기

정부조달 시장의 규모

정부조달 시장의 규모에 대해서는 통합된 통계가 없다. 다만, 과거 2002년도의 OECD 보고서에서는 GDP 대비 정부조달 시장의 비중은 OECD 회원국은 평균 19.96%, 비회원국은 평균 14.48%로 보고되었다. 그리고 국제적으로 교역 가능한 정부조달 시장은 GDP 대비 OECD 회원국은 평균 7.57%, 비회원국은 평균 5.1%로 추정하였다. 이렇게 본다면 GDP 대비 약 8% 전후의 시장이 정부조달과 관련된 무역시장이라고 할 수 있을 것이다.

정부조달 시장의 규모를 UN의 자료를 통해서 추정해 보면 유엔 전체 조달시장은 총 296억 달러 규모로 나타났고 이는 2011년부터 지속적으로 증가하는 추세로 확인되고 있다. 조달시장의 분야별 조달규모는 물품 분야가 약 161억 달러(54%), 서비스 분야가 약 134억 달러(46%)로 나타났다. 최근을 기준으로 보면 2019년 이후 서비스 분야보다 물품조달 비중이 높아졌으나, 2022년 다시 물품조달 비중이 다소 낮아진 것으로 나타났다.

◀ 그림 ▶ UN 전체 조달시장(물품 및 서비스 구매 총액, 2022년 기준)

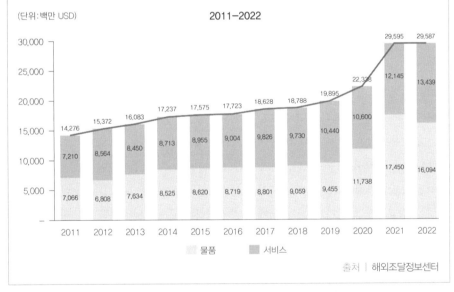

(단위 : 백만 USD)　　　　　　　　　　　　　2011-2022

출처 | 해외조달정보센터

출처 | 1 최성우, "달라진 정부조달 협정, 더 넓어진 글로벌 조달시장", 나라경제 5월호, KDI 경제정보센터, 2014.
　　　 2 해외조달정보센터 : 유엔 조달시장 – 시장개황

(2) 국제적 논의과정

GATT 체제하에서 증가하는 정부조달 시장의 중요성을 인식하면서 이러한 정부조달 시장을 다자간 체제하에서 규율하려는 노력은 1979년에 진행된 동경라운드 협상에서 처음으로 만들어졌다. 동경라운드 협상하에서 채택된 정부조달 협정(시행은 1981년부터 발표했고, 당시 기준으로 23개국으로 출발)은 가능한 많은 정부조달 사업 분야를 개방하여 국제경쟁이 가능하도록 하자는 목표하에 시작되었다.

동경라운드하에서 합의된 협정의 주요 내용을 살펴보면, GATT의 기본원칙인 최혜국대우 및 내국민대우 원칙을 협정가입국 간의 조달 분야에 동일하게 적용하는 것으로 합의했다. 하지만 동 협정의 적용대상은 중앙정부기관의 물품구매만으로 한정되며, 서비스, 수도, 전기, 운송, 통신 등은 그 대상에서 제외되었고, 15만 SDR[239] 이상의 조달계획에 대해서만 적용되었다.

동경라운드에서 논의된 정부조달 협정에 관한 내용은 UR를 통해 좀 더 세밀하게 논의되었다. UR에서는 더 많은 정부기관에 대한 협정의 대상 확대와 서비스 계약에 대한 협정의 범위 확대, 협정의 개선 등에 초점이 맞추어졌다.

UR의 정부조달 관련 협상은 다른 UR 협상의제들과 마찬가지로 자유화 대상의 확대에 초점이 맞추어져 있었다. 구체적으로 지방정부 및 공공기관을 협정의 적용대상에 포함시키고, 서비스와 건설 분야로까지 범위를 확대하는 방안이 다루어졌다. 그리고 조달절차의 투명성 제고를 위해 입찰과정의 공개와 공정경쟁 촉진규정의 제정이 주요 목표가 되었다.

복수국가 간 형태로 최종합의된 WTO 정부조달 협정은 정부조달 시장의 상호 개방을 약속하는 WTO 설립협정 내 하나의 무역협정으로 구성된다. 이는 세계 각국의 정부조달 관행에 존재하는 차별행위를 규제하고, 국제조달 시장의 자유화를 촉진하기 위해 제정되었다. 최종적으로 동경라운드에 비해 적용기관의 확대를 포함해서 다음과 같은 두 가지 기본원칙에 대해서도 합의했다. 먼저 정부조달시장에 대한 실질적인 시장접근을 위해 양허된 조달기관에 대해서는 GATT의 기본원칙인 내국민대우 원칙을 적용한다. 그리고 양허의 실효성을 확보하기 위해 국제 공개경쟁입찰을 또 다른 원칙으로 한다.

(3) 우리나라의 개방범위

WTO 정부조달 협정(이하 GPA)의 회원국은 우리나라를 포함해서 미국, 유럽 연합(EU), 일본, 홍콩, 대만, 싱가포르, 캐나다 등 47개 국가로 구성된다. GPA는 해당 협정의 적용을 받기로 한 국가들에 한해서만 실질적인 시장접근 기회를 제공하는 복수국가 간 협정의 형태를 갖고 있다. 그래서 참여국가들을 중심으로 양허된 조달기관에 대해서만 내국민대우

---

239 1988년의 정부조달 수정협정에서는 13만 SDR로 인하되었다.

와 국제 공개경쟁입찰의 원칙이 적용되는 협정이다.

　　한국은 1993년 12월 정부조달 협정에 가입함으로써 우리나라의 조달시장이 개방되어 국내조달제도가 개선되고, 우리나라 기업이 여러 선진국 조달시장에 진출할 수 있는 기반이 조성되었다. 정부조달 협정은 1996년 1월 1일부터 발효되었으나, 우리나라의 경우 1997년 1월 1일부터 적용되었다.[240] 정부조달 협정상 한국의 조달시장 개방범위는 다음과 같다.

◀ 표 ▶ 정부조달 협정상 한국의 조달시장 개방범위(단위 : SDR)

구분(대상기관 수)		물품	용역	공사
중앙정부(42)		13만 이상(2.1억 원)	13만 이상(2.1억 원)	500만 이상(82억 원)
지방자치 단체	광역(16)	20만 이상(3.3억 원)	20만 이상(3.3억 원)	1,500만 이상 (245억 원)
	기초(51)	40만 이상	40만 이상	
공기업(25)		40만 이상	40만 이상	

주 1SDR = 1,635.91원(2년마다 기획재정부 및 행정자치부에서 고시)

　　WTO 정부조달 협정의 출범 당시를 기준으로 주요 가입국의 양허하한선을 살펴보면 다음과 같다.

◀ 표 ▶ WTO 정부조달 협정의 주요 가입국 양허하한선

구분	중앙정부			지방정부			공공기관		
	물품	용역	건설	물품	용역	건설	물품	용역	건설
대한민국	13	13	500	20	20	1,500	40	40	4,500
미국	13	13	500	35.5	35.5	500	25만 $ /40	25만 $ /40	–
캐나다	13	13	500	35.5	35.5	500	35.5	35.5	500
유럽공동체 (EC)	13	13	500	20	20	500	40	40	500
일본	13	13	450	20	20	1,500	13	13	1,500

주 미국은 양허의 정부투자기관을 A군, B군으로 구분, 각 군의 양허하한금액 상이

---

240 이로써 우리나라의 정부기관에서 발주하는 일정 금액 이상의 모든 구매는 국제 공개경쟁입찰을 통해 이루어지게 된다.

함께 생각하기

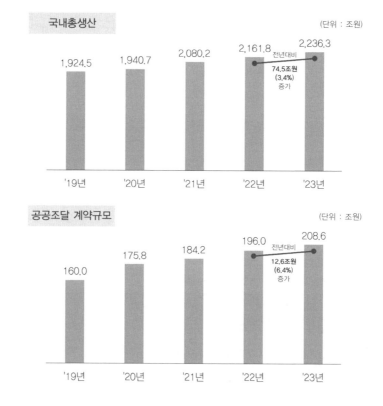

한국의 정부조달 전체 계약규모

○ 공공조달 전체 계약규모 전년 대비 12조 6,000억 원 증가(+6.4%), 208조 6,000억 원 기록
○ GDP의 9.3%
○ 조달업체 3만 6,000개↑, 수출실적 8.3%↑, 우수제품 18.4%↑

구분	'19년	'20년	'21년	'22년	'23년
(A)국내총생산★	1,924.5	1,940.7	2,080.2	2,161.8	2,236.3
(B)공공조달★★	160.0	175.8	184.2	196.0	208.6
비중(B/A)	8.3	9.1	8.9	9.1	9.3

★ 국내총생산(명목, 원화표시), 23년도는 한국은행 「국민소득」 잠정치 사용
★★ 조달청 온통조달(https://ppstat.g2b.go.kr)

출처 | 엄호식, "공공조달, 2023년 200조 원 돌파하며 역대 최고치 달성", 보안뉴스, 2024.5.2.

　(4) 평가

　정부조달 협정의 체결은 복수국가 간 협정으로, 그 외형이 많이 왜소하다는 한계를 갖고 있다. 하지만 WTO GPA는 기존의 GATT 협정범위를 안보 관련 분야를 제외한 모든 정부조달 분야로 확대하였다는 점에서 의의를 가진다. 그리고 WTO GPA는 정부조달의 이행절차를 실질적으로 개선하였다는 점에서 높게 평가받고 있다.

　그러나 이러한 WTO GPA도 몇 가지 측면에서 문제점이 발견되고 있다. 이러한 문제점들을 살펴보면 다음과 같다.

　첫째, 정부조달 협정 자체가 선진국 중심의 제도로, 비록 개도국 우대조항이 존재한다고 하더라도 실질적으로 운용되지 않고 있어 개도국들의 가입이 극히 부진한 상황이다. WTO 정부조달 협정에서는 개도국을 위한 규정들이 많이 있긴 하지만, 그 내용이 추상적이며, 일단 가입이 이루어져야 누릴 수 있는 조항이 많다. 하지만 협정의 실질적인 가입과정에서 개도국 우대가 거의 이루어지지 않기 때문에 개도국 우대조항은 사실상 사문화되었다고 볼 수 있다.

　둘째, 중앙집중조달제도를 채택하고 있는 국가와 분산조달제도를 채택하고 있는 국가 간의 불균형 문제가 발생할 수 있다. 중앙집중조달제도를 채택하고 있는 국가의 경우, 조달하한선 이상의 조달계약이 분산조달제도 채택국가보다 비교적 많다. 그리고 정보청구의 단일화 및 기타 입찰절차의 단순통일 등에 의해 외국 입찰이나 조달이 보다 용이하게 됨으로써 분산조달제도를 채택하는 국가보다도 불이익을 받을 수도 있다.

　셋째, 협정의 의무규정이 불명확하기 때문에 가입국의 의무를 회피할 수 있는 방법이 여전히 존재한다. 즉, WTO 정부조달 협정의 적용을 회피하기 위해 조달계약을 세분·축소함으로써 하한선 이상에 해당되는 계약을 극소화하거나 입찰절차에서의 공고기간을 짧게 하는 등의 방법으로 외국으로부터의 조달을 사실상 회피할 수 있다.

　넷째, 양허범위 자체가 협소하므로, 가입국들이 자국 우위가 확실하거나 자국 내에서 생산이 안 되는 품목만으로 양허범위를 한정함으로써 본 협정이 본래의 목적을 달성하기 어렵다. 또한 정부조달 협정에서 조달시장의 개방은 대상기관을 열거하는 방식의 양허협상을 통해 이루어지기 때문에 근본적인 개선을 기대할 수 없다.

　다섯째, 제한입찰(수의)계약에 대한 발동사유를 비교적 상세히 하였음에도 불구하고 여전히 문제가 존재하여 제한입찰계약이 빈번히 사용된다.

2. 주요 내용

(1) 일반원칙 및 규정

1) 적용범위   WTO 정부조달 협정은 국내 대상기관의 조달에 관한 모든 법률과 규칙, 절차 또는 관행에 대해 적용된다. 그리고 물품 및 서비스의 어떠한 결합형태도 포함되며, 구매, 리스, 임차 및 할부구매 등 모든 계약수단을 통한 조달에 적용된다.[241]

WTO 정부조달 협정에서는 원산지규정을 적용할 때 교역활동 시 적용되는 통상적으로 적용되는 원산지규정을 적용해서는 안 된다고 규정하고 있다.[242] 이는 정부조달 분야에 속하는 물품이나 서비스를 타 회원국으로부터 수입하는 경우, 일반적 교역이나 동일 회원국에서 동일 물품이나 서비스를 수입할 때 적용되는 일반적 원산지규정과 다른 원산지규정을 적용한다는 의미이다.

2) 조달계약 가액의 평가원칙   조달계약에 대한 가액평가 시에는 프리미엄과 요금계약가(fee), 수수료(commission), 이자(interest) 등 모든 형태의 보수를 다 포함하여 평가한다. 리스, 임차, 할부구매의 경우와 기타의 경우에 대해서는 조달계약 가액의 평가에 관한 상세 규정이 존재한다.

구체적으로 WTO 정부조달 협정에서는 본 협정의 적용을 회피할 목적으로 임의의 금액평가방법을 사용하는 것을 금지하고 있다(특히 분할계약을 금지한다). 구체적으로는 동일 회계연도 내 혹은 계약일 12개월 이내에 유사계약들은 단일가액으로 처리해야 한다. 이는 총구매액이 큰 조달을 1억 5천만 원 이하로 분할하여 여러 번 구매함으로써 국제 규범을 회피하려는 가능성을 금지한 조항이다.

3) 내국민대우와 무차별 원칙의 적용   WTO 정부조달 협정에서는 내국민대우와 무차별 원칙이 기본으로 적용된다. 이는 WTO 회원국은 타 가입국의 물품 및 서비스를 공급하는 자의 정부조달 참여에 대해서도 자국의 사업자와 마찬가지로 조건 없이 즉각 내국민대우와 무차별 원칙을 적용하여야 한다는 의미이다.

이는 정부조달 분야에서 내국민대우 원칙의 적용이 기본적인 사항이라는 의미이다. 하지만 정부조달 분야에서의 내국민대우 원칙의 적용은 수입과 관련된 관세, 수수료 부과 등 수입절차에 관해서는 적용되지 않는다. 즉, 조달 분야 물품의 수입은 국가 간 관세철폐까지 적용되는 것은 아니므로 특정 국가의 조달정책은 관세 및 수출입정책

---

241 WTO 정부조달에 관한 협정 제1조.
242 WTO 정부조달에 관한 협정 제4조.

과 연계되어야 한다는 의미이다.

4) 개도국 특별대우   WTO 정부조달 협정에서는 선진국이나 기타 회원국
들은 개도국, 특히 최빈국의 개발과 재정, 무역상의 어려움을 고려하여 정부조달에 영
향을 미치는 법률과 규칙, 절차의 제정과 적용에 있어서 (최빈)개도국 및 경제적 저개발
단계 상태의 국가가 안고 있는 특별한 문제들을 배려하여 개도국의 수입증대를 촉진해
야 한다고 규정하고 있다.

선진국은 자국의 조달기관 리스트를 작성할 때 개도국의 관심을 가지는 조달기관
이 포함되도록 노력해야 한다. 개도국은 각국의 특수한 여건을 고려하여 자국의 조달기
관 리스트에 게재된 특정 조달기관, 제품 또는 서비스에 대해 내국민대우 원칙의 적용
배제에 관한 상호 수용 가능한 조건을 다른 협상 참여국들과 협상할 수 있다.

5) 기술명세   WTO 정부조달 협정에서는 교역장벽을 초래할 수 있는 기술
명세(technical specification)의 부과를 금지하고 있다. 그리고 필요시 부과되는 기술사양에
대해서는 디자인보다 성능 위주로 국제표준에 의해 진행할 것을 규정하고 있다.[243]

기술명세에 관한 국제표준이 없는 경우에는 국가기술규정이나 공인된 국가표준에
따라 작성되어야 한다. 그리고 이러한 기술명세를 작성할 때에는 특정 상표, 상호, 특
허, 디자인, 형태, 특정 원산지, 생산자, 서비스제공자 등에 대한 요구나 언급이 있어서
는 안 된다. 그리고 문구에 "이와 동등한(or equivalent)" 등의 문구를 포함시켜 참여자들
에게 어느 정도의 가능성과 선택권을 제공할 수 있어야 한다. 조달경쟁에 영향을 미치
거나 경쟁을 해칠 수 있는 조언을 요구하거나 주어서도 안 된다.[244]

6) 입찰절차와 유형   WTO GPA는 정부조달 분야에서의 입찰절차는 완
전경쟁입찰(open tendering) 혹은 지명경쟁입찰(selective tendering) 절차만 허용되며, 예외
적인 경우, 즉 상당히 엄격한 조건하에 제한입찰(limited tendering)을 할 수 있도록 하고
있다.[245]

그리고 이러한 입찰절차에서는 비차별적인 참여보장이 핵심사안이다. 그리고 경쟁
입찰 시에는 각 공급자의 장단점을 판별하기 위한 수단으로 경쟁입찰이 사용되어야 한
다. 이러한 경쟁입찰 과정에서 공급자 간의 차별이 발생해서도 안 된다.[246]

---

243 WTO 정부조달에 관한 협정 제6조.
244 WTO 정부조달에 관한 협정 제6조.
245 이를 위해 WTO 정부조달 협정에서는 공급자 및 서비스제공자의 자격심사, 입찰참가 초청, 참가자 선
    정절차, 입찰 시 제출시한 및 납품기한, 입찰설명서, 입찰서의 제출, 접수, 개찰 및 낙찰, 협상, 제한입찰
    절차를 각각 별개의 조항으로 규정하고 있다.

제한입찰 절차가 허용되는 경우도 있는데, 제한입찰 절차가 허용되는 특정한 경우는 다음과 같다.

- ○ 공개입찰 또는 선택입찰에 붙였으나 응찰이 없는 경우, 제출된 입찰서가 담합되었거나 입찰의 필수요건을 따른 입찰서가 없는 경우 및 본 협정에 부합되지 않는 공급자나 서비스제공자가 입찰한 경우 등
- ○ 미술품이나 독점권으로 보호되는 제품과 같이 특정 공급자만 조달 가능하고 타당한 대안이나 대체물이 존재하지 않는 경우
- ○ 긴급상황의 경우
- ○ 기존 공급물품 또는 설비의 확장, 부품교체의 목적으로 원공급자에 의한 추가 납품이 요구되는 경우
- ○ 연구, 실험, 조사 혹은 독자개발을 위한 특별계약상 또는 그 계약을 위해 개발된 시제품의 구매가 요구되는 경우
- ○ 예측할 수 없었던 사유로 인해 당초 입찰서류상 범위 내에서 추가 건설서비스가 필요하게 되고, 또한 기술적이나 경제적으로 처음의 건설에 추가건설을 분리하는 것이 불가능한 경우
- ○ 최초의 계약이 체결되었던 기본 사업과 유사한 건설서비스가 반복되는 경우
- ○ 원자재 구매의 경우
- ○ 청산이나 파산기업의 처분자산을 구매하는 경우처럼 극히 단기간에 예외적으로 유리한 조건이 발생하는 경우
- ○ 디자인 경연대회 우승자에게 낙찰받는 경우

하지만 제한입찰이 허용되는 경우에도 제한입찰이 ⅰ) 가능한 한 최대한 경쟁을 회피하기 위해 사용되거나 공급자나 서비스제공자 간의 차별수단으로 사용되어서는 안 되고, ⅱ) 국내생산자나 서비스제공자의 보호수단으로 사용되지 않아야 한다.

　7) 상쇄구매의 제한　　　　　　　조달기관들은 잠재적 공급자, 서비스제공자, 물품, 서비스에 대한 자격심사과정에서 또는 입찰서의 평가나 낙찰과정에서 상쇄구매(offset)나 대응구매를 부과·모색하거나 고려해서는 안 된다.247 정부조달에서 상쇄구매 또는

---

246 WTO 정부조달에 관한 협정 제7조, 제14조.
247 WTO 정부조달에 관한 협정 제16조 1.

대응구매란 국산 부품의 사용, 기술사용허가(라이선싱), 투자요건, 연계무역 또는 이와 유사한 요건들을 통해 해당국 내의 개발을 장려하거나 국제수지의 개선을 꾀하기 위해 취하는 조치를 의미한다.

　개도국들은 본 조항의 적용을 받는 상쇄구매(대응구매)에 대해 개발과 관련된 것을 포함하여 일반 정책적 고려 등을 GPA 가입 시 협상할 수 있다.[248] 개도국이 GPA 가입 시 주로 협상하는 조건 등은 상쇄구매 시 국산화 비율의 적용요건과 같은 상쇄구매의 사용조건 등이다. 하지만 이러한 사용조건을 계약의 낙찰기준으로 사용해서는 안 되고, 다만 조달과정에 참여할 자격심사용으로만 사용하여야 한다.

　8) 입찰절차　　보통 정부조달시장의 참여절차는 입찰서의 제출, 접수, 개찰 및 낙찰과정을 거친다. 이와 관련되는 세부적 내용은 다음과 같다.[249]

① 입찰서 제출

○ 입찰서의 제출은 통상 서면으로 직접 또는 우편 등의 방법으로 제출됨

－ 입찰서 제출방법에 전신, 전보 또는 모사전송(일반적으로 팩스전송을 의미) 등에 의한 방법이 허용될 경우, 제출 입찰서에는 입찰서 평가에 필요한 모든 정보, 특히 입찰자가 제시하는 최종 가격과 입찰자의 동의 여부 확인[250] 등의 내용이 포함되어야 함

－ 입찰서는 전신, 전보 또는 모사전송으로 서명본을 송부함으로써 신속히 확인할 수 있어야 함

－ 전화에 의한 입찰은 허용되지 않음

－ 전신, 전보 또는 모사전송된 내용이 시한 이후 접수된 서류와 차이가 존재하거나 상충되는 경우 전신, 전보 또는 모사전송의 내용이 우선함,

○ 개찰과 낙찰 사이에 입찰자에게 고의적이지 않은 형식상 오류를 수정할 수 있는 기회를 부여할 수 있음

－ 이때 위 수정기회가 차별적 관행을 유발하도록 허용되지 않아야 함

② 입찰서 접수

○ 입찰서가 조달기관 측의 처리 잘못으로 인한 지연 때문에 명시된 시간 이후에 접수된 경우, 조달의 공급자는 불이익을 받지 않아야 함

248　WTO 정부조달에 관한 협정 제16조의2.
249　WTO 정부조달에 관한 협정 제13조.
250　입찰자가 입찰초청상의 모든 조건 및 규정에 동의한다는 진술을 의미한다.

○ 입찰서는 다른 예외적인 상황에서 관련 조달기관의 절차가 그렇게 정하고 있는 경우, 지연접수되어도 고려될 수 있음

③ 개찰

○ 공개 또는 선택입찰 절차에 따라 조달기관이 입수한 모든 입찰서는 개찰의 정규성을 보장하는 절차와 조건하에서 접수·개찰되어야 함

○ 또한 입찰서의 접수 및 개찰은 이 협정의 내국민대우 및 무차별 규정에 일치하여야 함

○ 정부 당국은 개찰정보를 관련 조달기관에서 보관하고, 요청된 경우 사용될 수 있도록 보장해야 함

④ 낙찰

○ 입찰서가 낙찰대상으로 고려되기 위해서는 개찰 당시에 공고 또는 입찰서 상의 필수요건에 합치해야 하고, 참가조건을 준수하는 공급자가 제출한 것 이어야 함

○ 조달기관이 다른 입찰서에 제시된 것보다 비정상적으로 낮은 가격의 입찰서를 접수한 경우, 동 조달기관은 그 입찰자가 참가조건을 준수할 수 있고 계약조건을 충족시킬 수 있는 능력이 있음을 확인하기 위해 그 입찰자에게 문의할 수 있음

○ 조달기관은 충분한 계약이행능력이 있다고 판정된 입찰자로서 최저가격의 입찰서를 제시하거나, 공고 또는 입찰서에 명시된 구체적 평가기준에 따라 가장 유리하다고 판정된 입찰서를 제출한 입찰자를 낙찰자로 선정해야 함
    - 낙찰에는 조달상품이나 서비스가 자기 나라산인지 또는 다른 당사자산 인지 여부와 관계없이 진행되어야 함
    - 단, 조달기관이 공공이익을 위해 계약을 체결하지 않기로 결정한 경우 에는 예외임

○ 낙찰은 입찰서에 명시된 기준과 필수요건에 따라 실시됨

9) 조달기관의 의무   WTO GPA에는 조달기관의 투명성 의무를 규정해 놓고 있다. 구체적으로 회원국 내의 조달기관은 자기 나라의 낙찰과정에 대한 투명성을 확보하기 위해 다음과 같은 조치를 취하여야 한다.[251]

---

251 WTO 정부조달에 관한 협정 제17조.

○ 기술명세에 따른 계약의 명시
○ WTO의 공용어로 조달공고를 공표
　－ 공표되는 공고(조달계획 공공의 요약)에는 협정 당사자인 국가 소재 공급자로부터 어떤 조건에 따라 입찰서를 받을 것인지에 대한 명시가 포함되어야 함
○ 조달진행 중에는 자기 나라의 조달 관련 규정을 변경하지 못함
　－ 만약 변경이 불가피한 경우에는 만족할 만한 교정수단을 제공할 것을 보장해야 함

　조달기관은 낙찰 후 72일 이내에 일정한 범위의 출판물을 통해 낙찰결정 시 고려되었던 최저 및 최고가의 입찰금액을 공고하여야 한다. 그리고 정부조달과 관련된 공고에는 다음과 같은 내용이 포함되어야 한다.[252]

○ 낙찰된 상품이나 서비스의 종류 및 수량
○ 낙찰한 조달기관명 및 주소
○ 낙찰일자
○ 낙찰자명 및 주소
○ 낙찰금액 또는 낙찰 시 고려되었던 최저 및 최고의 입찰금액
○ 적절한 경우, 정부조달과 관련된 공고를 확인하는 방법 또는 제한입찰 절차 사용에 대한 정당성 설명
○ 사용된 절차의 유형

　10) 이의신청절차　　　　　정부조달절차에 이해관계를 가졌거나 가진 공급자나 서비스제공자들은 해당 절차에서 발생할 수 있는 협정위반 여부에 대해 이의를 제기할 수 있다. 회원국은 관련 당사자가 정부조달절차에 대한 이의를 제기하는 경우, 이러한 신청에 대해 공평하고 적시의 고려를 포함하여 해결하기 위한 노력을 기울여야 한다.[253] 하지만 이러한 이의신청에 이르기 전에 불만이 있는 해당 공급자나 서비스제공자는 조달기관과 협의하여야 한다.

252　WTO 정부조달에 관한 협정 제18조.
253　WTO 정부조달에 관한 협정 제20조.

회원국은 정부조달에 대한 이의신청을 위한 무차별적이고 투명하며 신속하고 효과
적인 절차를 마련하여야 한다. 그리고 이러한 이의신청절차는 서면화하여 일반에 공개
하여야 한다. 정부조달에 대한 이의신청은 법원이나 해당 조달결과와 아무런 이해관계
가 없는 공정하고 독립적인 심사기구에 제기해야 한다. 그리고 이러한 심사기구의 구성
원은 재임기간 동안 외부의 영향을 받지 않아야 한다.

　　11) **분쟁해결절차**　　　　　정부조달 협정과 관련된 분쟁도 WTO 분쟁해결규칙
및 절차에 관한 양해 규정이 적용된다. 하지만 정부조달과 관련된 분쟁은 이러한 분쟁
해결 양해 규정의 적용 전에 다음과 같은 협의절차를 진행하여야 한다.[254]

　　먼저 회원국은 다른 회원국의 특정 조치 시행의 결과로 GPA하에서 자신에게 생길
이익이 직·간접적으로 무효화 또는 침해되었거나 본 협정의 목적달성이 방해되었다고
생각하는 경우, 당해 사안에 대해 상호 만족할 만한 해결에 도달하기 위해 관련된 다른
회원국에 서면으로 협의를 신청 또는 제안할 수 있다. 그리고 이는 즉시 분쟁해결기구
에 통보되어야 한다. 그리고 이렇게 입장표명 또는 제안을 받은 당사자는 이에 대해 호
의적으로 고려해야 한다.

　　분쟁해결패널은 문서 등을 통해 분쟁해결기구에 제소한 사안을 조사하고, 분쟁해
결기구가 당해 사안에 권고를 하거나 판결을 내리는 데 도움이 될 사실을 발견하는 권
한을 위임받는다. 소송의 진행은 위임범위가 합의된 날로부터 4개월 이내에, 지연될 경
우일지라도 7개월 이내에 회원국에 최종보고서를 제출한다.

(2) 개정협상과 개정안

　　WTO 정부조달 협정문 개정 및 각국의 조달시장 개방 확대를 목적으로 1997년부
터 WTO 정부조달 협정(GPA)의 개정협상이 계속되어 왔다. 이렇게 지속되어 오던
WTO GPA 개정협상은 2011년 12월 제네바에서 개최된 제8차 각료회의(12.15.-17.) 기
간 중에 정부조달위원회 각료급회의[12.15(목)]에서 공식 타결되었다.

　　개정협상은 협정문 개선을 중심으로 지난 1997년 시작되었고, 2004년부터는 양허
를 확대하는 협상도 병행하여 추진되기 시작했다. 최종 타결된 개정안에서는 전자조달
등 조달 관련 기술의 발전상이 반영되었고, 조달절차 및 양허의 변경절차, 개도국 우대
조항 등이 명확히 되었다. 또한 조달대상기관으로 각국의 양허기관이 추가되었으며, 양

---

254 WTO 정부조달에 관한 협정 제22조.

허하한선을 인하하는 등 양허의 확대를 주 내용으로 하고 있다.

이번 개정안의 타결로 인해 약 8백억~1천억 달러 규모에 달하는 정부조달 시장이 추가로 개방(사무국 추산)되었다. 현재 WTO 정부조달 협정의 회원국은 우리나라를 포함해 총 42개국이다. 구체적으로 GPA 회원국은 한국, 미국, EU 및 27개 EU 회원국, 일본, 캐나다, 홍콩, 대만, 싱가포르, 아루바(네덜란드령), 아이슬란드, 노르웨이, 스위스, 리히텐슈타인, 이스라엘, 아르메니아 등이다.

이번 WTO GPA 협상에서는 학교급식을 포함한 모든 급식 프로그램에 대한 정부조달을 정부조달 협정문의 적용예외로 인정한 것이 특징이다. 이는 학교급식에 대한 우리 농산물 우선구매 등과 같이 내·외국산 차별조치의 적용에 대해 국제법적 근거를 마련하였다는 점에서 의의가 크다.

WTO GPA 개정협상 타결을 계기로 정부조달 분야에서는 향후 중국 등 국가의 GPA 가입협상에 중점을 두고 논의가 진행될 것으로 전망된다. 이는 세계 최대의 시장 중 하나인 중국의 정부조달 시장이 42개 회원국에 개방된다는 의미로, 세계무역의 자유화를 획기적으로 확대시키는 계기가 될 것이다. 참고로 중국은 2007년부터 정부조달 협정 가입협상을 시작했으며, 2011년 11월 30일에 제2차 수정 양허안을 제출한 상태이다.

제7장

분쟁해결제도

제1절 분쟁해결제도의 도입배경과 목적
제2절 분쟁해결제도의 주요 내용
제3절 분쟁해결제도의 운영실적과 분쟁사례

제1절 ● **분쟁해결제도의 도입배경과 목적**

1. 통상분쟁의 원인

국제분쟁(International Dispute)이란 보통 국가와 국가 간, 국가와 외국기업 간, 국민과 외국인 간 계약위반이나 의무불이행에 따라 발생하는 다툼을 의미한다. 국제분쟁은 정치, 경제, 문화, 민족 등 다양한 원인에서 그 발생의 이유를 찾을 수 있다. 이 중에서 특히 통상 분야에서 발생하는 분쟁을 국제통상분쟁이라고 하는데, WTO에서 취급하는 국제통상분쟁은 국제분쟁 중에서 주로 국가 간 분쟁을 의미한다.

WTO 협정에서는 회원국 간에 통상과 관련해서 분쟁이 발생할 때 WTO 분쟁해결 절차를 이용한 해결을 규정하고 있다. 그리고 회원국이 합의된 절차에 따를 것과 WTO 분쟁해결절차의 판정을 존중할 것을 요구하는 것이다.

통상분쟁의 발생은 보통 특정 회원국이 협정의 파기와 같은 영향력을 가지는 조치를 취하거나, WTO 협정상 의무에 맞지 않는 무역정책수단이나 조치 등을 취할 때 발생한다. 협정의무 위반은 대상협정에 따라 부담해야 할 의무에 대한 위반을 의미한다. WTO에서는 이러한 의무위반행위에 대해 무효화나 침해 사례를 구성하는 것으로 간주한다.

통상분쟁은 GATT 등과 같은 대상협정 위반에 의해서만이 아니라, GATT 등의 협정에 근거하여 얻을 수 있는 '이익의 무효나 침해'에 의해서도 발생할 수 있다. WTO의 분쟁해결규칙 및 절차에 대한 양해(Understanding on Rules and Procedures Governing the Settlement of Disputes, 이하 분쟁해결제도)에서는 분쟁상황을 "회원국이 대상협정에 따라 직접 또는 간접적으로 자국에게 발생하는 이익이 다른 회원국의 조치로 인하여 침해되고 있다고 간주하는 상황"으로 정의하고 있다.[255] 그러므로 통상분쟁의 해결과 구제는 결과적으로 특정 회원국의 조치가 WTO 협정에 위반하였을 뿐만 아니라, 이에 따라 자국의 이익이 무효화 혹은 침해되었다는 것을 증명하여야만 진행될 수 있음을 의미하는 것이다.[256]

한편, WTO 체제에서는 협정위반과 같은 사실이 없는 상황에서도 회원국의 이익

---

[255] 분쟁해결규칙 및 절차에 관한 양해 제3조 제3항.
[256] 회원국들은 이러한 분쟁해결제도에도 불구하고 대상협정에 따른 결정을 통해 대상협정의 규정에 대한 유권해석(Authoritative interpretation)을 구할 수 있는 권리를 가진다.

이 무효화 또는 침해되었다고 판단하는 경우, 통상분쟁이 발생할 수 있다. 이와 같은 통상분쟁이 발생하여 자국의 이익이 무효화되거나 침해된 회원국이 제소하는 경우, 제소국은 해당 사례에 대해 무효화에 대한 의미를 제시해야 한다. 이때 무효화는 부정적 효과와 합리적 기대의 좌절이라는 두 가지 기준에 의해 판단된다.

2. 분쟁해결제도의 도입배경

일반적으로 국제간 분쟁의 해결방안으로는 평화적 해결방안과 강제적 해결방안이 있을 수 있다. 이 중에서 강제적 해결방안은 무력이나 군사력을 통한 해결을 의미한다. 국제간 분쟁, 특히 국가 간 분쟁에서는 이러한 무력이나 군사력에 의한 해결도 많이 사용된다. 하지만 현재에는 UN 헌장에 따라 무력으로 분쟁을 해결하는 것은 금지되고 있고, 본서에서 추구하는 방향과도 맞지 않다.

국제분쟁을 해결하는 또 다른 방법으로는 분쟁당사자가 아닌 제3자의 판단을 근거로 하는 해결방안이 있다. 이는 국제법상 중개(mediation)와 조정(conciliation), 중재(arbitration) 등으로, 제3국이나 국제기구 등에 중립적인 판단을 맡기는 방법이다. 여기서 중개는 제3자가 중립적 입장에서 분쟁당사국 간 협상을 촉진하고 해결하는 것을 돕는 과정이고, 조정은 제3자가 공식절차를 통해 양측의 주장을 듣고, 공정한 해결안을 제시하는 방식을 의미한다. 마지막으로 중재는 제3자가 법적 절차를 거쳐 분쟁을 판결하고, 강제력 있는 결정을 내리는 방식을 의미한다. 하지만 이러한 제3자의 판단에 의한 분쟁의 해결은 그 결과에 대해 법적인 구속력이 없거나 약하다는 한계가 존재한다.

이러한 한계를 극복하기 위해 WTO의 전신인 GATT 체제에서도 국가 간 합의를 바탕으로 규범을 도출하고 이를 근거로 한 국가 간 분쟁의 해결을 추진했다. GATT 체제는 과거에 남용되던 관세장벽을 허물고 자유무역을 확대하기 위해 설립되었는데, 이때문에 통상과 관련된 모든 분야에 대해 각종 제한이나 규제를 풀어 주는 자유화에 집중하였다. 그 과정에서 GATT 체제는 강제성이 부족하다는 평가를 받게 되었고, 분쟁이 발생하여도 이를 구제할 만한 제도적 장치가 부족하다는 한계를 가지게 되었다.

실제로 GATT 체제 내에서 발생한 많은 분쟁들은 명확한 최종 판정도 없이 오랜시간 동안 진행되는 경향이 강했다. UR 협상에서는 기존의 GATT가 가지는 이러한 문제점을 개선하기 위해 노력했다. 구체적으로 분쟁당사자에 대해서는 패널 및 항소절차의 전에 협의절차를 먼저 진행해야 됨과 함께, 각종 단계별로 한계시한을 설정하였다.[257] 그리고 분쟁해결 당사자가 정해진 기한까지 WTO의 결정을 준수하지 않을 경우, 보복을 할 수 있는 가능성을 열어두었다.

WTO 회원국 간의 분쟁이 발생하였을 때 강력한 조치를 통해 그 해결이 가능하도록 합의한 것이 '분쟁해결규칙 및 절차에 관한 양해(Understanding on Rules and Procedures Governing the Settlement of Disputes : DSU)'이다. 이 규정의 제정으로 인해 WTO 회원국은 향후 통상 관련 분쟁이 발생하였을 때 WTO DSU라는 합의된 단일 절차를 진행할 수 있게 되었다.

3. 분쟁해결제도의 목적

WTO의 분쟁해결제도의 목적은 WTO 회원국 간에 발생하는 다양한 무역·투자·서비스·지식재산권 분쟁에 대한 통합된 국제경제 관련 법정과 소송절차를 제공하는 것이다. 만약 분쟁해결을 위한 합의된 절차가 존재하지 않는다면, 국제통상규범이 강제될 수 없기 때문에 규범 중심의 다자간 무역체제가 정착될 수 없을 것이다.

WTO DSU에서는 통상분쟁의 신속한 해결이 WTO의 효과적인 기능수행과 회원국의 권리와 의무 간의 적절한 균형을 유지하는 데 필수요소라고 밝히고 있다. WTO DSU 제3조 제3항에서는 분쟁에 대한 긍정적인 해결책을 신속하게 확보하는 것이 목표라는 것을 분명히 밝히고 있다. 이러한 차원에서 보면 WTO DSU에서 본격적인 분쟁해결 절차의 도입에 앞서 당사자 간 협의절차를 도입한 것도 이해될 수 있다.

WTO DSU의 핵심은 분쟁에 대한 최종 판정에 있지 않고 가능한 당사국 간의 협의를 통해 분쟁을 해결하는 것이다. 실제로 2023년 12월까지 분쟁해결기구에 제소된 사안 중 약 40%는 분쟁패널 절차를 거치지 않고 분쟁당사국 간의 협의(consultation)과정에서 분쟁이 해결되었다고 볼 수 있다.

만약 분쟁당사국 간의 상호 협의를 통한 해결이 불가능하다면, 분쟁해결제도의 첫 번째 목표는 "대상협정(Covered agreements)"[258] 위반으로 판정된 피제소국의 통상조치

---

257 분쟁해결규칙 및 절차에 관한 양해 제12조. 패널 또는 상소기구가 보고서 제출기간을 연장하기로 한 경우에도, 분쟁당사자가 예외적인 상황이 존재한다고 합의하지 아니하는 한 총기간은 18개월을 초과하지 아니한다.

258 "대상협정(Covered agreements)"이란 분쟁해결규칙 및 절차에 관한 양해의 부록 I(Appendix I)에 열거된 협정을 가리키는 것으로, WTO 설립협정, GATT, GATS, TRIPs, 분쟁해결규칙 및 절차에 관한 양해, 복수국가 간 무역협정 등이 포함된다.

철회를 확보하는 것이다. 하지만 이 조치의 즉각적인 철회가 비현실적인 경우, 위반조치가 철회될 때까지의 잠정조치를 통한 손해보상을 받도록 수단을 강구해야 한다.

WTO DSU의 진행과정 중에 제소국이 의지할 수 있는 최후의 구제수단은 다른 회원국에 대해 차별적인 대상협정상의 양허 또는 그 밖의 의무적용을 정지시키는 것이다. 하지만 이러한 경우에도 반드시 분쟁해결기구의 승인이 있어야 한다.[259]

WTO DSU에서 추구하고 있는 분쟁해결의 원칙은 절차준수의 의무라고 볼 수 있다. 이는 회원국들이 통상 관련 분쟁해결절차에 참여하고자 할 때 WTO가 제정한 DSU를 따라야 하고, 분쟁해결기구가 채택한 패널, 상소기구의 보고서나 중재판정의 결정을 준수하여야 한다는 것을 의미한다. DSU에서는 이러한 DSB 결정의 실효성을 보장하기 위해 제소당사자가 최종 판정결과를 이행하지 않을 경우, 보복을 허용하도록 하고 있다.

사실 WTO DSU의 목적은 WTO 협정에 위반되는 조치를 최종적으로 철회시키는 것이다. 따라서 DSU에서는 당사국 간 해결책이 합의되지 않을 경우, 위반조치의 철회를 분쟁해결절차의 최우선 목적으로 삼게 되고, 즉각적인 철회가 어려울 경우에는 협정 의무 위반국이 피해당사국에 대해 피해에 상응하는 보상을 제공하도록 하고 있다. 분쟁해결과정에서는 최종적으로 보복의 형태로 나타나는 관세양허 정지, 각종 WTO상 기본의무 정지도 가능하지만, 이는 최후의 수단이 된다.

4. 분쟁해결제도의 특징

새롭게 합의된 WTO DSU는 다음의 특징을 가진다. 첫째, WTO 체제는 GATT 체제에 비해 보다 구조화된 분쟁해결절차를 구축하게 되었다. WTO는 DSU는 절차별 한계시한을 규정하였고, 이에 대한 이행성 또한 보장하고 있다. 이에 따라 WTO DSU는 기존의 GATT 체제보다는 더욱 강화된 분쟁해결제도를 구축함으로써 더욱 강화된 국제통상 규율체제를 확보했고, 또한 회원국 간의 분쟁해결과정의 투명성과 예측가능성, 효율성을 보장할 수 있게 되었다. 구조화된 절차의 확립으로 WTO 회원국은 분쟁해결과정에서 단독적 조치를 일방적으로 취할 수 없게 되었다.

둘째, 보다 신속한 분쟁해결이 가능하게 되었다. 기존의 GATT 체제에서는 분쟁에 대한 강제성이 부족하다 보니 분쟁절차의 진행기간이 과도하게 오래 걸린다는 문제점

---

259 분쟁해결규칙 및 절차에 관한 양해 제3조 제7항.

이 존재했다. 하지만 새롭게 만들어진 WTO DSU는 분쟁의 신속한 해결을 중요시한다. 이를 위해 단계별 한계시한을 설정한 것이다.

셋째, 역총의(reversed consensus)를 채택함으로써 최종보고서의 봉쇄를 어렵게 했다.[260] 새롭게 만들어진 WTO DSU에서는 패소국이 패널판정에 대한 최종보고서 채택을 봉쇄하는 것이 불가능하게 되었다. 기존의 1947 GATT에서는 어느 한 회원국의 반대만으로도 최종보고서 채택이 봉쇄될 수 있는 만장일치(consensus)제가 도입되었는데, 이 때문에 분쟁패널의 최종 판정에 대한 이행 여부가 불확실했다. 하지만 WTO 분쟁해결제도에서 분쟁패널의 최종보고서는 분쟁당자가가 분쟁해결기구(DSB)에 대해 상소결정을 정식으로 통지하지 않거나 DSB가 컨센서스(consensus)로써 패널의 최종보고서를 부결시키지 않는 한 자동적으로 채택된다.[261] 이는 일국이 패널의 최종보고서에 대한 최종 판정을 봉쇄시키고자 한다면, 관련 분쟁상대국을 포함한 모든 회원국의 동의를 받아내야 한다는 의미이다.

🔲 역총의 방식 도입의 의미 ─────────────────●

WTO 체제의 출범에서 가장 획기적인 사건 중 하나는 역총의(reversed consensus) 방식의 채택을 들 수 있다. 역총의 방식의 채택은 DSU 절차의 진행과정에서 발생할 수 있는 소극적 회원국들의 방해 움직임을 상당 부분 제거할 수 있게 만들었다.

총의제(consensus 또는 컨센서스) 의사결정방식은 회원국이나 체약국이 불참하거나 기권하는 경우에 안건이 부결되는 만장일치(unanimity) 방식과는 다르지만, 출석한 회원국이 안건통과에 거부권을 행사할 수 있다는 점에서는 만장일치 방식과 유사한 점도 있다.[262]

WTO의 출범 이전에는 만장일치 방식 때문에 체약국이 패널설치 자체를 봉쇄할 수 있었고, 이러한 봉쇄가능성으로 인해 분쟁해결절차의 진행이 지연되는 경우가 적지 않았다. 그리고 불리한 판정을 받은 체약국도 총의를 파괴함으로써 패널보고서의 채택을 봉쇄할 수 있는 큰 무기도 가지고 있었다. 따라서 이러한 총의제 방식은 분쟁해결절차의 진행과정에서 가장 큰 문제점으로 대두되기도 했다.[263]

WTO 체제 내에서 GATT 체제의 총의제 방식은 여전히 존중되고 선호된다. 하지만 분쟁해결절차 진행에 있어서 의사결정방식은 다른 부분에서의 방식과는 달리 역총의(reversed consensus) 방식이 도입되었다. 즉, 총의에 의해 DSB에 제기된 안건에 대해 불채택을 결정하지 않는 한 해당 안건은 채택되는 역총의 방식이 도입된 것이다.

DSU에 회부된 분쟁은 당사자 간의 합의를 바탕으로 해결되지 않는 한 패널이나 상소

---

260 DSU 제16조 제4항, 제17조 제14항.
261 분쟁해결규칙 및 절차에 관한 양해 제16조.
262 Norio Komuro, "The WTO Dispute Settlement Mechanism ─ Coverage and Procedures of the

보고서가 채택되게 된다. 또한 더 나아가 DSU 제21조와 제22조에 의해 관련 조치의 이행과 보상 및 양허 정지조치로 진행되게 된다. 역총의 방식의 도입은 분쟁해결절차의 신속한 진행을 바라는 제소자 측의 입장을 충분히 반영한 것으로, 피해자에 대한 신속한 구제가 가능해졌다는 것을 의미한다. 이로 인해 WTO DSU 제도의 효율성이 새로운 차원으로 제고되었다.

넷째, 상소절차(Appellate procedure)를 도입함으로써 역총의 방식의 도입에 따른 문제점을 완화하였다. 기존의 GATT 체제에서는 분쟁해결절차가 단심제로 진행되었다. 하지만 WTO 체제에서는 GATT 체제와는 달리 패널보고서의 봉쇄가 사실상 불가능해지는 대신, 해당 사안에 대한 재심리가 가능한 상소제도를 도입하였다. 상소제도의 도입은 WTO 체제 내에 존재하는 모든 협정 및 규정 등에 대한 해석을 통해 WTO 체제의 일관성과 예측가능성을 유지하는 데 기여하게 되었다.

제 2 절 • 분쟁해결제도의 주요 내용

1. 적용범위와 일반규정

(1) 대상범위 및 적용

WTO DSU는 WTO 체제하에 있는 관련 협정(이하 대상협정)의 협의 및 분쟁해결규정에 따라 제기된 분쟁에 적용되는 절차이다. 그리고 DSU는 WTO 설립협정과 다른 대상협정 그리고 대상협정에 포함된 특별 또는 추가적인 규칙 및 절차 등을 고려하여 관련 규정에 따른 회원국의 권리와 의무 등에 관한 회원국 간의 협의 및 분쟁해결절차를 진행한다.[264]

하지만 WTO DSU의 부록 2(대상협정 하의 특별 또는 추가 규칙 및 절차)에 명시된 대

WTO Understanding," *Journal of International Arbitration*, 12(3), pp.94−95, 1995.

263 Edwin Vermulst, "An Overview of the WTO Dispute Settlement System and its Relationaship with the Uruguay Round Agreement − Nice on Paper but Too Much Stress for the System?," *Journal of World Trade*, 29(2), pp. 134−135, 1995.

264 분쟁해결규칙 및 절차에 관한 양해 제1조.

상협정에 포함된 분쟁해결에 관한 특별 또는 추가적인 규칙 및 절차는 본 규칙 및 절차에 우선한다. 이는 DSU가 부록 2에 명시된 대상협정의 특별 또는 추가적인 규칙 및 절차와 상이한 경우, 부록 2의 특별 또는 추가적인 규칙 및 절차가 DSU보다 우선적으로 적용된다는 의미이다.

만약 2개 이상의 대상협정상의 규칙이나 절차가 관련된 분쟁에서 검토대상이 되는 대상협정들의 특별 또는 추가적인 규칙이나 절차와 서로 상충할 경우가 존재한다. 이때 분쟁당사자가 패널설치로부터 20일 이내에 적용할 규칙 및 절차에 대해 합의에 이르지 못하는 경우, DSB의 의장은 분쟁당사자와 협의하여 일방 분쟁당사자의 요청 후 10일 이내에 적용할 규칙 및 절차를 확정한다. 이러한 경우, DSB의 의장은 가능한 한 특별 또는 추가적인 규칙 및 절차를 이용해야 하고, DSU는 상충을 피하기 위해 필요한 범위 안에서 이용해야 한다.

그리고 복수국가 간 무역협정의 분쟁해결을 집행하는 경우, 오직 그 협정의 당사자인 회원국만이 그 분쟁과 판정결정 등에 참여할 수 있다.

▶ 부록 2. 대상협정에 포함된 특별 또는 추가적인 규칙 및 절차 ⋯⋯⋯⋯⋯⋯⋯⋯ ●

- ○ SPS 협정 제11조 제2항
- ○ 섬유 및 의류에 관한 협정 제2조 제14항, 제21항, 제4조 제14항, 제5조 제2항, 제4항, 제6항, 제6조 제9항~제11항, 제8조 제1항~제12항
- ○ TBT 협정 제14조 제2항~제4항, 부속서 2
- ○ 반덤핑 및 상계관세 협정 제17조 제4항~제7항
- ○ 관세평가에 관한 협정 제19조 제3항~제5항, 부속서 2의 제2항 바호, 제3항, 제9항 및 제21항
- ○ 보조금 및 상계조치에 관한 협정 제4조 제2항~제12항, 제6조 제6항, 제7조 제2항~제10항, 제8조 제5항 주석 35, 제24조 제14항, 제27조 제7항, 부속서 5
- ○ GATS 협정 제22조 제3항, 제23조 제3항
- ○ 금융서비스에 관한 부속서 제4항
- ○ 항공운송서비스에 관한 부속서 제4항
- ○ 서비스무역에 관한 일반협정 제1항~제5항
- ○ 특정 분쟁해결절차에 관한 결정
- ○ 복수국 간 협정에 포함된 특별 또는 추가적인 규칙 및 절차로서 각 협정의 관할기구에 의해 결정되고 DSB에 통보된 규칙 및 절차

(2) 분쟁해결기구

회원국 간의 분쟁이 발생하여 협의 및 분쟁해결절차를 요청하게 되면 분쟁해결기구(DSB)가 설치되는데, 이는 WTO 일반이사회가 분쟁해결기구(DSB)로 활동하게 되는 것과 같다. DSB는 패널(소위원회)을 설치하여 분쟁해결을 추진하게 한다. 그리고 이러한 패널이 발표하는 보고서에 대해 분쟁당사국이 동의하지 않는 경우, 분쟁해결기구(DSB)는 상급위원회를 설치하게 된다.

DSB는 이외에도 판정 및 권고의 이행상황을 감독하고, 대상협정에 따른 양허 및 그 밖의 의무의 정지를 허가하는 권한을 가진다. 그리고 WTO의 관련 이사회와 위원회에 각각 소관 대상협정의 규정과 관련된 분쟁의 진전상황도 통보한다. DSB는 자신의 기능을 수행하기 위해 필요한 회의를 필요할 때마다 개최한다.

DSB의 결정은 컨센서스에 의한다. 결정 채택 시 DSB 회의에 참석한 회원국 중 어떠한 회원국도 그 결정에 대해 공식적인 반대를 하지 않을 경우, DSB는 검토를 위해 제출된 사안에 대해 컨센서스로 결정하였다고 간주한다.

(3) 일반규정

WTO DSU에서는 회원국의 분쟁의 신속한 해결이 WTO의 효과적인 기능수행과 회원국의 권리와 의무간의 적절한 균형의 유지에 필수적임을 밝히고 있다. 그리고 이러한 분쟁의 해결이 대상협정에 따라 직접적 또는 간접적으로 자신에게 발생하는 이익이 다른 회원국의 조치로 인하여 침해되고 있다고 간주하는 상황을 신속히 해결하는 것이라고 밝히고 있다.[265]

WTO DSU는 다자간무역체제에 안전성과 예측가능성 등을 부여하는 데 핵심요소이다.[266] WTO의 회원국은 모두 DSU가 대상협정에 따른 회원국의 권리와 의무를 보호하고 국제공법의 해석에 관한 관례적 규칙[267]에 따라 대상협정의 현존 조항을 명확히 하는 데 기여함을 인정하고 있다. 하지만 그럼에도 불구하고 DSB의 권고와 판정은 대상협정에 규정된 회의국의 권리와 의무를 증가시키거나 축소시킬 수 없다.

WTO DSU 제3조 1항에서는 회원국은 1947 GATT 제22조 (협의)와 제23조(무효화

---

265 분쟁해결규칙 및 절차에 관한 양해 제3조의3.
266 분쟁해결규칙 및 절차에 관한 양해 제3조의2.
267 이 규정들은 조약이나 국제법 규범을 해석할 때 적용되는 일반적 원칙을 의미한다. 이 규정들은 주로 국제사법재판소(ICJ) 관례와 1969년 「조약법에 관한 비엔나 협약(VCLT)」 제31조~제33조에서 도출되며, 국제법상의 조약뿐만 아니라 관습법과 일반 법원칙의 해석에도 적용된다.

또는 침해) 규정에 따라 적용되는 분쟁의 관리원칙과 DSU의 규칙 및 절차를 준수할 것을 규정하고 있다. 그리고 중재판정 및 DSU상 협의, 그리고 분쟁해결규정에 따라 공식적으로 제기된 사안에 대한 모든 해결책은 그 대상협정에 합치되어야 하고, 협정에 따른 회원국의 이익 무효화나 침해, 협정의 목적달성 등을 저해해서는 안 됨도 분명히 하고 있다. 또한 DSU하에서 공식제기된 사안에 대해 상호 합의된 해결책은 관련 기구에 통지되어야 하며, 회원국은 그 해결책과 관련된 문제점 등에 대해 문제제기를 할 수 있다.

회원국은 제소 전에 DSU 절차 진행에 따른 제소가 유익한지를 스스로 판단하여야 한다. DSU의 궁극적 목표는 분쟁에 대한 긍정적 해결책을 확보하는 것이다. DSU에서는 분쟁당사자가 상호 수락할 수 있고, 대상협정과 합치하는 해결책이 선호된다.

하지만 DSU를 통하여 상호 합의된 해결책을 도출할 수 없을 때에는 DSU의 궁극적 목표는 통상 특정 조치가 대상협정의 위반으로 판정된 경우, 이러한 조치의 철회를 확보하는 것이다. 그리고 조치의 즉각적 철회가 비현실적일 경우, 이러한 경우에 한해서 대상협정에 대한 위반조치의 철회 시까지 잠정조치를 발동해서 보상을 받는 방법을 채택할 수 있다. DSU의 최후 구제수단은 DSB의 승인을 조건으로 다른 회원국에 대하여 차별적으로 대상협정상의 양허 또는 그 밖의 의무의 적용을 정지할 수 있다.

한편 대상협정에 따른 의무 위반이 있는 경우, 이는 명백한 무효화 또는 침해 사례를 구성하는 것으로 본다. 그리고 일반적 규칙 위반은 다른 회원국에 대하여 부정적 영향을 미친다고 추정된다. 이러한 경우 피소국이 제소국의 협정의무 위반주장에 대하여 반박하여야 한다.

그리고 회원국에 의해 추구되는 조정 요청이나 또는 DSU 절차의 활용이 투쟁적인 행위로 의도되거나 간주되어서는 안 된다. 그리고 WTO 회원국이 분쟁발생 시 분쟁해결절차에 참여하는 것으로 회원국의 성실성은 양해된다. 별개의 사안에 대한 제소 및 반소는 연계되어서는 안 된다.

마지막으로 WTO DSU는 분쟁해결절차에 있어서 개발도상회원국과 최빈회원국에 대한 특별한 대우와 관련된 절차를 규정하고 있다. 이러한 특별한 대우는 개발도상회원국이나 최빈회원국들의 열악한 경제적 상황을 적절히 고려하고 내용적 공정성을 제고하기 위한 것이다.

그리고 DSU에서는 협의 및 패널절차에 참가할 수 있는 제3국의 권리도 보장하고 있다. 이는 국제협정의 해석과 적용에 관한 문제는 일반적으로 다른 회원국에게도 영향을 미칠 수 있는 사안이라는 사실을 고려한 것이다. 이는 해당 분쟁의 실질적 이해관계에 대한 참여를 보장함으로서 절차적 공정성을 제고하기 위한 것이다.

2. 분쟁해결의 절차

(1) 협의절차

1) 협의   WTO의 DSU는 분쟁당사국 간의 입장 차이를 그들 스스로 조종 또는 해결할 수 있는지 알아보는 협의단계에서 시작된다. 이러한 단계를 당사국 간 협의단계라고 한다.[268] 협의절차는 WTO가 회원국 간의 합의를 바탕으로 국제경제에 관한 질서를 만들어가는 조직의 특징을 반영한 것이다.

구체적으로 국가 간 통상에 있어서 DSB의 분쟁해결은 당사자 간의 협의요청으로 시작된다. 협의요청은 DSB와 관련 이사회 및 위원회에 통보된다. 모든 협의요청은 서면으로 제출되며, 이러한 협의요청서에는 문제가 된 조치를 명시하고, 제소와 관련된 법적 근거를 포함한 협의요청 사유를 제시하여야 한다. DSB를 통한 협의요청을 접수한 회원국이 10일 이내에 답변하지 않거나 30일 또는 상호 합의한 기간 내에 협의에 응하지 않는 경우, 협의개최를 요청한 회원국은 직접 패널의 설치를 요청할 수 있게 된다.

또한 협의요청 접수일로부터 60일 이내에 협의를 통한 분쟁해결이 실패하는 경우, 제소국은 패널의 설치를 요청할 수 있다. 협의당사자가 협의를 통한 분쟁해결에 실패했다고 공동으로 간주하는 경우, 제소국은 60일의 협의기간 내에 패널의 설치를 요청할 수 있다(DSU 제4조 제7항).

협의절차는 사법절차나 중재절차와 유사한 효과를 가지는 패널절차에 들어가기 전에 회원국 간 상호 호혜의 원칙하에서 분쟁해결을 위한 협의를 자발적으로 시도하는 과정이다. 협의절차를 진행 중인 각 회원국은 자국의 영토 내에서 취해진 조치가 대상협정의 운영에 영향을 미친다는 것을 인정하고, 이러한 조치에 관해 다른 관련 당사국이 표명한 입장에 대해 호의적인 고려(Sympathetic consideration)를 하여야 한다. 분쟁당사국은 이러한 상호 호의적인 고려를 위해 할 수 있는 적절한 협의기회를 제공해야 한다.

당사국 간의 협의과정은 일반적으로 비공개로 진행된다. 협의과정은 분쟁해결제도에 따른 다음 단계의 조치를 취하기 위해 회원국이 반드시 거쳐야 하는 단계이다. 협의단계에서 협의당사국들은 만족할 만한 조정을 시도해야 하지만, 이는 다음 단계에서 행

---

268 분쟁해결규칙 및 절차에 관한 양해 제4조.

사될 수 있는 당사국의 권리를 저해해서는 안 된다.

하지만 부패성 상품과 관련된 분쟁과 같이 처리가 긴급을 요하는 경우, 회원국은 협의요청 접수일로부터 10일 이내에 협의를 개시할 수 있다. 이러한 경우 제소국은 만약 협의요청 접수일로부터 20일 내에 협의를 통해 분쟁이 해결되지 아니하는 경우, 분쟁해결을 위한 패널의 설치를 요청할 수 있다.[269]

2) 주선, 조정 및 중개   협의를 통한 분쟁해결에 실패한 경우, 제소국은 분쟁과 관련된 패널의 설치를 요청할 수 있다. 하지만 만약 이 기간 내에 주선(good offices),[270] 조정(Conciliation) 및 중개(Mediation) 등의 절차가 개시되는 경우, 제소국은 협의요청 접수일로부터 60일 이후에 패널의 설치를 요청할 수 있다.

함께 읽어보기

WTO 사상 첫 '상소심 중재판정' 사례 나와

---

269 분쟁해결규칙 및 절차에 관한 양해 제4조 제8항.
270 주선은 제3자가 직접 협상에 개입하지 않고 분쟁당사자들이 대화를 할 수 있게 지원하는 방식이다. 주선은 협상을 주도하고 해결책을 제시하며 직접적 개입을 하는 중개와 달리, 간접적 개입을 하는 경향이 강하고 협상자리 마련 등 대화의 촉진자 역할을 주로 한다.

2022년 7월 26일 주 제네바 한국대표부 등에 따르면 유럽 연합(EU)과 튀르키예가 벌인 WTO 상소심 사건에서 25일 첫 중재판정이 내려졌다.

이번 분쟁은 튀르키예 정부가 외국산 약품 수입허가 조건으로 자국에 해당 약품의 제조공장의 설립을 강제했다가 EU가 내린 '보호무역 조치'에 반발하면서 시작됐다. 1심 격인 패널 판정에서는 EU가 승소했고, 이후 양측은 상소절차를 밟았다. 그러나 문제는 WTO에 있었다. WTO에는 패널판정 후 불복을 해도 이를 심리할 기구가 사실상 없다.

지난 2019년 말부터 WTO 상소기구에 참여할 위원이 충원되지 않았다. 상소기구에 구조적 우려가 있다고 주장해 온 미국이 위원선임 절차에 협조하지 않았기 때문이다. 이 가운데 EU와 튀르키예가 '분쟁해결규칙 및 절차에 관한 양해'(DSU) 25조에 따른 중재조항을 활용하기로 하면서 해결가능성이 열렸다. 양측이 분쟁을 중재에 회부하기로 합의하면서 상소기구를 대신할 우회적 분쟁해결 절차가 도입됐다. 이번 중재판정은 EU의 손을 다시 들어 주는 것으로 마무리됐다.

출처 | 김송이, "WTO 사상 첫 '상소심 중재판정' 사례 나와", Chosun Biz, 2022.7.26.

하지만 주선, 조정 및 중개절차는 언제든지 개시되고 종료될 수 있다(협의기간이 아니라도 언제라도 개시될 수 있음). 일단 주선, 조정 및 중개절차가 종료되면 제소국은 패널의 설치를 요청할 수 있다. 그리고 분쟁당사자가 합의하는 경우, 이러한 주선, 조정 및 중개절차를 패널과정이 진행되는 동안에도 계속 진행할 수 있다.

주선, 조정 및 중개는 분쟁당사자가 합의하는 경우에 자발적으로 취해지는 절차로, 절차가 진행되는 과정에서 분쟁당사자가 취한 입장은 공개되지 않는다. 그리고 주선, 조정 및 중개절차에서 분쟁당사자들의 입장은 다음 단계의 과정에서 당사자의 권리를 저해하지 아니한다. 사무총장은 회원국의 분쟁해결을 돕기 위해 직권으로 주선, 조정 및 중개를 제공할 수 있다.

(2) 패널절차

1) 패널설치   협의를 통한 분쟁해결에 실패한다면, 제소국은 분쟁해결을 위한 패널의 설치를 요청할 수 있다. 그리고 만약 패널설치를 제소국이 요청하는 경우, 설치요청 의제상정 첫 번째 DSB 회의에서 컨센서스로 패널의 불설치를 결정하지 아니하는 한, 늦어도 그 DSB 회의의 다음번 회의에서 패널이 설치된다.[271] 이는 관련 당사국들의 패널설치 요청은 한 번 봉쇄가 가능하다는 의미로 해석할 수 있다. 하지만 분쟁해결기구의 두 번째의 모임이 개최되면 패널설치 요청을 더 이상 막을 수 없다는 의미

---

[271] 제소국 요청 시 최소한 10일의 사전공고 후 요청일로부터 15일 이내에 분쟁해결기구회의가 동 목적을 위해 개최된다.

이기도 하다.[272]

패널설치는 보통 서면으로 요청되어야 한다. 서면요청에서는 협의의 개최 여부를 명시하고, 문제가 된 특정 조치를 명시하며, 제소의 충분한 법적 근거를 포함한 요약문을 명시한다. 만약 제소국이 이러한 표준 위임사항과 상이한 위임사항을 가질 경우, 패널설치 요청서에 제안하고자 하는 특별 위임사항의 문안을 포함해야 한다. 그리고 선진회원국과 개도회원국 간의 분쟁 시 개도회원국이 요청하는 경우, 패널위원 중 적어도 1인은 개도회원국의 인사를 포함한다.[273]

2) 패널 위임사항   분쟁패널은 분쟁당사자가 패널설치로부터 20일 이내에 달리 합의하지 아니하는 한 다음의 위임사항을 부여받는다.[274]

▶ 패널의 표준 위임사항 ─────────────────────────────────────●

"(분쟁당사자가 인용하는 대상협정명)의 관련 규정에 따라 (당사자 국명)이 문서번호 … 으로 분쟁해결기구에 제기한 문제를 조사하고, 분쟁해결기구가 동 협정에 규정된 권고나 판정을 내리는 데 도움이 되는 조사결과를 작성한다."

패널은 보통 분쟁당사자가 인용하는 모든 대상협정의 관련 규정을 검토한다. 패널설치 시 DSB는 의장에게 위임사항 관련 규정에 따를 것을 조건으로 당사자 협의를 거쳐 패널 위임사항의 작성권한을 부여한다. 그리고 작성된 패널 위임사항은 모든 회원국에 배포되어야 한다. 만약 앞에서 제시한 표준 위임사항이 아닌 다른 위임사항에 대한 합의가 이루어지는 경우, 회원국은 DSB에서 이와 관련된 모든 문제를 제기할 수 있다.

3) 패널(Panel)의 구성   패널은 사법재판소와 비슷한 부분이 존재하기도 하지만, 조금 특수한 부분도 지니고 있다. 패널위원은 일반적으로 관련 분쟁의 당사국들이 협의하여 결정한다. 단, 분쟁의 양 당사자가 패널위원의 선정에 합의하지 못하는 경우, 예외적으로 WTO 사무총장이 패널위원을 임명할 수 있다.

패널은 서로 다른 국가의 3명 또는 5명의 전문가로 구성된다. 이렇게 구성된 분쟁패널은 협정위반의 증거를 조사하여 관련 분쟁에서 누가 옳고 누가 잘못되었는지를 결정한다. 이러한 패널보고서는 분쟁해결기구에서 컨센서스(consensus)에 의해서만 거부될

───────────────

272 분쟁해결규칙 및 절차에 관한 양해 제6조 1.
273 분쟁해결규칙 및 절차에 관한 양해 제8조의10.
274 분쟁해결규칙 및 절차에 관한 양해 제7조의2.

수 있다.

사무국은 패널위원의 선정을 지원하기 위해 패널 위임사항과 관련된 자격요건을 갖춘 정부 및 비정부 인사의 명부를 유지하고, 동 명부로부터 적절히 패널위원이 선정될 수 있도록 해야 한다. 분쟁해결을 위한 패널위원들은 상설명단(permanent list)에 등재된 적격자들 중에서 선출되는 것이 일반적이나 그 밖의 다른 곳에서 선출되기도 한다. 패널위원들은 독립된 자격으로 근무하며, 그 어떤 정부로부터도 명령이나 지시를 받을 수 없다.

▶ **패널위원의 명단구성** ─────────────────────── ●

명부는 1984년 11월 30일 작성된 비정부패널위원명부(BISD 31S/9)와 대상협정에 따라 작성된 그 밖의 명부 및 목록 등을 포함한다. 그리고 WTO 설립협정 발효 시의 명부 및 목록에 등재된 인사들의 이름을 유지한다.

회원국은 명부에 포함시킬 정부 및 비정부인사의 이름을 이들의 국제무역에 대한 지식 및 대상협정의 분야 또는 주제에 대한 지식에 관한 정보와 함께 정기적으로 제시할 수 있다. 그리고 이들의 이름은 분쟁해결기구의 승인을 얻은 후 명부에 추가로 등재된다. 명부에는 등재된 각 인사별로 구체적인 경험 분야 또는 대상협정 분야나 주제에 관한 전문지식이 명시된다.

4) 제3자   패널의 활동과정에서 문제가 되는 대상협정과 이해관계를 가진 제3자(다른 회원국)의 의견을 충분히 고려해야 한다. 이때 제3자란 패널에 회부된 사안에 대해 실질적 이해관계를 가지며, 자기 나라의 이해관계를 분쟁해결기구에 통보한 회원국을 의미한다. 패널절차에서 제3자는 자신의 입장을 개진한 서면을 패널에 제출할 기회를 가진다. 제3자가 제출한 서면입장은 분쟁당사자에게 전달되며 패널보고서에 반영된다.

제3자는 제1차 패널회의에 제출되는 분쟁당사자의 서면입장을 입수할 수 있다. 만일 제3자가 이미 패널과정의 대상이 되는 조치로 인해 대상협정에 따라 자기 나라에 발생하는 이익이 무효화 또는 침해되었다고 간주하는 경우, 제3자도 이 양해에 따른 정상적인 분쟁해결절차를 요청할 수 있다. 이러한 분쟁은 가능할 경우 언제나 원패널에 회부된다.

5) 패널의 기능   패널은 분쟁당사자가 분쟁해결기구에 제기한 문제를 조사하고, 분쟁사실에 대한 객관적인 조사와 평가, 관련 대상협정의 적용가능성 분석 및

관련 대상협정과 합치성을 등을 포함하여 회부된 사안에 대한 객관적인 판정을 내린다. 이러한 과정을 통해 패널은 분쟁해결기구가 관련 분쟁에 대한 최종 판정이나 권고를 내리는 데 도움이 되는 조사결과를 작성한다.[275]

패널보고서는 분쟁해결기구의 총의(consensus)에 의해서만 거부될 수 있다. 따라서 패널의 최종 판정이 바뀌기는 쉽지 않다. 물론 이러한 패널의 최종 판정은 인용된 협정에 기초를 두어야 한다. 패널의 최종보고서는 일반적으로 활동 시작 후 6개월 이내에 분쟁당사국들에게 제출된다. 하지만 부패상품을 포함한 긴급을 요하는 사건의 경우, 제출시한은 3개월 이내로 줄어든다.

   6) 단계별 패널절차   WTO 분쟁해결제도에서는 패널이 어떻게 임무를 수행하는지에 대한 주요 단계별 내용을 기술하고 있다.[276] 이를 정리하면 다음과 같다.

   ① 첫 심리 이전   분쟁당사국은 패널에 사건 개요를 서면으로 제출한다. 패널이 분쟁당사자와 협의 후 분쟁당사자가 동시에 서면입장을 제출해야 한다고 결정하지 않는 한, 제소국은 피소국보다 먼저 제1차 서면입장을 제출할 수 있다. 그 후에 제출되는 모든 서면입장 제출은 동시에 진행된다.[277]

   ② 첫 심리   패널은 제소국, 피소국 그리고 해당 사건과 이해관계가 있다고 사전에 입장을 제시한 회원국인 제3국(the third country)과 함께 첫 번째 심리를 가진다. 분쟁당사국과 이해당사자는 패널의 출두요청을 받은 경우에 한해 회의에 참석한다.

   ③ 반박(Rebuttals)   패널의 두 번째 모임에서 관련 당사국들은 서면반박문을 제출하고 구두변론을 할 수 있다. 피소국은 반박을 위한 구두변론의 단계에서 제소국보다 먼저 발언할 권리를 갖는다.

   ④ 전문가 그룹   분쟁당사국 중 일방이 과학적 또는 기술적 문제를 제기할 경우, 패널은 전문가들과 협의하거나 '권고보고서'를 제시할 수 있는 전문가검토단을 지정할 수 있다.[278] 예외적인 상황을 제외하고는 분쟁당사자 간의 합의 없이 분쟁당사국은 전문가검토단의 업무를 담당할 수 없다. 전문가검토단의 구성원은 모두 개인 자격으로 참여한다. 전문가검토단의 최종보고서는 권고적 성격만을 갖는다.[279]

   ⑤ 보고서 초안   패널은 잠정보고서에 게재될 서술적 부분(사실과 주장)을

---

275 분쟁해결규칙 및 절차에 관한 양해 제7조 및 제11조.
276 패널의 작업을 위한 제안된 일정표는 "분쟁해결규칙 및 절차에 관한 양해"의 [부록 3]을 참조.
277 분쟁해결규칙 및 절차에 관한 양해 제12조 6항
278 분쟁해결규칙 및 절차에 관한 양해 제13조.
279 분쟁해결규칙 및 절차에 관한 양해의 '부록 4, 전문가검토단(Expert review groups)'을 참조.

분쟁당사국에 제시해야 한다. 각 분쟁당사국은 패널이 설정한 기간(2주) 이내에 제시된 서술 부분에 대한 논평을 서면으로 제출하여야 한다.[280] 하지만 이때 제시되는 보고서 초안에는 판정이나 어떠한 결론을 포함하고 있지 않다. 패널의 잠정보고서는 제공된 정보 및 진술 내용에 비추어 분쟁당사자의 참석 없이 작성되며, 개별 패널위원이 보고서에 표명한 의견은 익명으로 행해지거나 제시된다.

⑥ 잠정보고서　　　패널은 담당 사건의 판정과 결론이 포함된 잠정보고서를 각국에 제출한다. 분쟁당사국은 일정 기간(일반적으로 1주일이 보통) 내에 패널이 잠정보고서의 특정 부분에 대해 최종보고서가 회원국들에게 배포되기 전까지 잠정검토해 줄 것을 서면으로 요청할 수 있다.[281]

⑦ 패널의 재검토　　　분쟁당사국의 잠정검토 요청에 대해 패널은 재검토를 한다. 이러한 재검토 기간은 절대 2주를 초과해서는 안 된다. 분쟁당사자 일방이 요청하는 경우, 패널은 이 기간 동안 서면논평에 명시된 문제에 관해 분쟁당사국과 추가적인 회의를 가질 수도 있다.

⑧ 최종보고서　　　최종보고서는 먼저 분쟁당사국에게 제시되고, 그리고 3주 후에는 WTO의 모든 회원국들에게 회람된다. 패널은 패널절차를 통해 분쟁을 유발한 무역조치가 WTO 협정이나 의무에 반하는 것이라고 결정한다면, 그 조치를 WTO 규정에 일치시키도록 권고할 수 있다. 물론 해당 패널은 권고를 이행할 수 있는 방법을 제시하기도 한다.[282]

⑨ 최종판정으로 채택된 보고서[283]　　　패널보고서는 회원국에 배포된 후 20일 이내에는 DSB의 심의대상이 되지 않는다. 배포된 패널보고서에 이의가 있는 회원국은 패널보고서 심의를 위한 DSB가 개최되기 10일 이전에 서면이의서를 제출해야 한다. 제출된 패널보고서는 관련 분쟁당사국이 상소결정을 DSB에 통보하지 않거나, 분쟁해결기구의 총의로써 거부되지 않는 한, 회원국에게 배포된 후 60일 이내에 DSB의 판정이나 권고로 채택된다. 분쟁당사국은 패널보고서 결정에 대해 상소할 수 있다. 일부 분쟁

280　분쟁해결규칙 및 절차에 관한 양해 제15조.
281　분쟁해결규칙 및 절차에 관한 양해 제15조.
282　분쟁해결규칙 및 절차에 관한 양해 제19조 제1항.
283　채택된 패널보고서가 GATT 규정의 해석에 있어서 선례구속의 원칙이 적용되는가 하는 의문이 있을 수 있다. 그러나 패널은 단지 분쟁당사국에 의해 제기된 문제에 근거하여 판정과 권고를 하기 때문에 패널보고서의 해석은 분쟁당사국에만 적용되어야 하는 것이 타당하다 하겠다. 따라서 "분쟁해결규칙 및 절차에 관한 양해"에서 채택된 패널보고서가 선례로서 구속력을 가진다는 규정은 포함되지 않았다.

에서는 분쟁당사국 모두가 상소하기도 한다. 상소의 경우, 패널보고서는 상소절차가 종료될 때까지 DSB에서 논의되지 아니한다.[284]

7) 패널의 정보요청권리와 심의의 비공개성   분쟁해결 패널은 자신이 적절하다고 판단하는 모든 개인이나 기관으로부터 정보 및 기술적 자문 등을 구할 수 있는 권리를 가진다. 그러나 패널은 이러한 정보나 자문을 구하기 전에 관련 회원당국에 먼저 통보해야 한다. 패널이 정보를 요청하는 경우, 회원국은 언제나 신속히 그리고 충실하게 이러한 요청에 응하여야 한다. 비밀정보가 제공되는 경우, 이러한 정보는 제공국의 개인, 기관 또는 당국의 공식 승인 없이는 공개되지 아니한다.

분쟁해결패널은 모든 관련 출처로부터 정보를 구할 수 있고, 특정 측면과 사안에 대한 의견을 구하기 위해 전문가와 협의할 수 있다. 그리고 분쟁의 일방 당사자가 제기하는 과학적 또는 그 밖의 기술적 사항에 관련된 사실문제에 관해 전문가검토단에 서면자문보고서를 요청할 수도 있다.[285]

분쟁해결패널의 심의는 비공개로 진행된다. 패널보고서 작성과정은 분쟁당사자의 참석 없이 진행된다. 그리고 개별 패널위원이 패널보고서에서 표명한 의견은 익명(개인의 이름이나 신원이 공개되지 않거나 드러나지 않는 상태를 의미)으로 표시된다.

(3) 상소절차

1) 상소기구의 구성   분쟁당사국 중 누구든지 패널판정에 대해 상소할 수 있다. 때로는 제소국과 피소국 모두가 상소하는 경우도 있지만, 제3자는 상소할 수 없다. 그러나 해당 절차에 이해관계를 가지고 있는 회원국인 제3자는 상소기구에서 자신의 입장을 개진할 기회를 가질 수 있다.[286]

상소기구에서의 심의는 패널보고서에서 다루어진 법률적 해석 등과 같은 법적인 문제에 기초한다. 따라서 상소기구에서는 기존의 증거를 재심하거나 새로운 증거에 대한 재심의를 할 수는 없다.

상소기구는 DSB에 의해 설치되며 WTO 전체 회원국을 대표하는 7인의 상설위원 중 3인에 의해 각 사건을 심리한다. DSB는 4년 임기의 상소기구 위원들을 임명하며, 상소기구 위원은 1차에 한하여 연임할 수 있다. 상소기구 위원은 법률 또는 국제무역

---

284 분쟁해결규칙 및 절차에 관한 양해 제16조.
285 전문가검토단의 설치에 관한 규칙 및 검토단의 절차는 DSU 부록 4에 규정되어 있음.
286 분쟁해결규칙 및 절차에 관한 양해 제17조 제4항.

등의 분야에서 독립적이고 공인된 전문가들로 구성되며, 어떠한 국가의 정부와도 제휴해서는 안 된다.

　　상소절차의 소요기간은 분쟁당사국 일방이 자국의 상소결정을 공식적으로 통지한 날로부터 상소기구가 상소보고서를 배포하는 날까지로 계산된다. 상소절차는 최고 90일까지 진행될 수 있으나 일반적으로 60일 이상 지속해서는 안 된다.

　　2) 상소보고서의 채택　　　　　상소기구는 DSB의 의장 및 WTO 사무총장과의 협의를 거쳐 작업절차를 결정하며, 결정된 작업절차는 회원국에게 통보된다. 상소기구의 심의과정은 패널의 심의과정과 마찬가지로 비공개로 진행되며, 개별 상소기구 위원의 견해 역시 익명으로 표기된다. 상소기구는 패널의 판정이나 결론을 확정(uphold), 수정(modify) 또는 파기(reverse)할 수 있다. 분쟁해결기구는 제시된 상소보고서에 대해 30일 이내에 채택 또는 거부를 결정하여야 한다. 상소보고서의 거부는 오직 총의(consensus)에 의해서만 가능하다.

함께 읽어보기

WTO 분쟁해결절차의 소요기간

　　분쟁해결절차상 각 단계별 예상 소요기간은 목표수치에 불과하다. 따라서 WTO 분쟁해결절차에 소요되는 분쟁해결기간은 탄력적이라고 할 수 있다. 물론 분쟁당사국 스스로 합의를 통해 어느 단계에서든지 분쟁을 해결할 수 있다.

◀ 그림 ▶ WTO 분쟁해결절차

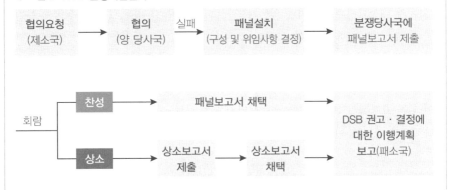

협의, 중개, … 등	60일
패널설치 및 패널리스트 임명	45일
당사국에 패널 최종보고서 송부	6개월
WTO 회원국에 패널 최종보고서 송부	3주
DSB에서 패널 최종보고서 채택(상소가 없는 경우)	60일
분쟁해결절차 종료(상소가 없는 경우)	종합(1년)
상소보고서	60-90일
DSB에서 상소보고서 채택	30일
분쟁해결절차 종료(상소가 있는 경우)	종합(1년 3개월)

출처 | 장예진, "WTO DSB 제소절차", 연합뉴스(https://www.yna.co.kr/view/GYH20190702000300044).

3. 판정 이후의 절차

한 회원국이 다른 회원국의 이익을 직·간접적으로 침해하거나 무효화시키고 있다면, 이러한 침해나 무효화 관련 조치들은 신속하게 개선되어야 한다. 만약 회원국이 WTO 관련 협정에 대한 위반 또는 의무 등을 불이행한다면 이에 대해 보상하거나 적절한 처벌을 감내해야 한다.

(1) 패널 및 상소기구의 권고

관련 분쟁에 대한 판정이 내려진다고 하더라도 무역제재조치(전통적인 방식의 처벌)가 발동되기 전에 행해져야 하는 절차가 더 남아 있다. 패널 및 상소기구는 특정 회원국의 조치가 대상협정에 일치하지 않는다는 (최종) 결정을 한 경우, 관련 회원국의 불일치 조치에 대한 대상협정 일치를 권고할 수 있다.[287]

분쟁 패소국의 입장에서 가장 먼저 해야 할 일은 자국의 정책을 패널 및 상소기구의 판정이나 권고에 맞추는 것이다. WTO DSU 제21조에서는 "모든 회원국에 대해 이익이 되는 효과적인 분쟁해결을 실현시키기 위해, 모든 회원국은 DSB의 권고와 판정에 즉각적으로 따르고 이행하는 것이 필수적이다"라고 규정함으로써 이러한 조치의 정당

---

287 분쟁해결규칙 및 절차에 관한 양해 제19조. 이때 패널이나 상소기구는 자신의 권고에 추가하여 관련 회원국이 권고를 이행할 수 있는 방법을 제시할 수 있으며, 여기서 관련 회원국이라 함은 패널이나 상소기구의 권고의 대상이 되는 분쟁당사국이다.

성을 부여하고 있다.

　피소국이 분쟁해결절차상 과정에서 패소하는 경우, 패널이나 상소보고서의 권고에 따라야만 한다. 패소국은 보고서가 채택되고 난 후 30일 이내에[288] 개최되는 DSB 회의에서 자국의 의도를 밝혀야만 한다. 만약 권고에 대한 즉각적 이행이 비현실적이라면 권고이행을 위한 "합리적인 기간"[289]을 부여받을 수 있다.[290]

　만약 패소국이 이러한 합리적인 기간 안에 DSB가 제시한 권고를 이행하지 못하는 경우, 패소국은 제소국의 특정한 이익이 존재하는 분야에서 관세인하 등과 같은 상호 수용이 가능한 보상책을 마련하기 위한 협상을 개시해야 한다.

　한편, DSB의 권고 및 판정에 대한 패소국의 이행준수 조치가 취해지고 있는지 여부와 이와 관련된 조치가 대상협정에 합치하는가에 대해서도 분쟁은 다시 발생할 수 있다. 하지만 이러한 경우에 발생하는 분쟁도 모두 원패널에 회부하는 것을 포함하여 가능한 WTO 분쟁해결절차의 이용을 통해 해결된다.

(2) 무역제재조치

　1) 보상 및 양허의 정지　　　　　회원국이 합리적 기간 내에 대상협정의 위반으로 결정된 조치를 WTO 협정에 합치시키지 않거나 권고·판정을 이행하지 아니하는 경우, 다른 회원국은 불이행 또는 불합치 회원국에 대한 보상협상을 요청할 수 있다. 이때 요청을 받은 회원국은 분쟁당사자와 상호 수용 가능한 보상의 마련을 위한 협상을 개시하여야 한다.

　만약 합리적인 기간이 종료된 날부터 20일이 지난 후에도 만족할 만한 보상합의가 이루어지지 않는 경우, 제소국은 피소국에 대해 제한된 무역제재조치를 취할 수 있도록 분쟁해결기구(DSB)에 요청할 수 있다.[291] 이때 요청되는 제한된 무역제재조치는 보상 및 양허 또는 그 밖의 의무의 정지 등과 같은 조치들이다.

288　분쟁해결기구회의가 이 기간 중에 계획되어 있지 아니한 경우, 동 목적을 위해 분쟁해결기구회의가 소집되어야 한다.

289　'합리적인 기간(reasonable period)'은 다음과 같다.　ⅰ) 분쟁해결기구의 승인을 받는 조건으로 관련 회원국이 제의하는 기간, 이러한 승인이 없는 경우에는　ⅱ) 권고 및 판정이 채택된 날로부터 45일 이내에 상호 합의하는 기간, 이러한 합의가 없는 경우에는　ⅲ) 권고 및 판정이 채택된 날로부터 90일 이내에 지속적인 중재를 통해 확정되는 기간.

290　분쟁해결규칙 및 절차에 관한 협정 제21조.

291　분쟁해결규칙 및 절차에 관한 양해 제22조 제2항. 보상이나 양허 또는 그 밖의 의무의 정지는 관련 조치를 대상협정에 합치시키도록 하는 권고의 완전한 이행(제21조)에 우선하지 아니한다.

하지만 이러한 무역제재조치는 DSB의 권고·판정이 합리적인 기간 내에 이행되지 아니하는 경우에 취할 수 있는 잠정적인 조치이다. 이때 DSB가 승인하는 양허 또는 그 밖의 의무의 정지 수준은 무효화 또는 침해 수준에 상응해야 한다. 제소국에 의한 대응적 무역제재조치가 대상협정의 양허 또는 그 밖의 의무의 정지를 금지하는 경우, DSB는 이를 승인하지 아니한다.

이는 패널과 상소기구의 권고·판정은 대상협정에 규정되어 있는 회원국의 권리와 의무를 증가 또는 감소시킬 수 없다는 의미이다. 즉, 보상이나 양허, 그 밖의 의무의 정지 또한 권고·판정의 완전한 이행이 대상협정에 규정된 회원국의 의무와 권리에 우선하지 않는다는 의미이다. 이는 WTO 협정상의 권리와 의무가 DSB 패널 또는 상소기구의 권고·판정에 우선하며, DSB의 권고·판정은 보상이나 양허, 그밖의 의무의 정지와 관련된 조치에 우선한다는 의미이다.

DSB는 합리적 기간이 경과한 이후 30일 이내에 총의(consensus)로써 양허정지에 대한 허가요청을 거절하지 아니하는 한, 양허정지를 허가하여야 한다.[292]

2) 보복조치

① 동일한 분야 또는 협정상의 보복   원칙적으로 WTO DSU에 따른 제재(sanction)는 분쟁이 발생한 분야에서 발동되는 것이 원칙이다. 제소국은 패널이나 상소기구가 위반 또는 그 밖의 무효화나 침해가 있었다고 판정을 내린 분야와 동일한 분야에 대해 양허정지 또는 그 밖의 의무의 정지를 침해가 발생한 수준에 근거하여 우선적으로 추구할 수 있다.

보복조치와 관련된 동일한 분야란 상품과 관련된 제재에서는 가능한 동일한 상품 분야를 대상으로 하고, 서비스와 관련된 제재에서는 현행 '서비스 분야별 분류표'에 명시된 11개 분야의 동일한 분야를 대상으로 한다. 그리고 무역 관련 지식재산권과 관련된 제재에서는 저작권 및 저작인접권(제2부 제1절), 상표권(제2부 제2절) 지리적 표시권(제2부 제3절), 의장권(제2부 제4절), 특허권(제2부 제5절), 집적회로 배치설계(제2부 제6절), 미공개 정보의 보호(제2부 제7절), 지식재산권의 이행(제3부), 지식재산권의 취득, 유지 및 관련 당사국 간의 절차(제4부) 등에서 동일한 분야를 대상으로 한다.[293]

---

292 분쟁해결규칙 및 절차에 관한 양해 제22조 제6항. 분쟁해결기구가 승인하는 양허 또는 그 밖의 의무의 정지 수준은 무효화 또는 침해 수준에 상응하여야 하며, 대상협정이 양허 또는 그 밖의 의무의 정지를 금지하고 있는 경우, 이를 승인해서는 안 된다.
293 분쟁해결규칙 및 절차에 관한 양해 제22조 제3항 (a), (f).

만약, 동일한 분야에 대해 제재를 부과하는 것이 비현실적이고 비효과적인 경우, 동일한 협정하의 다른 분야에 대해 제재를 부과할 수 있다. 여기서 말하는 협정이란 상품과 관련해서는 WTO 협정 부속서 1A에 열거된 협정 전체와 관련 분쟁당사자가 그 회원국인 경우에는 복수국가 간 무역협정, 서비스무역에 관한 일반협정, 무역 관련 지식재산권 협정 등을 의미한다.[294]

이때의 제재는 분쟁이 발생한 분야와 동일한 분야에 대해 부과되어야 한다는 원칙과 제재의 강도를 단계적으로 높이는 제재부과 원칙에 따른다. 동 원칙들이 적용되는 이유는 취해진 조치가 관련 없는 분야로까지 확대되는 것을 방지하는 동시에 제재조치의 효과를 극대화하기 위함이다.

② 교차보복　　　　동일한 협정하의 다른 분야에 제재를 부과하는 것도 비현실적이거나 비효과적이며 상황이 매우 심각하다면, 다른 대상협정하의 양허나 기타 의무의 정지와 같은 조치가 부과될 수 있다.[295] 이러한 조치를 교차보복(Cross-retaliation)의 허용조치라고 한다.

교차보복의 허용은 대상협정에 대한 위반조치의 개선이 어려운 경우에 유용한 조치이다. 만약 선진국의 자의적 해석으로 인해 DSB의 최종권고에 대한 개선의 가능성이 없을 경우, 교차보복을 허용함으로써 이러한 부분에 대한 매우 효과적인 보복수단을 제공하는 것이다.

DSB는 채택된 결정이나 판정이 어떻게 이행되는지를 지속적으로 감시한다. 그리고 만약 어떤 미해결의 사건이나 과제라도 WTO 내에 존재한다면, 그 문제가 해결될 때까지 WTO의 의제로 남겨둠으로써 이러한 미해결 과제의 해결을 시도하여야 한다.[296]

4. 개도국 배려와 비위반제도

(1) 개도국에 대한 배려

개도국에 대한 배려는 WTO 분쟁해결절차에 관한 양해의 전체에서 잘 나타나 있다. 개도국이 선진국을 제소하는 경우, 제소국은 DSU의 협의(제4조), 주선, 조정 및 중개(제5조), 패널설치(제6조) 및 패널절차(제12조)에 포함된 규정 대신 개도국에 대한 특별대

---

294 분쟁해결규칙 및 절차에 관한 양해 제22조 제3항 (b), (g).
295 분쟁해결규칙 및 절차에 관한 양해 제22조 제3항 (c).
296 분쟁해결규칙 및 절차에 관한 양해 제21조 제6항.

우를 선택할 수 있다.[297] 그리고 모든 WTO 회원국들은 분쟁과 관련된 협의과정에서 개도국의 문제점과 이익에 관해 특별한 배려를 하여야 한다.

패널구성과 관련하여 선진국과 개도국 간의 분쟁에서 개도국이 요청하는 경우, 패널위원 중 적어도 1인은 개도국의 인사를 포함시켜야 한다.[298] 또한 개도국이 취한 조치와 관련된 협의의 경우, 분쟁당사국 간 협의기간은 합의에 의해 연장될 수 있다. 개도국에 대한 제소에서 패널은 개도국이 자국의 주장을 정리하고 제시하기 위해 필요한 충분한 시간을 부여하여야 한다. 하지만 이러한 배려가 전체적인 분쟁해결기한을 초과할 수 있다는 의미는 아니다.

개도국이 분쟁당사국인 경우, 패널은 대상협정에 명시되어 있는 개도국 우대에 관한 관련 규정이 분쟁해결절차에서 어떠한 형태로 고려되었는지를 패널보고서에 명시하여야 한다.[299]

보복조치와 관련하여 당해 사안이 개도국에 의해 제소된 경우, 분쟁해결기구는 상황에 비추어 어떠한 적절한 추가 조치를 취할 것인지를 검토해야 한다. 그리고 어떠한 적절한 조치를 취할지 고려함에 있어서도 제소 대상조치의 무역 대상범위뿐만 아니라, 그러한 조치가 당해 개도국의 경제에 어떠한 영향을 미치는지도 고려해야 한다.[300]

함께 읽어보기

WTO 상소기구의 위기와 개혁 논의

세계무역기구(WTO)의 최종심 역할을 하는 상소기구(Appellate Body) 기능이 2019년 12월 11일부터 정지되었다. 현재 상소기구가 직면한 위기는 상소기구에 전면적인 개혁이 필요하다며 신규 상소기구 위원의 선임을 거부하고 있는 미국의 태도에 기인한다. 미국 행정부는 상소기구의 판정이 미국의 국익에 부합하지 않고 중국의 불공정 무역관행을 시정하는 데 WTO 분쟁해결제도가 효과적이지 못했다는 입장을 견지하고 있다.

본 보고서는 상소기구의 문제점을 지적한 미국 무역대표부(USTR)의 심층보고서를 기반으로 각 쟁점별로 WTO 내부에서 제안된 상소기구 개혁방안을 비교분석한다. USTR의 보고서는 상소심 기한, 퇴임 상소기구 위원의 연장업무, 상소기구의 사실판단, 권고적 의견, 선례구속, 판결이

---

297 분쟁해결규칙 및 절차에 관한 양해 제3조 제12항.
298 분쟁해결규칙 및 절차에 관한 양해 제8조 제10항.
299 분쟁해결규칙 및 절차에 관한 양해 제12조 제11항.
300 분쟁해결규칙 및 절차에 관한 양해 제21조 제8항.

행 권고, 월권행위 등의 분야에서 상소기구의 문제점이 지속적으로 나타났다고 지적했으나 이에 대한 구체적인 해결책은 제시하지 않았다.

반면, 일부 WTO 회원국들은 12개국 제안서, 4개국 제안서 등을 통해 각 사안별로 개혁방안을 제시하였다. WTO 상소기구 개혁 논의의 좌장인 워커 대사도 구체적인 상소기구 개혁방안이 담긴 워커 제안서를 일반이사회 결정문 초안으로 제출하였다. 특히 워커 제안서에는 상소심을 90일 이내에 완료할 의무, 기존 위원 퇴임 180일 이전 신규 위원 선임절차 자동개시, 상소 대상에서 '국내법의 의미' 제외, 권고적 의견 금지, 선례구속 제한, 상소기구와 분쟁해결기구 간 회합 정례화 등의 내용이 구체적으로 명시되었다.

상소기구의 기능정지가 현실화되자 대안적 분쟁해결제도에 대한 논의도 본격화되었다. 대표적 방안으로는 양자 또는 다자간 임시 상소중재 협정을 체결하는 방안, 패널판정을 최종심으로 확정하는 방안, 무역구제분쟁만을 다루는 별도의 분쟁해결제도를 운영하는 방안 등이 있다. WTO 분쟁해결기구를 통한 보복조치가 불가능해지자 일부 국가에서는 일방적 보복조치를 허용하는 방안도 논의되고 있다.

현재의 위기상황은 다자무역체제가 과거로 후퇴할 것인지 미래로 발전해 나갈 것인지를 결정하는 중요한 분기점이 될 것으로 보인다. 그러나 WTO 분쟁해결제도를 바라보는 미국과 EU의 근본적인 인식 차이로 상소기구를 둘러싼 갈등이 단시일 내에 해소되기는 힘들 전망이다. 우리 정부는 WTO 상소기구 개혁을 논의하는 다양한 협의체에 참여하여 상소기구의 기능회복을 강조하고 중견국가로서 선진국과 개도국의 입장을 조율하는 역할을 해야 한다.

출처 | 곽동철, "WTO 상소기구의 위기와 개혁 논의", 통상리포트, Vol. 2., KITA, 2020.

(2) 비위반제소

비위반제소(non-violation complaints)는 특정 대상협정의 위반이 없더라도, 한 회원국이 자신이 특정 대상협정에 따라 직·간접적으로 얻을 수 있는 이익이 무효화되거나 침해될 경우, 또는 대상협정의 목적달성이 저해된다고 간주되는 경우에 제기할 수 있는 제소를 의미한다. 이때 회원국은 비위반제소를 통해 패널 또는 상소기구의 판정 및 권고를 얻을 수 있다.

하지만 비위반제소의 경우, 제소국은 대상협정과 상충하지 아니하는 조치에 대한 정당한 제소이유를 제시해야 한다. 이때 피소국은 DSU를 통해 최종적으로 패소하더라도 자국의 조치를 반드시 철회할 의무는 없다.

패널 또는 상소기구는 비위반제소와 관련된 회원국에게 상호 만족할 만한 조정을 행할 수 있도록 권고한다. 일방 당사자의 요청이 있는 경우에는 중재를 통해 무효화 또는 침해된 이익의 정도에 대한 결정을 내릴 수 있으며, 상호 만족할 만한 조정에 이르기 위한 수단 및 방법을 제의할 수도 있다. 그러나 이러한 제의는 분쟁당사자에게 법적 구속력을 갖지는 못한다. 자발적 성격을 띠는 보상은 분쟁의 최종 해결책으로 상호 만족할 만한 조정의 일부가 될 수 있다.[301]

대상협정상의 의무는 이행하면서도 제소국의 이익을 침해한 경우도 아니지만, 어떤 상황의 결과로써 회원국은 협정에 따라 직·간접적으로 자국이 향유할 수 있는 이익이 무효화나 침해되고 있다고 판단할 수 있다. 그리고 이러한 상황으로 인해 동 협정의 목적달성이 저해되고 있다고 간주될 수도 있다. 만약 이러한 경우, 침해를 받았다고 판단하는 회원국은 DSB에 비위반제소를 제기할 수 있고, DSB는 패널 또는 상소기구를 통해 이와 관련된 판정 및 권고를 내릴 수 있다.

기타의 상황과 관련된 분쟁에서 그 분쟁에 기타의 상황 이외의 상황이 포함되어 있다고 판정되는 경우, 패널은 이러한 '이외의 상황'에 대한 보고서와 기타의 상황에 관한 별도의 보고서를 DSB에 제출해야 한다.[302]

---

301 분쟁해결규칙 및 절차에 관한 양해 제26조 제1항.
302 분쟁해결규칙 및 절차에 관한 양해 제26조 제2항.

제 3 절 • 분쟁해결제도의 운영실적과 분쟁사례

1. WTO 출범 이후 운영실적

　1995년 WTO 출범 이후 지금까지 621건(2024년 8월 말 기준)의 통상분쟁 사례가 WTO에 협의요청되었다. 이 중 372건의 분쟁해결패널이 설립되었고, 290건의 패널보고서가 작성되었다. 그리고 290건의 최종보고서 중에서 191건의 분쟁에 대해 항소절차가 접수되었다(항소율 66%).[303]

　한편, WTO의 DSB로 협의요청 접수된 건수 중에서 60% 정도인 372건이 패널절차로 이관되었다는 말은 전체의 40% 정도가 회원국 간의 협의절차를 통해 분쟁이 해결되었다는 말로 해석될 수 있다. 협의를 통한 문제의 해결은 WTO DSU의 목적인 신속한 분쟁의 해결에 DSU가 기여를 하고 있다는 증거이기도 하다. 또한 이러한 통계변화는 WTO 내에서 획기적으로 개선된 WTO의 분쟁해결제도에 대한 회원국들의 신뢰를 나타내는 증거이다.[304]

◀ 그림 ▶ WTO 회원국의 협의요청 접수건수(1995-2023년)

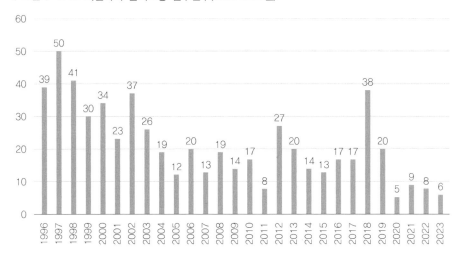

---

[303] WTO 홈페이지(https://www.wto.org/english/tratop_e/dispu_e/dispustats_e.htm).
[304] WTO의 전신이라 할 수 있는 GATT에는 지난 48년간(1947−1994년) 약 300여 건의 무역분쟁이 접수되었으니, 연간 약 6건이 GATT의 분쟁해결제도에 접수되었음을 의미한다.

주 1. 2019년 12월 이후 상소심사위원회는 임기가 만료된 위원이 교체되지 않아 추가상소를 심리하기 위한 3개
　상소심사위원회 위원부를 구성할 수 없음.
　2. 2023년 12월 기준으로 30건의 소송에 대한 상소가 상소심사위원회에 계류 중임(새 위원이 임명될 때까지
　더 이상 진행할 수 없음)

출처 | https://www.wto.org/english/tratop_e/dispu_e/dispustats_e.htm

◀ 그림 ▶　WTO DSU 진행 중 협의, 패널설치 및 상소기구 설치 현황

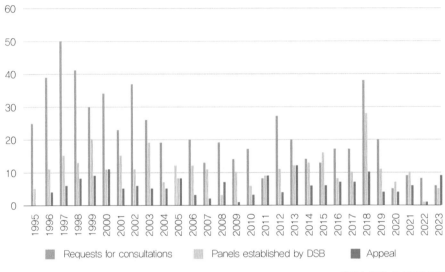

출처 | 앞의 〈그림〉과 같음

2.　분쟁사례

(1) 미국과 베네수엘라의 가솔린 분쟁

　　1995년 1월 23일 베네수엘라는 미국이 가솔린 수입품에 대해 차별적인 법률을 적용하고 있다고 분쟁해결기구(DSB)에 정식 제소하였으며, 그 후 미국과의 협의를 요청하였다. 1년간의 패널 조사기간을 거쳐 1996년 1월 29일 최종 패널보고서가 완성되었다.

　　1990년대 초반, 미국의 환경보호청(EPA ; Environmental Protection Agency)은 대기오염을 완화하기 위해 가솔린에 대한 새로운 환경규제를 도입했다. 미국이 도입한 당시의 가솔린규제는 가솔린의 성분을 조정해 대기 중 오염물질의 배출을 줄이는 것이 목적이었다. 당시 규제내용의 핵심은 휘발유에 포함된 독성 화합물의 양을 제한하는 것이었다.

　　갈등의 핵심은 미국이 가솔린 관련 환경규제를 수입산 가솔린에도 적용하면서 문제로 나타났다. 당시의 베네수엘라는 세계적인 원유 생산국이자 정제가솔린 수출국의 지위를 가지고 미국에 대량의 가솔린을 수출하고 있는 상황이었다. 결과적으로 미국의

새로운 규제는 베네수엘라에게는 큰 타격으로 인식되었다.

　　분쟁과정에서 베네수엘라는 미국이 베네수엘라의 가솔린에 대해 차별적 규제를 적용하고 있다며 반발했다. 미국의 환경규제가 베네수엘라산 가솔린에 더 불리하게 적용되고, 미국 내 생산 가솔린과 동등하게 취급되지 않는다고 주장했다. 이러한 이유로 베네수엘라는 미국을 세계무역기구(WTO)에 제소했다.

　　하지만 베네수엘라가 DSB에 분쟁패널 구성을 요청한 후 1995년 4월 브라질도 미국을 제소하면서 이 사건에 합류하였다. 동일 패널이 두 사안에 대해 모두를 조사하였다.[305] 미국은 패널과정을 통해 패소하자 상소하였고, 상소과정을 통해 이 사안에 대한 상소보고서가 완성되었다. DSB는 동 사건에 대해 소송이 처음 제기된 후 1년 4개월만인 1996년 5월 20일에 최종보고서를 채택할 수 있었다.

　　그다음 단계로 미국과 베네수엘라는 미국의 이행조치에 대한 의견조정에 6개월 반의 시간을 소요했다. 해결책 이행을 위해 합의된 기간은 소송이 종결된 날로부터 15개월이었다(1996년 5월 20일-1997년 8월 20일). 분쟁해결기구는 미국이 제출한 1997년 1월 9일과 2월 13일 "상황보고서"에 따라 이행조치의 진행상황을 감시했다.

출처 | GS칼텍스, "베네수엘라의 거대한 매장량, 언제 생산으로 이어질까", 2023.12.21.

---

305 분쟁해결규칙 및 절차에 관한 양해 제9조. 2개국 이상의 회원국이 동일한 사안과 관련된 패널의 설치를 요청하는 경우, 이러한 복수의 제소내용을 조사하기 위해 모든 관련된 회원국의 권리를 고려하여 단일 패널을 설치할 수 있다. 이러한 복수의 제소내용을 조사하기 위해서 가능한 경우에는 언제나 단일패널이 설치되어야 한다.

이 사건은 미국이 국내 정련 가솔린보다 수입 가솔린의 화학적 특질에 더 엄격한 기준을 적용했기 때문에 발생하였다. 베네수엘라(또는 그 후의 브라질)는 미국의 가솔린이 수입 가솔린과 동일한 기준을 적용받지 않기 때문에 이 기준은 불공평하다고 주장하였다. 베네수엘라산 가솔린에 대한 이러한 차별적인 적용은 GATT 제3조 "내국민대우" 원칙 위반이라고도 볼 수 있다. 물론 이러한 조치는 건강과 환경보호를 위한 WTO 규칙의 일반적 예외규정하에서도 정당화될 수 없다.

분쟁패널은 베네수엘라와 브라질이 주장한 의견과 같은 결정을 하였다. 상소보고 서에서는 기존의 패널이 결정한 법률적 해석을 거의 대부분 받아들여 패널의 판정을 지 지하였다. 구체적으로 WTO 분쟁해결패널은 이 분쟁을 조사한 후 1996년 미국이 베네 수엘라산 가솔린에 대한 환경규제를 차별적으로 적용했다고 판결했다.

WTO는 미국이 수입 가솔린에 대해 더 엄격한 기준을 적용한 것이 공정한 무역규 칙에 위배된다고 결론지었고, 미국으로 하여금 규제를 수정하라는 최종보고서를 제시했 다. 이에 미국은 이러한 분쟁해결기구의 결정을 받아들여 15개월 내에 자국의 관련 규 정 개정에 동의했고, 1997년 8월 19일자로 새 규정이 서명된다고 DSB에 보고하였다.

미국은 WTO 분쟁해결패널의 판결에 따라 자국의 일부 규제를 수정했다. 미국과 베네수엘라의 가솔린 분쟁사례는 국제무역과 환경규제의 복잡한 관계를 보여 주는 중 요한 사건으로 인식되고 있다. 결과적으로 이 분쟁은 국가 간 무역에서 환경규제가 어 떻게 작용할 수 있는지를 보여 주었고, 이후에도 유사한 분쟁이 발생하는 데 선례가 되 었다.

시간 (0=사건 발생시점)	실제 시간	날짜	조치
5년 전	–	1990	US Clean Air법이 수정됨
4달 전	–	1994.9.	동 법에 따라 가솔린 수입규제
0	60일	1995.1.23.	베네수엘라가 DSB에 소송제기, 미국과 협의요구
1개월 후		1995.2.24.	협의개시, 실패
2개월 후	–	1995.3.25.	베네수엘라는 패널설치 요구
2개월 반 후	30일	1995.4.10.	DSB는 패널설치 동의, 미국은 패널설치에 대해 거 부하지 않음, 브라질도 미국과의 협의 요구하면서 제소

3개월 후	9개월 (목표 : 6–9 개월)	1995.4.28.	패널구성(5.31. 패널은 역시 브라질 제소에 임무수행)
6개월 후		1995.7.10.–12. 1995.7.13.–15.	패널회의
11개월 후		1995.12.11.	패널은 미국, 베네수엘라·브라질에게 잠정보고서 제출
1년 후		1996.1.29.	패널이 DSB에 최종보고서 제출
1년 1개월 후	60일	1996.2.21.	미국 상소
1년 3개월 후		1996.4.29.	상소기구 보고서 제출
1년 4개월 후	30일	1996.5.20.	DSB는 패널 및 상소보고서 채택
1년 10개월 반 후	–	1996.12.3.	미국과 베네수엘라는 이행사항에 대해 동의(이행기간은 5.20.부터 15개월)
1년 11개월 반 후	–	1997.1.9.	미국은 DSB에 제출할 이행사항에 대한 월례보고서를 서면으로 작성
2년 7개월 후	–	1997.8.19.–20.	

즉, 이 사건은 미국과 베네수엘라를 포함한 전 세계 국가들에게 무역과 환경의 문제가 어떻게 연계되고, 어떻게 조화해서 다룰 수 있는지를 제시한 중요한 사례이다.

(2) 한국과 EU의 주세분쟁

EU는 1996년 일본과의 'WTO 주세분쟁'에서 승소한 것을 계기로, 1997년 초 한국과 주세에 관한 양자협상을 시작하였다. 하지만 EU는 우리나라 측의 협상안(주세율의 알코올 도수 비례방안)을 거부하고 1997년 4월 9일 한국의 주세제도를 WTO에 제소하였다.[306]

WTO 분쟁해결기구는 EU의 요청을 받아들여 1997년 10월 16일 한국의 주세문제를 검토하기 위한 패널의 설치를 결정하였다. 이는 1995년 1월 WTO가 출범한 이후 처음으로 한국을 상대로 한 분쟁해결패널의 설치였다는 부분에서 의의가 있다.

EU와 미국은 국산 소주와 수입 위스키 등에 대한 한국 내의 주세와 교육세의 세율 차이가 WTO 협정의 내국민대우 조항에 위배된다고 보고, 동 사건을 WTO 분쟁해결절

---

306 그 후 5월 28일 미국도 우리나라의 주세제도를 WTO에 제소하였다.

차에 회부하였다. EU는 1997년 9월 25일 DSB에 대해 동 사건에 대한 패널설치를 최초로 요청하였다. 하지만 이때의 패널설치 요청은 한국 측의 반대로 실패하였다. 이에 따라 패널설치는 연기되었고, 10월 16일 개최된 두 번째 DSB에서 동 사건에 대한 패널설치가 재요청됨에 따라 패널설치가 결정된다.

당시 한국의 주세제도를 보면, 종가세의 구조하에 같은 증류주에도 차별적인 조세가 부과되었다. 구체적으로 살펴보면 국내산 주류의 경우, 알코올 도수가 25도인 희석식 일반 소주에는 주세 35%와 주세의 10%에 해당하는 교육세가 부과되어 전체 38.5%의 조세가 부과되었다. 또한 알코올 도수 40도인 안동 소주, 문배주 등과 같은 증류식 소주와 인삼주 같은 주류에는 주세 50%와 주세의 10%에 해당하는 교육세를 부과하여 전체 55%의 조세가 부과되었다.

하지만 양주의 경우 위스키, 브랜디 등에는 주세 100%와 주세의 30%에 해당하는 교육세를 부과하여 전체 130%의 조세가 부과되었다. 그리고 보드카와 같은 일반 증류주에는 주세 80%와 주세의 30%에 해당하는 교육세를 부과하여 전체 104%의 조세가 부과되었다.

사실 우리나라는 EU의 WTO 분쟁해결절차 제소를 계기로 EU나 미국과의 양자협상 과정에서 알코올 도수 1도당 일률적으로 2.5%씩의 주세를 부과하며, 교육세는 20% 또는 30%로 단일화한다는 안을 마련하였다. 그리고 주세와 교육세의 조정은 향후 3~4년간의 이행기간을 두어 실시한다는 타협안을 제시하였다. 하지만 EU와 미국은 한국 내에서 국산 술과 양주의 주세율 격차에 대한 완전 철폐를 주장함으로써 합의에 도달할 수 없었다.

WTO 분쟁해결기구는 패널에서의 논의를 바탕으로 1998년 7월 31일(한국시간 8월 1일 오전) 한국이 소주보다 위스키에 대해 높은 주세율을 부과하는 것은 WTO 내국민대우 의무에 위반이라는 판정을 내렸다. 패널은 "소주와 위스키 간에는 직접경쟁 또는 대체관계가 존재하기 때문에 양자 간 상이한 주세적용은 WTO 협정에 위배된다"고 판정하였다. 이는 그동안 한국이 주세류 등에서 수입품에 대한 차등과세를 통해 국내생산과 산업을 보호하고 있었다는 것을 의미한다.

이러한 패널의 판정에 대해 한국은 주류시장의 특성상 소주와 위스키는 가격이나 음주장소 등에서 현저한 차이가 발생하여 위스키에 상대적으로 높은 세금을 부과할 수밖에 없다면서 패널의 판정을 받아들일 수 없다고 주장하였다. 이에 한국은 패널의 관련 판정이 사실관계를 '객관적으로 평가하도록' 규정한 DSU 제11조를 준수하지 않았으며, 부당한 입증책임의 배분과 법리적 해석의 오류를 들어 1998년 10월 20일 상소기구에 제소하였다.

그러나 상소심에서도 WTO 주세 관련 패널의 법리적 해석과 심의기준은 적절하였다고 판결하였다. 이에 따라 1999년 2월 17일 WTO DSB에서는 한국의 주세법과 교육세법을 GATT 규범에 일치하도록 개정할 것을 권고하는 권고안을 공식 채택하였다. 이후 1999년 6월 4일 WTO DSB는 2000년 1월 31일까지 WTO 권고사항을 이행하도록 하는 최종 판결을 내렸다.

한국의 경우, 당시 소주소비가 주류소비의 약 70%를 차지하고 있었다. 즉, 소주는 서민 술인 반면, 양주는 고가의 고급술로 인식되어 왔다. 당시 한국의 고민은 소주와 양주의 주세를 동일하게 하는 경우, 소주값이 올라 IMF 외환위기로 힘들어 하는 일반 서민들의 부담을 가중시키는 결과를 낳게 되는 것이었다. 그렇다고 양주의 가격을 내리자니 수입급증을 우려하지 않을 수 없는 상황이었다.

물론 소주와 양주를 둘러싼 주류의 가격과 세금을 변동시키는 경우, 소비 부분에서 대체관계에 있는 맥주를 비롯한 다른 주류의 주세 또한 조정이 필요했다. 이러한 주세조정은 주류업계나 소비자의 이해관계뿐만 아니라 국가재정수입과도 직결되는 문제였다. 따라서 한국 정부로서는 심각한 고민을 하지 않을 수 없는 부분이었다.[307]

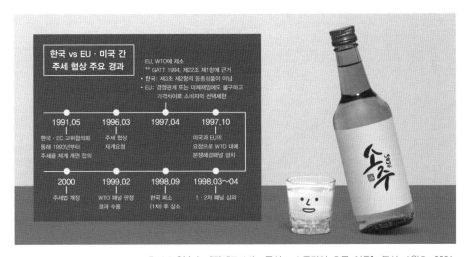

출처 | 임송수, "판례로 보는 통상 : 소주값이 오른 이유", 통상, 1월호, 2021.

---

307 조영정, 『국제통상법의 이해』, 무역경영사, 2000, p.23. 적의 참조.

한국은 1999년 정기국회를 통해 2000년부터 위스키의 주세율을 기존의 100%에서 정부안(80%)보다 낮은 72%로 낮추었고, 소주(희석주)의 주세율을 당시 출고가격 35%에서 72%대로 높여 소주와 위스키의 주세율을 일치시켰다. 반면, 맥주는 저알코올주임에도 불구하고 높은 세율로 과세되고 있는 점과 재정 여건을 고려하여 주세율을 기존 130%에서 2000년 115%로 낮추고, 그 후 2001년부터는 다시 100%로 단계적으로 낮추기로 했다.[308]

▶ 한·EU 주세분쟁 진행과정 ─────────────────────────────●

　　○ 1997년 초　　　　 : EU·미국과 소주주세에 관한 양자협상 시작
　　○ 1997년 4월 9일　 : 주세제도에 대한 EU의 WTO 분쟁해결기구 제소
　　○ 1997년 9월 25일　: EU의 1차 분쟁해결 패널설치 요청(우리나라의 거부)
　　○ 1997년 10월 16일 : EU의 2차 분쟁해결 패널설치 요청, 패널설치
　　○ 1998년 7월 31일　: WTO 분쟁해결기구의 패널판정(EU의 승소)
　　○ 1998년 10월 20일 : 우리나라의 WTO 상소
　　○ 1999년 2월 17일　: WTO 상소기구의 판정(EU의 승소)

───────────
[308] 중앙일보, 1999년 11월 29일.

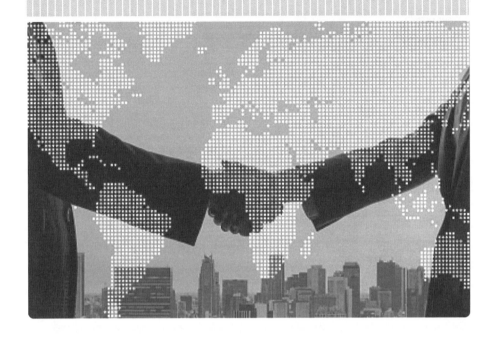

제8장

국제통상의 기타 의제

제1절 지역주의와 WTO
제2절 무역과 환경

제 1 절 ● **지역주의와 WTO**

◀ 그림 ▶ 대표적 지역주의 현황

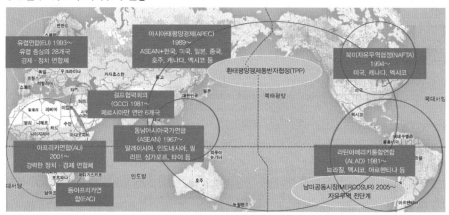

출처 | 금용찬, "디지털문명기 초연결사회, 창조경제 논의", 컴퓨터 월드(https://www.comworld.co.kr/news/
articleView.html?idxno=47765)

1. 지역주의의 대두

지역주의(regionalism)란 정치적으로 독립되어 있으면서 지리적 인접성과 문화적 공통성, 역사적 동질성, 경제적 상호의존성 등이 높은 국가들이 경제적 동맹이나 통합을 이룩하여 역내 국가에 특혜를 부여함으로써 관련국 상호 간의 이익과 협력을 도모하는 동시에, 역외 국가에는 차별적 조치를 취하는 노력이나 경향을 의미한다. 결국 지역주의란 지역경제의 공동체나 협력체를 형성하려는 노력이나 경향을 포괄적으로 지칭하는 용어라고 볼 수 있다.

일반적으로 전통적 지역주의란 지리적 인접성(geographic proximity)과 지역적 특수성을 기반으로 한다. 하지만 오늘날의 지역주의는 오히려 원격지 간의 경제협력, 즉 개별 국가의 정책적 선택(policies choices)에 의한 인위적 통합과 협력을 포함하는 경향으로 나타나고 있다.[309] 이러한 최근의 지역주의 경향을 신지역주의(new regionalism)라고 하며, 주로 경제적 동기의 지역통합을 의미하는 용어로 인식된다. 이러한 신지역주의는 ⅰ) 개방적 지역주의, ⅱ) 선·후진국 간의 통합, ⅲ) 원격지 간의 경제통합, ⅳ) 금융

---

309 노택환, 국제통상정책론, 박영사, 2008, p.365.

및 자본의 통합, ⅴ) 경제통합체 간의 경쟁 등을 특징으로 한다.

　　지역주의(Regionalism) 강화경향은 유럽 연합(European Union), 북미자유무역 협정
(North- American Free Trade Agreement), 동남아시아국가 연합(the Association of Southeast
Asian Nations), 지역협력을 위한 남아시아 협정(the South Asian Association for Regional
Cooperation), 남미공동시장(the Common Market of the South America : MERCOSUR), 호주
·뉴질랜드 경제협력 협정(the Australia-New Zealand Closer Economic Relations Agreement)
등의 사례를 통해 잘 나타나고 있다.

　　지역무역 협정의 체결 당사국들은 GATT 제24조에 따라 협정체결을 지역무역협정
위원회에 통보하여야 한다. 2024년 8월까지 WTO에 통보된 지역무역 협정(RTAs)은 609
건이고, 이 중 370건이 발효되었다.

◀ 표 ▶ 기간별 지역무역 협정 발효 현황

구분	1958-1994년	1995-2024년	계
발효 건수	43	327	370
비중(%)	11.6	88.4	100.0

　　그러나 지역무역 협정의 체결은 1995년 이후 급증하면서 전체 370건 중 337건(약
88.4%)이 WTO 출범 이후에 발효되었다. 이러한 통계를 기준으로 판단해 보면, WTO의
출범 전후로 지역무역 협정의 체결이 그 수나 적용범위 면에서 괄목할 만한 증가세를

◀ 그림 ▶ RTAs 발효 현황

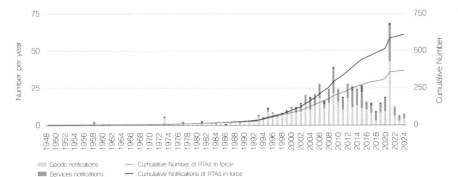

출처 | WTO, https://rtais.wto.org/UI/PublicMaintainRTAHome.aspx

보이는 것을 확인할 수 있다. 그리고 이러한 지역주의의 확산경향은 각국의 경제에서 무역이 차지하는 비중이 높아지면 높아질수록 더욱 심화될 것으로 전망되고 있다.

2. 신지역주의

최근 확대되고 있는 관세동맹이나 지역무역 협정(FTA) 등의 지역주의는 모든 교역 상대국에 동일한 대우를 규정하고 있는 WTO의 기본원칙인 최혜국대우(Most Favored Nations : MFN) 원칙에 위반된다. 하지만 WTO 체제에서는 이러한 관세동맹이나 지역무역 협정의 체결은 엄격한 기준의 충족을 전제로 최혜국대우 원칙의 적용예외로서 인정하고 있다(GATT 제24조). WTO는 일국의 대외무역에서 무역장벽의 강화가 발생하지 않는다면 지역무역 협정과 같은 지역주의의 추구가 역내 국가 간 교역흐름을 보다 자유롭게 만들어 줄 것이라 보고 있다. 즉, 지역주의는 다자간 무역체제를 보완하는 관계이지 걸림돌은 아니라고 보고 있는 것이다. 지역주의 관련 조항은 여러 개가 있으나, 그중 제일 중요한 것은 GATT 제24조와 이에 관한 양해 및 허용조항, 서비스무역에 관한 일반협정(GATS) 제5조 등이 있다.

GATT 제24조에서는 자유무역지대 또는 관세동맹이 형성될 경우, 역내 무역의 대부분에서 관세와 기타 비관세장벽이 축소되거나 제거되어야 한다고 규정하고 있다. 특히 제24조 제5항에서는 비회원국들과의 무역을 지역무역 협정 체결 전보다 제한해서는 안 된다고 규정하고 있다. 서비스무역에 관한 일반협정(GATS) 제5조에서는 지역 서비스무역 협정은 무역촉진적이어야 하고, 실질적으로 모든 서비스무역을 포함하고 있어야 한다고 규정하고 있다. 그리고 개도국 관련 조항에서도 개도국 간의 교역에 대해 관세나 비관세장벽의 축소·제거를 목적으로 하는 지역적 또는 범세계적 협정의 체결을 허용하고 있다.

WTO는 일반이사회의 결정에 따라 지역무역협정위원회를 상설기구로 설치했다(1996년 2월 6일). 지역무역협정위원회의 목적은 일반이사회의 권한위임을 근거로 통보된 개별 지역무역 협정에 대해 검토하고, 동 협정이 WTO 규범과 일치하는지를 평가한다. 그리고 지역무역협정이 다자간 무역체계에 어떠한 영향을 주는지, 지역협정과 다자간 협정들 사이의 관계가 무엇인지에 대해서도 분석한다.

WTO 지역무역협정위원회가 지역주의에 대해 내린 결론은 다음과 같다.

> "지역적 또는 다자간 통합 움직임은 더 많은 범위에서 무역자유화를 추구하
> 는 대안이기보다 보완책이다."
>
> To a much greater extent than is often acknowledged, regional and
> multilateral integration initiatives are complements rather than alternatives
> in the pursuit of more open trade.

출처 | WTO, Regionalism and the World Trading System Geneva, WTO, 1995, p.62.

　　WTO는 다자간 협상을 통해 타결할 수 없던 자유무역을 향한 규범과 약속이행을 지역무역 협정의 체결을 통해 달성할 수 있다고 보고 있다. 실제로 서비스 및 지식재산권과 관련된 분야에서 지역무역 협정상의 일부 규정들은 UR 협정의 진행과정에 많은 도움을 주었다. 예를 들면, 일부 지역무역 협정은 환경기준·투자·경쟁정책 관련 규정을 가지고 있었고, 이는 UR 협정의 타결에 기여했다는 의미이다.

　　지금까지 WTO 내에서 진행되었던 지역무역 협정이나 관련 협정에 대한 처리내용을 종합해 볼 때, WTO가 인정하는 지역주의는 차별성의 부정을 지향한다고 볼 수 있다. 이는 결국 WTO가 추진하는 세계화와 자유화는 일시에 성립될 수 있는 것이 아니고, 이를 진척시키기 위한 제도적·기능적 개선이 필요하며, 이는 지역주의라는 과도기적 조치의 도입을 통해 이룩할 수 있다는 의미이다.

　　즉, 지역주의에 대한 WTO의 견해는 지역주의가 세계화와 대립하는 개념으로 작용하는 것이 아니라, 오히려 세계화로 가는 길을 용이하게 한다는 측면을 강조적으로 보고 있다는 것이다. 그러므로 지역주의를 경제단위의 세계화를 위한 확대과정에 존재하는 과도기적 체제라고 본다는 것이다.

　　이는 WTO는 지역주의의 인정을 통해 형식적 측면에서의 무차별과 평등만을 중요시하는 것이 아니라, 세계화를 향한 실질적인 무차별과 평등을 지향하고 중시한다는 것을 보여 주는 증거이다. 지역주의의 이러한 경향을 '개방지역주의(Open Regionalism)' 또는 '신지역주의'라고 표현한다.

3. 신지역주의의 특징

　　최근 나타나고 있는 신지역주의의 특징을 제시해 보면 다음과 같다.[310]

(1) 경제적 동기의 지역통합

1960년대의 지역주의는 미국과 소련으로 대표되는 양극체제의 대결과정 속에서 촉발된 지역주의인 반면, 80년대 이후의 신지역주의는 서구 중심의 자본주의 내에서 일국의 경제적 이익을 극대화하기 위한 목적으로 확산된 지역주의라고 볼 수 있다.

새로운 지역주의 또는 신지역주의는 시장의 수요변화에 신축적으로 적용하기 위한 새로운 국제분업체제의 개편과정 속에서 급속히 나타난 지역주의라고 할 수 있다. 1980년대 이후 형성된 산업체제는 소품종 대량생산체제에서 다품종 소량생산체제로 변화되었다. 그리고 시장의 역학구도 또한 생산자 중심에서 소비자 중심으로 급속히 이동했다. 이에 따라 경제권역별로 이러한 변화에 적응할 수 있는 높은 경제적·산업적 신축성을 갖춘 체제가 필요하게 되었다. 즉, 새로운 변화 속에서 필요한 체제는 생산요소의 국제적 이동성을 제고시키고, 차별화된 소비수요에 부응할 수 있는 가변적 국제분업체제라고 볼 수 있다. 신지역주의는 이러한 체제를 구축하기 위해 나타난 새로운 형태의 지역주의라고 볼 수 있다.

(2) 개방지역주의

신지역주의는 이른바 개방지역주의적 성격을 띠고 있다. 개방지역주의(open regionalism)란 역내 자유화가 역내 국가에만 적용되는 것이 아니고, 역외 국가에도 적용됨으로써 범세계적 자유화를 확대하는 데 일조하는 지역주의를 의미한다. 기존의 지역주의는 역내외 간 차별을 가장 중요한 특성으로 하는 역내 우선주의와 차별주의를 채택하고 있었다. 지역적으로 통합된 특정 지역은 배타적 경제권역이기 때문에 일반적으로 경제블록(block)이라고 명명된다.

하지만 신지역주의는 이러한 배타적인 요소들을 가능한 배제하고 개방적인 모습을 보여 주었다. 개방지역주의란 아시아태평양경제협력체(APEC)의 현자그룹(eminent persons group)이 1980년대 후반 이후 나타난 다자주의와 지역주의의 공존현상을 극복하기 위한 방안으로 처음 제창한 개념이다. 개방지역주의의 개념은 그 후 WTO와 같은 국제기구들로부터 주목받기 시작했다.[311]

310 노택환, 국제통상정책론, 박영사, 2008, pp.371-374. 일부 요약 및 적의 수정.
311 특히 지역경제통합체를 대표하는 유럽 연합(EU)이 개방지역주의를 공식적으로 대외전략의 주요 대안으로 인식하기 시작하고, 1996년에 출범한 아시아-유럽정상회의(ASEM)에서 개방지역주의가 표방되면서 국제사회에서 점차 확립된 개념으로 자리 잡기 시작하였다.

WTO 체제하에서 개방지역주의는 지역주의를 지향하는 국가가 다자간 무역협정에 적극적으로 참여하면서 다른 모든 WTO 회원국에 대한 무차별적 관세인하(양허관세의 적용)를 허용하는 형태로 나타났다. 개방지역주의는 지역주의를 추진하는 국가가 WTO 체제에 적극적으로 참여하는 정도에 그치지 않고, 다른 지역경제통합체와 상호 협력을 강화함으로써 개방의 정도와 심도를 확대하는 형태로 진행된다.

EU는 EFRA, APEC 등과 협력관계를 유지하며 EFTA 참여국을 새로운 회원국으로 참여시켰다. ASEAN도 중국·일본·한국을 포함하는 경제협력을 도모하는 한편, 브루나이와 베트남을 새로운 회원국으로 참여시킨 바 있다. 신지역주의는 이렇게 역내 우선주의에 근간하고 있지만, 역외 국가에 대한 협력가능성과 개방성의 확대를 병행하는 체제라고 볼 수 있다.

(3) 선·후진국 간의 통합 증대

1960년대의 경제통합은 주로 선진국 간의 통합이나 개도국 간의 통합을 중심으로 하고 있다. 하지만 신지역주의에서는 기존에 많이 나타났던 유사한 수준의 선진국 간 또는 개도국 간 통합은 물론, 유사하지 않은 수준의 국가들, 즉 선진국과 개도국 간(즉, 이질적 수준의 국가들 간)의 경제통합이 많이 추진되었다.

WTO 체제와 같은 다자간 무역체제하에서 주요 강대국들은 국제무역분쟁 등과 같은 상황에서 적극적인 정치·경제적 역할을 수행하고 있다. 구체적으로 선진국이나 강대국들은 지역무역 협정 등을 통해 각 회원국들의 경제뿐만 아니라, 정치 분야에 대한 개혁을 지원·감시하고 있는 것이다. 그러므로 최근에 나타나는 신지역주의는 선진국과 개도국 간의 상호의존성에 그 기초를 두고 새로운 형태의 협력관계를 형성하고 있다고 볼 수 있다.[312]

(4) 원격지 간 경제협력

전통적 지역주의는 지리적 인접성과 지역적 특수성을 기반으로 진행되었다. 하지만 신지역주의는 이러한 경향성뿐만 아니라, 지역적 요인을 고려하지 않은 원격지 간의 경제협력도 빈번하게 나타나고 있다.

전통적 지역주의는 EEC(1957년), EFTA(1960년), LAFTA(1960년) 등의 예에서 볼 수

---

312 C. Perroni and John Whally, "How Severe is Global Relation Risk under Increasing Regionalism?", American Econominc Review 86.2 (1996).

있듯이 지리적 인접성과 지역적 특수성 등을 기반으로 형성되었다. 하지만 신지역주의
는 한국―칠레 간의 자유무역지역 협정(2004년)이나 일본―멕시코 간의 자유무역지역
협정(2005년) 등과 같이 지리적 인접성이나 특수성 등을 고려하지 않은 형태로 많이 진
행된다. 즉, 오늘날에 와서 지역주의는 지리적 경계가 경제통합의 전제조건이라는 측면
은 점점 그 의미를 잃어 가고 있다는 것이다.

원격지 간 지역주의 현상은 2000년대 이후 더욱 두드러지게 나타나고 있다. 이렇게
원격지 간의 자유무역 협정이 광범위하게 타결되는 이유는 ⅰ) 정보·통신기술의 급속
한 발전으로 인해 원격지간 무역에 대한 공간적·물리적 장애요인이 크게 완화되었다는
점과 ⅱ) 많은 개별 국가들이 개방경제통합을 선호하고 있기 때문이라고 볼 수 있다.

최근의 지역주의는 다양한 정치·경제·사회적 상황들을 고려하여 경제력이 약한
국가나 신규 참여 국가들의 경제적 부담을 경감시켜 주는 조치를 취하고 있다. 이러한
과정에서 신지역주의는 지역의 명확한 경계를 배경으로 하기보다는 인접하지 않은 국가
들 사이에서 다양한 상황을 고려한 지역통합 방식을 도입하고 있다고 볼 수 있다.

(5) 금융 및 자본의 통합

전통적 지역주의는 무역정책 중에서 특히 관세정책과 밀접한 관련성을 가지고 있
었다. 그러나 신지역주의는 자본이동이나 다국적기업이 매우 중요한 역할을 담당하는
형태로 변하고 있다. 자본의 자유로운 이동은 전통적으로 다국적기업을 중심으로 하는

◀ 그림 ▶ 금융세계화의 개념과 중요성

강화된 경제성장과 개발

향상된 생활수준과 복지

증가된 문화적 다양성과 인식

출처 | https://fastercapital.com/content/Financial-globalization—How-to- Navigate-and-Benefit-from-the-
Integration-and-Interdependence-of-Financial-Markets.html

생산자본의 자유로운 이동이 대표적인 예가 된다.

신지역주의가 생산자본의 자유로운 이동을 위해 여러 가지 장벽을 제거함으로써 자유도와 통합도를 증진시키는 방식으로 진행된 것은 부인할 수 없는 사실이다. 그 과정에서 자본의 자유로운 이동은 지역통합을 촉진시켰고, 지역통합의 증진은 통합의 증진과 심화를 위해 자본이동을 더욱 자유롭게 하는 상승작용을 만들어 내고 있다.

신지역주의의 새로운 양상 중 하나는 금융시장의 통합 강화이다. 자본이동의 자유화 증진은 금융서비스의 국제화 확산과 심화과정을 통해 금융통합을 더욱 강화하고 있다. 국제경제사회에서 금융통합은 보통 두 가지 형태로 나타나는데, 하나는 업무영역의 통합이고 다른 하나는 통화의 통합이다. 먼저 업무영역의 통합은 금융업무 중 대표적 업무라고 할 수 있는 은행, 보험, 제2금융권을 제외한 나머지 상품이나 업무가 증권업이나 증권상품의 형태나 범위로 통합되는 것을 말한다. 이러한 업무영역의 통합은 증권회사가 대형 투자은행의 설립을 추진하는 과정에서 나타난 것이다. 결과적으로 신지역주의는 투자의 대형화와 국제화, 세계화를 추구하는 과정에서 나타난 새로운 형태의 지역주의이다.

금융통합의 또 다른 형태는 지역주의를 추진하는 과정에서 새로운 역내 단일통화를 창출하는 것이다. EU는 EURO라는 단일통화를 현실화시켰고, 아세안도 비록 유럽 재정위기의 여파로 추진동력은 많이 줄었지만 아세안 단일통화의 창설을 제기하고 있는 상황이었다.

현재까지 추진되고 있는 많은 대형 지역주의에서는 대부분 아시아 단일통화, 걸프만 단일통화, 남아메리카 단일통화 등과 같이 역내통화를 창설하려는 노력으로 연결되었다. 그러므로 지역주의와 역내통화의 창설 움직임은 새롭게 나타나고 있는 신지역주의 한 형태라고 볼 수 있다.

함께 읽어보기

남미 역내통화 실험, 성공하려면 격차 줄이고 신뢰 높여야

주 브라질 은행의 지점 모습(신화=뉴시스)

브라질과 아르헨티나가 '수르(Sur: 스페인어 남쪽 뜻)'로 부르는 공동통화(currency)를 출시할 계획이라고 최근 발표했다. 이 새로운 통화는 역내무역을 촉진하고 미국 달러에 대한 의존도를 낮추는 것을 목표로 한다. 이 제안은 라틴 아메리카 통합의 필요성을 다시 한 번 논의하게 한다. 이 공동통화안은 범위가 제한적이지만 북부 국가에 대한 경제적, 정치적 의존도를 피하기 위한 통합 프로젝트의 첫 번째 단계를 나타내는 '과하지 않은(modest)' 제안으로 보인다. 이는 미국의 변덕스러운 통화정책으로부터 중남미 국가들을 보호하려는 발상에서 비롯됐다는 점에서 지구촌 기축통화의 하나인 유로화에 비견될 만하다.

그러나 아르헨티나 경제가 반세기 동안 두 번의 초인플레이션(hyper inflation)을 겪었다는 점을 고려해야 한다. 새로운 통화 수르의 목표가 다른 남미 국가들을 합류시키는 것이라면, 각각 나라들을 뒷받침해 줄 견고한 지원이 필수적이다. 만일 그런 지원이 없다면 오로지 일련의 분열

된(fractured) 경제만 목도하게 될 것이기 때문이다.

상황을 잘 이해하기 위해 경제적, 지정학적 측면을 고려할 수 있다. 경제적 수준에서 브라질과 아르헨티나는 긴밀한 상업적 관계를 맺고 있다. 둘 다 대규모 원자재 수출국이며 유사한 생산구조를 갖고 있지만 브라질이 더 강력하다. 브라질은 인플레이션을 통제하고 있는 상황이지만 아르헨티나가 이러한 균형을 맞추지 못해 양국이 통화정책을 공유하는 데 중대한 문제가 된다.

지정학적 차원에서 세계는 점점 강대국 간의 경쟁이라는 특징이 두드러지고 있다. 미국은 아마도 남미에서 달러 사용을 줄이는 것을 절대 환영하지 않을 것이라고 가정하는 게 가장 논리적일 것이다.

반면, 중남미 국가들은 역내인구의 자유로운 이동을 원활하게 하기 위해 유럽처럼 통화를 통합할 필요가 있다. 하지만 완전한 공동시장을 이뤘던 유럽 연합과 현재 남미의 상황은 상당히 차이가 존재한다.

경제적 동인 말고도 국가 자체 내에 정치적 이데올로기도 공동통화 추진과 관련이 있다. 좋든 나쁘든 정부성과를 정당화할 수 있는 뭔가를 만들어내는 대단한 상상력의 대중영합주의자(populists)들이 있다. 가령 아르헨티나 대통령은 인플레이션이 '사람들의 마음'의 문제라고 말했다. 즉, 사람들이 인플레이션 이슈를 심리적 문제로 여긴다는 것이다. 현재 단일통화 제안에 대해서도 심리적인 여론이 나타나는 것으로 보이는데, 라틴 아메리카의 여론에서 남미 단일통화 제안에 대한 반발이 나타나고 있다.

숱한 지정학적, 경제적 차원을 고려해야 하기 때문에 라틴 아메리카 통화가 향후 어떻게 사용될지를 예측하는 것은 매우 복잡한 문제다. 다만 중남미 경제가 평가절하된 것은 분명하며, 중남미 통화 문제는 여전히 국가의 구조적 문제를 해결하는 것과 결부돼 있다.

종합하면, 하나 이상의 회원국이 안정적 경제를 누리는 유럽 연합(EU) 및 유로존(Euro Zone)과 달리 브라질 중앙은행과 실물경제는 아직 신뢰가 부족하다는 결론에 도달한다. 궁극적으로 안정된 공동통화를 만들기 위해서는 상대적으로 독립적인 초국가적 통화권한을 만들어야 한다. 따라서 이러한 측면에서 보면 남미 국가들 사이에서는 여전히 달성이 어려운 과제라는 것이다. 잠재적인 역내 경제통합으로 가는 길은 거시경제정책을 조정하고 정치, 법률 및 경제제도의 지원을 받는 단일한 중앙은행을 의미한다.

브라질과 아르헨티나가 이런 수준의 정책품질을 제공할 능력을 갖췄는지 확인하려면 좀 더 기다려야 할 것으로 보인다.

출처 | 강수경, "남미 역내통화 실험, 성공하려면 격차 줄이고 신뢰 높여야", 천지일보, 2023.2.3.

4. 경제통합의 발전단계와 경쟁체제

(1) 경제통합체 간 발전단계

지역주의의 발전단계를 경제통합의 이론을 근거로 살펴보면 다음과 같은 5단계로 발전된다고 본다. 이러한 발전단계는 해당 지역주의가 전통적 지역주의든 신지역주의든 그 명칭과 관계없이 적용된다.

◀ 그림 ▶ 경제통합의 단계별 특징 : 지역경제통합(RTA)의 단계

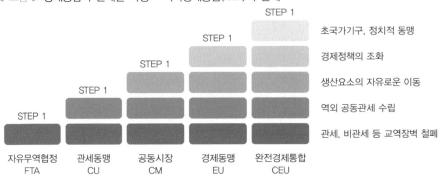

STEP 1 STEP 1 STEP 1 STEP 1 STEP 1

초국가기구, 정치적 동맹

경제정책의 조화

생산요소의 자유로운 이동

역외 공동관세 수립

관세, 비관세 등 교역장벽 철폐

| 자유무역협정 | 관세동맹 | 공동시장 | 경제동맹 | 완전경제통합 |
| FTA | CU | CM | EU | CEU |

출처 | 의료기기 뉴스라인, "지역경제통합, 관세철폐서 정치적 동맹단계까지 무역자유화", 2015.5.9.

○ **자유무역지대**(Free Trade Area) : 역내무역은 비관세이나, 각 회원국은 비회원국
으로부터의 수입에 대해 각자 재량에 따라 자체의 관세율을 설정할 수 있음(예
: 북미자유무역협정, 아세안 자유무역지역)

○ **관세동맹**(Customs Union) : 모든 회원국은 비회원국들로부터의 수입에 대해 동
일한 관세를 적용(예 : 2차대전 이후의 베네룩스 관세동맹 등)

○ **공동시장**(Common Market) : 회원국 간에 상품뿐만 아니라 서비스 및 생산요소
에 대한 자유로운 이동을 허용(예 : EEC)

○ **경제동맹**(Economic Union) : 공동시장을 더욱 발전시킨 형태로, 역내 상품 및 생
산요소의 자유로운 이동과 역외 공동관세를 실시하고, 집단적 경쟁강화를 위해
가맹국 간의 경제정책에 대한 조정과 협력을 꾀하며, 공동경제정책이 수립되고
수행되는 형태의 통합(예 : EU)

○ **완전한 경제통합**(Complete Economic Union) : 가맹국 상호 간에 초국적 기구를
설치하여 그 기구로 하여금 각 가맹국의 사회·경제정책을 조정·통합·관리하
는 형태로, 경제통합 형태 중 가장 발전된 형태이고, 각국은 사실상 하나의 단
일경제체제가 됨을 의미

　　하지만 경제통합의 발전단계와 관련된 이론은 EEC 발전 초기에 만들어진 이론으
로, 이미 발표된 지 50년이 넘는 이론이다. 현재까지 5단계까지 나아간 통합체도 없고,
이러한 과정을 모두 거친 통합체도 없다. 결과적으로 지역주의의 발전과정은 해당 지역
주의에 참여하고 있는 국가들의 상황에 따라 또는 참여국들이 처한 형편에 따라 다르게

나타난다고 볼 수 있다. 즉, 참여국들이 처한 상황과 환경에 따라 지역주의의 발전단계는 압축되기도 하고, 특정 단계를 뛰어넘어 발전되기도 한다는 것이다.

(2) 경제통합체 간 경쟁체제

신지역주의는 주요 통상현안에 대해 개별 국가적 차원에서보다는 지역통합체 간의 집단적 차원에서 접근하는 집단적 경쟁경향을 보이고 있다. 미국은 전통적으로 통상현안과 관련된 분쟁에 있어 쌍무협정을 선호해 왔다. 그동안 미국은 쌍무적 접근을 통해 주된 관심 분야인 반도체, 자동차, 쇠고기 등의 분야에서 일본, 한국 등과의 통상교섭과정을 통해 성공적인 성과를 도출해 왔다.

지역통합체 간 경쟁체제의 기원은 80년대 후반 이후 EC－미국의 협상과정에서 유럽이 EC라는 집단적 차원에서 협상에 임함으로써 미국과 대등한 수준의 협상력을 견지하면서 대두되었다. 지역주의를 중심으로 한 집단적 경쟁체제는 UR 협상을 포함한 각종 무역협상과정에서도 잘 표출되었다. EC는 보조금과 관련된 농산물 협상에서 최소한의 양보를 하는 수준에서 자신들의 주장을 반영하여 미국과 협상을 타결하였다.

EC에서 채택된 집단적 문제해결방식은 이후 다른 분야에서도 널리 활용되었고,[313] 이러한 경향은 지역주의가 확대되면서 더욱 심화되고 있다. 최근 이러한 지역주의의 집단적 경쟁현황은 이미 설립된 지역통합체를 하나의 단위로 하여 지역통합체 간의 연계를 통한 협력과 경쟁을 더욱 확대하는 경향으로 변화되고 있다. 구체적인 예로, 1996년 3월 EU 15개국과 동아시아 10개국을 회원으로 하는 아시아·유럽회의(ASEM)가 출범하였고, 북미·유럽 간 범대서양 자유무역지역(TAFTA), 유럽－남미 간 자유무역지역(FTAA) 등이 구상되거나 추진되고 있다.

5. 평가

WTO 내에서 지역주의가 어떠한 의미를 가지고 어떠한 방향으로 발전해 갈 것인

---

313 EU는 오래전부터 미·일과의 R&D 경쟁을 위해 ESPRIT, EUREKA 등 다수의 공동 R&D 프로그램을 추진해 왔는데, 이 중 최초로 EU 공동의 R&D 프로그램인 ESPRIT(European Stategic Programme for R&D in Information Technology)는 EU의 주요 전자업체가 중심이 되어 마이크로일렉트로닉스, 소프트웨어, 첨단 컴퓨터기술 등의 공동 기술개발을 목적으로 1984－94년간 추진된 프로젝트이다. EURKA는 1986년 HD－TV의 기술개발을 목적으로 필립스, 보슈, 톰슨, 트론EMI 4개사가 참여하여 공동개발 1년 만에 거의 일본의 하이비전 수준의 HD－TV를 선보였다.

◀ 그림 ▶ 지역경제통합의 효과

출처 | 이경희, "'무역창출효과'로 소득·후생수준 높아져, [알기 쉬운 FTA-FTA의 경제적 효과], 통상-함께하는 FTA

지에 대해 평가해 보자. 이러한 평가는 지역주의가 WTO를 중심으로 하는 다자간 무역체제에 도움을 줄 것인지, 아니면 장애를 초래할 것인지 또는 향후 어떻게 변화될 것인지에 대한 분석과 전망을 근간으로 한다.

지역주의가 지역 내 및 지역 간 경제활동의 여러 형태로 실현되면서, 지역주의는 지역 내 무역의 촉진이나 지역 내 무역의 억제 경향으로 모두 나타날 수 있다. 지역주의의 이러한 2가지 경향은 지역주의가 지역 내 무역자유화의 증진과 역외경제에 대한 차별을 목표로 하기 때문에 나타난다.

하벌러(Harberler, 1936)는 지역무역 협정은 비교우위를 통한 생산비 절감 및 소비증대 부분에 정(+)의 효과를 가진다고 주장하였다. 그리고 바이너(Viner, 1950)는 지역무역 협정의 무역창출(trade creation)이 무역전환(trade diversion)보다 크다면 전 세계적인 후생증대 효과를 발생시킬 수 있을 것으로 보았다.

지역주의의 역내 후생증대 효과는 역외 국가의 희생을 토대로 이루어진다고 볼 수 있다. 이는 지역주의에 참여하지 못한 비회원국은 지역무역 협정 체결과 이에 따른 역내 협정 당사국의 시장지배력 남용으로 인해 피해가 막대하게 증가할 수밖에 없기 때문이다. 지역무역 협정의 부정적 측면을 강조하는 학자들은 차별적인 관세, 특혜 원산지규정, 역내산 부품사용 의무규정 등과 같은 조치들에 의한 무역전환 효과(trade diversion effect)가 무역창출 효과(trade creation effect)를 초과하게 만들 수도 있음을 지적하고 있다.

지역주의의 또 다른 문제점으로, WTO를 중심으로 하는 다자간 무역체제가 지역을 중심으로 하거나 '지역주위'에 의존하는 시스템으로 전환됨에 따라 다자간 무역체제에 대한 관심을 감소시킨다는 점이 있다. 그리고 국제관계 측면에서의 지역주의 확산은 그 지정학적 영향(geopolitical impact)의 증대로 인해 갈등이 심화될 수 있다는 문제점을 발생시킨다.

하지만 지역주의가 다자간 무역체제의 자유화를 강화하는 수단인지 아니면 방해하는 수단인지에 대한 논쟁은 진행 중이다. 다만, 지역주의를 대표하는 지역무역 협정의 일관적이고 효율적인 검토와 규율 필요로 인해 '지역무역협정위원회(Committee on Regional Trade Agreements)'가 설치되었고, 위원회를 중심으로 많은 지역주의 사례에 대한 검토와 함께 지역주의가 가진 근본적인 문제점과 이에 대한 개선 등에 관한 논의가 진행되고 있다.

결론적으로 WTO는 지역무역 협정과 경제통합이 세계화와 자유무역의 강화에 도움을 준다고 보고 있다. 그러나 WTO는 지역무역 협정 체결에 참여하지 않은 국가들의 무역이익에 해를 끼칠 수도 있다는 사실 또한 인식하고 있다.

함께 생각하기

출처 │ 대한민국 정책브리핑

최근 WTO를 통한 다자간 무역체제의 영향력이 상대적으로 감소되면서 지역주의의 추세가 전 세계적으로 확산되고 있다. 특히 국가들 간의 지역주의 경쟁은 지역주의를 경제영토를 확대하는 지름길로 인식하는 경향성이 강해지면서 더욱 심화되는 상황이다.

이러한 측면에서 우리나라는 지역주의(신지역주를 포함)의 확산을 다자주의체제의 강화보다 우선적으로 고려하여 동참해야 할 것인지에 대해 함께 생각해 볼 가치가 있다. 따라서 우리나라의 입장에서 다자주의체제의 동참이 유리할지, 아니면 지역주의체제에 대한 적극적인 참여가 유리할지 또한 다른 대안이 있는지 등에 대해 함께 생각해 보고 토론해 보자.

제 2 절 · 무역과 환경

1. 무역과 환경의 연계배경

WTO 협정 속에는 무역과 환경을 다루는 독립된 규정은 없다. 그러나 UR 최종협정문 속에는 환경과 관련된 내용이 명시적으로 포함되어 국제무역 규범이 환경보전 측면을 고려해야 한다는 국제사회의 요구가 반영되었다. WTO 설립협정 전문에 보면 "… 상이한 발전단계에 있는 개별 국가는 자국의 필요와 우선순위에 따라 환경을 보호·보전하도록 노력하고, 이를 위한 수단의 강화를 모색하면서 지속 가능한 개발(sustainable development)이라는 목표에 부합하는 세계자원의 최적 이용을 고려하는 한편, … "이라고 명시하고 있다.

결국 WTO 회원국들은 WTO 설립협정 전문에서 적시하고 있는 무역과 환경에 관한 명시적 언급에 근거하여 WTO 체제하에서 환경의 보존과 보호 그리고 지속 가능한 개발이라는 목표에 부합하는 발전에 기반한 무역과 환경의 연계를 위한 논의를 시작할 수 있었다.

WTO 협정 중에는 무역에 관한 기술장벽에 관한 협정(TBT 협정), 위생 및 검역조치에 관한 협정(SPS 협정), 보조금 및 상계조치에 관한 협정(TRIPs 협정), 서비스무역에 관한 일반협정(GATS 협정) 등에서 무역과 환경에 관한 문제를 다루는 규정이 존재한다.

▶ WTO 내의 환경규정 ─────────────────────────────●

WTO 협정에서 환경문제와 관련된 규정은 다음과 같다.

○ **GATT 제20조** : 인간과 동·식물의 생명 혹은 건강을 보호하기 위해 상품무역에 영향을 주는 조치나 정책들은 일정한 조건하에서 통상의 GATT 규율(discipline)의 적용에서 면제
○ **무역에 대한 기술장벽(TBT) 협정과 위생과 검역조치(동·식물 위생과 검역조치 : SPS) 협정** : 환경목표에 대한 명백한 인식하에 무역 관련 조치를 시행하고, 국제환경 협정상의 무역조치에 대한 시행에 대해서도 투명성을 확보할 수 있는 메커니즘을 확보해야 함
○ **농업** : 환경 프로그램은 보조금의 삭감으로부터 면제
○ **보조금과 상계관세** : 새로운 환경법에 적응하기 위한 기업비용의 20%까지 보조금을 허용
○ **지식재산권** : 회원국의 정부는 인간 및 동·식물의 생명 혹은 건강, 안전에 위협을 주거나 환경에 심각한 피해를 줄 수 있는 위험에 대해서는 특허출원을 거절할 수 있음
○ **GATS 제14조** : 인간 및 동·식물의 생명 혹은 건강, 안전을 도모하기 위해 서비스무역에 영향을 주는 조치 및 정책들은 일정한 조건하에서 통상의 GATS 규율(discipline)의 적용으로부터 면제

　　무역과 환경 부분에 대한 관심이 증가하기 시작된 것은 비교적 최근의 일이다. UR 협상 타결을 전후로 협상참가국의 통상장관들은 WTO에서 무역과 환경에 대한 폭넓은 프로그램을 논의할 필요가 있다는 부분에서 공감대를 형성했다. 이러한 공감대를 바탕으로 지속적 논의를 거쳐 1994년 4월 15일 마라케시 각료회의에서는 '무역과 환경에 관한 결정(Decision on Trade and Environment)'이 채택되었다.

　　이 결정에 따라 각료회의 산하에 '무역·환경위원회(WTO Committee on Trade and Environment)'가 창설되었다. 무역·환경위원회는 환경보전과 지속 가능한 개발이라는 의제를 WTO 내부의 영역으로 가져오는 실무작업을 하는 기구라고 볼 수 있다. 무역과 환경에 관한 대부분의 논의는 이 위원회를 중심으로 진행되었다.

　　무역·환경위원회는 상품, 서비스와 지식재산권 등의 모든 다자간 무역체제에 대해 포괄적인 관리책임을 지고 있다. 무역·환경위원회의 업무는 무역과 환경 사이의 관계를 연구하고, 무역협정에서 필요한 환경 관련 문제들에 대한 권고를 결정한다.

　　무역·환경위원회가 환경과 무역에 관한 여러 가지 문제를 분석하고 권고를 결정할 때 근거가 되는 2가지 주요 원칙은 다음과 같다.

　　첫째, WTO의 역할과 기능은 무역 관련 문제에 한정된다. 이는 환경 관련 문제와

무역과 환경의 연계
: WTO 무역환경위원회

관련하여 WTO의 역할과 기능은 무역과 관련된 환경 관련 문제에 국한된다는 의미이다. 정리하면, WTO는 회원국의 환경정책 등이 무역에 현저한 영향을 미칠 때 발생하거나 발생할 수 있는 문제를 연구하는 기구이다.

둘째, WTO는 환경 관련 기구가 아니며 WTO 회원국 또한 국내외 환경정책에 대해 WTO가 간섭하거나 환경기준을 마련하는 것을 원하지 않는다. 그리고 대부분의 WTO 회원국들은 국제환경문제를 포함하여 각종 환경문제는 환경전문기구를 통해 관련 문제의 해결을 모색하는 것이 옳다고 판단하고 있다.

무역·환경위원회가 무역과 관련된 환경문제를 처리하는 경우, 최종 판정이나 행동의 근거는 WTO 무역체제의 원칙을 고수하는 것이다. 무역과 환경에 관련한 최초의 인식은 1992년에 리오에서 개최된 환경과 개발에 관한 UN회담(the UN Conference on Environment and Development)인 '지구정상회담(Earth Summit)'을 통해 만들어졌다. 현재 WTO 회원국들은 개방적이고 공평하며 무차별적인 다자간 무역체제가 환경자원을 더 잘 보호하고 보존할 수 있으며, 지속 가능한 개발을 증진시키려는 국내외의 노력에 대해서도 중대한 공헌을 할 수 있다고 확신하고 있다.

　　무역·환경위원회의 작업 프로그램은 10개 분야의 의제에 중점을 두고 있다. WTO 회원국 사이의 핵심이슈로 대두되고 있는 무역·환경위원회의 10대 의제는 다음과 같다.

▶ WTO 무역·환경위원회의 의제 ⋯⋯⋯⋯⋯⋯⋯⋯⋯⋯⋯⋯⋯⋯⋯⋯⋯⋯⋯⋯⋯⋯⋯⋯⋯ ●

1. 국제환경 협약상의 무역조치를 포함하는 환경과 관련된 무역조치
2. 현저한 무역효과를 동반하는 환경정책 및 조치
3. ○ 환경 목적의 부과금, 조세
　　○ 표준, 기술규정, 환경마크, 포장요건, 재활용요건 등의 환경 관련 제품요건
4. 환경 목적의 무역조치와 환경조치의 투명성에 관한 국제무역규범
5. 국제무역규범과 국제환경 협약의 분쟁해결절차
6. ○ 환경조치의 시장접근(특히, 개도국과 후진국에의 시장접근)
　　○ 무역에 대한 제한과 왜곡을 제거함에 따른 환경효과
7. 국내 판매금지물품의 수출문제
8. 지식재산권(TRIPs) 협정의 환경 관련 조항
9. 서비스에 관한 일반협정의 환경 관련 조항
10. 민간단체와의 관계 및 문서배포와 관련된 투명성 증진방안

2. WTO 출범 이후 논의동향

　　WTO 체제하에서 환경 관련 주요 논의는 2001년 11월 도하에서 개최된 각료회의에서 시작되었다. 동 회의에서 처음으로 무역과 환경에 관한 특정 이슈에 대해 DDA 협상의 개시를 결정했다. DDA 환경 관련 이슈는 크게 협상의제와 검토의제로 구분된다. 협상의제는 무역·환경위원회 특별회의(Committee on Trade and Environment Special Session, CTESS)에서 논의되고, 검토의제는 무역·환경위원회 정례회의(Committee on Trade and Environment Regular : CTE Regular)에서 논의하기로 했다. 당시 각료회의에서 결정된 환경 관련 협상의제와 검토의제는 다음과 같다.

▶ 제4차 도하 각료회의의 협상의제와 검토의제 ⋯⋯⋯⋯⋯⋯⋯⋯⋯⋯⋯⋯⋯⋯⋯⋯⋯ ●

○ **협상의제**
　－ WTO 규범과 다자간 환경협정(Multilateral Environmental Agreement : MEA)상 특

정 무역의무(Specific Trade Obligation, STO)와의 관계
- WTO와 다자간 환경협정(MEA) 사무국 간 정보교환의 정례화 및 옵저버 지위 부여 기준 마련
- 환경상품 및 서비스에 대한 관세장벽·비관세장벽 감축 또는 철폐 등
○ **검토의제**
- 시장접근 환경조치의 효과와 무역·환경·개발 모두에 도움이 되는 win-win-win 상황
- 지식재산권 협정(TRIPS Agreement)의 환경 관련 규정
- 환경 목적의 라벨링요건 등

무역·환경 분야의 의제 중 가장 대표적인 의제는 WTO와 다자간 환경협정(MEA) 규범 간의 관계설정과 관련된 의제이다. 지금까지 WTO 내에서 이루어졌던 WTO와 MEA 규범 간의 관계설정과 관련된 협상에서는 EC·스위스와 미국·호주 등의 국가들 간의 대립으로 인해 합의도출이 쉽지 않았다.

그동안 체결된 다자간 환경협약에는 비당사국과의 수출입 제한, 라벨링, 에너지세 부과, 환경보조금 등과 같은 무역규제와 관련되는 내용이 포함되어 있다. 그래서 WTO 규범과 MEA 규범의 합치성 문제가 발생할 가능성이 존재했다. DDA에서는 이 때문에 회원국들과의 무역과 환경에 관한 협상의 진행을 통해 WTO 규범과 '특정 무역의무(STO)'[314]를 포함하고 있는 MEA와의 관계명료화에 합의하였다. 이에 따라 DDA에서는 MEA에 나타나고 있는 STO를 분명히 하는 작업이 진행되었다. 하지만 DDA에서의 작업은 MEA의 협상 및 MEA상 STO의 이행과정에 대한 자국 경험의 소개를 위주로 진행되어서 큰 진전을 보지 못했다.

WTO 규범과 MEA 규범 간 관계에 대한 각료결정을 위한 논의과정(그 전까지의 논의과정을 포함)에서 미국·호주·개도국은 ⅰ) 무역과 환경의 상호지지 강화의 중요성, ⅱ) 담당자 간 대화의 중요성, ⅲ) MEA 이행 시 경험 공유 중요성 등을 확인하는 텍스트를 채택하는 선에서 합의결과를 도출하자고 주장했다. 하지만 EC·스위스는 ⅰ) WTO와 MEA 규범 간 상호 지지성 및 동등성을 확인하는 일반원칙 규정의 제정, ⅱ) 분쟁해결 시 패널이 MEA의 전문적 의견을 존중할 것 등을 지시하는 각료결정문안을 채택할 것을 주장했다.

---

314 이는 MEA에 명시된 무역 관련 의무로서 회원국들이 환경보호를 목적으로 반드시 준수해야 하는 규정을 의미한다.

◀ 그림 ▶ WTO 환경상품 협정 개요

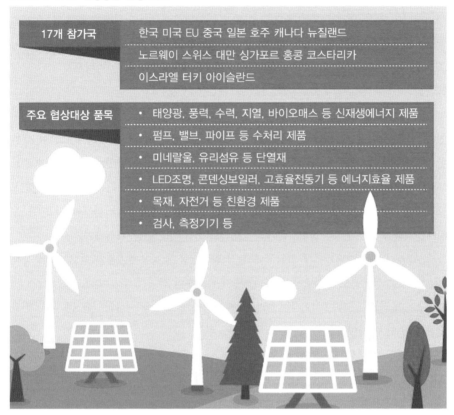

17개 참가국	한국 미국 EU 중국 일본 호주 캐나다 뉴질랜드
	노르웨이 스위스 대만 싱가포르 홍콩 코스타리카
	이스라엘 터키 아이슬란드
주요 협상대상 품목	• 태양광, 풍력, 수력, 지열, 바이오매스 등 신재생에너지 제품
	• 펌프, 밸브, 파이프 등 수처리 제품
	• 미네랄울, 유리섬유 등 단열재
	• LED조명, 콘덴싱보일러, 고효율전동기 등 에너지효율 제품
	• 목재, 자전거 등 친환경 제품
	• 검사, 측정기기 등

　　무역·환경 분야의 또 다른 각료회의에서의 주요 의제로는 WTO와 MEA 사무국 간 정보교환의 정례화 및 옵저버 지위 부여에 관한 기준 마련이 있다. 그동안 WTO에서는 MEA와 WTO 규범 간의 마찰가능성을 축소할 수 있도록 관련 기구 간 정보교환의 정례화 및 옵저버 국가의 지위를 부여하기 위한 기준 마련을 위한 절차적 문제를 집중적으로 논의해 왔다.[315]

　　무역·환경 분야에 대한 마지막 의제는 환경상품 및 서비스 자유화 문제였다. 환경상품의 자유화 협상은 환경상품에 대한 정의와 일반상품보다 상대적으로 큰 관세인하

315　그동안의 회원국 간 논의를 반영하여 의장 텍스트 초안을 위한 기본요소(elements of a draft text)에 대한 논의를 위주로 협상이 진행 중이다. 회원국들은 텍스트 초안의 기본요소에 대해 유연한 입장임을 표명하면서도 EC·스위스는 14개 MEA에 대한 옵저버 지위 자동부여 조항을 포함할 것을 주장하는 반면, 개도국 등 다수의 회원국들은 자동부여 조항 포함에 반대한다는 입장을 표명하고 있다.

및 무관세화 등을 목표로 진행되었다. 환경상품에 대한 논의는 미국의 환경상품 목록 제출방식에 관한 제안서 제출(2003.7.) 이후 본격화되었다. 한국도 '최종 용도'와 '실제적 적용가능성'을 근거로 환경상품 리스트를 제출했고(2005.2.), 미국, EC, 일본, 대만, 스위스, 노르웨이, 캐나다, 뉴질랜드와 공동으로 이미 제안된 리스트를 바탕으로 153개 상품군의 리스트(Potential Convergence Set)를 제출했다(2007.4.).

환경상품의 자유화에 관한 논의는 미국과 인도, 브라질의 제안을 중심으로 이루어졌다. 미국은 환경상품 리스트를 제출하고, 그 후 이 리스트를 기초로 동 리스트에 대한 합의를 도출하는 접근방법을 환경상품 자유화 방안으로 제안한 반면, 인도는 환경 프로젝트 수요에 따라 환경상품을 일시적으로 자유화하자는 프로젝트 접근방법을 제안했다. 브라질은 특정 국가가 자국의 리스트를 바탕으로 개방을 제안하면, 타 국가가 이를 수락하고 MFN에 기초하여 여타 국가들에도 적용하는 접근법을 제안했다.[316]

2009년 9월 WTO는 각 회원국에 관심 환경상품의 목록제출을 제안했고, 이 목록을 바탕으로 공통분모 도출을 모색했다. 하지만 소수의 국가들(환경 프렌즈 그룹 : 사우디아라비아, 일본, 필리핀 등)만이 의장이 제안한 환경상품의 목록을 제출하였을 뿐 다른 국가들은 제출하지 않았다.

그 후 무역·환경과 관련된 WTO 체제 내에서의 논의는 침체되어 왔다. 하지만 2014년에 한국, 미국, 중국, 일본, EU 등 WTO 17개 회원국이 중심이 되어 기후변화 대응 및 환경보호를 위한 협상을 전개하게 되었다. 이 협상은 환경상품 협정(EGA) 체결을 위한 협정이라고도 하며, 주로 태양광 등 친환경 기술상품의 관세를 철폐하기 위한 협상이다. 하지만 주로 무관세나 5% 이내의 관세부과 등을 목표로 2016년까지 전개해온 이 환경상품 협정은 품목확정을 놓고 이견을 좁히지 못하여 결국 최종 합의가 무산되었다.

3. 환경 관련 논의의 주요 내용

(1) 국제환경 협정에 대한 WTO 입장

WTO 무역체제와 환경 관련 무역조치는 서로 어떤 관련이 있고, WTO 협정과 여러 국제환경 협정(agreements)이나 협약(conventions)들 사이에는 어떤 관계가 있는지를

---

316 이를 요청과 제안(Request and Offer, R/O) 방식이라 한다.

살펴볼 필요가 있다.

　국제사회에서 지구환경 보호에 대한 관심이 높아지면서 다수의 다자간 환경협정 (Multilateral Environmental Agreements : MIEAs)이 만들어졌다. 지금까지 WTO 이외에서 국제사회의 환경문제를 다루는 다자간 환경협정(Multilateral Environmental Agreements : MEAs)은 약 200여 개가 체결되었다. 그리고 이들 중 약 20여 개의 환경협정들은 무역에 영향을 줄 수 있는 규정을 포함하고 있다. 예를 들어, 많은 MEA에서는 특정 물품에 대한 무역을 금지하거나 특정한 경우 제한할 수 있도록 규정하고 있다.

　대표적 MEA로는 오존층(the ozone layer)의 보호를 위한 몬트리올 의정서(the Montreal Protocol), 지구온난화(global warming) 문제를 해소하기 위한 기후변화 협약, 위험폐기물의 국가 간 교역이나 수송에 관한 바젤협약(the Basel Convention) 그리고 멸종 우려가 있는 야생 동·식물의 국제거래에 관한 협약(the Convention on International Trade in Endangered Species : CITES) 등이 존재한다.

　WTO 무역·환경위원회에서는 환경협정하에서 환경보호를 위해 만들어진 무역조치들은 WTO의 기본원칙인 무차별주의(non-discrimination)와 투명성(transparency) 원칙과 위배되지 않는다고 보고 있다. WTO 내의 상품·서비스·지식재산권에 관한 협정에서도 환경정책에 대한 우선권을 해당국 정부에게 주고 있으므로, WTO가 환경문제에 미칠 수 있는 영향은 제한적일 수밖에 없다.

　WTO에서는 국제환경 문제를 다루는 가장 효과적인 방식은 환경협정을 통한 문제해결이라고 보고 있다. 그리고 이러한 환경협정을 통한 문제해결 방식은 WTO의 기능을 보완해 줄 것이라고 믿고 있다. 이는 결국 일국이 자국의 환경정책에 대한 변화를 통해 스스로 노력하거나 국제환경 협정의 규정들을 이용하여 문제해결을 시도하는 것이 WTO 체제하에서 무역과 관련된 환경협정을 제정하는 것보다는 낫다는 의미이다.

　한편, WTO는 무역이 환경문제 발생의 직접적 원인인 경우에도 환경협정들을 이용하여 문제해결을 시도하는 것이 효과적일 수 있다고 본다. 그러나 WTO는 환경보호나 보전을 위해 사용하는 조치 중 무역제한조치가 유일한 조치는 아니며, 이들이 가장 효과적인 것이 아니라는 부분도 인정하고 있다.

　WTO는 무역과 환경을 조화시키는 방안으로, 국제사회가 나서서 환경친화적인 기술(environmentally-friendly technology)의 획득과 개발을 지원해야 한다고 보고 있다. 특히 저개발 개도국이 환경친화적 기술을 개발하도록 재정지원을 강화하는 한편, 그 밖의 각종 훈련(training)을 제공하는 것이 좋다고 보고 있다.

지금까지 채택된 무역효과를 가지는 어떠한 국제환경 협정과 조치들도 GATT/WTO에 도전한 적은 없다. WTO는 환경협정에 가입한 국가들이 국제환경 협정을 근거로 발동한 조치들에 대해서는 내부적으로 큰 문제가 되지 않는다고 보고 있다.

WTO는 환경협정에 가입한 국가가 환경협정에 가입하지 않은 국가에 대해 환경협정을 근거로 무역제한조치를 발동했을 때 어떤 일이 발생할지에 관심을 갖고 있다. 이 문제에 대한 명확한 답변이나 법적 해석이 내려진 적은 없다. 지금까지 이러한 문제는 WTO 내·외부 어디에서도 법적 분쟁을 통해 검증된 적이 없기 때문이다. 하지만 이 문제에 대해 WTO 협정과 다른 환경협정들은 다음과 같이 제안하고 있다.

첫째, 먼저 협력하라. 환경피해의 방지를 위해서는 먼저 관련국들 간의 상호 협력을 통해 최선의 노력을 기울여야 한다.

둘째, 환경의 보호를 위해 해당국 제품에 대한 수입제한조치를 취할 수 있다. 하지만 이때 발동조치는 무차별적으로 적용되어야 한다. 타국의 무역행위로 인해 환경문제가 발생하는 경우, 일국이 무역제한조치를 취할 때에도 다른 국가에 대한 최혜국대우와 내국민대우를 보장해 주어야 한다는 것이다.

셋째, 환경관 련 분쟁이 발생한 경우, 관련 국가가 국제환경 협정의 체약국이라면 해당 사건은 WTO의 관심대상이 될 수 없다.

넷째, 환경피해를 발생시킨 무역행위의 발동국가가 환경협정의 비체약국인 경우, 해당 국가를 어떻게 처리할 것인지에 대한 부분은 아직까지 논의 중에 있다.

○ 일부 환경협정의 체약국은 해당 협정을 비체약국으로부터 수입되는 상품과 서비스에 대해서도 적용할 수 있다고 주장하고 있음

　－ 하지만 이러한 종류의 분쟁은 WTO 내에서 아직 다루어지진 적이 없음. 따라서 일부 환경협정의 입장이 WTO 협정을 위반했는지 여부는 아직까지 검증되지 않았다고 볼 수 있음

　－ 환경협정의 체약국들은 비체약국들과의 무역에 영향을 미치는 조치를 발동할 때 일정한 조건하에서 체약국의 환경협정을 인용할 수 있도록 하는 방법을 모색하고 있음. 하지만 이러한 방법은 특정 국가가 다른 국가에 그들의 환경기준을 강요하도록 허용하는 것과 같은 것이기 때문에 비판받는 부분이기도 함

다섯째, 이 문제가 환경협정에 의해 다루어지지 않는 경우에는 WTO 협정이 적용될 수 있다. WTO 협정이 환경과 관련된 사건을 다룰 때에는 WTO 규범을 적용한다.

> ○ WTO 협정이 환경과 관련된 사건을 다룰 때에는 다음과 같은 2개의 핵심
>   기준이 전제적인 기준으로 작용함
>   – 상품이 만들어진 방식만을 근거로 무역제한조치를 부과할 수 없음
>   – 한 국가는 자국의 영역을 벗어나서 자국의 환경기준을 다른 국가에 부
>   과할 수 없음

구체적으로 일국이 WTO 체제 밖의 환경협정에 따라 무역조치(예 : 관세부과 또는 수입제한)를 발동했고, 이에 교역상대국이 반발하여 무역분쟁이 발생했다고 가정해 보자. 그렇다면 이러한 환경 관련 무역분쟁은 WTO 내에서 다루어지는 것이 맞는지, 아니면 다른 협정을 통해 다루는 것이 맞는지 고려해 보자.

환경협정하에서 발동된 무역행위와 관련된 분쟁에서 WTO는 분쟁의 양 당사국 모두가 환경협정의 체약국인 경우, 분쟁의 해결을 위해 환경협정을 이용하려고 노력하여야 한다고 보고 있다. 하지만 분쟁의 일방이 환경협정에 가입하지 않은 비체약국일 경우, WTO는 분쟁해결을 위한 논의의 장(forum)을 제공할 수 있을 뿐이다. 이는 WTO 분쟁해결절차가 환경문제를 무시하고 있음을 의미하는 것은 아니다. 이러한 경우, WTO 협정에서는 무역 관련 환경분쟁을 조사하는 패널들이 환경문제에 대해 전문가의 조언을 받는 것을 허용하고 있다.

(2) 환경마크제도

환경친화상품에 환경마크를 부착하는 것은 매우 중요한 환경정책의 수단이 된다. 환경마크제도는 소비자에 대한 정보제공수단으로, 사용이 점차 증가하고 있는 추세이다. 그러나 이러한 환경마크의 부착요건과 관행이 무역상대국에 대한 차별로 작용해서는 안 되며, 국내에서 생산된 상품 및 서비스와 수입품을 차별하는 기준이 되어서도 안된다.

WTO는 환경마크의 부착과 관련해서도 최혜국대우 및 내국민대우가 적용되어야한다고 보고 있다. 구체적으로 WTO 내에서는 환경마크의 범위와 환경마크 부여를 위

한 내용적 절차기준에 초점을 맞추어 논의를 진행하고
있다.

◀ 그림 ▶ 우리나라 환경부의
환경마크

　　하지만 이러한 부분에서의 논의는 지금까지 별다
른 진전을 보이고 있지 않다. WTO TBT 협정에서는
환경마크제도가 제품 그 자체와는 무관하게 단지 제품
의 생산방법이 환경친화적인지 아닌지를 설명하는 데
사용되는 것인지, 어떤 방식으로 변경될 수 있는지 등
을 무역·환경위원회를 통해 논의하도록 하고 있다.

(3) 투명성

　　투명성은 무차별 원칙과 함께 WTO의 핵심원칙
중 하나로 인정되고 있다. WTO 회원국들은 자국이 채
택하고 있는 환경정책과 조치들이 무역에 현저한 영향을 미치는 경우, 이러한 환경정책
과 조치들에 대해 가능한 한 많은 정보를 공개해야 한다. 그러나 환경 분야의 정보공개
업무가 무역에 영향을 미치는 다른 정책과 조치에 대한 WTO 통보업무보다 과중해서는
안 된다.

　　하지만 WTO는 환경정책에 대한 정보공개를 위해 WTO의 규정을 변경할 필요까
지는 없는 것으로 보고 있다. WTO 사무처는 회원국이 제출한 무역 관련 환경조치에
관한 모든 정보를 중앙통보등록실(Central Registry of Notification)에 수집·정리하고 있다.
그리고 이 정보들은 모든 WTO 회원국이 접근할 수 있는 데이터베이스에 기록된다.

(4) 지식재산권 · 서비스무역과 환경 문제

　　다자간 무역체제 내에서는 지식재산권과 서비스무역 분야에서의 규범들이 해당 분
야의 환경정책에 얼마나 영향을 주고 있는지에 대한 이해가 부족하였다. 이에 따라
WTO에서는 이 문제를 검토의제 중 하나로 상정하여 논의를 지속하고 있다.

　　무역·환경위원회는 서비스무역에 관한 일반협정(GATS)과 환경보호정책 간의 관계
에 대한 더 많은 조사와 연구가 필요하다고 보고 있다. 그리고 무역 관련 지식재산권
협정(TRIPs)은 각 국가들의 환경친화적 기술과 상품을 획득하는 부분에 많은 기여를 할
것이다.

　　현재 WTO에서는 TRIPs 협정과 생물다양성 협약(the Convention of Biological Diversity)

사이의 관계 등에 대해 살펴보고 있다. 구체적으로 이 두 협정의 특정 조항과의 정합성 등에 대한 부분을 중심으로 논의를 진전하고 있다. 하지만 이 부분에 대해서는 별다른 진척은 없는 상황이다.

(5) 무역과 환경 지속가능성 협의체 설치

2020년 11월에는 WTO 체제에 중요한 변화를 줄 수 있는 '무역과 환경 지속가능성 협의체(TESSD ; Tradeand Environmental Sustainability Structured Discussions)'가 발족되었다. TESSD는 WTO 차원에서 지속 가능한 개발과제에 보다 효율적으로 대응하기 위해 한국과 캐나다, EU, 스위스, 호주, 코스타리카 등 50개국이 공동 제안하여 만든 복수국간 협의체다.

사실 WTO에서는 과거 2016년에 추진되었던 환경상품 협정(EGA ; Environmental Goods Agreement) 협의를 위한 협상이 좌초된 이후 무역·환경위원회(CTE ; Committee on Trade and Environment)를 중심으로 WTO 차원에서 무역·환경 관련 논의를 진행해 왔으나, 그 결과는 거의 만들어지지 않았다. 이러한 상황에서 TESSD의 출범은 신선한 변화와 혁신의 바람이라고 볼 수 있다.

TESSD는 기후변화 협약(UNFCCC)과 같은 다자간 환경협정의 중요성을 인식하면서 WTO의 역할을 고민하면서 만들어졌다. 구체적으로 TESSD는 무역과 환경이 상호 호혜적 관계임을 인정하며, 무역정책을 통해 지속 가능한 개발의 달성이 가능하도록 하겠다는 공동 인식하에 결성됐다.

이러한 측면에서 보면 TESSD가 기존의 무역·환경위원회(CTE)와 어떤 차이점이 있는지 이해하기 쉽지 않다. 따라서 TESSD는 그 역할이 유명무실해질 수도 있다. 하지만 WTO의 무역·환경위원회(CTE)는 '다자간 무역체제'와 '환경보호 및 지속 가능한 개발' 사이에서 조화를 모색하는 논의채널이다.

CTE의 기본의제 틀은 이미 WTO 내에서 정해졌다. 따라서 CTE는 이 틀 안에서 회원국 간 정보교환과 논의가 진행되고 있다. CTE의 기본의제는 앞에서 살펴본 대로 환경조치가 시장접근에 미치는 영향, 지식재산권 협정과 환경, 다자무역체제와 환경부과금·세금 간 관계 또는 기술규정·표준, 환경마크 등과의 관계, 지속 가능한 개발목적 달성을 위한 논의 등이다.

하지만 TESSD는 이보다 한 걸음 더 나아간 시의성과 함께 개방성, 전문성, 선진국과 개도국 간 균형 잡힌 정책을 지향한다고 할 수 있다. 먼저, 신기후체제의 도래에 대비한다는 점에서 시의성을 보여 준다. 순환경제, 자연재해, 기후변화, 화석연료 보조금 개혁, 플라스틱 오염, 환경상품 및 환경서비스 무역 등 최근 WTO 회원국들 간 관심의 제로 논의되는 내용을 WTO 규범 틀 안에서 검토하겠다는 점도 현대적 관심에 맞는 논의라는 점에서 시의성이 높다고 볼 수 있다.

그리고 TESSD는 WTO 회원국들만의 정보교환체제였던 기존의 회의 형식에서 벗어나 외부 이해관계자의 참여를 독려한다는 측면에서 개방성을 지향한다고 볼 수 있다. 즉, 업계나 학계, 시민사회단체 등 외부 이해관계자 등의 참여를 확보하며, 관심 있는 모든 국가들이 참여할 수 있도록 하였다. 또한 TESSD는 환경 분야에 대한 개방된 의제에 대해 전문가들과의 체계화된 논의를 진행하면서, 환경이라는 주제 특유에 대한 과학적이고 전문적인 논의를 진행하려고 한다. 그리고 선진국과 개도국 간 균형 잡힌 논의를 통해 균형 잡힌 정책도출에 집중하겠다는 부분도 역시 빼놓을 수 없는 특징이다. TESSD 발족과정에서 발표된 공동성명에 보면, 국제기구들과 협력하여 최빈개도국을 포함한 WTO 회원국들의 지속가능성 목표달성에 필요한 기술 및 능력배양을 지원하고

주 TESSD 1차 회의에서 응고지 오콘조-이웰알라 WTO 사무총장은 환경목표 달성을 위한 무역의 역할에 대해 주문하면서 기후변화 대응에 주목해야 한다고 언급했다. 사진은 지난 3월 31일 스위스 제네바 WTO 본부에서 열린 화상 기자회견에 참석한 오콘조-이웰알라 WTO 사무총장(사진 : 연합뉴스)

출처 | 허희정, "무역과 환경의 조화를 위한 노력", 나라경제, 5월호 KDI, 2021.

자 한다는 점을 강조한 것도 이러한 측면의 고려이다.

2021년 3월에 개최된 TESSD 1차 회의는 그동안 침체되었던 WTO 체제에 활력을 불어넣었다고 평가받고 있다. 참여국들은 환경상품과 환경서비스의 무역자유화를 우선 과제로 언급했고, 관련 분야에서 논의의 진전을 도모하자는 부분에 공감대를 형성했다. 그리고 탄소국경조정제도(CBAM)에 대한 논의뿐만 아니라, 플라스틱 오염 방지 및 지속 가능한 플라스틱 경제, 화석연료 보조금 개혁 등과 같은 테마를 논의함으로써 신기후체 제 탄소중립 시대에 대비한 논의가 진행되었다.

응고지 오콘조−이웨알라 WTO 사무총장은 모두발언에서 환경목표 달성을 위한 무역의 역할에 대해 주문했다. 특히 기후변화의 대응에 주목해야 하며, 재생에너지 등 분야에서의 일자리 창출이 중요하다고 언급했다. 그리고 사무총장은 협의체에서 환경상 품 및 환경서비스 무역자유화, 탄소제로 달성에 기여할 수 있는 무역, 순환경제 활성화, 환경적으로 유해한 보조금 문제 해결방안 등을 검토해 볼 것을 제안했다. 향후 TESSD 의 출범이 그동안 침체되어 있던 WTO의 역할에 대한 변화와 혁신의 계기로 작용할 것 이라는 점에서 주목할 만하다.

4. 무역·환경 연계 관련 주요 사례 : 참치 — 돌고래 분쟁

참치−돌고래 분쟁(The tuna-dolphin dispute)은 1947 GATT에 설치된 분쟁해결절차 에서 다루어진 사건이다. 하지만 이 참치−돌고래 분쟁은 무역과 관련된 환경분쟁에 대 한 의미 있는 시사점을 국제사회에 주는 사건으로 많은 주목을 받고 있는 사례이다.

분쟁의 개요와 분쟁해결패널의 결정이 의미를 가지는 부분은 다음과 같은 두 가지 측면에서의 GATT 해석이다. 한 가지는 일국이 다른 국가에 대해 환경 관련 규제를 강 요할 수 있는가 하는 측면에서의 문제이고, 또 다른 한 가지는 무역규범은 상품의 품질 보다 오히려 상품의 생산방법에 대해 취해진 무역제한조치를 인정할 수 있는가 하는 측 면에서의 문제이다.

(1) 분쟁 개요

동태평양 열대지역에서 황색지느러미 참치 무리는 보통 돌고래 무리 아래에서 서 식하고 있다. 따라서 건착망(유자망) 그물로 참치를 잡을 때에는 돌고래도 함께 잡히게 되는 것이다. 즉, 참치를 잡을 때 잡힌 돌고래는 다시 놓아 주지 않는 한 죽게 되는 것

출처 | 박정준, "환경과 경제 사이의 딜레마 : ② 참치-돌고래 분쟁", 통상, Vol. 124, 2022.

이 일반적이다.

'미국의 해양포유동물보호법(the US Marine Mammal Protection ACT)'에서는 동태평양 열대지역 부근에서 황색지느러미 참치를 잡고 있는 자국 및 외국 어선에 대한 '돌고래 보호기준'을 규정해 놓고 있었다. 이 법에서는 대미 참치 수출국은 그들이 잡은 참치가 미국법에서 설정한 돌고래 보호기준에 합치하는 과정과 방법으로 잡혔다는 것을 미국에 증명할 수 없다면, 미국 정부는 이들 국가로부터 어류수입을 전면 금지할 수 있도록 했다.

참치-돌고래 분쟁에서 미국 정부는 돌고래 보호기준을 근거로 당시 미국으로 수출되던 멕시코산 참치의 수입을 금지하였다. 멕시코 정부는 1991년 2월 미국의 이러한 수입금지조치가 GATT 규정에 위배된다고 하여 동 조치를 GATT 분쟁해결절차에 제소하였다.

미국의 수입금지조치는 멕시코에서 수출된 참치가 미국으로 수입되기까지의 중간 과정에서 멕시코산 참치를 취급하는 '무역중개국(intermediary countries)'에도 적용되었다. 멕시코산 참치는 대부분 이러한 중개국에서 통조림으로 가공되었다.

분쟁을 통해 미국의 멕시코산 참치의 수출금지에 직면한 '무역중개국'은 코스타리카, 이탈리아, 일본, 스페인이었으며, 그전에는 프랑스, 네덜란드령 앤틸리스제도(the Netherlands Antilles), 영국이었다. 그리고 캐나다, 콜롬비아, 한국, 동남아국가 연합의 회원국들을 포함한 다른 여러 국가들 또한 '무역중개국'으로 거명된다.

(2) 패널의 판단

멕시코는 1991년 2월에 GATT에 분쟁해결패널의 설치를 요청하였고, 이에 대해

◀ 그림 ▶ 참치-돌고래 분쟁

출처 | 홍종호, "참치, 천적 상어 피하려고 돌고래와 함께 다니는데 …", Chosun Biz, 2008.4.11.

많은 '무역중개국'들이 관심을 표명하였다. 패널은 조사를 마친 후 1991년 9월에 GATT 회원국들에 다음과 같은 결과를 보고하였다.

○ 참치 생산방법에 관한 멕시코의 규정이 미국 규정을 만족시키지 못한다는 것만 을 이유로 미국이 멕시코산 참치의 수입을 금지할 수 없다. 그러나 미국은 수 입된 참치의 품질이나 내용물에 대해 규제할 수는 있다.[317]

○ GATT에서는 일국이 동물의 위생 또는 고갈되는 천연자원의 보호를 위한 조치 를 발동했더라도 자국의 국내법을 자국의 영토 밖(extra-territoriality)의 국가에 적용할 의도로 취해지는 것을 허용하지 않는다.

이러한 최종 결정을 내린 패널판정의 근거는 무엇인가? 만약 미국의 주장이 받아 들여진다면 일국은 타국(수출국)이 자국과 다른 환경, 보건위생, 사회정책을 가지고 있다 는 것을 이유로 타국으로부터 상품에 대한 수입을 금지할 수 있게 되는 것이다.

하지만 이러한 판단은 일방적 무역제한조치를 통해 자국의 산업을 보호하려는 국

---

317 이것은 '상품(product)' 대 '과정(prcess)' 문제로서 알려지게 되었다.

가에 무제한적인 무역제한을 가할 수 있는 실질적인 힘을 제공하게 할 것이다. 이는 한 국가가 단지 국내적으로만 자국법을 강제하는 것이 아니라, 다른 국가들에도 자국법을 강요함으로써 일방적인 무역제한을 할 수 있게 되는 것이다. 이러한 판단의 결과는 보호주의적 무역제한조치의 남용으로 연결될 것이고, 이러한 환경의 조성은 무역규범을 통해 예측 가능한 무역환경을 조성하려는 다자간 무역체제의 목적과도 어긋난다.

　　동 분쟁에서 패널은 GATT 규범이 이 문제에 어떻게 적용되는지에 대해서만 조사하였을 뿐, 특정 정책이 환경적으로 옳은가 또는 그렇지 않은가에 대한 결정을 내리지는 않았다.

　　또한 패널은 (참치 제품을 구입할 것인가 또는 구입하지 않을 것인가를 소비자들의 선택에 맡기면서) 참치 제품에 '돌고래 안전(dolphin-safe)'이라는 표시가 부착되도록 요구하는 미국의 정책에 대해서도 판정을 내렸다. 라벨부착은 국내에서 생산되거나 수입되는 모든 참치 제품에 대한 사기광고 관행을 방지할 목적으로 시행되었기 때문에, 이는 GATT 규범을 위반하는 것이 아니라고 판정하였다.

(3) 결론 : 패널보고서는 결코 채택되지 않았다

　　WTO 협정에서는 분쟁해결기구(Dispute Settlement Body : DSB)에 패널보고서가 제출되고 60일 이내에 패널보고서를 만장일치(consensus)로 거부하지 않는다면, 이 보고서는 자동적으로 채택되게 된다. 이 점이 1947 GATT의 분쟁해결제도와 다른 점이다. 당시 GATT 체제에서 일부 '무역중개국'이 보고서의 채택을 위해 압력을 행사했으나, 패널보고서는 결국 채택되지 못했다. 멕시코와 미국은 GATT 밖에서 협상을 타결할 목적으로 쌍무협상의 가졌다.

　　1992년 EU가 불만을 호소하였으며, 1994년 중엽 두 번째 패널보고서가 만들어졌다. 동 보고서는 첫 번째 패널보고서의 일부 판정이 지지되었고, 또 다른 일부 판정에 대해서는 조금의 수정을 가하였다. EU와 일부 국가들이 패널보고서의 채택을 위해 압력을 행사하였음에도 불구하고, GATT 이사회(Council)와 GATT 체약국단(contracting parties) 회의 등에서 미국의 불채택 움직임[318]에 의해 보고서는 채택되지 못했다. 이러한 이유는 과거의 GATT 체제에서 보고서 채택을 위한 요구조건인 컨센서스(consensus)가 이루어질 수 없었기 때문이다.

---

318 동 보고서에 대해 미국이 검토할 시간적인 여유가 없음을 주장하였다.

찾아보기

index

국제통상론

초판발행   2025년 3월 15일

지은이   장동식
펴낸이   안종만 · 안상준

편 집   김경수
기획/마케팅   최동인
표지디자인   BEN STORY
제 작   고철민 · 김원표

펴낸곳   ㈜ **박영사**
              서울특별시 금천구 가산디지털2로 53, 210호(가산동, 한라시그마밸리)
              등록 1959. 3. 11. 제300−1959−1호(倫)

전 화   02)733−6771
f a x   02)736−4818
e−mail   pys@pybook.co.kr
homepage   www.pybook.co.kr
ISBN   979−11−303−2229−2 (93320)

※ 파본은 구입하신 곳에서 교환해 드립니다. 본서의 무단복제행위를 금합니다.

정 가   29,000원